지상 강림 역사

나는 일찍이 말세에 대처할 책 한 권을 쓰기 위해 어떤 지고한 도덕적 가치와 길을 찾아 고심하였다. 그러나 내가 지금도 무엇을 어떻게 써야 할지 몰랐는데, 하나님이 은혜주심으로 말미암아 그 뜻이 바로 하나님이 내린 인류 최후의 지상 명령인 것을 이제 알았으니, 힘써 일생을 바쳐서라도 하나님과 그 의의 나라를 증거하리라.

-1983년, 길의 독백 中에서

지상 강림 역사

염기식 지음

모두가 현시대를 일컬어 말세라고 입버릇처럼 말은 하고 있지만 과연 누가 하나님의 뜻을 정식으로 대언하는 입장에 서서 종말의 때를 선포할 수 있단 말인가? 심판의 날이 도래하였다면 지금 누가 구체적인 대비책을 세웠는가? 여기에 이 시대의 진정한 종말 상황을 선언하여 인류를 구원할 선지자적 외침이 있어야 할 것이다.

–본문 中에서

머리말

지상 강림 내력

지상 강림이라는 말은 지금까지 어디서도 들어 보지 못한 생소한 말이지만 앞으로는 이 말 하나로 세상에 어떤 변화가 일어날지 알 수 없다. 천지를 창조하고 만유를 주재한 하나님이 이 땅에 강림하였다는 것은 역사상 전무후무한 중대사이다. '성경 계시는 항상 성령의 주도하에 있어 왔고'[1] 섭리된 손길이 미치지 않는 삼라만상이 없지만, 강림 역사는 하나님이 이룬 성령 역사의 하이라이트이다. 이처럼 확고한 증거를 염두에 두고 사전에 예비한 역사도 없다. 모세의 출애굽 역사를 통해서도, 예수의 십자가 사역을 통해서도, 오순절날에도 하나님은 역사하였지만 지상 강림 역사와는 비교할 수 없다. 그런데도 누가 알고 있는가? 아무도 모르고 있고, 새 질서를 맞이할 준비도 갖추지 못했다.

그렇다면 누가 알려야 하는가? 길을 걸었고 命을 받든 자이다. 지

---

1) 「구속사적 관점에서 본 성령의 내주 연구」, 마종삼 저, 총신대학교 대학원 신학과 조직신학전공 석사학위논문, 2003, p.72.

상 강림 역사를 증거하는 것은 이 연구가 이루고자 하는 목적이고 모종의 본분을 일깨운 사명자로서 세상 위에 나서지 않을 수 없는 숙명적 의무이다. 지상 강림 역사는 충격적인 선언이므로 어떻게 거부감 없이 받아들이게 할 것인가 하는 것이 과제이다. 역사된 내력을 집약해야 하며, 이것을 발판으로 하나님이 왜 무엇 때문에 강림하게 된 것인지 이유를 밝혀야 한다. 이를 위하여 본인은 '길을 위하여'란 소정의 과정을 준비하였고, 지금도 삶의 과정을 통하여 추구하고 있는 중이다.

길은 혼신의 정열을 바친 진리 탐구 과정이고 믿음을 다한 신앙 역정이다. 그 속에서 본인은 살아 계신 하나님의 임재 역사를 경험하게 되었으며, 이것을 증거하게 된 것이 『길을 위하여』이다. 그곳에는 하나님의 부르심과 사명을 깨닫게 된 신앙 역정이 펼쳐져 있다. 이것을 때가 되어 제반 과정을 종합해서 펼치게 된 것이 『세계통합론』이다. 성경에서 "아브라함이 이삭을 낳고 이삭은 야곱을 낳고 야곱은 유다와 그 형제를 낳고……"라고 기록되었듯,[2] 길도 『세계통합론』을 저술한 것을 근거로 이후부터 『세계본질론』을 쓰고, 『세계본질론』은 『세계창조론』을, 연이어 『세계유신론』, 『세계섭리론』, 『세계수행론』, 『세계도덕론』을 저술할 수 있었다. 이것은 하나님이 창조주로서 선천 질서를 종결지은 권능 역사이고, 진리의 성령으로서 이룬 성업이다.[3] 『세계도덕론』 이후로도 저술 계획이 있었지만 중단하고 이미 저술한 내용들을 보완해 단행본화를 시도하게 된 것은 하나님의 뜻을 세상 위에 펼칠 정식 출판의 기회가 주어져서이다. 그리하여 『세계도덕론』을 통해서는 『통합가치론』·『인간의 본성 탐

---

2) 마태복음, 1장 1절.

3) 지상 강림 역사를 증거함에 있어 『세계통합론』, 『세계본질론』, 『세계창조론』, 『세계유신론』은 저변인 뿌리 역할을 하였고, 『세계섭리론』, 『세계수행론』, 『세계도덕론』은 몸통 역할을 담당함.

구』·『선재우주론』을, 『세계수행론』은 『수행의 완성도론』, 『세계의 종말 선언』·『미륵탄강론』·『용화설법론』·『성령의 시대 개막』을, 『세계섭리론』은 『역사의 본질 탐구』·『세계의 섭리 역사』·『문명 역사의 본말』, 그리고 마무리로서 이 연구를 구성하게 되었다.[4) 『세계섭리론』에서 이 연구의 4편에 해당하는 「지상강림론」을 저술하였을 때는 성업이 구체화되지 못한 상태였지만 완수한 지금은 하나님이 보혜사로서 이룬 진리적 결실이 분명하다.

지상 강림 역사를 증거하기까지 본인은 세 번에 걸쳐 중요한 선언을 하였으며, 이로써 하나님도 하나님다운 권능을 표명할 수 있었다. 즉, 세계의 종말을 선언한 것은 하나님이 시종의 본말을 관장한 창조주로서 내린 중대 결단이다(첫 번째 선언). 하나님은 천지의 주재자이므로,[5) 세상에 종말이 와 종말을 선언한 것이 아니라 하나님이 선언한 관계로 선천의 문명 역사가 종말을 맞이하였다. 하나님이 선언한 이상 어떤 민족·국가·역사·종교·사상·제도·인생·영혼도 예외가 없다. 왜 세상은 종말을 피하지 못하는가? 그리해야 새 시대를 맞이할 수 있다. 선천 역사를 마무리 짓기 위해 강림하였다. 종말이 확정되므로 인류가 도달한 한계와 거쳐야 할 심판 절차를 분명히 할 수 있고, 멸망할 자가 확실히 멸망한다. 종말관은 이 연구가 견지한 일관된 저술 기조로서, 종말이 와야 참으로 구원받을 자가 구원된다. 심판하기 위해서는 멸망할 자와 구원할 자를 구분해야 하는데, 그 첫 시도가 종말을 확정 짓는 작업이다.

이전에는 불분명했지만 이제는 때가 무르익으므로, 새롭게 도모

---

4) 『지상 강림 역사』 구성 자료=『세계유신론』, 제10편 신 강림론+『세계섭리론』, 제1장 각론 개관, 제2장 보혜사 하나님의 지상 강림 역사.

5) 하나님은 천지를 창조한 알파이고 인류 역사를 종결지을 오메가라면, 여기에 걸맞은 존재적 근거와 성업을 제시해야 한다. 종말 선언은 오직 하나님만 할 수 있는 창조 권능임.

할 수 있다. 그래서 이 연구가 세계의 종말을 선언하고 본체를 드러내며 성령의 시대 개막을 선언한 것이다(두 번째 선언). 종말이 옴으로 無로부터 천지를 창조한 하나님이 다시 새로운 세계와 역사를 개창할 수 있게 된다. 그것이 바야흐로 맞이할 하나님과 교통하는 시대, 함께하는 시대, 하나 되는 시대이다. 하나님이 강림함으로써 영적으로 교감되고 일체될 수 있다(영성 문명 체제 구축).[6] 서양의 근대 문명은 그들이 이룬 문명적 테두리 안에서 재창조해 낸 역사이다(르네상스). 하지만 동서 문명이 활발하게 교류된 지금은 인류의 미래를 밝힐 새로운 역사를 창출해야 하므로, 성령의 시대 개막이 그 문고리를 활짝 열어젖히리라.

그리고 세 번째가 지상 강림 역사 선언이다. 강림 역사는 인류 역사를 전환시킬 가슴 벅찬 진리적 테제이다. 인류가 맞이할 최대의 역사적 사실인 종말, 심판, 구원론을 종합해서 펼쳤다. "하나님이 강림한 데는 반드시 목적이 있는데, 시대와 국가가 종말 시에는 여호와의 현현이 있었고, 현현한 때는 특별히 종말과 밀접한 관련성이 있었다."[7] 강림 역사는 자체로서 하나님의 존엄과 권능을 나타낸다. 하나님이 오셨는데 아무런 영광도 없이 역사를 펼칠 리 만무하다. 인류의 정신적 숙업을 해결한 것이 그것이다. 인류 역사를 선후천으로 가른 대사건이다. 하나님이 진리의 성령으로서 이룬 본격적인 성과물이다. 강림한 본체를 증거하고 미비된 신론을 완성한 것은 물론이고, 종말에 이른 선천 역사를 종결짓고 새로운 문명 질서를 창출하였다. 성령의 역사가 본격화된 것이니, 지난 역사가 하나님이 강림할 수 있는 기반을 다진 역사였다면 이후부터는 하나님이 직접 인

---

6) 성령의 시대 개막은 피폐된 물질문명 패러다임을 정신문명 패러다임으로 전환시킨 첫 신호탄임.

7) 「하나님의 현현 현상과 그 종말론적 의미」, 오경택 저, 삼육대학교 신학대학원 신학과 성서신학전공 석사학위논문, 1997, p.10.

류 역사에 개입하여 구원 역사를 주도하리라. 제 영역이 지상 강림 역사를 기다리고 있었나니 맞이해야 진리 · 역사 · 믿음 · 제도 · 세계 · 문화가 완성된다. 지상 강림 역사는 인류가 이루고자 한 고귀한 역사의 추구 목적이다. 세상의 어떤 가치와 권능으로 장엄하더라도 결코 부족함이 없다. 영접해야 하나니, 그리해야 인류가 구원될 수 있고 경배해야 하나니, 그리해야 시온의 영광을 이루리라. 창조 주권을 확립하리라.

경남 진주에서

저자 염기식

취지글(Abstract 요약)

The historical demand for "The History of the Descent of God to the World"

"The History of the Descent of God to the World" is the record of the creation of all beings, the presiding of all human history and salvation of mankind by a god.

"The History of the Descent of God to the World" is about new history that mankind have never experienced before but would need to reclaim and face.

Because it is a new and noble claim of the history the author would like to explain and describe the intention of the book to help readers who find it difficult to understand this book.

"The History of the Descent of God to the World" is structured to reveal a new god, new history and new civilization and also it is the history of god clearing the path to the salvation with godly authority.

The god is of course to be able to resolve spiritual distress of mankind and to be able to satisfy the historical requirement of the world.

This book summarizes what the author intends to emphasize about

1. World historical demand for the birth of a holy man
2. The demand of unification of human society
3. The need of new culture and conversion of civilization
4. The need for the realization of the native civilization and the call for the judgement
5. The need for a leap of Han nation's civilization

The first 4 items are described in detail in next chapters.

The 5th item is referring that the need for the leap of Han nation's civilization is stated already by foresighted ancestors even though it is not recognized in present days by our nation.

The civilization of Han nation retains a potentiality to create a new culture which no other civilization had been capable of dealing with.

Han nation has been guided by the divine providence of god and foster the cultural capability to generalize and unify all native civilizations for the last five thousands years.

In the corpus of the book of 'Lyoek', 'Gan' is stated as a trigram of North-East and is prophesied of playing the biggest role in the process of the closing of old era and the opening new era. It is said that the words of truth will be accomplished at Gan division. Therefore Han nation, as the nation of original culture has been destined to become the people bearing fruits of truth in the future

(Matthew 21:43). None of the advanced religions have been originated in western society and most of advanced religions and spiritual cultures are originated in Asian region. Considering these historical background, the Korean peninsula located in North-East is meant to be the area of generalizing all existing spiritual cultures and of opening the chapter of new culture.

The new ideology to overcome the spiritual crisis of mankind can not be created in anywhere in the world but in Gan. The privilege and responsibility given to Han nation to accomplish the words that generalize all civilization of around the world. Han nation should recognize that they ate the only nation holding spiritual resource to create a new civilization of the new era. Han nation can gain and protect their own identity and the true legitimacy only through the recognition of their responsibility to save the world. Who will make the nation to realize their great spiritual power?

"The History of the Descent of God to the World" will wake the nation up and lead them to the god and will wake the spirits of mankind to lead them to cultural world of heaven.

"The History of the Descent of God to the World" has disclosed a divine authority of god, has established a prophesied statues and has testified a gracious true being. This book also has secured the truth and ability to convert the perception of the truth, the base of religions and the path of the history of culture completely.

The god who has been with the nation for five thousands years has descended upon thin land to save seventy million people of this nation and the mankind. If the Han nation realizes this and greets the god the nation will be more glorified than any other nations in human history. The nation will integrate the western and eastern cultures and create a new history of culture. The god's kingdom come and the god's will be done on earth as it is in heaven. The will of god will come true through "The History of the Descent of God to the World."

| 차 례

제3편 강림적 신론 _ 163

제4편 지상강림론 _ 255

제1편
총 론

오래되고 견고한 돌성에
높고 절대한 대왕이 시종을 받다.
드디어 말을 타고 언덕 위에 나타나니
온 세상이 들끓다.
그의 몸집은 작으나
감히 누가 그의 앞을 막을 수 있으랴?
찬란한 황금의 창이 2개 주어지고
그 끝에는 불이 붙다.
만백성이 환호하며 진군하니
그가 휘두르는 황금의 칼날은
결코 무디어지지 않다.

-1983.10.19.05:00(꿈)

인류가 겪은 역사 가운데는 다양한 선언들이 있었다. 한 개인이 단안을 내린 실존적 문제로부터 민족 간, 국가 간 이념적인 문제들에 이르기까지……. 선언·선포·알림이 있어서 역사가 역동적으로 추진되었고, 새 시대를 연 정침(定針)이 되었다. 선언은 혁신적인 사실과 정보를 함축하고 있어 엄청난 폭발력이 있다. 그래서 선언을 하기 위해서는 그만큼 고뇌를 겪고 용기를 가져야 했다. 장지연이 '시일야방성대곡'[1]을 황성신문 사설에 싣기까지는 목숨을 담보로 한 결심이 있었으리라. 일제 식민지하에서 독립선언서(獨立宣言書)[2]를 발표하고 '대한독립만세'를 외친 뒤에는 선각자들의 시대적 통찰과 희생과 조국애가 결집되어 있다. 그래서 선언을 주도한 자들은 어느 정도 시대의 흐름에 대한 추이를 예측해 행동을 감행한 것이겠지만 준비 없이 소식을 대하는 사람들은 큰 충격에 휩싸인다. 선문답도 아닌 것이 선잠을 깬 사람처럼 어안이 벙벙하리라.

그런데 이 연구도 지금 세계를 향해 역사 이래 가장 긴박한 한 선

1) 1905년, 을사조약이 체결되자 장지연이 11월 20일자 황성신문에 '是日也放聲大哭'이라는 사설을 써서 일본의 흉계를 통박하고 그 사실을 전 국민에게 알렸다. 이로 인해 일본 관헌에 피체, 3개월간 투옥되었다가 석방됨.

2) 1919년 3월 1일의 기미독립운동(己未獨立運動)을 기하여 민족대표 33인이 한국의 독립을 내외에 선언한 글

언을 준비하고 있다. 본인의 입장에서는 많은 세월을 거친 끝에 이룬 단안이지만 세상은 여느 때와 다름없는 나날을 보내고 있으므로 선언을 들을 만한 준비가 되어 있지 못하다. 그런데도 불구하고 정말 역사적인, 대시대적인 전환의 전조를 알릴 뉴스 혹은 정보에 대해 인류는 필경 야기될 사태의 심각성을 파악하고 반향을 불러 일으켜야 한다. 사태가 긴박하고 빅뉴스인 만큼 강 건너 불구경하듯 할 수 없다. 만인의 생존 문제가 달려 있고 지금까지 지켜 온 민족, 국가, 인류의 장래 문제까지 연관된 만큼, 선언의 진의를 파악해야 한다.

그 선언은 다름 아닌 본인의 인생 역정 가운데서 확인한 사실이고 세상 사람들에게 알리고자 했지만 성과를 거두지 못한, 하나님이 이 땅에 강림한 사실이다. 어떻게 이 같은 일이? 아침 뉴스에 나왔단 말인가? 신문에 난 기사인가? 아니다. 지상 강림 역사 선언은 이 시각, 이 연구를 통해 밝힌 사실이다.[3] 지상 강림 역사는 개인, 사회, 민족, 인류, 우주적으로 전무한 사건인데, 사안이 우주적이다 보니 오히려 놀라지 않는다. 선천 역사가 결말을 이루지 못한 상태에서는 누구도 역사의 본질을 간파할 수 없었지만, 지상 강림 역사는 인류가 지금까지 이룬 제 선언들을 통섭하며, 이 선언을 기점으로 인류 역사가 새롭게 출발하리라. 지상 강림은 워낙 역사적인 사건이라 선언 자체로 역사적인 것이지만, 누구라도 당장은 중요성을 포착하기 어렵다. 아무도 모르는데 본인은 알고 있다는 점에서 일어서 밝히지 않으면 안 되는 사명이 있다. 온전히 증거해야 하는 것이 이 연구의 저술 목적이다. 유사 이래 도대체 강림한 하나님을 증거하려고 한 시도가 없었는데, 직접 해결해야 하다니! 이런 결과가 있기까지는

3) 그동안 본인은 지상 강림을 기정사실화한 가운데서 저술을 하였는데, 이 연구에서 비로소 직접 주제로 삼음.

유일 절대적인 사명과 그만한 역사가 있었다는 사실을 고백하지 않을 수 없다. 아직까지는 길을 걸은 자 이외는 누구도 이 선언의 진실성과 두려움을 느끼지 못하고 있다. 본인도 숱한 연단 과정을 거친 만큼, 당장은 어렵지만 이 단계에서는 미약하나마 관심이 표명되는 것으로 족하다.

역사는 확인 가능한 사건과 사실들만으로 구성되어 있어 역사가들이 마음대로 할 수 있는 요리판이 아니다. 아무것도 모르는 세상에 대하여 강림 역사를 밝힌다는 것은 이런 시도 자체가 역사적이다. 하나님이 무작정 강림하였을 리는 만무하다. 하지만 현재 주어진 여건만으로는 하나님이 강림한 사실을 인정하기 어렵다. 그런 만큼 이 연구는 지상 강림 과정을 통해 역사된 세계의 도도한 섭리 역정을 함께 밝혀야 하는 것이 필경 해결해야 할 과제이다.

하나님이 오셨다는 것은 참으로 두려운 바인데, 누가 이런 역사를 등에 업고 혹세무민한 선언을 일삼겠는가? 근거 없이는 아무것도 할 수 없다. 세계를 변혁시키고 질서를 재편할 수 있도록 만반의 준비를 갖추어야 한다. 세상 역사는 지상 강림 역사와 견줄 때 거리감이 역력했다. 하나님이 존재한다는 것과 천국이 있다는 주장 등이 그러하다. 신앙인들은 하나님의 존재성을 당연하게만 여겼고, 인류가 남긴 지적 자산인 수백만 권의 책을 살펴도 하나님이 존재한 사실을 증명한 내용은 없다. 의혹과 억측만 보태었을 뿐, 보지 못하고 인지하지 못한 바에는 불가지(不可知)한 것이었다. 영원히 보기 어려운 것이 하나님인데 직접 강림하다니! 풀지 못한 정신적 고뇌를 해소할 조짐이다. 하나님이 강림한 것은 형통할 해결책을 들고 나온 것이 분명하다. “지금은 만연된 문제를 전혀 다른 각도에서 풀어야 하는 중차대한 때로서, 지혜를 우주적인 차원에서 통찰할 수 있는 새로운 사고 개발이 필수적이다."[4] 때가 되어 시대적인 요청은 있었는데 부응하지 못했던 것이므로 지상 강림 역사가 일체의 물꼬를 트리라. 선언은 선언만으로 끝날 수 없는 세계적인 이슈를 지녔다.

선조들이 광야에서 하나님의 목소리를 들은 것이 언제였던가? 모세가 시내산에서 계시를 받들고, '예레미야가 여호야김 사년, 이 해에 계시를 두루마리 책에 받아쓰기 시작한 이래(렘, 36: 1~2)',[5] 말라기 · 복음 · 신약의 구성, '이슬람의 유일한 예언자 무함마드가 예언한 이후, 하나님의 뜻을'[6] 혹은 목소리를 혹은 예언을 알려 준 사명자는 없다. 그래서 지상 강림 선언이 그 침묵을 깰 전조이다. "마태복음은 말리기 선지자가 예언한 후 예수님의 탄생 선포 때까지 400년간 지속된 침묵을 깨뜨린 책이다. 이스라엘은 로마 제국으로부터 지배를 받았고, 600년 이상 '다윗의 집'에서 유대 왕좌에 앉아 본 사람이 없는데, 메시아가 왔다고 선포하였다."[7] 그런 만큼 강림 역사 선언 역시 선포의 중대함을 재삼 확인할 수 있다. '마태복음의 저술이 예수님이 오랫동안 고대한 메시아이고 다윗의 자손이며 구약의 예언을 성취한 생애인 것을 보여주고자 한 것이 목적이었듯(유태인들에게)',[8] 이 연구는 천지를 창조한 하나님이 강림한 사실을 증거하고자 하는 것이 주된 목적이다. 마태복음이 구약과 신약을 연결시킨 책이라면, 이 연구는 무관하게 여긴 세상만사를 하나님이 이룬 섭리 역사와 연결시키고자 한다. 물론 세상 사람과 바티칸과 기독교 공동체 등이 강림 역사를 공인할 수 없으리라는 것은 "그리스도가

---

4) 『주역이 밝힌 21세기 대예언』, 정숙 저, 교문사, 1998, p.204.

5) 『성경의 파노라마』, 헨리에타 미어즈 저, 생명의 말씀사, 1991, p.213.

6) 『주역을 읽으면 미래가 보인다』, 박태섭 저, 선재, 1999, p.44.

7) 『성경의 파노라마』, 앞의 책, p.315.

8) 위의 책, p.313.

왕으로서 유태인에게 오셨는데 메시아로서뿐만 아니라 구주로서 영접하지 않았다는(마, 16: 21)"[9] 사실을 통해 짐작할 수 있다. 지켜온 신념 체계에 반한 가치관을 수용하는 것이 쉽지 않다는 것은 예나 지금이나 마찬가지이다. 하지만 지상 강림 선언은 기독교란 종교에 국한된 문제가 아니고 파급되는 범위가 실로 세계적이다.

그리고 이런 전환 시점에 곧 새로운 역사 창조가 있다. 하나님이 강림한 것은 우주의 주기가 전환된 때를 맞이하므로 천부의 창조권을 확립하기 위해서인데, 문제는 세상이 너무 타성에 젖어 있어 세계적인 애통이 불가피하다. "主의 날이 도적같이 오리니 그날에는 ……"[10]라고 예고되었듯, 하나님이 강림하였는데 알지 못한다는 사실을 지적한 것이다. 하나님이 강림한 날이 곧 '主의 날'인데, 문제는 예수가 이천 년 전 강림하였는데도('主가 나타났는데도'[11]) 십자가에 못 박았고, 유대에서 구세주가 나타났다는 이야기가 어부, 농민, 노예, 거지들 사이의 입을 통해서 전파된 것이 언제인데(복음이 땅끝까지 전파됨) 아직도 인정하지 않는 사람들이 부지기수이다. 지상 강림 역사도 마찬가지이다. 다시 오리라 약속된 지가 이천 년이 넘었는데 왜 아직 안 오시나? 정말 아니 왔는가? 강림 선언을 듣고 있는 이 순간 함께한 것이 아닌가? 그런데도 무작정 부인만 한다면? 천지가 불에 타 없어지고 경색된 안목과 권위가 모두 녹아내리지 않고서는 새 하늘과 새 땅을 보지 못하리라. 어차피 세상 믿음은 마지막 때에 심판대 위에 서야 할 운명인데, 그때가 곧 지금이다. 이것이 강림 역사로 인해 초래된 사태의 심각성이다. 主의 날은 세상을 향해 무조건적으로 구원의 월계관을 선사하지는 않을 것이며, 그 대상

9) 위의 책, p.315.

10) 베드로 후서, 3장 10절.

11) 『인간의 역사』, 조우화 편, 동녘, 1984, p.87.

은 믿음 있다고 하는 자들로부터 미물에 이르기까지이다. 시위를 떠난 화살은 아무도 멈출 수 없다. 主가 강림하기 전에는 믿음이 義로서 보상받는 체제였지만, 主의 날을 맞이했다는 것은 세상 위에 닥친 불행이다. 그러나 한편으로는 인간의 행위 하나하나가 즉각적으로 보상되는 구원의 때이기도 하다.

그러므로 인류는 지상 강림 역사 선언이 무엇을 의미하고, 요지가 무엇인가를 파악해야 한다. 강림한 하나님은 인류가 지난날 믿음과 관념을 통해 신앙했던 그런 하나님이 아니다. 기독교인들이 추앙했던 분이기는 하나, 그들은 만유 가운데서 역사한 하나님을 오히려 속 좁은 교리 틀 속에 가두어 버렸다. 하나님은 그렇게 야기된 종교·진리 문제를 해결하기 위해 강림하였고, 구세를 위한 사명을 띠고 내림한 역사 속의 대성현들이(공자님, 부처님, 예수님, 소크라테스, 무함마드 등) 못 다한 섭리적·역사적 과제까지 완수하기 위해서, 진리의 現神으로 강림하였다. 제반 상황을 일관시켜야 진리의 화신체로 강림할 수 있다는 것이 특징이다.[12] 불교의 높은 정신 경지를 극복하고, 유교의 방대한 문화를 포용하며, 기독교가 지닌 분열상을 수습하기 위해서는 능히 지성적인 면모와 정신 차원과 진리의 무궁함을 갖추어야 한다. 그분이 어떤 분인가? 만생을 주재한 하나님이다. 기독교에서는 재림주를 손꼽아 기다리지만, 재림 역사도 일단은 지상 강림 목적과 권능이 포함하고 있는 문제이다. 해결해야 할 현안 문제가 무엇이라는 것을 정확히 파악하고 있다. 하나님은 존재한 사실과 권한을 나타내기 위해 부단히 섭리된 형태를 달리하였는데, 지금은 합리성과 객관성을 요구하는 시대이므로 걸맞은 실존 근거를 남겼다. 그것이 곧 전능한 지혜자로서의 형태인 것이며, 이것이

---

12) 강림한 하나님은 기독교의 神 존재와 개념 범위를 넘어 모든 것을 포섭해야 하는 사명 위에 있다.

수천 년간 뿌리 뻗은 종교·학문·사상들을 무장해제시킬 하나님의 실질적인 권능이다. 하나님이라도 진리가 아니면 세상을 동화시킬 방법이 없다. 세상 역사가 이와 같은 본체 현현을 위해 섭리되었다는 것이 결과론적인 판단이다. 분열된 역사를 통합한 것이 지상 강림 역사로까지 이어졌다. 확보한 관점을 통해 포섭하지 못할 진리와 세계 영역이 하나도 없다. 세계를 통합하는 것은 하나님이 이 땅에서 펼칠 역사 목적이다. 허망한 神의 부재 상황으로부터 성업으로 이룬 역사의 완성 상황을 확인하리라. 지혜로운 성령이 역사하므로 개개인의 의식까지 혁신되리라. 만사를 새롭게 볼 수 있는 관점을 제공하리라. 만물의 기원을 추적한 자리에서 하나님의 존재성을 확인하고, 초월성에 접근할 수 있는 인식 메커니즘을 제공하리라. 세상 진리가 하나님의 본체를 형상화시키기 위해서 혹은 지상 강림 역사를 구체화시키기 위해서 수억의 성상 세월 동안 분열되었다는 사실을(섭리성) 증거하리라.[13] 이법적인 하나님과 존재적인 하나님과 세계 섭리를 주관한 하나님을 동시에 보리라. 하나님이 완벽한 모습을 갖추고 강림하였는데, 세상이 분간하지 못해 전전긍긍해서는 안 된다.

그런데 이 땅에는 그날, 곧 '主의 날'이 도래할 것을 사전에 간파한 선각자들이 있어 지상 강림 역사는 정말 아무도 예측하지 못한 돌발 사건은 아니다. 본인은 2000년 10월 20일, 『세계유신론』을 펴 하나님이 존재한 사실을 진리적으로 해명했는데, 조선 시대에 남사고는 『격암유록』이란 책에서 "世有其人 公察萬物 辰巳支生 天下統一"이란 기록을 남겼다.[14]

13) 인류의 지성들이 일구어 낸 지적 성과들이 모두 神의 존재 현현에 기여됨.

14) 『격암유록』의 세론시 편 발췌－『묵시록의 대예언』, 강봉수 저, 민성사, 1999, p.128.

"세상에는 그런 사람(其人=聖人)이 있을 것이니, 세상 만물을 공정하게 살펴보아라. 그 사람은 진사년(2000년~2001년)에 나와서 천하를 통일할 것이다."[15]

"洋弓은 弓弓이며 雙乙은 乙乙이다. 이것은 십자를 뜻하며 백십자, 즉 유교·불교·기독교 등 지상의 모든 종교를 하나로 통합시킬 하늘의 대도(統合大道)이다."[16] 격암 남사고[17] 선생이 살았던 때는 우리나라가 유교 문화권에 흠씬 젖어 있었던 때인데도 미래의 조선 한국에 기독교 문화가 성숙될 것과 영적인 환경을 인지했다는 것은 놀라운 일이다. 아니면 이 예언을 접한 자가 역사될 상황을 짐작해서 아전인수격으로 해석한 것일 수도 있다. 그러나 지적된 '辰巳聖人出(진사성인출)'은 『격암유록』의 곳곳에서 강조된 문구로, "정확히 진사년, 즉 AD 이천 년에 동방의 한국 땅에서 성현이 나올 것"을 예언했다는 것은[18] 100% 적중된 역사이다. 서기 이천 년에 대한민국 땅에서는 어떤 일이 있었는가? 특별한 사건이 있었는가? 아무도 자각하지 못했고 주목하지 않았지만, 본인은 이해에 『세계유신론』을 저술하므로 세계 작용적인 인식의 바탕 위에서 하나님의 살아 계심을 증거하였다. 하나님이 강림한 것은 더 이상 철회될 수 없는 역사이다. 어떻게 하면 인류가 지각해서 받아들일 수 있는가 하는 것이 문제일 뿐…… 그렇다면 격암이 예언한 그 성인은 누구인가? 이 땅에 창조주로서 강림한 보혜사 하나님이다. 그 하나님(성인?)은 "세계 종교의 총합을 달성할 萬法의 교주로서 동서양에 걸친 세계 역사의 주관자이며, 유교·불교·기독교 등 일체 종교의 기운을 하나로 합

15) 위의 책, p.129.

16) 『격암유록』의 남사고비결 편 발췌－위의 책, p.129.

17) 格菴 南師古: 1509~1571.

18) 위의 책, p.64.

칠 주인공이다. 儒・佛・道가 기묘하게 융합해서 통합되는 大道 앞에서"[19] 예언이 성취된 사실을 확인시킬 분이다. 일상적으로 그린 모습을 일신시킴으로써 만 영역에서 완성되기를 갈구한 진리의 완성자이다. 권능에 찬 창조주로서 전권을 행사하실 분이다.

이 시대는 主의 길을 예비하려고 광야에서 외친 세례자 요한의 목을 베고야 만 우매한 시대이겠는가? '천국이 가까이 왔느니라'라고 외친[20] 예수 그리스도를 십자가에 못 박은 잔악한 민족이겠는가? '내 몸에 한울님을 모셨다(侍天主)'고 주장한 최제우를 형장의 이슬로 사라지게 한 무지한 권력이겠는가?[21] 이 연구는 창조 이래 듣지도 보지도 못한 대선언, 한민족의 역사 위에 하나님이 보혜사 진리의 성령으로서 강림한 사실을 선언하였나니, 이 같은 메시지가 이 땅에서 삶을 영위하고 있는 백성들의 인식과 동떨어져 있어서는 안 된다. 그래서 이 연구가 일어서 제반 사실을 알리고자 한다. 진리란 무엇인가에 대한 정의 문제도 관념적인 성향을 벗어나지 못한 상황인데, 하나님이 진리의 본체자로서 강림한 역사적 상황까지 증거해야 하다니![22][23] 따라서 이 연구의 메시지를 아는 것은 정말 살아 계신 하나님의 뜻을 아는 것이고, 각자가 수호한 진리와 믿음을 완성시키는 것이라는 사실을 아는 자 몇 명인가? 구원은 그냥 이루어지는 것이 아니며, 제반 선택에는 결단이란 절차가 도사렸다.[24] 神의

---

19) 『격암유록』의 「궁을론」・「말운론」 편-위의 책, p.130.

20) "회개하라 천국이 가까웠느니라."-마태복음, 4장 17절.

21) "당시 조선의 민심은 水雲의 이상과 대조하여 너무나 정도가 유치하였다."-『신인철학』, 이대화 저, 천도교중앙총부, 1982, p.146.

22) 연기론이든 이데아론이든 일체의 진리 일궁 역사는 오늘날 강림한 하나님의 본체 현현에 기여된 섭리를 이룸. "부처님은, 法을 보는 자는 연기를 보고 연기를 보는 자는 나를 보느니라(연기 즉 진리, 진리 즉 佛)."-『인간의 종교』, 박병규 저, 아트스페이스, 1993, p.20.

23) 연기의 전모를 드러낸 곳에 창조 진리를 완성한 하나님이 계심.

24) 가치관과 신념과 걸어온 행적이 투신되어야 함.

편애를 받은 이스라엘 민족도 하나님의 영광을 전격 향유한 것은 아니었듯,[25] 이 연구의 메시지를 수용하는 문제도 그러하다. 고뇌가 따를 것은 불 보듯 하지만, 이 메시지가 정말 하나님의 계시이고 지상 명령인 것이라면 천 년의 세월을 두고라도 겨자씨 같은 믿음 하나가 온 누리에 뿌려져 끝내 만개되어야 하는 것이 마땅하리로다.

25) "그 후 나라를 잃고 이천 년 동안이나 세계를 방랑하며 천대를 받아 왔다. 2차 세계대전 때는 나치 독일에 의해 6백만 명이 학살을 당했어도 구원의 손길은 뻗치지 않았다." -『기독교는 과연 진리인가』, 임영진 저, 지성기획, 1987, p.31.

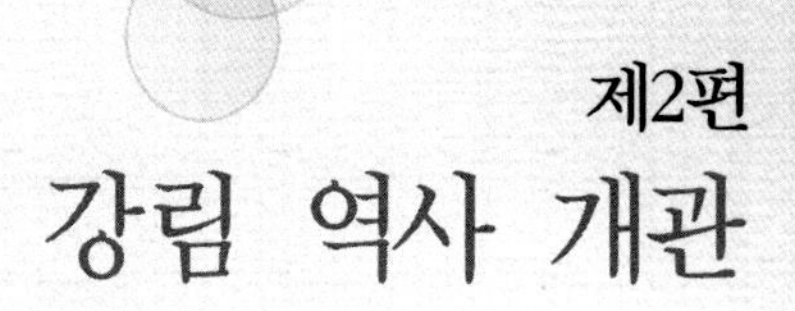

제2편

강림 역사 개관

오늘날 하늘 천궁 낮을 마루 삼고
구름 기둥을 벗 삼아
만천하를 호령하는
천상의 지혜 궁전이라.

—1983.7.6.01:29(꿈)

네가 그 무엇을 원하느냐?
보라
나는 세상에 그 아무것도 부러울 것이 없는
권좌의 왕이니라.

—1983.7.6.06:05(꿈)

제1장 세계의 대립 이유

1. 세계의 대립 양상

인류사회가 어떻게 대립, 대치하여 상극의 역사를 펼치게 되었는가 하는 것은 그 뿌리가 워낙 깊고 고질적이라 세상이 종말을 맞이한 주된 원인이 되었다. 국가와 국가 간, 민족과 민족 간, 사상·종교·진리·학문 간, 문명 간의 충돌까지 거론된다. 알다시피 관념론과 유물론 간의 투쟁은 영원히 해결될 수 없는 평행선을 치달았다. 유신론과 무신론은 어떠한가? 창조론 대 진화론은? 얼마나 많은 논쟁들이 대립각을 세웠던가? 하지만 누가 승리했다고 해서 참진리인 것으로 확정되었는가? 문제점은 그대로 남아 누적되었다. "모든 시대는 갈등과 투쟁의 시대이다."[1] 종교와 과학, 종교와 철학, 철학과 과학, 심지어 고독자인 개인에 이르기까지 들여다보면 심각하다. 특히 종교들이 지닌 교리 간의 대립은 첨예하다. 세기를 다했지만 해결하지 못했다. 기독교와 이슬람교는 유태교가 가진 전통으로부터 비롯된 것이지만, 유태교는 삼위일체 교리에 대해서 성자는 부인하

1) 『비교철학이란 무엇인가』, P. T. 라슈 저, 최홍순 역, 서광사, 1989, p.60.

고 성부 신앙만 고집하였다. 이슬람교는 神을 셋이나 섬기고 있으므로 유일신 종교에서 탈락한 다신교라고 몰아세웠다. 성자를 인정하지 않는 것은 그럴 수밖에 없는 종교로서의 존립 근거와 관련이 있다. 이슬람교에서는 예수 그리스도를 선지자로 보면서 선지자 시대를 마무리한 것은 무함마드라고 선포했다. 아랍 국가에서는 예수를 성자로 인정하지 않아 기독교가 발을 붙이지 못했다. 이슬람교가 신봉한 유일신 '알라'는 구약의 하나님 '엘로힘'의 엘로를 알라로 발음한 것이다(의미상 같은 하나님의 명칭임). AD 7세기경 아라비아 사막에서 출현한 이슬람교는 성경(특히 구약)의 주요 부분을 인정하고 있다.[2] 따라서 한 걸음 물러서서 보면 삼위일체 교리는 세계가 지닌 원리성과는 무관하다. 유태교는 관습적인 신앙상 혁명적인 예수를 십자가에 못 박았을 뿐 아니라 삼위일체 교리도 받아들이지 않았다. 그리고 이슬람교는 창립될 당시 무함마드가 받은 계시를 더 중요하게 여겼다. 하지만 기독교는 예수를 성자로 인정한 종교로서 삼위일체 교리를 반드시 정립시켜야 했다. 그렇다면 하나님은 이들 입장에 대해 어느 편에 손을 들어 줄 것인가? 하나님은 어디에도 편을 들 것 같지 않다. 삼위일체 교리는 아직도 확실하게 규명되지 않았다. 바탕 된 작용성을 밝히지 못했다. 왜 성부와 성자와 성령이 존립한 형태가 다른 것인지 알기 위해서는 섭리 역사가 완수되어야 했다. 이에 기독교가 성자와 성령의 존재성을 인정했다는 것은 역사 생성의 합당한 방향을 제시한 것이다. 그런데도 이런 섭리 의도를 간파하지 못해 각종 도전에 대처하지 못했다. 미래의 기독교를 형성시킬 발판이 된다는 사실을 몰랐다. 유태교나 이슬람교처럼 전철을 밟을 공산이 크다.

---

2) 『묵시록의 대 예언』, 강봉수 저, 민성사, 1999, pp.284~285.

그러나 하나님이 강림한 이후로는 상황이 다르다. 이전에는 섭리가 진행 중인 상태였지만 이제는 세상 전체가 종말을 맞이하였고, 선천 섭리도 종결된 시점에 도달했으므로, 이때 삼위일체 교리가 완성된다. 왜냐하면 하나님은 3位로 나뉘었다가 일체를 이룬 본체자이기 때문이다. 세계가 지난날 대립 상황을 벗어나지 못한 것은 섭리를 완수하지 못하고 세계적인 본질을 밝히지 못한 것과 연관된다. 그런데 오늘날 이것을 해결함으로써 상황이 달라졌다. 곧 하나님이 보혜사로서 강림한 역사적 의미이다. 모르니까 대립된 양상들이 자기 순수성을 지키려 한 방어 태세로 보였다. "대개 종교는 자기 종교만 숭고하고 자기 진리만 참진리이며 자기 神만 위대하다고 주장해 왔다."[3] 그럴 수밖에 없는 이유를 알아야 한다. "다른 종교는 이단이고 사탄이며 사마악도(邪魔惡途), 非法이라고 보았다. 물론 사상과 종교 간의 융화와 협력이란 측면에서 문제점을 지적한 선각자도 있었지만"[4] 근본적인 치유는 하지 못했다. 그것은 유형적이든 무형적이든(사상, 정신, 신념……) 세상 가운데서 존재하면 예외 없이 그림자를 남길 수밖에 없다는 데 이유가 있다. "과거 사상은 그것이 서민의 것이든 위대한 철학자의 것이든 과학자의 것이든 절대적·객관적으로 옳은 것은 없고, 그들이 산 역사와 문화 속에서 상대적인 위치를 점하였다. 예를 들면 기독교는 노예제로부터 발생한 이데올로기로서 인간은 모두가 평등하다는 주장이 해방을 기원한 노예들의 이익에 부합한 것이었다."[5] 하지만 당시에 집권하였던 계급들은? 그래서 헤겔은 "세계의 대종교들은 자체가 진리라기보다는 그런 종교를 믿는 사람들의 특정한 역사적 필요에서 발생한 이데올로기"

3) 『원불교사상 논고』, 김홍철 저, 원광대학교출판국, 1980, p.397.

4) 위의 책, p.396.

5) 『역사의 종말』, 프랜시스 후쿠야마 저, 이상훈 역, 한마음사, 1992, p.108.

로 보았다.[6] 예수님이 이슬람교를 배척하라고 했는가, 부처님이 기독교를 사도로 규정했는가? 순정 무구한 진리를 설했을 뿐이며, 인류애로 승화시켰다. 문제는 후세인들이 전통과 문화를 형성하는 과정에서 절대화시킨 것인데, 이것이 한편으로는 대립을 조장시킨 원인이다.

문제를 해결하기 위해서는 때가 되었을 때 섭리된 맥을 짚어 진리로서 지닌 가치와 역할을 파악해야 한다. 우리가 해야 할 일은 사회적인 요구에 따라 생성된 진리, 종교가 상대적이라는 사실을 아는 데 있다. 대립이 불가피하니까 세계가 대치되어 피를 흘렸다. 이런 국면을 전환시키지 못한다면 인류사회는 분쟁의 불씨가 사라질 날이 없다. 결코 융화될 수 없는 분열의 씨앗들이다. 종말을 촉진시킨 주된 이유이다. 이 시점에서 대립을 극복한 진리를 세울 수 없다면 인류가 쌓아 올린 전통과 문화는 모두 허물어져 버린다. 그만큼 지상 강림 역사 선언은 인류에게 내려진 최후통첩과도 같아 통렬하게 받아들여야 새로운 문명 세계를 건설할 수 있다. 분열과 대립의 선을 넘어서면 인류가 하나 될 수 있다.

우리가 눈으로 보고 판단해서 몸에 배어 버린 습속들은 이미 수십 세기 동안 전수되어 온 가치들인데, 이것이 지금도 眞·善·美에 대한 가치 판단의 기준으로 작용하다 보니 세상은 옛 성현들이 주장한 진리 세계에 대해 무감각해져 버렸다. 신구 세대가 갈라지고 재래 사상과 서구 사조를 한꺼번에 간직하고 있는 현대인들은 갈등과 모순을 해결하기 위해서 새로운 가치 질서를 필요로 했다. 세계가 하나 되는 것은 결코 불가능한 일이 아니다. 인류가 구원되는 길로서, 하나님이 이루실 역사이다. 세계 통합 과제는 그 뜻을 주장하는 자

---

6) 위의 책, p.108.

나 받아들이는 자나 일신상의 문제를 넘어선다. 인류가 지닌 고뇌를 풀어야 하는 중대사이다. 성심을 다하여 세계가 왜 대립된 것인지 이유를 알아야 한다.

2. 세계의 대립 원인

세계가 대립된 것은 한두 세대 간 혹은 일부 지역에만 걸쳐 있는 것이 아니므로 그 원인을 규명한다는 것이 쉽지 않다. 그런데도 세상은 이미 종말을 맞이하였고, 분열이 극한 결과이지만, 세계가 왜 그와 같은 상황을 벗어날 수 없었는지에 대한 이유가 궁금하다. 맥을 짚을 수 있어야 대립된 고질병을 고칠 수 있다. 언급하였듯 분열 중인 현상계 안에서 대립을 극복하는 것은 차원적인 문제이다. 세계는 분열을 통해 생성한다. 그래서 분열은 바탕 된 본질을 통합시키는 작용이 있다. 창조는 존재하는 시스템을 유지하기 위해 생성하고, 생성하기 위해서 분열하며, 그렇게 해서 만상을 구축했다. 분열은 세계를 이루고자 한 운행 목적에 따라 온갖 진리를 인출했다. 그래서 분열이 완료되면 그때서야 세계가 완성된다. 완료되지 못한 상태에서는 대립 상황이 불가피했다는 뜻이다. 완료되어야 일체가 통합될 수 있는 시점을 맞이한다. 이것이 세계가 진리성을 지닌 상태에서도 대립하게 된 주된 이유이다.

유교의 理氣論(이기론)에서는 세계의 본질성을 각구 太極(태극)과 통체 太極(태극)으로 구분해서 접근하였다. 만상은 하나인 통체 太極으로부터 분열되어 나왔지만 그러면서도 만상은 완전한 각구 太極을 지녔다. 하지만 이런 주장을 세인들은 이해할 수 없다. 분열이 다하지 않은 太極 상태를 도상에서 보면 인식상 제약이 있다. 분열되어야 드러나는 차원적인 통체성을 어떻게 파악할 수 있겠는가? 각구 太極이 어떻게 독립되어 작용하는가? 여기에 생성으로 구축된 만상이 지닌 비밀이 있다. 생성은 독자적인 것이므로, 분열해야 완전할 수 있다. 개체는 떨어져 나온 부분이 아니다. 자체로서 완전한 소우주이다. 미물도 완전하지 못하면 존재할 수 없다.[7] 단지 독자성을 갖추었지만 분열을 완료하기까지는 생성하는 특성상 완전하지 못한 한계가 있은 것뿐이다.[8] 서로가 완전하지 못한 관점 위에 있어 끝을 보지 못했다.

미국과 소련이 대치했던 냉전 시대에는 민주 진영에서도 사상전을 펴 공산주의를 비판했다. 그러나 정작 공산주의를 뒷받침한 근간인 유물론을 극복할 대안은 마련하지 못했다. 유물론도 관념론도 그들은 각자 지닌 존재 이유와 진리적 역할을 지닌 각구 太極일 따름이다. 각구 太極은 나름대로 독립된 진리 체제를 갖추고 있어 太極 하나하나가 동등한 본질을 본유하고 있다. 세상에서 太極을 내포하지 않은 존재는 하나도 없다. 삼라만상은 모두 太極[본질]을 지녔다. 진화론도 무신론도 다를 바 없다. 그런데 누가 누구를 비판할 수 있는가? 아무도 상대성을 면할 수 없다. 그렇다면 대립된 것들이 일순간 통일된다고 한 것은 또 무슨 말인가(헤겔)?[9] 正이 反이 되는 것은 사실상 통합체로부터 분열된 생성력이 주된 원동력이다. 이것이 분열 중인 인식선 상에서 보면 다르게 보이는데, 반대인 성질이 합쳐진다고 주장한 것은 모순된다. 분열이 완료되면 통합되는 이치를 미처 알지 못해서이다. 그래서 분열은 '대립'으로, 통합은 '모순'으로

---

7) 창조되었기 때문임.

8) 하나님이 섭리와 역사를 완수하고 진리 통합을 완수하기까지지임.

9) 헤겔이 正·反·合의 통일 진행 논리를 설명하면서 이와 같은 말을 씀.–『헤겔과 마르크스』, K. 베커 저, 황태연 역, 중원문화, 1984, p.46.

표현했다. 하지만 대립물의 통일도 알고 보면 모순되지 않다. 대립물은 원래 하나인 통체 太極으로부터 생성된 결과물일 뿐이다. 과정에서 보면 모순으로 보여도 결과를 놓고 보면 결국 통합이다. 따라서 분열 중인 세계에서 통체 太極을 한꺼번에 파악할 수 없는 것은 과정이 자체적으로 안고 있는 문제였다. 세계에 가로놓인 이원성·다원성·상대성을 대립된 상황으로 파악할 수밖에 없었던 이유이다.

따라서 세계 안에서 진리로서 주장되지 못할 것은 하나도 없다. 무엇을 통해서도 神의 제단은 쌓아 올릴 수 있다. 태극성을 본유하고 있다. 主知主義(주지주의), 主意主義(주의주의), 主情主義(주정주의), 유심, 유물……. 단지 문제가 있다면? 옳은 구석은 있었지만(각구 太極), 자체로서는 전체를 볼 수 없었다. 핵심 된 본질을 밝혀야 해결된다. 대립은 분열 중인 관계로 벗어날 수 없게 된 한계 상황이다. 이 같은 상태에서는 그 무엇도 참의 기준이 될 수 없다. 진리 영역을 포섭한 관점을 확보하지 못했다. 완성과 통합성은 지향하고 있지만 과정 속에서는 그 무엇도 온전할 수 없다. 완성은 더 큰 완성을 위한 시발점일 뿐이다. 세계는 무수하게 완성의 문턱에 도달했지만, 결국은 분열을 가속화시킨 형국이라 그런 노력이 쌓이고 쌓여 세계 완성이 촉진되었다. 지난날 횡행했던 흑백 논리는 통합적인 관점을 확보하지 못한 관계로 구획 지어진 한계 관점이다. 대립과 모순은 분열 중인 세계가 노출시킨 관점이다. 생성된 통합성을 분열적인 관점에서 대치시켜 버렸다(모순).

그럴 수밖에 없는 데는 다른 이유도 있다. 처음부터 모든 것을 갖춘 통체 太極 상태는 전통적인 서구인들의 사고방식 가운데서는 찾을 수 없었다. 인과적인 결정 세계만 진리로서 인정했다. 하지만 동양의 覺者들은 하나 즉 만이란 화두를 심심찮게 내걸었다. 물론 이 같은 관점도 문제는 있다. 전체적인 본질성에 대해 분열을 완료하지 못한 상태에서는 무엇을 통하더라도 입증할 길이 없다. 道는 그것이 진리가 아니라서 이해하지 못한 것이 아니었다. 지적한 바 세계가 대립된 원인은 명백하다. 세계가 보인 끝없는 대립적 상황, 그것은 사실상 유구한 세월 동안 분열된 세계가 통합된 시점에서 결집시키기 위한 진리력이다. 분열되고 있는 선상에서는 결코 드러날 수 없었던 차원적인 관점이고, 완료되었을 때만 구축되는 통합된 응집력이다. 이 같은 여건을 구축하기 위해 하나님이 전격 역사하였고 통체 진리의 완성체로서 이 땅에 강림하였다. 같은 결과에 대해서도 분열의 끝자락에서 보면 종말을 맞이한 것이 되지만, 달리 보면 그런 생멸을 통해 오히려 세계가 다시 생성할 수 있게 된 것인 만큼, 이곳에 천지를 창조한 비범함이 있다. 세계가 종말을 맞이함과 동시에 새로운 통합 에너지를 결집시킬 수 있게 되었다는 것, 이곳에 세계가 지닌 세기말적인 전환 에너지와 영원한 세계에로의 진입 비밀이 있다.

제2장 세계의 보편성 문제

1. 진리의 보편성

세계가 종말을 맞이한 것은 세계가 분열을 극함에 따른 한계성과 그렇게 해서 생긴 대립성을 극복하지 못해서이다. 그런데도 지성들은 분열된 진리만 붙들고 지키려 하여 세계가 대치하게 되었다. 그렇다면 이런 상황을 벗어날 대책은 정말 없는가? 그래서 이 연구는 전도된 가치 질서를 창출할 통합 진리의 대두를 선언하기에 이르렀다. 세계가 대립하게 된 원인이 분열에 있으므로 통합하면 하나 될 수 있다. 그런데 통합으로 가는 길목에 반드시 해결해야 한 과제가 진리의 보편성 문제이다. 대립된 요인도 통합할 요인도 모두 여기에 있다. 세계가 분열 중인 관계로 보편화되지 못한 것인데 무조건 절대시한 양상이 곳곳에서 일어났다. 어떤 진리성을 인식하고 인정하는 것도 중요하지만 한편으로는 전체성과 호환되었는가도 따져 보아야 한다. 그러나 아직까지는 기대에 미치지 못했다. 통합할 수 있는 전환점을 마련하지 못해 한 지역에서 통용된 진리 기준이 다른 지역에서는 의식조차 없는 경우가 태반이다. 어떤 사상이 생명력을 발휘하는 것은 그 같은 사상을 배태시킨 문화권이 주효하며, 세계적인 보편성을 확보하기 위해서는 각고의 노력이 필요하다. 예를 들어 재림 역사는 하나님이 창조 목적을 이루는 절차상 인류가 겪어야 하는 필수 과정이다. 그런데도 기독교인들만 믿고 있는 신앙관 정도로 여긴다. 임박했다고 해 놓고 번복하기 일쑤이다. 재림은 실로 지구촌의 백성들이 모두 겪어야 하는 역사이다. 재림 신앙 자체가 일관성과 보편성을 지녀야 하는 이유이다. 아직도 기독교 문화권을 벗어나지 못한 신앙 형태인데, 세계적으로 실현될 수 있으리라고 생각하는가? 보편성에 대한 과제를 해결하지 못한 상태에서는 누구도 재림 역사를 맞이할 수 없다.

원불교는 보기 드물게 세계의 진심 본질과 道의 세계를 심도 있게 파고든 진리 종교이지만 역시 세계와 상통한 보편성은 확보하지 못하였다. 민족 종교의 벽을 허물어야 세계적인 종교가 될 수 있다. 一圓相(일원상)의 진리란 사실만 주장해서는 안 된다. 正道인 것을 넘어 道의 전체적인 모습까지 밝혀야 했다.[10] 그러나 노력해도 보편성을 확보하는 문제는 통합적인 본체 진리가 생성되기까지는 불가능한 일이었다. 원불교뿐만 아니라 어떤 종교라도 진리로서 점유한 한계성은 마찬가지이다. 학문적인 영역도 동일한 과제에 직면하고 있다. 학문 영역이 보편성을 얻고자 한 것은 객관성과도 연관이 있는데, "어떤 知에 대한 기술이 주관에 따라 좌우되어서야 되겠는가? 원리적인 측면에서는 누구도 그렇다는 식이 되어야 한다. 나는 이렇게 생각한다가 아니다. 왜 그렇게 말할 수 있는가를 논리적으로(원리적으로) 설명하고 논증해야 했다."[11] 知의 존재 방식은 객관성을 확보

10) 선현들이 밝힌 본질 세계를 재차 확인하고 각색시킨 선상에 머묾.

11) 『지의 기법』, 고바야시 야스오 외 엮음, 오상현 역, 경당, 1996, p.19.

했을 때 보편성을 지닌다. 단편성을 극복한 '총체적이고도 체계적인 지식의 반영'이 필요하다.[12] 그리해야 학문이 확보한 전문성이 도리어 세계를 외골수로 몰아넣는 편협성을 피할 수 있다. 결국 분열하는 것이 통합을 이루는 것이기는 하지만, 형성된 편벽의 장애는 허물기 어렵다. 세계가 하나 되는 데 큰 걸림돌이다. 전체를 보아야 핵심도 볼 수 있는데 학문이란 문을 통해서는 그 같은 안목을 기대할 수 없다. 학문의 범주 안인 과학이나 신학도 모습을 볼 수 없는 것은 마찬가지이다. 근래 들어 나타난 종교에 대한 과학의 압승 추세는 양쪽 다 세계와 관련해서는 큰 불행이다. 과학자나 종교인이 사용하는 진리라는 말은 같은 실재가 아니다. 경험의 상이한 두 형태를 가리킨 동음이의어(同音異議語)일 뿐이다.[13] 보편성을 확보하고자 한 노력이 분란을 조장시키게 된 역설? 이것이 진리가 보편화되지 못한 이유이다.

세계는 진리로서 구성되어 있지만 상이한 가치관・역사・문화・전통이 이룬 집합체이기도 하므로 진리적인 문제로 인해 집단 간에 자존심이 상할 만큼 충돌이 일어난다면 전쟁 국면을 피하지 못한다. 인류사회는 항상 전화의 불씨를 진리 문제로 인해 안고 있다. 통합성을 확보한 본체자가 강림하지 않는 한 언제나 당기기만 하면 번진다. 어떤 주장도 살펴보면 진리성은 있지만, 그런 주장들이 서로 대치됨으로 말미암아 입게 된 상처는 인류사회가 고스란히 떠안았다. 어찌하여 인류 역사는 "예언자의 계시와 철학자의 이성이 각각 지성의 활동 영역 전부에 대해 지배권을 주장한 형태로 나타났는가?"[14] 내세운 즉시 대립되므로 공존할 수 없게 되었다. 시간이 흐를수록

---

12) 위의 책, p.209.

13) 『역사의 연구(II)』, 토인비 저, 노명식 역, 1983, pp.120~121.

14) 위의 책, p.119.

반목의 골이 깊어졌다. 계시와 이성과의 관계뿐 만이겠는가? "최제우의 동학사상은 조선사회에 막 전파된 천주교에 대항해 세운 민족종교이고 사상이었다(19세기 중엽)."[15] 한편 "조정에서도 천주교를 반대한 큰 이유는 부모의 제사를 지내지 않는다는 것과 사당을 없애기 때문에 인륜에 어긋난다"고 본 데 있다.[16] 동학이든 천주교든 유교든, 서로가 조우되었을 때 그들은 얼마나 상식선 상에서 접근하였는가? 보편성을 확보한 상태에서 대하였는가? 유교가 제사를 지낸 것은 조상들이 사후에 혼백의 형태로 존재한다고 한 엄중한 세계관에 근거했다. 하지만 천주교는 사후 존재관이 이와 달랐다. 불거진 상충 부분에 대해 지금은 문제를 해결하였는가? "동학은 人乃天 등 인간 평등의 정신을 가지고 氣가 곧 神이며 神은 자연이라는 유기론(唯氣論)적 표현 형태를 취하였는데(범신론)",[17] 이것은 세계 진리의 일부 형태일 뿐이라 공유될 만큼 본질성을 확보한 것이 아니다. 표방한 진리가 세계에 파급될 정도로 보편성을 지녔는가라고 묻는다면 부족한 부분이 많다.

진리가 난해하다는 것은 정말 무엇을 뜻하는 것인가? 사회적인 여건의 문제인가, 교육이 문제인가? 플라톤이 주장한 이데아론과 퇴계가 펼친 理氣二元論(이기이원론)을 당시의 민중들은 얼마나 진리성으로 받아들이고 이해하였는가? 대부분은 들어 보지도 못하고 저세상으로 떠났다. 그렇다고 이런 문제가 세월이 흘렀다고 해서 해결되는 것은 아니다. 섭리가 완수되기까지는 고스란히 이행된 것이다. 이것이 보혜사가 완성된 진리의 성령으로서 강림하지 않을 수 없게 된 이유이다. 인류가 고심한 보편성 문제는 오늘날 강림한 하나님과 직

15) 『한국철학사상사』, 주홍성 · 이홍순 · 주칠성 저, 김문용 · 이홍용 역, 예문서원, 1993, p.23.

16) 『이야기 한국사』, 교양국사연구회, 청아출판사, 1990, p.399.

17) 『한국철학사상사』, 앞의 책, p.23.

결되어 있다. 이것은 하나님이 강림함으로써만 해결될 수 있는 역점 과제이다. 강림해야 고심한 진리 문제도 일시에 해결할 수 있다. 사통팔달된 지혜를 창조 섭리의 완수를 통해 확인할 수 있다. 하나님이 강림하였다면 그 실체를 어디서 볼 수 있는가? 분열된 진리 세계의 보편성 문제를 해결한 성업 위에 있다.

2. 신의 보편성

세계가 하나 되기 위해서는 세계를 이룬 근간인 진리에 대해 보편성·호환성·통체성을 확립하고, 죽음 이후에 대한 세계관을 통일하며, 종국에는 이 모든 것을 주관한 神을 보편화시켜야 한다. "神의 참가 없는 인류의 통일은 있을 수 없다."[18] 어떤 형태로든 통일을 향한 노력이 인류 역사를 점철시킨 것이므로 앞으로의 방향도 마찬가지이다.[19] 神을 보편화시키고자 한 것은 하나님이 세계를 품 안에 두고자 했던 섭리성의 일환인데, 이것이 세상 위에서는 부여된 대세를 거부한 듯한 형태로도 나타났다. 성 아우구스티누스는 『神國論』에서 하나님이 이룬 섭리의 보편성을 확인하고자 하였다.[20] 섭리의 보편성은 하나님의 존재성을 만인 앞에서 확인시키고자 한 노력과 같다. 하나님이 이스라엘 민족에게 약속했던 영광을 보류하고 사도 바울로 하여금 이방인에게도 영광을 나눌 수 있는 신학적 근거를 이루게 한 것은, 하나님이 이스라엘을 넘어 만유의 하나님이 되고자

18) 『역사의 연구(II)』, 앞의 책, p.129.

19) 진리는 분열됨으로 인해 편파된 것이 본질이다. 그러므로 진리의 통합과 세계의 분열성에 神의 개입이 강력하게 요구됨.

20) '하나님이 로마인들의 덕성에 대하여 부여해 준 세상적인 보상에 관하여' – 『신국론』, 아우구스티누스 저, 조호연·김종흡 역, 현대지성사, 1997, p.298.

한 보편성 지향 의지이다. 그것이 대세이고 섭리이므로 막을 수 없게 된 것이 세계사의 도도한 흐름이다. 그리고 세계가 지구촌을 이룬 지금은 타 종교, 타 진리까지도 포함시켜야 하는 보편성 문제를 떠안았다.

실례로서 마테오 리치[21]가 저술한 『천주실의』는 당시 전통적으로 三敎(儒·佛·道)가 뿌리내린 중국사회에 서방의 天主를 동양의 현실적 토양과 견주어 소개한 최초의 책이다.[22] 이런 노력 덕분에 오늘날은 이 연구가 기독교, 유교뿐만 아니라 타 종교, 타 진리까지 통합할 수 있게 되었다.[23] 종교와 진리와 문화들을 종합하기 위해 공통된 기초를 다지고자 한 노력, 하지만 기존의 신앙 틀 안에서는 결코 수용하지 못했던 대반란이다. 그런데도 이것은 하나님이 만인의 하나님이 되기 위해서 일으킨 대세 기류라, 이 열풍을 인류는 반드시 받아들여야 한다. 하지만 프로테스탄트는 성경 맹종이란 신앙만 표방하였고,[24] 기독교 전체가 교회 밖의 구원 역사를 이단으로 몰아붙인 것은 교세를 위축시킨 주된 원인이다. 안타깝지만 "인류의 3분의 2는 지금도 복음을 들어 보지도 못한 채 방치되고 있다."[25] 그 원인이 어디에 있다고 보는가? 인류를 하나 되게 할 神의 보편성 문제를 열린 과제로서 대하지 못한 데 있다.

---

21) 마테오 리치(Matteo Ricci): 1552~1610.

22) 『천주실의』: 중국 明나라에서 선교 활동을 한 예수회 소속 이탈리아 신부 마테오 리치가 한문으로 저술한 천주교 교리서. 이 책의 일반적인 특징은 불교와 도교는 배척했지만 유교는 태극설을 제외하고는 그 의의를 충분히 인정하면서 천주교 전파의 바탕으로 삼으려 했던 점에 있다.-인터넷 자료.

23) "하나님의 보편성은 서구에서 이해한 것처럼 기독교가 보편적 적응성·관련성을 가져야 한다고 하는 의미에서 이해한 것이 아니라, 만물의 神인 하나님께서는 모든 시대에 걸쳐서 지구상의 모든 사람들에게 스스로를 나타내셨다고 하는 의미에서 이해하였다."-『국가권력과 기독교(제4집)』, 한국기독교사회문제연구원 편, 민중사, p.404.

24) 『역사의 연구(Ⅱ)』, 앞의 책, p.299.

25) 『복음주의 입장에서 본 기독교 사상사』, 토니레인 저, 김응국 역, 나침반사, 1988, p.517.

이슬람권과 기독교권의 문명 충돌로 일컬어진 미국의 무역센터 테러와(2001년) 응징 상황을 살펴보면 하나님은 원수를 사랑하라고 하였는데도 불구하고 그들은 테러를 성전으로, 죄악을 순교로, 보복을 神의 심판으로서 미화시켰다. 神은 결코 자비하지도 보편적이지도 않았으며, 편협과 갈등과 참화를 낳은 원인 제공자로 둔갑하고 말았다. 그러므로 神을 보편화시키는 것은 인류가 기필코 해결해야 하는 과제 목록이다. 진리와 신앙이 뭇 영혼을 자유롭게 해야 하는데, 속박하고 구속하였다. 맹신이 만연해 神을 절대 권위화시키는 데는 성공했지만 보편화에는 실패했다. 왜 그들 신앙은 대지가 비를 머금듯 만인의 영혼 속에 자연스럽게 스며들지 못했는가? 과연 아담이 저지른 원죄는 인류가 짊어진 보편적인 의식인가? 공통적으로 적용 가능한 원리인가? 예수 그리스도의 십자가 희생이 인류의 죄악을 대속한 것이라는 구원 논리는 인류를 하나로 결속할 수 있는 연결고리가 될 수 있는가?[26] 무엇 하나 제대로 가닥 잡은 것이 없으므로 일체의 문제를 해결하기 위해 하나님이 강림하였다. 보혜사가 전 인류에 걸친 실질적인 하나님이 되기 위해서는 누구도 피할 수 없는 필연적인 연결고리, 곧 타당하며 그 무엇에도 해당되는 조종성(祖宗性)부터 밝혀야 한다.

이 연구는 서두에서 숨 막히는 대역사적 선언을 하였다. 보혜사 하나님이 강림한 사실을 선언하였고, 선천 역사의 종말을 선포하였으며, 바야흐로 도래할 새로운 통합 문명 시대를 예고하였다. 그러나 이 같은 주장도 다만 이 연구를 통해서만 제시된 과제이고 전제된 통찰이며 문을 여는 개설 역할에 해당할 따름이다. 얼마만큼 잠

26) 기독교는 예수 그리스도가 하나님의 아들이라는 권위성에 입각해서 그분이 희생된 십자가의 의미를 인류의 죄악과 연결시켜 정립하였다. 그러나 인간의 죄악은 창조된 결과로 주어진 실체로서의 구조적인 문제에 기인하여 발생한 것임.

든 세상을 흔들어 깨울 수 있을지는 의문이다. 세상은 이 연구가 밝힌 선언 역사를 얼마나 납득할 수 있는가? 선현들은 평생을 바쳐 진리 하나를 얻기 위해 고심했는데, 지금은 지식이 범람하므로 이런 사태를 단지 정보화 시대가 도래한 탓 정도로 단정 짓고 있다. 과거에는 순정 어린 가치를 일구어 세계적인 진실을 지켰는데, 오늘날은 말단적인 가치관이 설치고 있다. 이런 세태를 억압된 인간 욕구의 진솔한 표현인 것으로 넘겨 버릴 것인가? 『차타레 부인의 사랑』, 『나는 야한 여자가 좋다』, 증가되는 이혼율, 청소년에게 가르치는 피임법의 이율배반성 등등 도래한 말세적 현상이 파국의 도를 넘어섰다. 그런데도 세상은 이런 현상을 무감각, 무판단, 무비판으로 넘겨 버린다. 말세가 되었는데 말세를 인식하지 못하고 있는 세태 국면, 이것이 바로 아무도 못 말리게 된 종말 국면이다. 도래한 종말 상황을 알아차리지 못하는 참담한 현실 앞에서 이 연구가 모든 세계적 실상을 깨우쳐야 한다. 종말 상황을 알리고자 한 사명 역할을 다하리라. 그리하면 이후로 인류가 맞이하게 될 역사는? 이것이 바로 이 연구가 완수한 지상 강림 역사이다. 하나님이 인류가 맞이할 종말의 때를 대비하게 하였다. 오죽 그 현실이 가중한 것이면 하나님이 강림하였겠는가?

제3장 강림의 세계 바탕적 원리

1. 신과의 합일성 지향

하나님이 강림하였다는 것은 아직까지는 선언된 것일 뿐, 구체적인 논거까지 펼친 상태는 아니다. 사실을 뒷받침한 합당한 근거를 확보해야 하는데, 그 첫 가닥은 인류가 유구한 세월 동안 가장 완전하고 거룩하며 궁극적인 神과의 합일성을 추구・지향하였다는 사실을 확인하는 데 있다. 神이 강림한 것은 그만한 역사가 있었다는 뜻이며, 그것은 선현들이 지난날 이룬 神人合一 노력과 크게 다르지 않다. 완전한 합일을 목표로 神은 인간에게로 다가서고자 하였고 인간은 神에게로 다가가고자 하였다. 이런 노력이 그대로 하나님이 강림할 수 있는 세계의 바탕적인 원리가 되었다. 神과 인간이 서로 다가서는 것이므로, 지상 강림은 결국 모든 인류가 하나님과 함께하는 것이고 하나 되는 것이며 일체되는 것이다. 도대체 이런 노력이 역사상 언제 있었는가? 항상 있었는데 강림을 뒷받침한 것이었다는 것을 알지 못한 것뿐이다. 강림 이전에는 강림하지 못해 거리가 멀었다. "우리 안이나 위에서 가질 수 없고, 처음부터 항상 오직 앞에서

만 존재하는 분으로 생각했을 따름이다. 미래의 약속 가운데서 우리를 만나며, 그런 하나님을 우리는 가질 수 없고 오로지 생활 가운데서 희망하면서 기다렸다."[27] 그러나 강림한 오늘날은 가까이 다가가는 것이 어렵지 않다. 이전에는 거리가 있었지만 지금은 뵈올 수 있고 함께할 수 있다. 가까이하고자 한 노력이 일시에 강림을 실현할 기반 다짐 역사로 전환된다.

인류가 쏟은 神과의 합일 노력은 인간 본성과 역사가 추구한 고유 본질이다. 일치되는 것은 우주 생성의 목적이고 역사적 귀결이며 뭇 인생의 결론이다. 그래서 인류가 강림 역사를 맞이한 것은 역사상 가장 위대한 순간을 경험한 것이다. 선현들이 天人合一을 달성하고자 한 것은 하나님과 함께하기 위한 본향적 목표이다. 불교가 신앙생활의 근간을 수행에 둔 것은 수행하면 신성한 본질을 쌓고, 본질은 생명의 원천으로서 하나님께로 나아갈 길을 틀 수 있기 때문이다. 神과 일체되기 위한 노력과 진배없고 함께하기 위한 삶의 투신 과정이다. 기독교가 세운 신관을 기준으로 神을 절대적인 인격자로 여기다 보니 궁극적인 실재와의 합일 노력이 등한시되었지만, 강림한 하나님은 세계적인 공간과 본질을 포괄하여 그동안 넘어서지 못한 神과 인간 간의 격차를 줄였다. 바꿔 말하면 神과 합일하는 것은 세계적 공간과 의지와 하나 되고자 한 것으로서 覺者가 道를 구하고 道를 깨닫고 道를 닦는다고 한 행위가 그것이다. 神은 의지로서도 존재하고 본질로서도 존재하고 진리로서도 존재하므로, 이들과의 합일성 추구가 지상 강림 역사 안에 있다. "신성한 섭리에 의해 지배된 우주에 동화함으로써 神과의 합일을 꾀하였다."[28] 道, 자연, 우주와 합일하

---

27) 「종말론에 대한 신학적 고찰」, 차영의 저, 경성대학교 대학원 신학과 석사학위논문, 2007, p.67.
28) 『인간과 신에 대한 파스칼과 노자의 이해』, 조명애 저, 서광사, 1994, p.17.

고자 했다. "일어난 모든 것을 신성화하므로 神과 하나 되는 것을 목적으로 삼았다."[29] "스피노자가 神에 대한 사랑을 말한 것은 神과의 합일을 뜻한다."[30] 결과로 '신즉자연'이란 명제를 세웠던 것인데, 이것을 기독교인들은 바르게 이해하지 못했다. 神과 자연이 동일하다고 본 것은 神과 세계와의 격차를 줄이고자 한 노력이다. 그런데 동양의 覺者는 스피노자보다 앞서 神이 자연의 본질을 포괄한 사상을 펼쳤다. 『동경대전』에 보면, 한울님께서 수운(水雲 崔濟愚, 1824~1864)에게 天道를 내려 "나의 마음이 곧 네 마음이니라(曰吾心則汝心也)"[31], 즉 神心=吾心이라 했는데 그 이유는 神心이 吾心을 온통 포함하고 있고 세계가 神적 본질로 구성된 존재 내에서의 心이기 때문이다. 인간이 하나님과 함께하며 일체될 수 있는 세계 원리적인 근거이다. 하나님이 강림할 수 있는 발판이다.

혜능은 『육조단경』에서 강조하길, "자기 안에 있는 부처가 바로 진불(眞佛)인데 자기에게 佛心이 없다면 어느 곳에서 진불을 구하겠는가? 너희들의 마음이 바로 부처이므로 다시는 의심하지 말라"고 했다.[32] 自佛의 진불성, 즉 神性, 神적 본질을 아는 것이 깨달은 것이고, 神人合一 경지에 이른 상황이다. 자신이 진불, 神佛을 지닌 것이 하나님과의 지극한 격차를 줄여 자신 안에 강림할 수 있게 한다. 하나님과 함께하는 방법이 아니고 무엇인가? "마음 밖에 따로 부처는 없다(마조)." "마음과 부처는 다른 것이 아니다(『전심법요』)." 神性을 영성을 통해 지님으로써 "自心이 바로 부처이다(『육조단경』)." 神과

29) 위의 책, p.58.

30) 「에티카에 나타난 스피노자의 신에 대한 고찰」, 이정 저, 인천가톨릭대학교 대학원 신학과 윤리철학전공 석사학위논문, 2009, p.30.

31) 『동경대전』, 논학문, p.28.

32) "自佛是眞佛 自若無佛心 何處求眞佛 汝等自心是佛 更莫狐疑." - 『무신론과 유신론』, 히사마쯔 신이찌·야기 세이이찌 저, 정병조·김승철 역, 대원정사, 1994, p.183.

하나 될 수 있는 길을 튼 큰 깨달음이다. 그런데도 각성된 명제가 살아 있는 진리로서 와 닿지 않은 것은 깨닫기는 했어도 본체를 보지 못해서이다. "아트만은 브라흐만이다(바라문 사상)."[33] "우주는 한울님의 지기(至氣)가 본체를 이루며, 나아가 한울님의 지기로 이룩된 것"이라고 했지만[34] 지성계는 여기에 대해 주목하지 않았다. 어떻게 연관될 수 있는 것인지 논거하기 위해서는 핵심 된 본질을 규명하고 천지가 창조된 본의를 밝혀야 했다.

> "너희가 하나님의 성전인 것과 하나님의 성령이 너희 안에 거하시는 것을 알지 못하느뇨."[35]

이유가 있었는데 강림 역사를 완수한 결과 이 땅 모두가 신성하여졌다. 교회만 성전으로 여겼던 때와 달리 이제는 천지가 성전화되었고 신적 본질로 승화되었다. 세계가 神적 본질화되어 있어 우리도 온전히 神과 합일할 수 있다. 합일을 이루는 것이 존재자가 가질 수 있는 최고로 고양된 순간이고,[36] 神과 합일하면 모든 것과 합일한 것이다.

합일을 지향한 목적과 도달된 상태를 기준으로 삼고 보면 서양의 기독교가 하나님을 신앙하고서도 끝내 합일성을 성취하지 못한 이유가 두드러진다. 기독교에서는 하나님을 창조주로서 경외하고 영광되게 하는 것을 제일의 목적으로 삼았고, 신학은 인간을 피조물로서 격하시키고 종으로 낮추면서까지 하나님을 드높였다. 그러니까 神과

---

33) 『불교와 기독교』, 정태혁 저, 신문출판, 1983, p.21.

34) 『천도교』, 윤석산 저, 천도교중앙총부출판부, 2011, p.42.

35) 고린도 전서, 3장 16절.

36) 『선과 신비주의』, 윌리암 존스톤 저, 이원석 역, 대원정사, 1993, p.72.

인간은 교감되고 함께해야 함에도 격리되어 버렸다. 아버지는 내 안에, 나는 아버지 안에 있어야 하는 것이 이상적인 실존 상황인데 인간은 하늘만 우러러보았고, 하나님은 감히 근접할 수 없는 초월자로 군림되었다. 神과 인간은 차원적으로 다르다고 여긴 것이 굳어진 생각이고 믿음이었다. 그러니까 서양 신학은 神과의 이질감을 극복하지 못해 神과 함께할 수 있는 길을 끝내 찾지 못했다. 하나님과 이스라엘 민족은 주종 관계였다. 예수가 부자 관계로 전환시키기는 했지만 차별을 전제로 한 신앙이 단번에 혁신될 리는 없다. 예수와 하나님 간은 회복하였지만 인류 전체가 함께할 수 있는 세계 바탕적인 원리는 제시하지 못했다.

하지만 동양에서는 일찍부터 天·地·人 합일과 萬物一體 사상을 개진시켰다. 세계가 神과 차이가 없다는 생각은 제반 사상을 완성시키는 것은 물론, 이 땅을 천국화할 수 있는 초입 기반이다. 하나님이 창조주인 사실을 확인하는 것은 물론이고 온 인류가 자녀인 것을 알 수 있는 유전자적 추적 절차이다. 자식과 부모가 다르다면 친자 관계가 성립될 수 없듯, 천지는 하나님으로부터 창조됨으로써 결국은 동일해야 한다는 것이 기본적인 입장이다. 그리해야 일찍이 기대한 이상적 가치를 구현할 수 있다. 인간의 삶과 인류가 몸담은 세계가 최상화된다. 佛陀(불타)는 모든 중생이 佛性을 가졌고, 孔子(공자)는 모든 사람이 성인이 될 수 있으며, 예수는 하나님이 완전함같이 너희도 완전하라고 했다. 인류는 정말 하나님과 함께할 수 있고 하나 됨으로써 생명의 부모를 되찾게 된다. 그래서 神과 합일하고자 한 노력은 인류를 궁극적인 진리 세계로 안내하고 하나님이 참아버지인 것을 증거하는 대동 족보 역할을 담당한다. 선현들의 각성으로 神과의 차원적인 격차가 해소되며 합일할 수 있는 길을 텄지만, 완전하게 제시하지 못한 것은 천지가 창조로 말미암아 각색된 데 이유가 있다(化됨). 그래서 강림한 하나님이 본의를 밝힘으로써 神과 세계가 지닌 차이를 극복하고 합일성에 도달한 지상 강림 역사를 완수하게 되었다.

2. 도의 초월성 추구

지상 강림 역사는 하나님이 하늘에서만 주재한 일방적 역사가 아니다. 비행기는 아무리 빨라도 활주로가 없는 곳에서는 안착할 수 없다. 그래서 세계의 지성들은 동서를 불문하고 현 질서를 초월한 궁극적 실재를 전제하거나 신앙하고 추구하였는데, 이로써 하나님이 오늘날 강림하게 된 세계 바탕적인 원리성을 구축하였다. 특히 "노자는 영원하고 절대적인 세계, 즉 현상계를 초월한 본체 세계를 중점적으로 추구했다."[37] 동양의 覺者가 현상계 너머에 있는 본체계를 추구한 것은 서양 사람들이 초월적으로 존재한 神을 추앙한 것과 같다. 동서가 지향한 추구 본질은 다르지 않다. 길은 달라도 목적지가 같다면 결국은 합쳐진다. 그래서 도달하게 된 정점에서 지상 강림 역사가 실현되었다. "노자는 형체 없는 형체를 보고 소리 없는 소리를 들은 것을 최초로 가르친 철인이다. 하늘과 땅보다 먼저 생겨난 우주의 본원적인 道에 대해서 깊이 통찰한 후에, 인간은 자신의 근원인 道에로 되돌아가는 존재"라고 말했다.[38] 형체 없는 형체나 소리 없는 소리는 모두 천지가 창조되기 이전의 초월적인 원형체이고, 하늘과 땅보다 먼저 생겨난 道는 창조 이전에 존재한 하나님의 본체

---

37) 「H. 베르그송과 노자의 인식론에 관한 비교 연구」, 도창환 저, 가톨릭대학 대학원 신학과 종교철학전공, 1992, p.65.

38) 위의 논문, p.65.

자리이다. 이런 묘체에 대해 선천에서는 실체를 규명하지 못했는데, 지금은 할 수 있게 되었다. 인간이 자신의 근원인 道로 되돌아가는 존재라고 말한 것은 만물이 수평적인 구조가 아니고 초월적인 근원으로부터 창조된 것을 지적한 것이다. 그래서 道로 다시 돌아간다고 본 것은 인간이 神에 귀의한다고 믿은 것과 같다. 형체 없는 형체와 소리 없는 소리를 구분한 것은 창조된 만물과 창조 이전의 존재를 구분한 것이 되고, 형체 없는 형체를 인정한 것은 창조 이전에 존재한 하나님을 인정한 것과 같다. "道는 인간 지성을 초월한 인식, 즉 주관과 객관의 한계를 초월한 통일된 절대적 원리이다."[39] 현상의 세계에서 본체 세계로, 유한의 세계에서 무한의 세계로, 상대의 세계에서 절대의 세계로 눈을 돌린 것은 절대적인 하나님의 세계를 지향한 것과 같다. 현상계는 생멸이 있는 세계인데, 영원한 세계를 인정한 것은 인류를 영원한 하나님에게로 인도한 것이 되고, 이런 역정이 그대로 하나님이 강림할 수 있는 세계 원리적인 기반이 되었다. 세상에서 존재하고 있는 것이 전부라면 어떤 경우에도 초월성은 있을 수 없다. 그런데도 초월적인 하나님이 계신 것은 삼라만상을 있게 한 창조가 초월적이다. 정말 세상만으로는 초월성이 아무런 소용이 없지만 세상이 존재한 근거를 추적하고자 하면 초월성이 필요하다. 이것을 기독교에서는 믿음으로 대신하려 하였고, 동양의 覺者는 수행을 통해 접근하여 루트를 개척했다. 하나님은 이미 존재한 분이고 만물은 하나님으로부터 창조된 것이므로, 이런 근원을 추적하기 위해서는 초월적인 존재자가 필요했다. 그래서 제반 이치를 총괄한 하나님이 본체자로 강림하였다.

『금강경』에서는 '머무는 바 없이 그 마음을 내라'고 했는데,[40] 이

39) 위의 논문, p.13.

것이 도대체 무슨 뜻인가? 조건 없이 조건을 낸다는 것은 현상계의 인과율을 벗어난 것이다. 이것은 현상계 안에서는 일어날 수 없는 창조 이전에 존재 없이 존재하였고 원인 없이 존재한 하나님을 직시한 진언이다. 지성들은 결정적인 근거를 찾아 확실한 진리를 인출하고자 하였지만, 세계적 시원은 그렇게 해서 출발되지 않았다. 결정되어 있는 세계, 그것은 전부가 아니며, 세계의 원초적인 시작은 창조와 함께 비로소 결정되었다. 자체가 원인으로서 조건을 내지 않았다. 머무는 바 없이 마음을 냄에 그것이 바로 창조이다(無로부터의 창조). 인과율을 벗어난 선문답이 아니다. 인과가 결정되기 이전, 곧 창조 시점을 말한다. 서양은 자체로서 조건이 생성되는 일은 불가능하다고 보고 일체의 조건을 세상 가운데서 찾고자 하였는데,[41] 동양이 空하다고 한 것은 일체 조건을 부정한 것을 통해 오히려 창조를 인정한 역설을 택한 것이 된다. 불교가 주장한 궁극적 실재인 絶對無[절대무(空)][42]는 창조를 표현한 적격한 말이다. 절대는 창조되기 이전으로서 상대된 극이 없다. 無는 다름 아닌 창조되기 이전의 존재 상태에 대한 표현인 것이다. 창조의 핵심은 이런 초월성에 있다. 서양의 철학자인 헤겔은 절대정신이란 말을 썼는데,[43] 절대정신은 극이 분화되기 이전, 곧 선재된 절대 본질이다. 절대자는 창조된 삼라만상을 초월한 본체자이다.

이렇듯 서양 철학이 절대 정신과 절대 영역을 설정한 것은 동양의 覺者가 초월적인 세계 영역으로서 道의 개념을 설정한 것과 같다. 절대적·본체적·초월적으로 존재한 하나님을 지향했다. 철인들도 직

40) "應無所住而生其心."

41) 끝까지 창조를 부정함.

42) 『무신론과 유신론』, 앞의 책, p.10.

43) 『신은 존재 하는가』, 한스 큉 저, 성염 역, 분도출판사, 1994, p.222.

관지를 개발해서 사물의 본질을 파악하고자 하였다. 어떤 대상도 본질은 분열과 무관할 수 없는 것으로 이미 존재한 궁극적인 실재를 직시하고자 했다. 이것은 세계의 구조 자체가 그렇게 된 바탕적 본체이다. 밝힌 바 "道는 하늘과 땅보다 앞서 존재한 것이라 했는데, 그렇게 선재해야(시공을 초월) 우주 만물의 모체로서 변함없이 모든 것을 지배"할 수 있다.[44] "道가 인간의 경험을 초월해 있으면서도 존재 사물의 내적 원리로 존재"한다고 말한 것은[45] 道로서 지칭된 하나님이 지상에서 초월적인 특성으로 거할 수 있는 근거이다. 부르는 이름은 달라도 원리는 동일하게 적용된다. "사차원은 독일의 수학자이자 물리학자인 헤르만 민코프스키가 만들어 낸 말이다. 그런데 그 개념을 처음 제안한 사람은 바로 아인슈타인이다. 점, 면, 입체 등의 공간에 시간을 보탠 것이 사차원으로, 시간과 공간은 고대 그리스 때부터 세계가 존재하기 위한 기본적인 틀로 여겼다."[46] 통상 존재는 시간을 무시한 개념이다. 하지만 일체 존재는 바로 그렇게 무시한 시간의 지배를 받고 있는 것이다. 존재만 있어도 충분한데 왜 시간이 또 존재한 것인가? 여기에 천지가 창조된 비밀이 있다. 세계는 그냥 존재한 것이 아니다. 시스템적으로 운위되는데, 그런 특성을 일컬어 생성이라고 한다. 시공간은 생성이 있어 시간을 초월한 바탕 본체로 존재할 수 있고, 시공간을 온전히 장악한 하나님이 창조주로 강림할 수 있었다.

물리적인 세계 공간도 초월성이 필요하므로 이념적인 면에서는 더욱 그러하다. 알다시피 철학자 "플라톤은 모든 선행을 성립시키면서 더욱 개개의 선행을 초월한 이념을 탐구했다."[47] 그중 "이데아는

44) 『노자의 도가사상』, 김학주 저, p.101.

45) 「H. 베르그송과 노자의 인식론에 관한 비교 연구」, 앞의 논문, p.27.

46) 『현대철학은 진리를 어떻게 정의할 것인가』, 남경태 저, 두산동아, 1997, p.81.

감각으로 얻어지는 것이 아니다. 영원불변의 보편적인 知의 대상으로서, 현상을 초월해 독립적으로 존재한다. 그래서 현상계는 知의 대상이 될 수 없다"고 못 박았다.[48] 초월성을 추구하였고 초월적인 세계를 인정하였다. 세계가 갖춘 구조라 이데아계를 설정하지 않으면 세계가 성립될 수 없고 존재를 거론할 수도 없다. 단지 선천에서는 하나님의 본체가 묘연하여 사실에 근거했는데도 불구하고 관념화에 그쳤다. 누구라도 본체계·초월계를 상정하지 않고서는 세계를 구성할 수 없었는데, 그 이유는 바로 제 현상계가 본체계에 뿌리를 두어서이다(창조). 곧 현실적인 요소만으로는 아무리 해도 세계를 구성할 수 없어 창조적·초월적·본체적인 존재가 필요했다. 동시, 일체, 합일, 영원, 통합 등이 초월적인 본체자로부터 추출된 제반 특성이다. 부동의 원동자는(아리스토텔레스) 현실 속에서는 있을 수 없어 가정된 존재인 것 같지만, 사실은 현재 존재하고 있는 모든 것이 사차원적 실체, 無적 실체, 총괄적 실체이다. 바탕 된 본체가 있어 천지만물이 정연한 질서를 유지하고 있다. 이데아도(플라톤) 동일한 부류 인식이다. 이데아를 만물의 1차적인 현상으로, 만물을 말미암은 2차적인 현상으로 본 것은 밀가루를 1차적, 제조된 빵을 2차적으로 본 것과 같다. 따라서 만물을 있게 한 이데아가 참실재이고 원형인 것은 맞다. 이데아계는 가정한 초월 세계가 아니다. 창조된 질서를 현실적으로 초월했다. 지성들이 세계를 초월계와 현상계로 구분했던 것은 천지가 창조됨으로써 이룬 필연적 구조이다. 창조는 삼차원적인 만물이 반드시 필요로 하는 사차원적 권능이다.

스피노자는 "개별적인 존재가 존재하기 위해서는 그 자체로 다른

47) 『동서사상의 원류』, 철학사상탐구선양회 편, 백산출판사, 1996, p.54.

48) 위의 책, p.54.

원인을 필요로 하지 않는 근원이 있어야 한다고 주장했다(자기 원인). 즉 자기 원인은 그것의 본질이 존재를 포함하는 것, 또는 그것의 본성이 존재한다고 생각할 수밖에 없는 것"으로 규정했다.[49] 혼자서 북도 치고 장구도 친다는 말처럼, 자신이 스스로 존재한 원인을 가지는 것은 자체 창조력이다. 이것은 창조주가 있느냐 없느냐 하는 존재의 유무 문제와 다르다. 세계를 성립시킨 구조 자체가 초월적인 존재자를 요구한 상태이다. 세계는 본질적으로 사차원적인 권능을 지닌 神이 필요하다.[50] 神이 존재하므로 인류도 하나 될 수 있다. 자기 원인이란 사차원적인 존재자란 뜻과 다를 바 없다. 만물은 반드시 원인이 필요하지만 동일한 조건으로서 그런 원인을 전혀 필요로 하지 않는 神도 존재한다. 그것이 곧 자기 원인으로 존재한 창조주 하나님이다.

천도교에서는 "천지 즉 부모요 부모 즉 천지이다."[51] "만물이 시천주 아님이 없으니 능히 이 이치를 알면 살생을 금치 아니해도 자연히 금해지리라"라고 했다.[52] 천지부모란 세계가 온통 神적 본질로 구성되어 있다는 말과 같다(최시형). 우리와는 차원이 다른 존재자이다. 그것이 천지가 그렇게 존재한 초월성이다. 천지부모라 우리와 다를 바 없지만 그러면서도 한편으로는 달라 사차원적인 본체자로서 천지 만물을 낳을 수 있었다. 기독교 신학이 엄수한 피조된 만물과의 절대적인 차이 인식과 거리가 있다. 여기에 동양이 지닌 사상적 비전이 있고, 동질성을 인정함과 동시에 초월성을 함께 인정한

---

49) 「에티카에 나타난 스피노자의 신에 대한 고찰」, 앞의 논문, p.8.

50) "자기 자신 외에 아무것도 필요로 하지 않는 실체란 오직 하나, 즉 神밖에 없다(데카르트)." – 위의 논문, p.8.

51) 『해월신사법설』, 「대인접물」.

52) 위의 책, 「대인접물」.

것은 하나님이 동양의 하늘 아래서 강림하게 된 주된 이유이다.

어느 모로 보나 "본체계 없는 현상계 혹은 현상계 없는 본체계는 상상할 수 없다. 현상계와 본체계는 항상 일체이다(한철학)."[53] 세트로 구성된 한 몸통이다. 구조적으로 세트화되어 있다. 세계가 초월적인 창조자를 필요로 한 이유이다. 세상 위에 나타나 있는 것은 현상계이지만 현상계는 본체계와 함께 존재한다. 우리로서는 동시 존재 상태를 인식할 수 없지만 시간 개념을 제한 본체계 입장에서는 할 수 있다. 세계의 이원화는 구조화이고, 구조화는 창조화이므로 초월자로 존재한 하나님을 추정할 수 있다. 율곡은 영원 대상과 사실 존재와의 관계를 논거했다.

> "理는 氣를 주재하는 것이요 氣는 理를 태운 바이다. 理가 아니면 氣는 근저할 바가 없고, 氣가 아니면 의착할 데가 없다."[54]

理氣가 지닌 필연적인 관계에 관한 설명은 창조 구조를 파고든 정확한 논거이다. 사차원적인 본체가 뒷받침되지 않은 현상계가 존재할 수 없게 되어 있는 결정적 구조에, 창조를 실현시킨 대본체적 역할이 있다. 현상계에서는 理氣를 분리해서 인식할 수밖에 없지만 본체계는 함께한 바탕체로서 초월적이다. 직시된 구조 자체가 神을 필요로 했다.

> "발하는 것은 氣이며 발하게 하는 것은 理이다. 氣가 아니면 발할 수가 없고, 理가 아니면 발하게 하는 것이 없다(『율곡전서』)."[55]

---

53) 『한철학(2)－통합과 통일』, 최동환 저, 지혜의 나무, 2005, p.424.

54) 『화이트헤드와 동양철학』, 김상일 저, 서광사, 1993, p.240.

55) 위의 책, p.239.

氣는 스스로 발할 수 없고, 세계는 스스로 창조될 수 없다. 발하게 한 理가 있어야 하듯, 천지는 창조를 이룬 하나님을 필요로 한다. 작용인은 창조로 인해 있게 된 필연적인 요인이다. 이것을 아리스토텔레스는 다시 4요인으로 나누었는데, 그렇게 인식하게 된 것은 현상계가 지닌 분열성이 이유이다. 세계가 지닌 제한성인 원인이지만 본체는 동시 작용자로서 일체를 한 몸에 갖추었다. 理氣는 분리되어 존재할 수 없고 세계도 현상계만으로 존재하지 않으므로 현상계를 꿰뚫어서 본체계를 파악할 수 있는 통찰력과 깨달음이 필요하다. 그런데도 현재 존재하고 있고 나타나 있는 것만 전부라고 여긴 데에 현대의 서구 문명이 극복하지 못한 한계성이 도사렸다. 서구 문명은 하나님을 신앙한 기독교와 함께한 문명인데도 본체계를 부정한 대표적인 문명이다. "실증주의는 19세기 자연 과학의 발달에 커다란 공헌을 하였는데, 그들 앞에서 신비한 것이란 있을 수 없다. 신비한 것을 말하는 자를 모두 사기꾼으로 간주했다. 눈에 보이지 않는 것은 믿을 수 없어 없는 것과 다름없다"고 선을 그었다.[56] 정확하므로 재론할 필요조차 느끼지 않는 것 같지만, 알고 보면 神과 근원에 대해 전혀 알지 못한 판단이다. 그는 "인간의 지적 발전은 역사적으로 신학적 단계, 形而上學(형이상학)적 단계, 실증적 단계로 발전해 왔다고 보고, 그중 실증적 단계를 제일 강조하였는데",[57] 의도와 달리 이것은 세계적 분열이 정점에 다다른 마지막 단계이다.

후설은 "철학은 가장 엄밀한 것을 다루는 엄밀학이 되어야 한다고 생각한 사람이다. 그는 데카르트의 방법적 회의를 근대 철학의 제1차 전환으로, 칸트의 선험철학을 제2차 전환으로 구분하고, 자신

---

56) 『현대철학은 진리를 어떻게 정의할 것인가』, 앞의 책, p.52.

57) 다음 백과사전, 콩트 편.

은 철학을 진정한 엄밀학으로 전환시키는 최종 단계를 완수하는 것을 과업으로 삼았다."[58] 엄밀학을 목표로 한 세계관이 역설적으로 도달한 최종 단계라고 할까? 새 질서, 새 神을 맞이하기 위하여 인류 문명의 대미를 장식하였다. 즉 "니체가 현상계 너머에 진정한 세계가 있다는 것, 요단강 너머에 참된 삶이 있다는 것은 종교에서 가르친 약자의 도덕일 뿐이며, 이상 세계는 날조된 것이고 오로지 현상계만 유일한 세계"라고 한 것은[59] 초월적인 神을 전격 부정한 통찰로서 神의 사망을 판결한 역사적 선고였다. 神은 초월적인 본체자인데 현상적인 질서만을 기준으로 삼고 보니까 무신론적인 신념이 확산되었다. 이것은 하나님을 모신 서구 문명이 양산시킨 의도 밖의 결과이다. 초월적인 神과 창조로 인해 가려진 본계체를 부정하므로 神이 지닌 존재 특성과 배치된 문명 체제를 구축하고 말았다. 여기에 서구 문명이 피할 수 없게 된 종말성이 도사렸다. 그들은 神을 신앙하였지만 神을 알지 못했고, 함께했지만 증명하지 못했으며, 나아가서는 강림한 하나님을 초월적인 본체자로서 맞이하지 못했다.

3. 창조 변증법

스피노자 철학은 神, 자연, 실체란 개념을 통하여 모든 것은 神 안에 있고 神은 모든 것 안에 있다고 본 범신론적 일원론이다.[60] 데카르트도 "자기 자신 외에 아무것도 필요로 하지 않는 실체란 오직 하나, 즉 神밖에 없다"고 했는데,[61] 스피노자가 확신했던 神은 정말 필

---

58) 『현대철학은 진리를 어떻게 정의할 것인가』, 앞의 책, p.54.

59) 위의 책, pp.28~29.

60) 「에티카에 나타난 스피노자의 신에 대한 고찰」, 앞의 논문, p.4.

61) 위의 논문, p.8.

연적이고 영원한 존재이다. 神에 대한 전제 조건이 그러하므로 神 이외에 존재한 대자연도 神의 변화된 형태로서 설명할 수 있었다. 기독교가 無로부터의 창조를 강조함으로써 神과 세계가 연결될 수 있는 근거를 없애 버린 것과 비교한다면 어느 편이 정말 합리적인 생각일까? 어떡하든 연결 고리는 밝혀야 하지 않았겠는가? 神은 유일하고 절대적이며 영원한 존재이다. 그런데도 삼라만상이 존재한 데 대하여 기독교가 단도직입적으로 하나님이 창조주란 사실만 내세운 것은 온전한 설명일 수 없다. 한편 神의 변화된 형태를 자연으로 보고 자연과 神이 동일하다고 본 스피노자도(신즉자연), 변화 체제를 설명한 명확한 메커니즘은 아니었다. 설사 결과는 神=자연으로 판명될지라도 神이 어떻게 자연화된 것인지에 대한 설명은 있어야 했다. 그래서 이런 문제를 해결하고자 한 것이 창조 변증법이다. 神은 그야말로 유일, 절대, 하나이므로 인식이 불가능하다. 또한 자연은 끊임없이 분열·분화·생성하고 있어 현재 존재한 모습이 전부일 수 없다. 다른 것인데도 결국 동일하다면 그곳에는 어떤 변화를 겪은 과정이 있었다는 뜻이다. 하지만 전모를 확인하기까지는 무수한 세월이 흘러야 했다. 본체가 드러나고 본의를 알아야 한다.

선천에서는 일체가 단도직입적일 수밖에 없었지만 강림 이후에는 해석·이해·근거·증거할 수 있고, 지혜로서 구할 수 있게 된 것이 하나님이 진리의 성령으로서 강림한 증거이다. 신즉자연인 것은 창조로 인해 변증되어서이다. 그것도 차원적으로 변화되었다. 차원이 다르므로 선천에서는 신즉자연인 데 대해 근거를 찾을 수 없었고 전혀 다른 두 실재로 보았다. 하지만 神은 어떤 특성을 가진 존재라고 하였는가? 절대적이라고 하지 않았는가? 아무리 자연이 化되었더라도 神으로서 지닌 본체적 특성은 잃어버리지 않았다. 특성을 고스란히 자연 속에 시스템적으로 반영시켰는데, 그것이 곧 영원한 생성 시스템이다. 변증은 되었어도 본체는 그대로 존재하며, 化된 존재의 바탕체로서 내재되었다. 이것이 창조된 자연으로서 이룬 神적 본질이다. 하나가 여럿으로 나뉜 결과 하나가 가진 존재 특성을 잃어버렸다면 창조일 수 없지만, 창조이므로 하나가 존재하면서 하나로부터 말미암은(化) 여럿이 같이 존재한다. 그래서 삼라만상 존재는 어떤 무수한 세월을 거쳐 변화되었더라도 영원무궁하다. 누가 뭐라고 해도 神이 존재한 확고한 이유이다. 그래서 화이트헤드는 "창조성(creativity)이란 개념에 대해 하나가 여럿이 되고 여럿이 하나가 되는 것"이라고 정의했다.[62] 빵을 여러 조각으로 나누는 것과 같다면 창조로 인한 변화라고 할 수 없지만, 하나와 나뉜 개체들이 太極을 가지고 독립적이라는 것은 특별한 것이며, 여럿은 멸해도 본체는 변함없는 것을 통해 창조된 변증성을 입증한다. 나는 죽어도 세계는 영원하다. 그리고 더 나아가 창조된 변증법이 지닌 특징은 무엇보다도 여럿으로 나뉜 삼라만상을 다시 하나 되게 할 수 있다는 데 있다. 그래서 진리 세계를 통합할 키워드를 창조가 쥐게 되었고 삼라만상을 통합할 키워드를 神이 쥐었다. 진리, 문명, 역사가 펼친 다양성 위에 하나님이 안좌하였다. 화이트헤드는 '세계는 되어 가는 과정 속에 있다(과정 철학)'고 하였듯,[63] 우리는 정말 과정을 통해 神을 볼 수 있고 과정 전체가 神이란 사실을 알게 된다.

만상이 변증되지 않았다면, 化되지 않았다면, 창조되고 생성되지 않았다면, 세계가 가진 실상은 단일한 본체밖에 없게 된다. 비교할 것조차 없다. 인식도 없다. 아무것도 없는 것과 같다. 하지만 결국은

62) 『화이트헤드와 동양철학』, 앞의 책, p.8.

63) 위의 책, p.43.

창조됨으로써(생성) 변화된 온갖 현상계를 접하고, 변증된 근거를 인출할 수 있다. 불교에서 말한 불이문(不二門)은 수행을 통해 얻은 깨달음으로 창조된 상황을 직시한 법문이다. 삼라만상은 둘이 아닌데 무수하게 변화하므로 다르게 본 것이다. 근본은 분명 하나인데 창조로 인해 만법·만상·만화되었다. 그대로 보면 안 된다. 변증된 비밀을 풀어야 한다. 풀고 보니 정말 불이문 즉 창조문이다. 一卽多 多卽一(일즉다 다즉일) 논리도 神의 본체성을 통찰한 인식인 것은 마찬가지이다. 생성된 과정을 장악하지 못한 상태에서 분리 인식한 것이지만, 알파와 오메가를 통합한 하나님은 일즉다 다즉일을 동시에 실행시킬 수 있는 권능자이다.

홀로그래피는 빛의 파동으로서 전체 정보를 축적·재생시킨다. 더욱 흥미로운 사실은 어떤 대상물을 찍은 홀로그램의 낱개 조각을 잘라내어서 재생시켜도 원래의 대상물이 지닌 전체 모습이 나타난다. 낱은 온 속에, 온은 낱 속에 들어 있는 것을 실제적인 모델로서 보여주는 것이 홀로그래픽(holographic)이다.[64] 이런 특성 현상이 바로 창조를 시사한 것인데도 창조됨으로 인한 결과란 사실은 알지 못했다. 낱은 온 속에, 온은 낱 속에 들어 있다는 사실을 발견한 것 이상은 알지 못한 것이 선천에서 일군 본체 변증법이었다. 하지만 강림 이후는 전혀 다르다. 하나가 나뉘어 낱낱으로 되어 있어 낱 속에 온이 존재한 것을 알 수 있다. 즉 온은 처음부터 존재했던 것이다. 낱이 낱이 되고난 후에 온을 반영시킨 것이 아니다. 본래부터 낱은 온이었다. 낱으로 존재하기 이전부터, 혹은 천지가 창조되기 이전부터 온[神]은 이미 존재하였다. 정상에 올랐는데 그곳에 깃발이 꽂혀 있다면 그것은 어떤 사람이 이미 올라왔었던 표시이다. 낱 속에 온

64) 위의 책, p.116.

이 도사린 상황 역시 같다. 낱이 이미 존재한 온으로부터 창조된 데 대한 확실한 근거이다. 온전히 판단할 수 있도록 안목을 제공한 지혜를 다한 창조 변증법이다.

우리는 세계를 통합할 방도가 없는 상태인데 세계를 하나, 일체되게 할 논리・원리・메커니즘을 제시하였다면, 그것은 전체를 통괄한 하나님이 계시다는 뜻이다. 하나님은 눈으로 볼 수 없어도 그 권능, 그 성업, 그렇게 밝힌 지혜를 통하여 전능한 존재자란 사실을 알 수 있다. 하나님은 창조주로서 창조된 삼라만상에 대해 전지전능한 神이 될 수 있다. "최근 한국에서는 수지침(手脂針)이 발달하여 오장육부의 경락이 모두 손바닥 속에 배열되어 있다는 사실을 발견하였다."[65] 자동차가 움직이는 상황을 계기판을 통해 알 수 있는 것처럼 온몸을 조절・통합・집중시킬 수 있는 경락이 있다는 것은 온 몸을 주관하는 그 무엇이 존재하고 있다는 뜻이다. 사전에 치밀하게 계획한 시스템이다.

따라서 창조 변증법을 통하면 우리는 하나인 하나님이 어떻게 해서 만물화되었는가 혹은 만물을 통해 어떻게 하나님을 추적할 수 있는가를 안다. 그 해답을 선천에서는 구할 수 없었지만 지금은 할 수 있다. 神만 존재하고 있다면 변증은 없겠지만 삼라만상이 존재하니까 지성들은 "불변한 본질과 끊임없이 변화하는 현상 간의 관계를 탐구하였다. 그중 헤라클레이토스(BC 544~484)의 만물유전설과 엘레아학파의 일원부동설을 주목할 수 있다. 이런 학설들은 변증법의 선구가 되었다는 점에서 중요하며, 또한 엠페도클레스(BC 493~428경)의 이원론, 아낙사고라스(BC 500~428경)의 이원론이 등장하여 양파의 대립을 종합하였다."[66] 그런데 그들은 변하는 모습은 인지하

65) 위의 책, p.124.

였지만, 변증을 일으킨 근간이 된 변하게 한 이유에 대해서는 언급하지 못했다. 창조를 알아야 했는데 化가 바로 정답이다. 창조됨과 동시에 변증, 곧 생성함으로써 겉모습은 변해도 본체는 불변하다. 겉모습이 다른 것은 현상계가 지닌 주요 특성이다. 이것을 알지 못했던 가톨릭은 진리를 부르짖은 브루노를 불태워야 했다. 무엇이 잘못된 것이고 누구에게 죄를 물을 것인가? 하나님이 창조주라고 주장한 것은 기독교이므로, 기독교는 神과 만물 간에 가로놓인 장애를 거두고 연결된 소통로를 마련해야 한 것이 주된 임무였다. 창조됨으로써 神과 만물 간에 차이가 생긴 것이므로 일소시켜야 하는데, 오히려 이격시켜 하나님을 절대화시키고 말았다. 관계 고리를 단절시킨 엄청난 이율배반이다. 만물로부터 창조된 실마리를 풀어내어야 하는 것이 지성들이 진리를 탐구한 주된 목적이다. 신즉자연(세계)이라고 하였지만, 이격된 격차를 해소할 수 있는 핵심적인 열쇠는 바로 하나님이 창조를 통해 만물을 가변시킨(化됨) 메커니즘 속에 있다. 세계가 다양하지 못하다면 창조를 내세울 수 없고, 다양성 가운데서도 일치성을 논할 수 없다면 神을 말할 수 없다. 다양한 가운데서도 일치가 있어 비밀스런 고를 창조 변증법을 통해 풀 수 있다. 하나님은 유일신인 동시에 절대신이며 이원, 다원은 창조론에 근거했고, 만물이 합일할 수 있는 것은 한 근원으로부터 말미암은 통합물이어서이다. 神은 하나인데 삼라만상이 존재하고 있다는 것은 창조 외 다른 이유가 없다. 하나님은 만 역사를 주관한 분이요, 일체 변증의 근간에 계신 본체자이다. 이 땅에 강림한 조화로운 통합주이다.

66) 『동서사상의 원류』, 앞의 책, p.51.

4. 본체 불이론

지상 강림 역사는 말로서 한 선언만으로 그칠 사건이 아니다. 실질적으로 세계를 변화시키고 세계를 바라보는 관점을 혁신시킬 것인데, 이것은 곧 이어질 불이론의 단계를 통해 확인할 수 있다. 일명 진리 기준의 변증 과정으로서, 이전에는 참되다고 한 판단이 잘못이고 비판한 것이 옳은 것이 될 만큼 180도 전환된다. 그 이유는 명백하다. 하나님이 본체자로 강림하기 전에는 부분만 보았고 강림 이후는 전체를 보게 된 차이이다. 겉모습만 보고 판단한 것은 참모습과 다를 수 있고 현상만 보고 판단한 것은 본질과 다를 수 있다. 과정 속에서는 대립, 상대, 모순을 피할 수 없지만, 그것이 영속될 세계적 속성은 아니다. 분열 중인 과정에서 판단한 것은 예상한 것과 빗나갈 수 있다. 누구나 진리는 인식할 수 있지만 전체를 보지 못한 상태에서는 그릇될 수 있다. 전체는 부분을 모두 합친 전부가 아니다. 통합된 본질은 부분과는 차원이 다르다. 부분으로서 피할 수 없었던 대립, 모순, 한계성이 일소된다. 완성 즉시 일체를 극복한다. 하나님이 본체자로 강림하므로 시대와 진리 기준과 신앙 본질이 달라진다. 그래서 천지가 창조되었는데도 바탕 된 본체를 드러내지 못했던 선천에서는 일체가 같다고 한 주장들을 이상하게 여겼다. 그리고 애써 다른 점을 발견하기 위해 정열을 쏟았다. 그러나 분열이 완료되면 비로소 같다는 것을 알게 된다. 그때야 정말 다르지 않다는 사실을 깨닫고 확인하는 절차에 돌입한다. 이 단계에 이르면 본체 불이론으로서 지닌 요건을 모두 갖추게 된다. 처음 같다고 본 것과 이후에 다르지 않다(결국 같다)는 사실을 확인하는 것은 차원적이다. 같다고 하더라도 더 이상 같지 않다. 그러면 처음 같다고 한 것과 나중에 다르지 않다고 한 것은 어떻게 해서 차원적이 되는가? 과거에는 아무것도 논거할 근거가 없었지만 지금은 그렇지 않다. 즉 처음에는 같은 것인데 어떤 이유로 다르게 되었는가? 만물이 생성하므로 끊임없이 변한 것이다. 그만큼 생성된 과정을 대관할 수 있는 안목을 가져야 하는데, 없으니까 각각 다르게 보았다. 선천은 만상을 다르게 보고 철저하게 구분한 역사이고(분열 역사), 후천은 다르지 않다는 사실을 발견하고 통합할 역사이다. 이런 차이로 인해 인류 역사가 선천과 후천으로 구분된다. 선천 역사는 세상과 역사가 각종 쟁론에 휩싸였고 다툼이 끊이지 않았지만 합일성 관점을 확보한 후천 시대에는 상생, 공존, 통합의 길로 들어선다. 불이론의 단계상 진리 기준이 판이하게 된 사례를 우리는 지난 역사를 통해 얼마든지 확인할 수 있다. 스피노자는 말하길, "神은 보이지 않는 자연이고 자연은 보이는 神이라 神과 자연 간에는 상호 교환이 가능하다"고 했다.[67] 맞는 말인데도 당대의 기독교에서는 이단으로 매도하면서 오히려 이런 류의 주장을 이상하게 여겼다. 色卽是空 空不異色(색즉시공 공불이색), 만물일체설 등 앞서 깨달았지만 본체가 뒷받침되지 못했다. 강림하기 이전에는 하나님과 세상을 구분하는 데 관심을 두고 창조주로서 지닌 영광을 드높였다. 하지만 강림한 이후부터는 통합적인 바탕을 마련하므로 만사를 합일, 일체, 하나로 볼 수 있는 관점을 세우는 데 정열을 쏟는다. 하나 되게 하는 그것이 바로 창조주다운 권능인 것이다.

칸트가 진리 세계를 판단했을 때는 "우리가 아는 것은 표상, 현상일 뿐이며 물자체는 결코 알지 못한다. 그러니 절대자, 더군다나 神은 전혀 알 길이 없다"고 주장했다.[68] 그때는 그렇게 여긴 것이 당

---

67) 「에티카에 나타난 스피노자의 신에 대한 고찰」, 앞의 논문, p.13.

연했다. 강림 역사를 접하지 못한 사람들에게는 지금까지도 유효한 진리이다. 그러나 사실은 강림 역사를 보지 못한 여건 아래서의 상황적 판단일 뿐이다. 그러니까 "현명한 스피노자가 윤리학에서 그토록 분명하게 말한 神과 자연은 하나이며 동일하지 않으면 안 된다는 주장에 대해 오늘날까지 괴테나 프랭클린(1706~1790) 등 몇몇 포용력 있는 사람들을 제외하고는 대부분의 서양 사람들이 이해하지 못하였다."[69] 강림하기 이전에는 영원히 그러하였다. 하지만 이후는? 찰스 다윈은 '동물과 식물의 종은 변할 수 있다'는 사실을 확신하고 진화론을 주장했는데,[70] 종이 변화된 겉모습으로 보면 그렇게 한 것은 맞다. 그러나 하나가 다른 것으로 변할 수 있는 것은 바탕이 호환되는 것이 이유이기도 하다. 처음부터 질이 다른 것이라면 아예 변할 수 없다. 그렇다면 종이 변화한다는 사실에 대한 본질적 의미는? 변화된 겉모습을 말한 것이다(진화론). 변해도 근본은 변하지 않는 것이며, 변화도 본질이 동일하니까 가능하다. 이것을 모르면 맞는 주장으로 보이고, 드러난 조건을 두고 보면 사실인 것 같지만 결국은 어긋난 것이다.

선천에서 이룬 진리적 판단들은 모두 본체적 불이론의 범주 안에 속해 있다. 맞다고 한 것은 오히려 틀리고, 틀리다고 한 것은 정말 맞을 공산이 크다. 이것은 결코 궤변이 아니다. 지상 강림 역사가 일으킨 진리 기준의 대전환 역사이다. 혹자는 "노자는 하나님이라고 하는 인격적인 절대자의 존재를 극구 부정하였을 뿐 아니라 사람이니 지혜이니 하는 말도 동시에 부정했다. 비인격적인 道를 세우고 무위자연을 말하였다"고 주장했다.[71] 하지만 알고 보면 道만큼 하나

---

68) 『신은 존재하는가』, 앞의 책, p.492.

69) 『서양정신의 위기와 동양의 희망』, 최유진 저, 한빛문화사, 1983, p.46.

70) 『신은 존재하는가』, 앞의 책, p.474.

님의 본질적인 특성을 생성적으로 표현한 진리 체제가 없다. 무위자연은 하나님이 역사의 이면에서 주재한 섭리력을 인식한 상태이다. 일반적으로 '불교의 궁극적 존재 방식은 유신론이 아니라 무신론'으로 보는데,[72] 이런 관점을 어떻게 180도 전환시킬 수 있는가? 고정관념을 혁파해야 하므로 그 역할을 이 연구가 담당하리라. 알고 보면 불교만큼 강림한 하나님을 진리적으로 뒷받침한 진리 영역도 없다. 불교는 무신론이 아니다. 지극한 유신론이다. 무신론으로 본 것은 그렇게 여기게끔 기준을 세워 놓은 기독교의 인격적 신관이 원인이다. 강림한 하나님은 이런 과거의 구태의연한 신관을 모두 허물어버렸나니 지성들은 변증된 신관을 예의주시해야 한다.

거듭 강조해 과거에는 존재 간에 드러난 차이성을 부각시키는 것이 진리 탐구의 과제였지만 지금은 같다는 사실을 발견하는 것이 세계를 통찰하는 관건이다. 이전에는 기독교와 불교를 다른 종교로 보았지만 지금은 그렇지 않다. 다르지 않다는 사실을 논거할 수 있는 여기에 놀라운 지상 강림 현실이 있다. 동서양은 각자 지닌 문명 양식이 달라 상이한 진리 체제를 이루고 있는 것처럼 여기지만, 한편으로는 합일성을 지향한 관계로 그렇게 주관된 목적 안에서 일치될 수 있다. 각자가 추구한 세계 안에서는 독자적일 수밖에 없지만 동서를 아우른 지상 강림 역사가 완수된 마당에서는 전혀 상황이 다르다. 세계는 하나 될 수 있으며, 하나 되기 위해 하나님이 강림하였다. 하나 되는 것은 통합되는 것이고, 하나 된다면 함께하는 것이다. 하나인 바탕체로부터 천지 만물이 창조되었고 하나인 의지로서 인류 역사가 주관되었다.

---

71) 「H. 베르그송과 노자의 인식론에 관한 비교 연구」, 앞의 논문, p.68.

72) 『무신론과 유신론』, 앞의 책, p.48.

하나 되지 못하여 각이(各異)했던 것이지만 하나 되고 나면 모든 분별이 없어진다. 분열 중이라 온갖 차이가 발생한 것이지만, 대단원에 걸친 결론 단계, 곧 지상 강림 역사가 완수된 오늘날은 생사, 즉 열반이요 번뇌, 즉 보리이다. 부처, 즉 중생이므로 무명과 지혜가 둘이 아니다[不二法門]. 궁극적인 道의 경지에서는 하나님 즉 부처님이다. 하나님과 부처님을 구분해서 보는 것은 無明이고, 無明을 깨치고 나면 하나이다. 하나를 나누는 것은 범인의 인식이고, 제 현상을 하나로 보는 것은 覺者의 통찰이다. 본체불이(本體不二) 법문은 모순이 극대화된 곳에 일체의 합일이 있다는 것이며, 일체를 부정한 곳에 일체의 긍정이 도사렸다. 부정 즉 긍정이다. 도상에서는 대립되었지만 궁극에서는 不二이다. 일체가 하나이다. 번뇌는 번뇌이고 보리는 보리로서 수행 과정에서는 대립각이 날카롭지만 깨닫고 보면 하나이다. 강림 이전에는 神과 삼라만상 존재가 차원이 다르지만 이후는 일체이다. 지상 강림 역사로 일어난 대변화이다. "무언가 메꿀 수 없을 것 같은 괴리감이 영혼, 절대자, 진리의 객체성을 믿는 사람들과 空, 無, 열반의 세계를 말하는 사람들 사이에 가로놓여 있었는데",[73] 일체의 이질성이 거두어졌다. 불교는 궁극적인 하나님에게로 나아갈 길을 개척하기 위해 정진한 종교이다. 어떤 분야에서 어떤 길을 추구하고 어떤 신념을 가졌든 그들은 결국 神을 구하였고 神과 만났고 神과 일치되기 위해 기반을 쌓아 올렸다.

---

73) 『선과 신비주의』, 앞의 책, p.17.

제4장 강림의 역사적 근거

1. 선지자적 역사 부활

지상 강림 역사는 전격적으로 하나님이 이룬 것이지만 오늘날 이 것을 선언하고 증거하는 것은 길의 역사를 통해서이다. 길과 하나님 간에 관계가 있었다는 뜻인데, 그렇다고 정말 특별한 것은 없다. 하나님이 인류 역사를 주재했던 전통적인 유형을 따른 것이다. 그것을 굳이 꼬집는다면 선지자를 통한 역사라고나 할까? 성경의 기록처럼 "主 여호와께서는 자기의 비밀을 그 종 선지자들에게 보이지 아니하시고는 결코 행하심이 없으시리라."[74] 즉 하나님이 이룬 역사 뒤에는 선지자를 통한 역사가 전제되어 있다. 성서에서는 '그날과 그때는 아무도 모르나니'라 하였고,[75] '그날이 덫과 같이 너희에게 임하리라'고도 하였는데,[76] 이것은 선지자가 없었을 때이고, 선지자가 활동하기 시작하면 때를 알 수 있다. 그래서 선지자를 세우기까지는

---

74) 아모스, 3장 7절.

75) 마태복음, 24절 36절.

76) 누가복음, 21장 34절.

"하늘의 천사들도 아들도 모르고 오직 아버지만 아시느니라."[77] 신약에서는 무려 318회에 걸쳐 주님이 재림할 것을 예언하였는데,[78][79] 그렇게 예고가 없었다면 지금까지 이룬 역사 유형과 어긋난다. 노아 때에 아무도 홍수 심판이 있을 것을 믿지 않았지만 노아만큼은 의인이어서 때를 알았고, 소돔과 고모라 성의 멸망 때에도 롯은 알고 있었다. 하나님의 역사를 이 연구가 선언한 데도 그만한 근거가 있다.

"하나님은 역사의 고비마다 당신의 뜻을 전하고 이루시려고 이런 저런 사람을 불러 보내셨다."[80] 하나님은 자기를 나타내는 데 선지자를 세워 사용하였으므로, 선지자는 하나님의 계시 도구이다.[81] '자기 뜻을 사람에게 보이며(암, 4: 13)', 나타낼 때는 선지자들이 그것을 받았는데, 이런 선지자를 하나님은 오래전부터 계속해서 세워 오셨다(암, 2: 11). 지상 강림 역사 역시 예외일 수 없는, 창조 이래 전무후무한 역사이다. 이런 역사를 길이 증거했다는 것은 선지자적 역할을 대행했다는 뜻이다. 그 의미는 실로 세례자 요한 이래 이천 년 동안 잠자고 있었던 역사를 재개시킨 것이다. 강림 역사는 하나님의 자비로서 경고 없이는 결코 임하지 않을 것이나니,[82] 이런 원칙에 따라 이 연구가 지상 강림 역사를 선언하였다. 선지자가 도래한 때를 알리고(경고, 선언, 예언) 뜻을 전달하는 것은 중요한 사명

---

77) 마태복음, 24장 36절.

78) 『누가 세상 종말을 말하는가』, 김일환 저, 주류·일념, 1991, p.26.

79) "신·구약 성경 전체에는 그리스도의 재림에 대한 약속의 말씀으로 가득 차 있다. 구약에서만도 1,845곳에서 그리스도의 재림을 말하고 있다." - 『재림과 종말』, H. 던칸 외 편집부 편역, 기독지혜사, 1986, p.50.

80) 「이사야 소명기사 연구」, 김도성 저, 한세대학교 영산신학대학원 신학전공 석사학위논문, 2005, p.70.

81) 「선지자 아모스의 하나님 사상에 대한 일 연구」, 이성은 저, 삼육대학대학원 신학과 성서신학전공 석사학위논문, 1986, p.43.

82) 「하나님의 현현 현상과 그 종말론적 의미」, 오경택 저, 삼육대학교 신학대학원 성서신학전공 석사학위논문, 1997, p.37.

이고 임무이다. "엘리야 시대에 하나님은 미가야 선지자를 통하여 아합 왕이 전쟁할 때 그를 경고하고 전쟁에서 죽을 것을 예언하였다."[83] "하나님의 영은 이스라엘의 역사를 주관하고 간섭하였으며, 그때마다 즉시 선지자를 통하여 역사하였다."[84] 하지만 이스라엘 백성들은 선지자를 통해 이룬 하나님의 역사를 제대로 수용하지 않았다. 이 연구도 상황은 마찬가지이다. 모든 것은 하나님이 이룰 것인데 대신한 관계로 선뜻 믿지 않는다. 여기에 이 연구가 대인류를 향하여 일어서지 않을 수 없는 사명이 있다. 선지자는 도래할 일을 알리는 예언・예고 활동을 하며, 그렇게 한 이유는 대비 체제를 철저히 해야 구원할 자를 빠짐없이 구원할 수 있기 때문이다. "긴박하게 닥쳐올 사건을 이야기해 이스라엘 백성이 지금이라도 여호와께로 돌아와 현 상황에서 구원받게 되길 원하였다."[85] "예언은 고대 근동 세계에서 보편적으로 알려진 종교적 현상으로서 예언자의 활동이나 예언 현상이 이스라엘만 지닌 독특한 종교 현상은 아니다."[86] 그런데도 예언이 하나님의 뜻을 전달하는 중요한 활동 수단인 것은 '미래를 존재 속성으로 지닌 하나님'[87]을 나타내고 역사를 증거한다.

중요한 때를 알리고 하나님의 뜻을 대신하여 사명을 수행하기 위해서는 특별히 하나님과 조우한 역사가 필요하다. 뜻을 통찰하고 계시를 받고 전달하기 위해서는 하나님의 임재 역사를 겪어야 한다. 그리해야 뜻을 깨닫고 사명을 받들 수 있다. 이것은 이스라엘 민족이 전통적으로 이어 온 기름 부음을 받음 역사,[88] 그러니까 성령의

83) 열왕기상, 22장 17~23절.

84) 「구약성경에 나타난 성령의 사역」, 이길주 저, 대한신학교 목회학과 졸업논문, 1987, p.36.

85) 「선자자 아모스의 하나님 사상에 대한 일 연구」, 앞의 논문, p.13.

86) 「예언자 엘리야와 그의 신학」, 김광도 저, 목원대학교 신학대학원 신학과 구약신학전공, 2009, p.3.

87) 「종말론에 대한 신학적 고찰」, 차영의 저, 경성대학교 대학원 신학과 석사학위논문, 2007, p.66.

은혜를 입음 역사라고 할까? 이것은 하나님으로부터 부르심을 받은 소명 은사를 통해 이루어졌다. 일반적으로 소명(calling)이란 한 사람이 하나님으로부터 특별한 일이나 직무를 위하여 부름 받는 것을 말한다. 적합한 예를 구약 성서를 통해 지적한다면 모세, 기드온, 사무엘, 이사야, 예레미야, 에스겔 등이 있다.[89] "그들은 중요한 소명 체험을 바탕으로 하나님의 말씀을 대언한 자로서 삶을 살았는데, 소명 체험은 험난한 삶 속에서 끝까지 예언자(선지자)로서의 삶을 지켜나가는 데 큰 힘이 되었다."[90] 인물을 선지하고 소명을 일으키는 것 자체가 하나님 역사의 중심축을 이루었고, 그렇게 펼쳐진 역사에는 일정한 유형이 있었다. 즉 '하나님의 부르심→서언→사명을 주심→선지자의 거절→하나님의 약속→표징' 과정이 그것이다.[91] 이런 골격이 본인이 걸은 길의 역사를 통해서도 적용되었고 실현시킨 성업이 있어 감히 선지자를 통한 역사의 부활을 선언할 수 있었다. 길의 역사는 옛 선지자들이 겪은 역사 유형을 그대로 따랐다. 부르심의 역사가 있었고, 선택된 은혜가 있었으며, 사명을 命하심으로 삶의 가치가 전환되었다. 이러한 영적 교감 역사가 있어 본인은 하나님이 어떤 분이고 무엇을 원하며 이루고자 한 뜻이 무엇이라는 것을 깨달았다. 하지만 선지자라도 뜻을 받들고 대언하는 것이 전부는 아니다. 계시 받은 뜻을 펼칠 수 있게 한 연단 과정과 결단 과정도 중요하다. 선지자 아모스는 하나님께서 그를 부를 때 모든 것을 버리고 순종했던 것처럼 본인도 진퇴유곡 속에서 하나님의 뜻을 따라야 할지 말아

---

88) "그리스도는 히브리어로 메시아로서 기름 부음 받은 자란 의미이다." –「하나님의 현현 현상과 그 종말론적 의미」, 앞의 논문, p.64.

89) 「구약 소명설화에 관한 연구(모세와 예레미야를 중심으로)」, 현순식 저, 협성대학교대학원 신학과 구약학전공 석사학위논문, 2009, p.6.

90) 위의 논문, p.7.

91) 위의 논문, p.85.

야 할지 고민한 시기가 있었다.

선지자들이 일어서 선포한 메시지는 허공을 향하여 외친 것이 아니다. 당시 사람들에게 꼭 필요하고 긴급한 내용을 전달하고자 했다.[92] 아모스는 "북 이스라엘을 향하여 심판을 선언한 후(암, 3: 1～2), 왜 그와 같은 메시지를 전하게 된 것인지에 대한 동기를 밝혔는데(암, 3: 3～8)", 길도 지상 강림 역사를 선언한 데 대해 자초지종을 밝히리라. 선포가 없을 것 같은가? 심판이 없을 것 같은가? 아모스는 북이스라엘 백성들이 올바른 신앙 자세를 잃어버림으로써 가질 수밖에 없는 타락한 삶의 양태와 죄악을 지적했던 것처럼,[93] 길도 인류가 쌓아 올린 뭇 전통적 권위 앞에서 기독교 문명을 주축으로 한 서구 문명의 한계성을 지적하고 여기에 대처할 동양 문명의 발흥을 예고하리라. 이사야와 예레미야는 왕 앞에서 담대하게 하나님의 말씀을 대언한 대선지자이다. 이사야는 이스라엘의 멸망을 전후에 걸쳐 예언했고 예레미야는 유다의 멸망 전후에 예언을 했다. 義를 행하기를 거부한 자들에게 내릴 비참한 심판을 선포했다.[94] 선지자란 현실을 보는 정확한 통찰력과 역사의식을 가져야 하는 것은 물론이고, 하나님이 주신 뜻에 대해 확신을 가져야 한다. 공자는 요왈(堯曰) 편에서 '命을 알지 못하면 군자가 될 수 없다'고 했다.[95] 군자가 군자인 소이에 命의 자각 여부가 조건인 것처럼, 선지자는 하나님을 뜻을 깨닫고 받들 수 있는 투철한 사명 의식을 가져야 한다. 공자는 계씨(季氏) 편에서 '천명을 두려워하라'고 하였는데,[96] 천명은 天이

92) 「아모스서에 나타난 여호와의 날 연구」, 정요한 저, 목원대학교 신학대학원 신학과 구약신학전공 석사학위논문, 2003, p.4.

93) 「아모스서 5장에 나타난 여호와의 날 연구(심판과 구원을 중심으로)」, 김종순 저, 호남신학대학 신학대학원 신학과 석사학위논문, 2000, p.17.

94) 『종말론 대백과』, 에버렛 카버 저, 채수범 역, 나침반사, 1992, p.223.

95) "不知命無以爲君子." –『논어』

부여한 이치(주자), 곧 우주의 大理이다. 길은 인류 통합의 기치를 드높여, 하나님의 뜻을 담대하게 선포할 것이니, 희망에 찬 약속을 선포하므로 권능에 찬 영광을 나타내리라. 인류를 하나 되게 해서 구원하고자 하는 것이 하나님이 강림한 주된 목적이다. 동서를 하나 되게 하고 통합해야 새로운 문명 역사를 창조할 수 있다. 하나님이 정말 창조주인 것을 확증한다.

선지자가 사명과 권능을 수행하기 위해서는 임재 역사가 뒷받침되어야 하며, 그리하면 하나님이 함께한 권위가 나타난다. 예레미야의 사역은 예레미야에게 말씀이 임한 것으로부터 시작하여 그의 입에 하나님의 말씀이 담기는 것으로 끝났다.[97] "선지자가 하는 말은 선지자 자신이 하는 말이 아니다. 하나님 여호와가 준 말씀이다. 그래서 선지자에게 준 말씀은 하나님의 계획에 속하는 비밀을 열어 보인 것이다. 선지자의 말은 하나님이 이룬 계획이므로 침묵을 지킬 수 없다. 사자가 부르짖으면 사람들이 두려워하듯, 여호와의 말씀을 받든 사람은 어떤 경우에도 말씀을 전달해야 하는 의무가 있다."[98] 길의 역사도 그러하다. 뜻을 받든 사실을 증거하기 위해 선지자적 직분을 부여받은 사실과 하나님이 임재한 역사를 소상하게 밝혀야 한다. 선지자가 소명 은혜를 고백하고 증언했던 것은 "하나님으로부터 임명된 대부분의 사람들이 그러했듯, 자신이 전하는 말이 자기 말이 아니고 하나님으로부터 부르심을 받아서 하나님께서 직접 말씀하시는 것이므로 백성들은 그 말을 믿고 따라야 한다는 것을 강조하기 위해서였다."[99] 이 연구가 일관되게 내세운 저술 의도이다.

---

96) "畏天命." –『논어』

97) 「구약 소명설화에 관한 연구」, 앞의 논문, p.53.

98) 『정의의 예언자』, 김정준 저, pp.60~61.

99) 「여호와의 날과 남은 자 사상 연구」, 곽동삭 저, 계약신학대학원 대학교 신학과 구약신학전공 석

그렇다면 하나님은 여태껏 끊어진 선지자적 직분을 어떻게 일으켰고 그 역할을 재개시킨 것인가? 그것은 때가 이르러 일찍이 하나님이 공언한 예언을 성취하기 위해서이고, 하나님이 강림할 수 있도록 한 사전 조처이다. 때가 되므로 강권적으로 역사를 일으켰다. 말라기 4장 5절에서 선지자 말라기는 그것이 主 하나님이든 메시아이든 강림하기 앞서 반드시 승천했던 엘리야가 올 것이라고 예언하였다. 정해진 절차에 따라 예수는 당신이 오시기 전에 와야 할 엘리야가 곧 세례 요한이라고 증언한 바 있다(마, 11: 14). 주님이 강림하기 전에 선지 엘리야가 와서 길을 예비하고 평탄케 해야 하므로 최소한 그런 역할을 수행할 자가 지금쯤 본분을 밝혀야 하는 것은 당연하다.[100] 하나님이 강림한 마당이므로 엘리야적 본분을 일으켜야 했다. "말라기가 예언한 엘리야의 출현은 승천한 엘리야가 직접 나타나리라고 본 유태교적 주석보다는 엘리야의 심령과 권능을 가진 사람으로서 엘리야가 성취시켰던 사명을 가지고 엘리야 선지자가 담당한 동일한 사명을 수행할 인물을 이 시대에 보낼 것이라고 이해하는 것이 보다 적절하다."[101] 그래서 만세 전부터 결정된 틀 안에 길의 선지자적 본분이 구색을 갖추고 등단했다. 하나님이 강림하였다면 그 역사를 증거할 선지자는 어떤 경우에도 세워져야 했다. 정해진 역할을 감당하기 위해 길의 역사가 일체 조건을 갖추었다. 크고 두려운 날이 이르기 전에 선지 엘리야가 오리라 한 예언을 실현하기 위해서이다. 엘리야의 등장은 하나님이 강림하기 위해 성취되어야 한 마지막 종말론적 예언이다. "오늘날의 세계는 정말 엘리야적 믿음을 소

사학위논문, 2006, p.43.

100) 『누가 세상 종말을 말하는가』, 앞의 책, p.30.

101) 「말라기 4: 4~6의 주석적 연구」, 이동근 저, 삼육대학교대학원 신학과 성서신학전공 석사학위논문, 1990, p.57.

유한 인물이 필요하다. 하나님의 사업이 옛 엘리야의 심령과 권능을 가지고서 일하는 사람들에 의해 마쳐지리라. 사명을 수행하면 세상의 神을 숭배한 수많은 사람들이 천지를 지은 여호와께로 돌아올 것이며, 각처에 있는 겸비한 남녀들에게 하나님의 성령이 임하여(욜, 2: 28~29) 그들로 하여금 엘리야가 처한 환경에서 행하였던 사명을 수행토록 할 것이다."[102] 엘리야가 확신한 바 "자녀들의 마음을 아비에게로 돌이키게 하리라."[103]

세례자 요한이 주님의 초림에 앞서 나타났던 것처럼 엘리야는 지상 강림 역사 때에도 재림의 준비자로서 다시 올 것이다. 그리스도께서 세례자 요한을 엘리야로 부른 것은 그의 사역이 엘리야와 같았다.[104] 이것을 정리하면, 제1 엘리야는 길르앗의 디셉 사람으로서 아합 왕 시대에 활동한 선지자이고(왕상, 17: 1), 제2 엘리야는 세례자 요한을 말하며(눅, 1: 17. 마, 11: 14), 제3 엘리야는 밝힌 바 여호와의 크고 두려운 날, 즉 그리스도의 재림 전에 등장할 엘리야(말, 4: 5)이다.[105] 그러고 보면 엘리야는 시대적인 요구에 따라 한두 번 모습을 나타낸 것이 아니다. 여호와의 크고 두려운 날에 대한 전통적 해석은 재림 역사에 초점을 두고 있지만, 따져 보면 하나님의 지상 강림 역사는 더 크고 두려운 날이다. 지상 강림에는 재림의 길을 예비하는 사명도 포함하고 있다는 것을 안다면, 제3 엘리야는 정말 선지자로서의 역할을 충실히 해야 한다. 이 연구는 이런 시대적 인식과 사명을 명확히 해서 역할을 어필하리라.

"사도 바울은 회심 이후 이방인들이 회개하고 하나님에게로 돌아

102) 위의 논문, p.58.

103) 위의 논문, p.55.

104) 위의 논문, p.26.

105) 위의 논문, p.3.

서도록 권고하기 위하여 복음을 전해야 할 의무를 가졌던 것처럼" (행, 20: 21), 길도 선지자적 사명을 부여받은 이상 열방을 향해 알려야 하는 선포 사명을 포기할 수 없다. 강림 역사를 증거하는 과정을 통해 선지자로서의 자격과 권능과 사명을 유감없이 발휘하리라. 결의에 찬 선언을 감행하리라. 인류 중 누구도 감당하지 못한 정신적 고뇌를 해결한 성업을 바탕으로 지상 강림 역사를 증거하리라. 이 연구가 엘리야적 본분을 지녔다는 것은 지상 강림 역사를 증거하기 위해서 언젠가는 밝혀야 한 단안이었다. 그리해야 지상 강림 역사를 본격적으로 증거할 수 있다. 이사야가 말씀을 대언했고 바울이 세계적인 복음 전파에 헌신했던 것 이상으로 이 연구는 하나님이 보혜사 진리의 성령으로서 강림한 사실을 알리고 증거하리라. 그리해야 主 그리스도의 재림을 맞이하는 결과도 함께 이루게 된다.

2. 신현의 역사 의미

하나님이 존재하느냐 하지 않느냐 하는 것도 풀기 어려운데, 하나님이 현현(顯現)하였다, 혹은 강림하였다는 것을 밝히는 문제는 더욱 그러하다. 철학자들도 증명 문제를 해결하려고 나섰다가 오죽하면 포기하여 버렸을까만, 그럼에도 불구하고 이 연구가 신현(神顯)을 넘어 강림한 것까지 증거한 것은 신현 문제에 대한 종합적 결산이다. 현현은 존재한 형태와 무엇에 초점을 두는가에 따라 '그가 오신다, 내려오신다(강림하다, come down), 나타나신다, 거하시다 등'으로 불렸으며,[106] 인류는 다양한 경우를 통하여 하나님과 대면하였지만 나타난 모습이 일정한 것은 아니었다. 하나님이 다르게 역사하지 않아

106) 「하나님의 현현 현상과 그 종말론적 의미」, 앞의 논문, p.5.

서가 아니다. 상황을 경험한 인간들이 이해할 수 있는 그릇을 준비하지 못하였고, 주어진 여건 자체가 미진하여서이다. 잠깐잠깐 조우하다 보니 증언이 중구난방이었다. 하나님의 神은 태초에 "땅이 혼돈하고 공허하며 흑암이 깊음 위에 있고 수면 위를 운행"하였다.[107] 그런 하나님이 "아담과 이브가 범죄한 후 그들에게 나타나셨고, 솔로몬 성전의 낙성식에도 모습을 드러내셨으며, 그발 강가에서 에스겔에게도 나타나셨다."[108] 첫 사사인 삼손의 역사를 기록한 사사기 13장 25절에는 '여호와의 神이 비로소 그에게 감동하시니라'라고 쓰여 있다. 하나님은 역사상 필요에 따라 종종 현현하였다. 자신이 원하는 모습으로 언제 어디서도 나타났다. 때로는 사람의 형상으로(창, 18: 1~2), 때로는 여호와의 천사인 사람으로(창, 16: 7~14), 에스겔서에서처럼 영광 속에서도 나타났다.[109] 신현 역사는 하나님의 거룩하심을 드러낸 것이지만 그렇기 때문에 오히려 깊게 감추어졌다. 신현 역사가 끊이지 않았는데 정확하게 포착하지 못한 것은 세계적인 여건상 시기상조인 문제도 있었다. 하나님은 여러 가지 상황과 경우를 통해 현현하였지만, 강림 역사만큼 완전한 본체자로 현현한 경우는 없다.[110]

나타나심에 있어서 일정한 규칙은 없다. 원하신 때에 나타났는데, 이에 대해 가시적인 것 중 하나는 우뢰와 번개이다. 위험한 것이기는 하지만 하나님으로서의 위엄과 권세, 권능의 표현이기도 하였

107) 창세기, 1장 2절.

108) 「시내산 신현 연구」, 손부영 저, 백석대학교 기독교신학대학원 목회학전공 석사학위논문, 2007, p.9.

109) 위의 논문, p.9.

110) "어떤 배경하에서 어떤 때에 어떤 방식으로 현현이 있었는지를 살펴봄으로써 지구 종말 시대, 지구에서 보는 마지막 하나님의 현현이 어떻게 나타나게 될지를 미리 더듬어 보아야 한다." –「하나님의 현현 현상과 그 종말론적 의미」, 앞의 논문, p.4.

다.[111] 그러나 인간적인 입장에서 본다면 주관적·관념적인 생각일 수 있다. 강림한 하나님이 오직 창조주로서 이룬 권능 역사로 현현한 것과 비교된다. 절박한 상황에서 하나님을 뵈옵고자 할 때는 여러 가지 방법으로 응답하였지만, 그래도 하나님의 모습은 볼 수 없었다(출, 33: 18~21).[112] 불명확한 데는 하나님에게도 문제가 있다. 하나님은 완전하지만 존재를 파악하는 데는 제한이 있다. 다리가 불편한 아이에게 달리기 경주에서 일등을 하라고 강요할 수는 없다. 신현 현상은 대개 신인동형론(神人同形論)적이기는 하나, 더러 상징을 통해(목소리, 이름, 셰키나의 영광, 불기둥, 구름기둥 등) 잠깐 본 관계로[113] 전체적인 모습은 보지 못했고, 간접적이다 보니 각인하는 데도 시간이 걸렸다. 이천 년 전 그리스도가 온 것은 하나님이 새로운 모습을 갖춘 것인데도 분간하는 데 많은 시간이 걸렸다. 아직도 사실을 인정하지 않고 있는 사람도 있다. 오늘날 강림한 보혜사 역시 모습을 달리한 하나님이라 체계적인 증언이 필요하다.

현현 모습이 다양한 만큼이나 나타난 시기 면에서도 필요에 따라 혹은 인간의 요청에 따라 일정한 규칙이 없었는데, 강림 역사만큼은 우주적인 질서 법칙에 따라 합당한 때에 이루어졌다. 예언자 이사야는 "보라 어두움이 땅을 덮을 것이며, 캄캄함이 만민을 가리우려니와 오직 여호와께서 네 위에 임하실 것이며(사, 60: 2)"라고 했지만, 언제 어떻게 임할 것인지에 대해서는 언급이 전혀 없다. "하나님은 사법적인 심판 행위에 앞서 사건의 진상 확인(창, 11: 5~7, 18: 20)을 위해 강림하였고, 어떤 일을 지시하거나 그분의 의도를 나타내고자 할 때(출, 19: 9), 심판하거나 구원하려 할 때(미, 1: 3) 강림하였

111) 위의 논문, p.33.
112) 위의 논문, p.17.
113) 위의 논문, p.17.

다."[114] 그러나 인류가 궁금해 한 때에 대해서는 역시 오리무중이다. 강림하리라 한 뜻은 끊임없이 천명한 바이므로 강림한 것이 특별한 사건은 아니다. 하나님은 언제든지 강림하였고 너와 나의 믿음 위에 이미 강림해 계시다. 그래서 우리는 늘 깨어 하나님의 임재 역사를 기다리지 않았던가? 결코 이 연구가 선언한 강림 역사를 의아하게 생각해서는 안 된다. 단지 문제는 때를 아는 것인데, 여기에 대해 성경에서는 "형제들아 때와 시기에 관해서는 너희에게 쓸 것이 없음은 主의 날이 밤에 도적같이 이를 줄을 너희 자신이 자세히 앎이라(살전, 5: 1~2)"라고 했고,[115] 그때는 오직 하나님만 알 수 있다고 못박았다. 하나님이 결정할 일인데, 정해진 그때는 바로 우주의 섭리 목적이 완수되었을 때이다. 작정된 창조 목적을 완수함으로써 하나님이 때를 알리신다.

지금은 무슨 때인가, 종말의 때인가, 재림의 때인가? 때에 대한 판단은 끝날을 위한 준비, 곧 종말을 뒷받침한 신천지 프로젝트를 완비하는 것인데, 지상 강림 역사는 정말 종말을 선언하였고 신천지를 개척할 프로젝트를 세웠다. 준비를 마친 관계로 진리의 성령으로서 강림하였다. 선천에서는 많은 지성들이 神을 탐구하였고 진리, 법칙, 원리를 세웠지만 神은 보지 못하였다. 강림 때를 알아차리지 못했다. 그 이유는? 神은 일체 섭리를 완수하고 창조 목적을 완수해야 온전하게 나타난다. 선천 섭리가 완수되므로 하나님이 강림하였다. 성인은 易[변화]을 아는 것인데, 오늘날은 성인이 없어 하늘의 변화를 모르고(지상 강림 역사) 땅의 변화(과학)에만 열중했던가? 아니다. 지금은 성인이 아니라도 지상 강림 역사를 알 수 있다. 그리해야 때를 알

114) 위의 논문, p.10.

115) "때와 기한은 아버지께서 자기의 권한에 두셨으니 너희의 알 바 아니요(행, 1: 7)."

고 모두 구원될 수 있다. 어찌하여 선지자는 여호와의 날이 구원의 날이 되지 못하고 심판의 날이 될 것을 염려하였던가? 강림한 때를 모르고 강림한 역사를 모르는 한 그러하다. 때를 알아야 하나니, 마지막 때에 이르러 하나님이 강림하였다. 강림하였는데 아무도 모른다면 하나님이 정말 분노하지 않겠는가?

백문불여일견(百聞不如一見)이다. 아무리 이 연구가 지상 강림 역사를 증거해도 자신이 직접 보는 것만 같지는 못하다. 하지만 하나님은 형상이 없으므로, 불은 보지 못해도 연기를 보면 불이 났다는 것을 알 듯, 우리는 개인과 민족 역사에 이르기까지 하나님과 만났을 때 일어난 놀라운 변화를 보고 임재한 사실을 안다. 하나님과 조우하는 것은 무아적 희열이고 구원이며 영광이다. 고뇌하고 방황하면서 갈구한 어거스틴에게 하나님이 임한 순간 "모든 의심의 구름은 걷히고 그동안 마음을 지배해 온 모든 갈망으로부터 마침내 자신을 해방시킨 한 줄기 위로의 빛을 발견하였다."[116] 영원성을 확인하고 영원한 존재가 있다는 사실을 확신했다. '가시떨기 나무에서 하나님이 현현한 역사는 모세를 일개 양치기에서 한 나라의 지도자'로 변신시켰다.[117] "반역과 배도로 편만한 아합과 이세벨의 시대에 하늘에서 내린 여호와 불의 출현은 이스라엘의 삶의 방향을 전환시킨 놀라운 개혁을 일으켰다(엘리야)."[118] 그리스도가 오심으로 인류가 저지른 죄악이 대속되고 고대했던 백성들의 삶의 방향과 질을 바꾸어 놓았다. 태양이 떠오르면 어둠이 걷히고 세상이 밝아지는 것처럼 모호한 역사가 분명해졌고, 볼 수 없었던 하나님을 볼 수 있게 되었다. 성업을 통해 강림한 의미가 분명해졌다.

---

116) 『신의 역사』, 카렌 암스트롱 저, 배국원·유지황 역, 동연, 1999, p.216.

117) 「하나님의 현현 현상과 그 종말론적 의미」, 앞의 논문, p.2.

118) 위의 논문, p.29.

하나님은 진리의 성령으로서 역사한 발자취를 분명하게 남겼는데, 그동안 이 연구가 이룬 저술 역정이 그것이다. 하나님은 창조 이래의 역사를 섭리로서 규명하였고, 한 목적 의지로 꿰뚫었으며, 통합 문명 체제를 구축하였다. 이것이 인류 역사를 선·후천으로 나누고 하나님의 모습까지 새롭게 했다. 고심한 진리, 세계, 神의 문제를 해결함으로써 새로운 문명 역사를 창도하였다. 변화를 일으켜 불가능한 것을 가능하게 한 것이 지상 강림 역사이다. 이 땅의 선지자인 수운(천도교)은 우주적인 순환사 관점에서 인류가 마지막 시대에 서 있음을 설파하고 새로운 시대를 열어갈 필연적 사명을 자각하였다.[119] 그는 이 땅이 낳은 참선지자인데 이런 일체 시대적 요구를 수용한 것이 지상 강림 역사이다. 진리, 세계, 역사는 하나님이 아니면 무엇 하나 완성될 수 없다. 알파와 오메가를 관장하고 초월성, 존재성, 종말성, 심판성을 동시에 지녔다. 선천 섭리를 매듭짓고 새 시대, 새 영, 새 역사를 열 텐데, 그 출발선이 바로 지상 강림 역사이다. 예수의 탄생 출발점인 서기도 세기를 다한 종결점은 아니다. 세계를 통합하는 과정에서 하나님은 동서 문명을 하나 되게 하고 새로운 문명을 창달하리라. 인류가 지닌 숙원의 과제를(창조 문제, 진리 문제, 神의 문제 등) 해결하지 못한 강림 역사는 있을 수 없다. 하나님이 강림한 것은 그만큼 진리 세계를 확실하게 초점 잡았다는 뜻이다. 시대가 갈라지고 달리 인식되는 것은 가치관, 질서, 진리 구조가 달라져서이고, 이전에는 불가능했던 일들이 가능해졌다. 하나님이 강림함으로써 변한 세상 모습이다. 세계를 통합하는 문제도 그러하다. 이전에는 불가능했지만 하나님이 강림함으로써 인류를 하나 되게 할 바탕 본체가 드러났고, 영원한 생명을 보장받게 되었다. 강림

119) 『천도교』, 윤석산 저, 천도교중앙총부출판부, 2011, p.10.

이전에는 "피조물이 창조주를 이해하면 더 이상 창조주는 존재하지 않게 될 것이다. 인간이 초월적 존재인 하나님을 알 수 있다면 인간은 더 이상 인간이 아니고 神이다. 인간을 창조한 하나님을 피조물인 인간이 완전하게 알 수 있다는 가설이나 노력은 사람을 더 극한 궁지로 몰아넣을 것"이라고 생각했다.[120] 플라톤은 절대를 소유하여야 하며, 그렇지 않으면 만사가 무의미하다고 보고 무한한 하나님을 알려고 하였지만 결국 낙담에 빠졌다.[121] 그러나 그런 실망도 하나님이 강림하지 못한 것이 이유인데, 지금은 상황이 달라졌다. 불가능한 것이 일체 전도되었다.

神은 완전하므로 완전한 계시를 내릴 수 있고, 완전한 계시를 통하면 완전한 하나님을 알 수 있다. 지상 강림 시대에는 알파와 오메가를 한꺼번에 판단할 수 있다. "진리의 성령이 오시면 그가 너희를 모든 진리 가운데로 인도하시리니……(요, 16: 13)." 끝날이 되면 반드시 새로운 진리로 가르쳐 줄 것을 약속하였는데,[122] 그날이 지상 강림 역사가 완수된 지금이다. 그날, 곧 主의 날은 하나님이 완전한 계시를 이루는 날이다. 창조된 본의를 밝힌 것은 그대로 우리를 모든 진리 가운데로 인도하는 지혜이다. 본체를 드러냄으로 일체의 관념적인 속성을 일소하였고, 神을 근거 지어 증명하였다. 하나님은 늘 세계와 함께하였지만 볼 수 있는 안목은 가지지 못했는데, 강림한 본체가 문제를 해소시켰다. 자생, 자화 세계관은 사전에 감아 놓은 태엽과도 같으므로 제작자만 파악하면 현상계가 지닌 결정적인 특성을 추적할 수 있다. 즉 모든 진리 가운데로 인도된다.

---

120)「하나님의 현현 현상과 그 종말론적 의미」, 앞의 논문, p.20.

121) 위의 논문, p.20.

122)『누가 세상 종말을 말하는가』, 앞의 책, p.2.

> "내가 땅의 일을 말하여도 너희가 믿지 아니하거든 하물며 하늘 일을 말하면 어떻게 믿겠느냐(요, 3: 12)." "내가 아직도 너희에게 이를 것이 많으나 지금은 너희가 감당치 못하리라(요, 16: 12)."

감당할 수 없었지만 이제는 할 수 있다. '神은 심정으로 직감하지 이성이 아니다'라고 했는데,[123] 이제는 완전한 모습을 갖춤으로써 이성을 통해서도 인식·분별·판단·영접할 수 있다. 神을 알 수 있게 된 이것이 강림 역사가 일으킨 지극한 변화이다. 스피노자는 "정신의 최고의 선은 神을 인식하는 것이고, 정신의 최고의 德은 神을 인식하는 것"이라고 했으며,[124] 그런 가능성을 강림 역사가 현실화시켰다. "구약 시대로부터 사도 시대까지는 음성, 꿈, 환상, 우림과 둠밈, 비의(秘意)적 현상 등을 통해 뜻을 알았고, 성경을 정립한 이후부터는 성경을 보고 알았지만",[125] 이제는 이룬 성업과 드러난 본체를 보고 판단할 수 있다. 그런 때가 오리라는 것이 이미 예고되었다.

> "나의 거룩한 산 모든 곳에서 해됨도 없고 상함도 없을 것이니, 이는 물이 바다를 덮음같이 여호와를 아는 지식이 세상에 충만할 것임이니라(사, 11: 9)."

여호와를 아는 지식이 곧 완전한 지혜이다. 창조된 본의를 밝힐 때가 되었다는 뜻인데, 그때가 강림 역사가 선언된 지금이다. 선·후천 시대가 구분된 차이는 그대로 지상 강림 역사가 갈라놓은 차이이다. 선천에서는 제약이 있어 믿어야 했지만 이제는 모두 풀려 직

---

123) 『인간과 신에 대한 파스칼과 노자의 이해』, 조명애 저, 서광사, 1994, p.139.

124) 「에티카에 나타난 스피노자의 신에 대한 고찰」, 이정 저, 인천가톨릭대학교 대학원 신학과 윤리철학전공 석사학위논문, 2009, p.29.

125) 「바울의 소명과 선교에 대한 고찰」, 김영호 저, 계약신학대학원대학교 신학과 선교신학전공 석사학위논문, 2003, p.28.

접 확인할 수 있다. 강림 이전은 神의 모습이 모호했는데, 지금은 확실하게 모습을 갖추었다. "神은 다른 대상들처럼 경험적으로 검증할 수 없고 분석할 수 없으므로 현대 과학이 하자 없이 진척하려면 필연적으로 神을 떠나지 않으면 안 되었다."[126] 불가능함을 느낀 것은 한계를 지닌 신관이 문제였다. 그때는 神을 그렇게밖에 이해할 수 없었다. 神을 느끼는 것은 심정이지 이성이 아니라고 했다.[127] 심정은 의지를 가늠하는 존재적・인격적 루트이다. 그러나 神에게로 나아가는 길은 그것이 유일하지 않으며, 神도 그와 같은 속성만으로 존재하지 않는다. 그래서 강림한 하나님이 본질적, 원리적, 이치성을 모두 포괄하였다. 이것이 이전과 다른 차이이다.[128] 프로이트는 '모든 종교는 착각이다'라고 했다.[129] 그때는 그렇게 말할 수밖에 없는 여건 속에 있었다. 본체를 보지 못해서인데, 강림된 지금은 상황이 다르다. 세상이 어둡고 죄악이 만연한 것은 사탄의 득세 때문인가? 하나님이 창조 목적을 구현하지 못한 것이 이유이기도 하다. 하나님을 몰라 두려움 없이 죄악을 저질렀다. 태양이 떠야 세상이 밝을 텐데 이제 막 내밀었다면? 만물이 어슴푸레할 것이 당연하다.

신천신지(新天新地), 곧 하나님을 중심으로 한 새로운 세계를 세우기 위해서는[130] 무엇보다 하나님이 태양처럼 완전하게 드러나야 한다. 세상에는 부정의 영역과 긍정의 영역이 있는데, 이것을 모두 통합하는 데 위대한 지상 강림 역사가 있다. 이전에는 분파된 진리를 통합할 길이 없었지만, 지금은 가능한 길을 텄다. 역사에는 수많은

---

126) 『신은 존재하는가』, 한스 큉 저, 성염 역, 분도출판사, 1994, p.185.

127) 위의 책, p.94.

128) 하나님이 지상에 강림하였다는 것은 지난날 확인할 수 없었던 하나님을 객관적인 통찰로 확인할 수 있게 되었다는 뜻임.

129) 위의 책, p.395.

130) 『누가 세상 종말을 말하는가』, 앞의 책, p.238.

사건이 있었고 또 변화되었지만, 지상 강림 역사만큼 선·후천을 가를 뚜렷한 변화 기준선은 없다. 한때 사람들은 주변에서 일어나는 일체 현상을 神이 지배하는 것으로 여긴 적이 있었다. 그렇게 생각한 것이 그때는 적격한 판단이었다. 하지만 근대로 접어들어서는 '아는 것이 힘이다'란 슬로건 아래 합리성을 새로운 기준으로 삼았다. 판단이 그렇게 유동적이어서야! 변함없는 것은 오직 지상 강림 역사일 뿐, 이런 불변한 본체자가 분열된 질서를 통합 질서로 바꾸리라. 난설들을 정위시켜 선·후천 시대를 확정지으리라.

3. 신의 주권적 역사 개입(여호와의 날)

우리는 어떤 특정한 날을 정해서 기념하고 그날이 되면 다채로운 행사를 치르기도 한다. 빼빼로 데이, 화이트 데이 등이 그렇고 어버이 날, 스승의 날은 그렇게 지칭된 분들을 기억해서 공경한다. 요즘은 친구의 날을 정하여 친구들에게 편지를 써 우정을 나누기도 한다. 그렇다면 여호와의 날은? 수많은 역사 중에서도 특별히 하나님이 주인공이 되어 역사 위에 등단하는 날이다. 하나님은 늘 함께하였고, 높이 들리움 받았고, 수없이 현현한 바인데, 새삼스럽게 주인공이 된다는 것은 무슨 뜻인가? 하나님은 유사 이래 유태교의 하나님, 가톨릭의 하나님, 개신교의 하나님은 되었지만 불교의 하나님, 유교의 하나님, 힌두교의 하나님은 되지 못했다. 모두의 하나님이 되기 위해서는 요원한 감마저 있다. 그래서 하나님이 강림하여 온 인류의 하나님이 되기 위해 일체 조건을 갖추었다. 이것이 그날, 곧 여호와의 날이다. 만세 전부터 정해진 그날을 맞이하기 위하여 성령의 역사가 본격화되었다.

하나님은 늘 함께하였지만 차원적인 격차로 인해 통상 하늘에 계신 하나님으로 불렸는데, 이제는 인류와 함께하기 위해 강림한 만큼, 이런 경우를 일컬어 하나님이 이 땅에 강림하였다고 했다. 그래서 "여호와의 날은 하나님이 이 세상을 방문하기 위해 정한 특별한 날이다."[131] 방문이란 생소한 감이 있는 만큼 정말 하나님이 역사의 전면에 나섰던 적은 한 번도 없었다. 그런데 지상 강림 역사를 통해 직접 등단한 것은 전무한 사건이다. 지상 강림 역사가 여호와의 날이란 판단은 여러 가지 정황으로 확인된다. 지상 강림은 예고된 여호와의 날을 충족시키는 제2의 개념이다. 하나님이 창조 주권을 세우고 통치 권한을 확립하기 위해 강림한 관계로 이 역사 외 다른 역사는 모두 자격 미달이다. 그런데 인류가 이날을 거부하고 또 어떤 날을 더 기다릴 것인가? 기독교에서 기다린 여호와의 날은 재림 역사와 연관 짓고 있어 희석된 감이 없잖아 있지만, 그날은 반드시 도래하게 되어 있고, 약속을 성취하기 위해 강림하였다. 여호와의 날은 '인간사에 주권적으로 개입하는 날이고'[132] "인간 역사에 결정적으로 개입하는 날이다."[133] 왜 무엇 때문에? 행동하는 지성이라는 말이 있듯, 이날을 기점으로 하나님이 일찍이 맺은 언약을 성취하기 위하여 행동을 개시하였다. 선지자들은 여호와께서 정해진 때에 인간의 역사적 사건에 개입하여 간섭할 것을 미리 알고 예고하였다. 여호와의 날은 하나님이 역사 속에 들어와 택한 백성들을 구원하며, 하나님의 뜻 가운데로 회복시키는 행동하는 날로 보았다.[134] 너무 오래 잠잠하다 보니 정말 인류 역사에 개입할 것인가 의아함이 있었

131) 「여호와의 날과 남은 자 사상 연구」, 앞의 논문, p.4.

132) 「하나님의 현현 현상과 그 종말론적 의미」, 앞의 논문, p.79.

133) 「여호와의 날과 남은 자 사상 연구」, 앞의 논문, p.8.

134) 위의 논문, p.8.

는데, 급변한 세태를 놓고 보면 그 이유를 알 수 있다. 강림하기 이전에는 분열과 방황과 죄악만 쌓아 간 역사였고, 인류 스스로 세상 종말을 자초하였다. 하나님이 주권적으로 개입해야만 공의가 확립되고 더 나은 세계를 이룰 수 있다. 언젠가 천국 복음이 민족들에게 전파되길 기대했는데, 지금까지의 진리 체제로서는 가능성이 희박하므로 강림을 통하여 새 일, 새 역사를 펼치려 한다.

그래서 역사적인 여호와의 날은 성경 「아모스」에서 말한 것처럼 위대한 종말론적인 날을 배경으로 했다. 즉 예언자 아모스는 유다와 이스라엘을 심판하기 위해 하나님의 임박한 개입(2: 5. 3: 9~11)을 여호와의 날(5: 18~20)이라고 묘사한 후, 백성들에 대한 심판과 회복을 기다렸다(9: 7~15).[135][136] 중병을 앓아 보아야 애타게 의사를 찾게 되듯 인류 역사도 막다른 골목에 다다라 하나님이 개입하게 되었다. 그래서 지상 강림은 그 저변에 역사의 종말 의미를 한껏 담았다. 개입하여 새 일을 이루고자 하므로 이전의 신앙 체제가 심판 대상으로 부각된다. 아모스가 살았을 때는 유다와 이스라엘 백성이 심판 대상이었지만 오늘날은 기독교 문명과 인류 전체가 그 대상이다. 하나님은 종말론적인 때에 최후로 변혁을 일으키기 위해 활동을 개시하였다.[137] 主의 날은 하나님이 행동하시는 날이므로 심판 문제와 직결된다. 심판은 대환란인 동시에 창조 권능을 나타낼 것이므로 정말 인류를 멸망시킬 것이 아닐진대 하나님이 강림한 것은 그 이상의 목적을 이루기 위해서이다. 곧 영광을 드러낼 희망의 메시지기도 하다.

---

135) 『재림과 종말』, 앞의 책, p.10.

136) 여호와의 날은 아모스서에서 제일 먼저 사용하였다(암, 5: 18~20). 이날은 미래의 예언적 기대 속에서 하나님의 임박한 결정적인 개입을 지칭하는 용어들 중 하나이다. 여호와의 날에 대한 기원과 배경에 대하여 학자들 간에 다양한 견해가 존재함. -「여호와의 날과 남은 자 사상 연구」, 앞의 논문, p.4.

137) 위의 책, p.10.

"화 있을진저 여호와의 날을 사모하는 자여 너희가 어찌하여 여호와의 날을 사모하느뇨. 그날은 어두움이요 빛이 아니라(암, 5: 18)."

말씀이 뜻하는 바가 지극히 선택적이다. 왜 선택적인가 하면 하나님이 강림해서이며, 심판이 있어야 정말 구원될 자가 구원되고, 이 땅에서 위대한 통치 주권을 확립할 수 있다. '크고 두려운 날(욜, 2: 31)'로서, 그날은 예외 없이 심판의 날, 멸망의 날, 흑암의 날(욜, 1: 15. 2: 1~2. 암, 5: 18~20)이지만, 동시에 하나님이 인류 역사를 온전히 통치하게 되는 날이기도 하다.

"말일에 여호와의 전의 산이 모든 산꼭대기에 굳게 설 것이요, 모든 작은 산 위에 뛰어나리니, 만방이 그리로 모여들 것이라(사, 2: 2)."

하나님이 강림하여 역사할 것이고, 치리하여 이룰 것이다. 하늘에 계신 하나님은 성부의 시대와 성자의 시대를 주도하여 뭇 영혼들을 구원했던 창조주 하나님이고, 강림한 하나님은 인류사에 가로놓인 진리의 문제를 해결하여 멸망에 처한 인류를 구원할 보혜사 하나님이다. 즉 성부와 성자는 인간의 신앙적 추적을 통하여 그 위격성이 인준된 상태이지만, 강림한 하나님은 성령으로 역사한 성업을 통해 증거되리라. 거부감이 크겠지만 神의 개입 역사는 엄청난 변화를 일으킨다. 하나님은 인류 역사를 주관한 살아 계신 神으로서 지난날의 역사를 추적하면 주권적인 개입 사실을 확인할 수 있다. 믿음으로서만 존재의 궁극적인 主로서 추앙될 것이 아니다. 그런데도 이런 사실을 거부하는 자, 여호와의 날을 크고 두려운 날로서 맞이할 자들이다. 하나님의 심판 개입 결정은 피할 수 없다. 여호와의 날을 명확하게 초점 잡아야 하는 이유도 여기에 있다. 모호한 역사 개입 의지를 확실히 해서 심판과 구원 의지를 사전에 천명해야 도래할 결과를 대비할 수 있다.

> "그날에는 의인과 악인이 드러나는 날이요 죄악을 멸함으로써 하나님의 공의가 나타나고 영광이 드러나는 날이다."[138]

그날은 아무도 벗어날 수 없다. 죄인들에게 있어서 여호와의 날은 결코 빛남이 아니다. 어두운 날이다. 구원과 생명의 여력이 소진된 멸망과 죽음의 날이다(암, 5: 19~20). 심판 의지를 표명함으로써 심판은 피할 수 없고, 은혜 입은 백성들도 여호와의 날이 도래하면 일체 유예 기간이 끝난다. 모든 기득권을 버리고 심판대 위에 서야 한다. 나만은, 가족만큼은, 민족만큼은 구원되리라 믿지만, 하나님이 세운 심판 조건은 동일하다.[139] 그래서 인류 심판은 참으로 공의롭다. 하나님다운 창조 주권과 통치 권능을 다지리라. 여호와의 날은 하나님의 공의가 드러날 때 발생되는 두 국면, 곧 심판을 통한 징벌의 파멸이 있는 날임과 동시에 구원의 회복이 있는 기쁜 날이다. 온 인류와 우주에 대해 성품이 공의롭게 증거되는 하나님의 날이다.[140] 심판은 역설적으로 새로운 미래를 여는 사건이고 미래에 대해 희망을 보여주는 사건이다. 심판은 역사의 끝이 아니다. 그 너머에는 영광과 광명이 찬란한 구원의 날이 있다.[141] 그런 날을 맞이하기 위해서라도 심판 절차는 필연적이다. "보라 여호와의 크고 두려운 날이 이르기 전에 내가 선지 엘리야를 너희에게 보내리니……(말, 4: 5)."

---

138) 「아모스서에 나타난 여호와의 날 연구」, 앞의 논문, p.29.

139) "여호와의 날 심판은 이스라엘과 이방, 이방과 이스라엘 모두를 포함한다. 이스라엘은 물론 모든 열국이 하나님의 심판을 받는다." – 위의 논문, p.40.

140) 「하나님의 현현 현상과 그 종말론적 의미」, 앞의 논문, p.81.

141) 「아모스서에 나타난 여호와의 날 연구」, 앞의 논문, p.40.

심판이 있기 전에, 여호와의 날이 이르기 전에, 엘리야 선지자를 세우는 일련의 절차를 준행해야 했다.

여호와의 날이 구원의 날이냐 심판의 날이냐 하는 문제는 하나님이 본체자로 강림함과 함께 결정된다. 어떤 선지자는 심판의 두려움을 혹은 구원의 메시지를 강조했는데, 하나님은 태초에 천지 만물을 한꺼번에 창조한 것처럼 강림 때에도 두 역사를 동시에 이루시리라. 어쩌면 강림 역사 자체가 심판과 구원 역사를 대행하는 역할을 한다. 하나님이 강림하면 온 인류가 회개하고(악한 길에서 돌이킬 듯함) 새 하늘과 새 땅으로 인도될 것이지만, 그렇지 못하면 심판을 통해서라도 의의 나라를 회복시킬 것이다. 정의가 온전하게 회복되지 않는다면 직접 역사 속에 개입하여 징벌하고 심판하리라.[142][143] 여호와의 날은 시기가 아니고 사건이며, 역법상의 날이 아니고 하나님이 강림하여 직접 역사하는 날이다.[144] 진실로 만 역사가 기다린 여호와의 날은 도래하였고, 예언한 날이 바로 하나님이 강림한 그날이다. 하지만 그 크고 두려운 날은 곧바로 다가오는 것이 아니며, 심판의 날이 이르기 전에 모든 사실을 알리기 위해 길을 먼저 일으킨 것이므로, 이 연구가 지금 희망의 메시지를 전달할 수 있게 되었다. 하나님이 강림하심으로 심판 역사가 임박하기는 했지만 아직도 구원될 기회는 남아 있다. 심판이 아니라 영광을 맞이해야 하나니, 그러기 위해서 온 인류는 이 연구가 밝힌 사전 예고 메시지를 따라야 한다. 이 시대에 세워진 선지자적 역할을 인정해야 한다.

---

142) 위의 논문, p.2.

143) 여호와의 날은 하나님이 이 땅의 역사에 직접 개입하여 악인을 멸하고 하나님의 뜻을 따른 자들에게 구원을 행하는 역동적인 심판과 구원 역사를 이루는 날임.－「아모스 5장에 나타난 여호와의 날 연구」, 앞의 논문, p.2.

144) 「여호와의 날과 남은 자 사상 연구」, 앞의 논문, p.2.

4. 인류 역사의 심판 절차

창조가 없다면 종말도 없고 하나님이 존재하지 않는다면 심판도 없다. 그러나 아무리 살펴보아도 삼라만상이 존재하므로 창조는 의심할 수 없고, 역사가 있어 심판이 있으리란 예고 역시 무시할 수 없다. 우리는 태어남으로써 죽음을 피할 수 없는 것처럼 창조된 관계로 천지는 심판받는다. 그 연·월·일·시를 알지 못할 뿐 "우주의 종말일은 반드시 있다."[145] 종말의 때와 심판 절차를 판단하는 것은 총체적인 우주의 생성성에 입각한 세계관이다. 그래서 다양하게 주장된 종말론을 종합해서 심판론을 전개하는 것은 인류 역사에 영향을 끼칠 실질적인 우주론이다. 여객선이 난파를 당했다면 그 누구도 어찌할 수 없다. 그 안에 있는 사람이 불교를 믿건 기독교를 믿건 무엇을 믿건……. 당면한 상황을 피할 수 없게 된 현실의 역사이다. 여기에 엄청난 두려움이 있다. 개인과 가정과 사회의 안위는 물론이며 문명, 역사, 종교, 학문, 제도 역시 마찬가지이다. 심판이 닥칠 것이므로 이 땅에 존재하는 모든 이는 여기에 대해 관심을 가져야 하고, 인생 삶과 역사의 진로 방향과 심판 절차를 알아야 한다. 그리해야 구원의 새 하늘을 맞이하게 된다.

세계는 영원한 하나님으로부터 창조되었는데 삼라만상 존재가 유한하다는 것은 역설이다. 하지만 그렇게 된 이유 역시 창조에 있다. 살펴보면 영원한 하나님이 말미암게 된 피조물과 동일할 수는 없다. 그래서 시작과 종말이란 시스템을 갖추어 영원성을 지속하게 했다. 종말이 수만 번 도래한다 해도 하나님이 건재하다면 세계는 영원하

---

145) 「재림과 종말에 관한 연구」, 고병석 저, 예일신학대학원 대학교 신학과 조직신학전공 박사학위 논문, 2006, p.324.

다. 그렇다면 피할 수 없다고 한 종말과 심판 절차가 시사하는 것은? 하드웨어가 아닌 소프트웨어적 종말이다. 가지와 줄기는 사라져도 뿌리는 고스란히 남아 있다. 맞이할 심판 절차를 알기 위해서는 종말론에 대한 기조를 정확히 알아야 한다. 역사를 구축한 바탕이 있는 것은 하나님이 살아 있어서이고, 체제를 지속시키기 위해 역사하였다. 설사 인류 문명이 모두 파멸해도 역사는 다시 창조된다. 토인비는 역사상 등장했던 모든 문명이 발생－성장－쇠퇴－해체－소멸의 과정을 걸었다고 했지만, 지금도 인류 문명은 지속되고 있다.[146] 일시적인 종말은 수없이 있었지만 영원한 종말은 한 번도 없다. "역사는 흥망성쇠가 있지만 큰 틀에서 보면 새로운 문명을 일으켰다. 앞 시대가 진척시킨 문화를 기반으로 그것을 딛고 발달했다(선사문화－고대문명－중세문명－근세문명－현대문명). 따라서 미래 문명도 현대 문명을 기반으로 나아갈 것은 당연하다."[147] 진보하기 위해서는 종말을 겪어야 하고 인류가 구원되기 위해서는 심판 절차를 거쳐야 한다. 현재의 문명 체제를 딛고 일어서야 하는데, 이런 문명이 종말을 맞이함으로써 심판이란 절차를 거쳐야 했다.

흔히 종말론은 재림 문제와 관련하여 기독교가 가진 신학적 관점에서 거론하는데, 이것은 오히려 인류가 처한 종말 상황에 대해 초점을 흐리게 만든다. 종말적 심판론을 거론하기 위해서는 세계 역사적인 관점에서 온 인류가 공감할 수 있어야 한다.[148] 종말성을 직시해서 현대 문명이 도달한 한계를 극복할 수 있도록 지혜를 짜야 한다. 현재 종교들(기독교, 이슬람교, 힌두교, 불교, 유교, 유태교 등등)

146) 토인비에 의하면 인류 문명은 지금까지 크게 나누어 21개 혹은 23개 문명이 명멸하였는데, 현재는 5개 문명권(서유럽 문명, 동유럽 문명, 동아시아 문명, 인도 문명, 아랍 문명)이 상존하고 있다 함.－『신문명 지향론』, 김정의 저, 혜안, 2000, p.18.

147) 위의 책, 책머리에.

148) 종말, 파멸 요인은 좀 더 세계에 가로놓인 객관적인 이유에서 찾아야 함.

간에 있는 마찰은 민족과 국경을 초월하고 있는데, 서로가 화합을 이루지 못하면 세계 평화는 장담할 수 없다.[149] 개인적인 가치, 부분적인 가치는 분열을 조장하므로 마땅히 초월적인 가치에 입각해야 인류사회가 공존할 수 있다. 세계를 통합할 수 있는 모멘트를 마련해야 하므로 여기에 인류 심판이란 절차가 도사렸다. 하나님이 강림해야 해결할 수 있는 과제이다.

양날의 칼날처럼 심판을 이루고자 하니까 각각 자신들이 처한 입장에서 죄인은 종말로서, 의인은 구원 역사로 받아들인다. 그래서 하나님도 인류 역사를 마무리한 '세계의 종말 선언'과 신천지를 개척할 '성령의 시대 개막 선언'을 동시에 이루었다. 이 시대가 종말을 선고받은 것은 어쩌면 가장 위대한 역사적 순간을 맞이한 것인지도 모른다. 종말 선언은 오히려 새로운 역사의 출발을 알리는 신호탄이다. 종말이 있어야 선천 역사가 마무리되고 다시 새로운 문명을 창조할 수 있는 에너지를 결집할 수 있다. 살펴보면 "선지자들의 구원 선포에는 항상 미래 지향적인 종말론이 있었다. 의도한 뜻은 현재의 역사가 완성되고 모든 것이 끝나면 무엇인가 새로운 것이 나타나리란 기대감이다."[150] 종말을 통해서만 우리는 모두의 소망인 새 하늘과 새 땅에서 영원히 살 수 있는 길을 튼다. 여기에 대역설적인 종말론적 희망이 있다.[151] 짙게 드리운 먹구름을 걷어내면 푸른 하늘을 볼 수 있다.

"20세기 들어 1차 세계대전, 2차 세계대전, 한국전쟁, 베트남전쟁, 이라크전쟁 등등 수많은 전쟁들을 겪었지만, 이것 때문에 우주에 종말은 오지 않았다."[152] 일반적인 사건, 역사, 사상론을 통해서는 우

---

149) 「바울의 소명과 선교에 대한 고찰」, 앞의 논문, 서론.

150) 「선지자 아모스의 하나님 사상에 대한 일 연구」, 앞의 논문, p.17.

151) 『재림과 종말』, 앞의 책, 머리말.

주의 시작과 끝을 볼 수 없다. 세계적인 전쟁들이 있었지만 그로 인해 선천 시대가 마감되지는 않았다. 한 왕조, 한 국가, 문명적 단위는 멸망했지만……. 그러나 지상 강림 역사는 그렇지 않다. 강림한 사실 자체가 선천 시대를 마감시킨 대역사이다. 그래서 세상이 심판받는 절차에 돌입했다.

> "그가 큰 음성으로 가로되, 하나님을 두려워하며 그에게 영광을 돌리라. 이는 그의 심판하실 시간이 이르렀음이니 하늘과 땅과 바다와 물들의 근원을 만드신 이를 경배하라 하더라."153)

하나님이 강림한 지금은 인류심판론을 내세워야 할 적격한 때이다. 이때를 대비하여 이 연구가 세계를 판단할 수 있는 역량을 다졌다. 하나님이 심판할 수 있는 근거를 마련한 것인데, 준비가 완료됨으로써 심판 절차에 돌입했다. 그 조건이란? 그동안 밝힌 길, 선지자, 神 현현, 진리의 전모, 섭리, 결실, 본말, 시대 가름 역사가 하나님의 심판 권능을 뒷받침한다. 엘리야는 아합 왕 앞에서 하나님의 권위에 의존하여 가뭄을 선포하였는데, 이것은 바알을 숭배하는 이스라엘의 백성들을 향한 변절에 대한 응징의 심판이었다(왕상, 17:1). 그런데 현대 문명은 하나님의 권위에 도전한 무신론을 토대로 하였는데도 본격적으로 응징한 역사가 아직까지 없었다. 기독교는 오히려 무기력함까지 보여 마땅한 대응 체제를 갖추지 못했다. 문명적인 영역을 심판하기 위해서는 하나님다운 권능을 발휘해야 하는데, 때가 도래하였다는 것은 응징할 체제도 갖추었다는 뜻이다.

심판은 멸할 자를 멸하고 살릴 자를 살리고자 한 역사로서, 그날

---

152) 「선지자 아모스의 하나님 사상에 대한 일 연구」, 앞의 논문, p.18.

153) 요한계시록, 14장 7절.

은 어두움을 넘어 새 하늘을 열고 새 시대의 여명을 비추어야 한다. 누구도 할 수 없지만 하나님은 삼라만상과 역사를 주관하고 영원성을 보장하리라. 하나님은 전능한 분으로서 인류를 심판하고 구원할 수 있다. 『중용』에서는 "오직 천하의 지성이라야 능히 천하의 대경을 경륜할 수 있고, 천하의 대본을 세울 수 있고, 천지의 화육을 알 수 있다"고 했다.[154] 하나님은 삼라만상을 창조한 관계로 인류가 건설한 문명과 역사를 심판할 수 있다. 기독교인들은 "그리스도가 재림하면 지상에 왕국을 건설하게 될 것이며, 믿음 안에서 죽은 자들이 부활하여 산 자와 함께 그리스도의 왕국 시민이 될 것"이라고 믿었는데,[155] 그러기 위해서는 영생을 주관한 하나님을 먼저 증거해야 한다. 믿음 안에서 죽은 자들이 부활한다고 한 말을 우리가 가진 상식으로 따져서는 안 된다. 하나님은 시공을 초월해 존재한 관계로 심판하는 데 있어 시간 개념은 중요하지 않다. 산 자와 죽은 자가 심판 대상에 모두 포함된다. 하나님은 초월자이므로 심판에서도 당연히 초월적인 권능을 발휘한다. 하나님이 지닌 속성 자체가 그러하다. 하나님은 인류가 걸어온 역사를 낱낱이 기억해서 멸하고 구원할 시원적 본성과 결과를 동시에 장악하고 계시다. 이것이 창조주가 지닌 권능이다. 성인은 하늘의 命을 알고 道는 세웠지만 이 시대의 역사는 종결지을 수 없다. 하지만 하나님은 심판적 권능을 본유하였다.

하나님은 인류를 심판할 수 있는 권능자로서 어떤 기준을 가지고 인류를 심판할 것인지에 대한 척도를 세울 수 있다. 나아가 심판 방법, 절차, 대상, 심판결과에 따른 보응 체제도 함께 마련할 수 있다. 하나님은 심판 문제에 대하여 사전에 뜻을 밝혔지만 때가 이르지 않

154) "唯天下至誠, 爲能經綸天下之大經, 立天下之大本, 知天地之化育." - 『중용』, 32장 1절.

155) 「몰트만의 종말론에 관한 연구」, 정태준 저, 장로회신학대학교 대학원 신학과 조직신학전공 석사학위논문, 2008, p.7.

아 세인들이 미처 파악하지 못했다. 성경에는 곡식과 가라지를 통해 비유하였는데, 이것은 때가 되었을 때 어떻게 심판할 것인가에 대한 방법을 시사한다. 즉 섞여 있는 곡식과 가라지를 가려내는 방식이다. 집 주인은 가라지가 섞여 있다는 말을 듣고 말하길, "가만 두어라. 가라지를 뽑다가 곡식까지 뽑을까 염려하노라. 둘 다 추수 때까지 함께 자라게 두어라. 추수 때에 내가 추수꾼들에게 말하기를, 가라지는 먼저 거두어 불사르게 단으로 묶고 곡식은 모아 내 곳간에 넣으라 하리라."[156] 곧 곡식과 가라지를 둘 다 자라게 둔다고 한 것은 심판은 때가 있다는 뜻이다. 악인들이 온갖 죄악을 저질렀는데도 불구하고 종말이 되도록 선인들과 공존한 이유이다. 심판받아 마땅한데도 때가 이르지 않아 활개를 쳤다. 저지른 죄악도 열매로서 여물어야 한다. 다 여물고 나면 그때(최종 때) 분리해서 불살라 버리고(멸망) 곡식만 하늘 곳간에 보관한다. 선악의 본말이 불명확했던 선천에서는 선한 자도 어리석어 보이고 악한 자도 복을 가진 자로 볼 수 있지만, 그것은 때가 되지 않아 있게 된 착각이다. 때가 되면 모든 것이 확실하게 드러나는데, 그것이 곧 인류의 종말론적 심판이다.

하지만 비유로 든 곡식(밀)은 늘 취하는 주식이므로 누구라도 가라지와 구분할 수 있지만, 인류 심판은 하나님이 주관한 관계로 모든 기준이 하나님에게 있다. 그리고 그런 척도도 여러 가지 사례를 통해 사전에 세워 두었다. 전체적인 과정을 파악해서 척도를 밝히는 것은 그 자체가 심판 절차 안에 포함된다. 세계의 핵심 본질과 창조된 본의를 알지 못한 상태에서는 진리에 대한 판단 기준이 모호할 수밖에 없고, 선악을 판단하는 정의 기준도 일정하지 않았다. 이런 여건 속에서는 믿음과 의를 지킨 선인들도 있지만 혼란을 빌미로 죄

156) 마태복음, 13장 29~30절.

악을 조장한 악인들도 나타났다. 잘못 판단해서 입게 된 폐해가 막중하므로 기준을 정립하는 것은 그 자체가 심판의 칼날을 세우는 중요한 작업이다. 칼날이 예리해야 발버둥치는 죄악을 단번에 잘라낼 수 있다. 그렇게 해서 세운 칼날이 바로 진리이다. 이상사회는 의인들이 빠짐없이 구원받아 구성되는 것인데, 그러기 위해서는 선인과 악인을 분별해서 행위에 따라 심판을 확실하게 해야 한다. 믿음과 의를 위해 헌신한 자들을 빠짐없이 구원하는 그것이 심판의 주된 역할이다.

그렇다면 심판 기준이란 과연 무엇인가? 그 기준은 참된 진리가 무엇인가 하는 것인데, 여기에 강림한 하나님의 뜻이 한 중심에 선다. 하나님은 일월성신과 삼라만상의 근원을 밝힌 진리의 성령으로서 인류가 양산한 일체 세계관의 궁극적인 본원처이다. 진리보다 앞서 계신 하나님으로서 진리가 존재한 이유와 깊이 연관되어 있다. 인류가 심판을 피할 수 없는 것은 하나님이 창조된 본의와 섭리의 본말을 밝혀 진리를 판단할 수 있는 기준을 명확하게 한 것이다. 인류 심판은 창조 목적을 실현하기 위해 하나님이 의지를 사전에 표명한 주권적 개입 역사이다. 이런 주장에 대해 추호도 인간적인 오해가 있어서는 안 된다. 인류가 소망한 것은 그러나 하나님의 뜻과 다를 수도 있는데, 때에 대한 견해가 더욱 그렇다. 인간은 세계가 영원하길 소망하였지만 하나님은 이 시대를 심판해서 마감시키길 원하였다. 그렇다면 무엇으로 할 것인가? 확실한 진리와 확실한 정의와 확실한 권능으로 단행할 것인데, 제반 조건을 뒷받침한 것이 바로 하나님의 뜻이고 命이다. 그래서 적용된 우선적인 원칙이 곧 "너희는 먼저 그의 나라와 그의 의를 구하라. 그리하면 이 모든 것을 너희에게 더하시리라(마, 6: 33)"이다. 조건을 앞세워 인류를 구원할 것을 약속하였다. 홍수 심판 때 노아와 가족을 구원한 기준 역시 하나님이 내린 命이었다. 하나님의 뜻을 믿고 따르는 데 키포인트가 있다. 하지만 命이 이룬 심판 역할은 한결같지만 命한 내용은 시대에 따라 달랐다. 命이 새로운 관계로 이것이 백성들을 심판하는 척도 역할을 담당했다. 새로우므로 누구에게도 프리미엄이 없고, 공의에 공의를 더할 수 있다. 구원의 문을 조건 없이 개방할 수 있고, 선택과 결단에 대한 책임을 각자에게 지울 수 있다.

그렇다면 멸망할 자와 구원할 자는 어떻게 분류할 것인가? 강림된 본체가 척도 역할을 하므로 뭇 존재, 뭇 대상, 뭇 역사의 죄악성과 구원성을 한꺼번에 판가름한다. 이사야 선지자는, 무서운 심판의 날에는 눈이 높은 자가 낮아지며 교만한 자가 다 굴복되고 여호와께서 홀로 높임을 받게 될 것이라고 하여 유다와 세상을 심판할 것을 예언했다. "그때 모든 교만한 자와 스스로 높이는 자가 망하게 되며, 큰 세력을 가지고 권세를 부리는 자들과, 하나님을 떠나서 높아진 자들이 하나님께 심판받을 것이다. 심판이 임할 때 모든 군사시설, 모든 무역하는 배들, 모든 아름다운 물건들이 심판을 받아 망하게 된다. 또한 심판이 임하는 날에는 자고한 자, 교만한 자가 다 굴복되어 낮아지고, 모든 우상이 멸절되고, 여호와만 홀로 높임을 받게 된다."[157] 심판의 날, 즉 여호와의 날에는 모든 죄인들이 하나님의 위엄이 너무 두려워서 우상을 다 버리고 암혈과 토굴로 들어가 숨고 산과 바위에게 무너져 자기를 가려 달라고 부르짖게 되리라.[158] 누가 망하고 말 교만한 자, 스스로 높이는 자, 무역하는 배들, 큰 세력을 가지고 권세부리는 자, 하나님을 떠나서 높아진 자들인가? 하나님 앞에서 굴복되고 멸절되고야 말 자고한 자, 모든 우상들인가? 강

---

157) 이사야, 2장 12절~21절-「여호와의 날과 남은 자 사상연구」, 앞의 논문, p.31.

158) 위의 논문, p.31.

림한 하나님을 거부한 자들이다. 새 命은 일시에 선악을 판별하는 초월적인 심판 척도이다. 命을 거역하는 것은 멸절할 수밖에 없게 만든 사탄의 속삭임이다. 命을 거역하는 것은 命을 받들 수 없는 죄악 가운데 있어 합리화시킨 자기 방어책이다. 하나님이 펼칠 새 하늘과 새 땅에는 여호와만 높임을 받을 영광으로 충만할 것인데, 여기에는 도무지 죄악이 잔존하여 함께할 수 없다. 가려내어야 하는데, 하나도 남김없이 분류해 낼 수 있는 최첨단 지혜 척도가 강림한 하나님이 내린 새 뜻, 새 命이다.

왜 새 命인가? 시대와 여건이 달라져서이다. 예수님 때 세운 심판 기준은 주리실 때, 목마를 때, 나그네 되었을 때, 벗었을 때, 병들었을 때, 옥에 갇혔을 때, 예수님께 행한 그 행위가 심판의 척도였다(마, 25: 31~46). 믿음을 전제하였고, 행한 의를 이웃 사람으로까지 확대시킨 마음의 선함과 의가 심판 기준이다. 선악에 앞서 선악을 일으킨 마음이 문제인데, 그 마음을 어떻게 분간할 것인가? 강림한 하나님을 맞이한 행위 여부가 바로 마음을 판가름하는 실험지 역할을 한다.[159]

> "나더러 주여 주여 하는 자마다 천국에 다 들어갈 것이 아니요 다만 하늘에 계신 내 아버지의 뜻대로 행하는 자라야 들어가리라."[160]

하나님의 마음(뜻)은 하나님의 사랑이므로, 사랑하는 마음을 가지는 그것이 곧 하나님과 함께할 수 있는 제일 기준이다. 우리가 선하

---

159) "여태껏 우리가 선한 것이 무엇인가를 판단하기 위해 채택했던 기준을 바꾸도록 하자. 우리는 우리의 의지를 기준으로 삼았었다. 이제부터는 神의 의지를 기준으로 삼자. 그가 원하는 모든 것은 선하고 정의로운 것이지만, 그가 원하지 않는 모든 것은 악하고 불의하다." –『팡세』, 라퓨마 판, 당장 948/668.

160) 마태복음, 7장 21절.

고 의로워야 하는 것은 그것이 바로 하나님과 같이 영생할 본성이다.

심판 기준만 확고하다면 심판 절차를 밝히는 것은 부차적인 문제이다. 성경은 '태초에 하나님이 천지를 창조하시니라'[161]로부터 시작하여 "내가 진실로 속히 오리라 하시거늘 아멘 주 예수여 오시옵소서! 주 예수의 은혜가 모든 자들에게 있을지어다. 아멘"으로 끝난다.[162] 창조로부터 재림까지는 헤아릴 수 없는 시간과 사건들이 있을 것인데 그 과정을 통틀어 심판 절차를 밝힌다는 것은 무리인 것 같지만, 우리가 믿지 못하고 확신하지 못해서일 뿐, 창조는 정말 이루어진 사실이고 재림은 반드시 이루어질 역사로서 기준이 확고하므로 출발로부터 도달할 목표까지의 과정 절차를 충분히 가늠할 수 있다. '창조로부터 종말까지의(심판) 진행 계획은 하나님의 기속 자유가 아니라 자유 재량권'이지만,[163] 처음과 끝이 확정되어 있어 그 영역을 벗어난 역사란 있을 수 없다. "최종적인 종말 혹은 최후 심판의 정확한 때는 알 수 없지만(철학, 과학, 종교 등), 결국은 예수가 재림하신다"는 사실 하나로 귀결 지어진다.[164]

이처럼 과거에 이루었고 또 이루기로 예고된 역사를 기준으로 두고 펼쳐질 인류 심판과 구원을 위한 주재 계획을 가늠할진대, 태초에 창조가 있었고, 그럼에도 불구하고 모든 뜻이 불명확하게 진행된 선천의 섭리 역사가 있었다. 하지만 정한 시기에 지상 강림 역사를 완수함과 함께 선천 역사가 마무리되었고, 이로부터 인류를 심판할 프로젝트가 입안되었다. 새로운 세계를 건설할 수 있게 되었는데, 이것은 어느 모로 보나 후천 시대의 첫 출발점이다. 성업과 영광을 나

161) 창세기, 1장 1절.

162) 요한계시록, 22장 20~21절.

163) 「재림과 종말에 관한 연구」, 앞의 논문, p.45.

164) 위의 논문, p.325.

타냄과 함께 재림을 통한 최후 심판과 구원 절차도 함께 진행된다. 아울러 구원될 자들에 의한 지상 천국 건설 작업 역시 본격화된 것이다.

작년(2012년)에는 지구가 멸망한다는 지구종말론이 분분했는데, 근거 중 하나는 마야인이 만든 마야 달력에 있었다. 마야 달력은 2012년 12월 21일에 멈추었는데, 그 이유는 우주의 거대한 운행의 주기가 끝났기 때문인 것으로 본다.[165] 그들이 감지하지 못한 어떤 새로운 역사가 이후부터 펼쳐지리란 뜻이다. 지상 강림 시대가 그것이다. 그래서 그 이후 달력을 잇기 위하여 하나님이 주관할 역사 절차를 이 연구가 밝히려 한다. 멈춘 마야 달력 이후를 대신할 인류 역사 프로젝트, 그러니까 선천 문명이 마감된 이후에 펼쳐질 비전의 역사를 제시하리라. 강림 역사는 선천 역사를 종결짓는 관계로 인류 역사를 심판하는 역할은 있지만, 그렇다고 멸망과 구원을 결정지을 최후 심판은 아니다. 한때는 본인도 생각하길, 하나님이 강림한 것은 인류 역사에 개입하는 것으로서 주된 목적은 심판에 있는 것으로 알았다. 정녕 인류를 심판하기 위해 강림한 것이라면 그 뜻은 사전에 천명되어야 하지 않겠는가? 그렇다면 강림 역사를 증거한 이때가 그때인가? 이런 고민을 했는데 하나님이 나서서 뜻을 명백히 해 주셨다. 즉 본격적인 심판은 예고된 대로 따로 정한 이가 있어 그가 심판할 날을 공의로 정하고, 죽은 자를 다시 살리는 권능으로 인류를 심판할 것이다.

> "아버지께서 아무도 심판하지 아니하시고 심판을 다 아들에게 맡기셨으니……."[166]

165) 「2012, 지구종말론 분석」, 한국교직원신문, 2012년 12월 17일, 문화면.

166) 요한복음, 5장 22절.

강림은 하였지만 심판은 직접 단행하지 않고 아들에게 전권을 맡기리라고 하였다. 그렇다면 지상 강림 역사가 지닌 실질적인 심판 역할은? 재림주가 강림하여 최후의 심판 절차를 주도할 수 있도록 준비를 철저히 하고 사전에 예고해서 인류가 심판에 대비할 수 있게 하는 것이다. 하나님이 지혜를 다해 마련한, 인류를 마저 구원하기 위한 기회 제공 방책이다. 당장 멸할 수도 있지만 인류를 빠짐없이 구원하기 위해 최후 심판의 날을 연장하였다.

심판 절차는 적용될 당사자인 인류도 준비를 갖추어야 하지만, 하나님도 단행하기 위해서는 사전에 심판 기준과 항목을 마련해야 한다. 그래서 지나온 주관 역사를 마무리 지은 본말 규정 작업을 이루었다. 성인이 道를 펼친 것은 하늘의 뜻을 깨닫고 그것을 세상 위에서 구현하고자 한 것이고, 道의 본말을 규정한 것은 하나님이 창조자로서 이룬 권능 역사이다. 죄인을 판결하기 위해서는 저지른 죄과를 낱낱이 들추어내어야 하는 것처럼, 최후 심판은 과거에 인생과 역사와 세계가 이룬 행적들을 모두 파헤쳐야 한다. 알파와 오메가를 관장한 권능도로 인류 역사의 본말을 규정한 것이니, 이것은 선천 역사를 종결짓고 인류 역사를 심판하기 위한 필수 작업이었다. 본말을 규정했다는 것은 인류 역사를 심판할 수 있는 본격적인 준비 절차에 돌입했다는 뜻과 같다. 상식적으로 판단해 보아도 핵심 된 본질과 본의, 본말을 밝히지 못하면 인류를 심판할 기준과 테두리를 정할 수 없다. 본말 규정 작업은 심판론을 펼치기 위해 완수해야 한 필연적 절차이다. 본말을 밝히므로 이전과 이후의 시대가 차원을 달리했다. 이런 조건을 충족시킨 지상 강림 역사는 선천 역사를 종결짓게 한 결정적 시대 구분선이다. 재림과 심판 때는 하나님만 아신다(마, 24: 36)고 했는데, 강림 역사는 하나님이 주관한 역사이므로,

도래한 심판 때도 정말 판단할 수 있다. 본말 규정 작업은 절차상 꼭 필요하여 하나님이 이룬 역사이다.

인류 심판은 하나님이 일방적으로 권능을 행사할 두려움에 찬 역사가 아니다. 천지의 창조자요 진리의 본체자답게 가장 이지적이고 가장 지성적이며 가장 지혜적으로 만인이 자체로서 지닌 심판성을 자인할 수 있게 합당한 근거를 세웠다. 그것이 이 연구가 완수한 문명과 역사와 인생의 본말 규정 작업이다. 본말을 모르면 진리와 함께한 삶을 살지 못하고, 감각적 쾌락과 욕망을 좇아 허망한 삶을 자초하며, 코앞에 있는 생멸의 문조차 찾지 못해 평생을 방황할 것이므로, 이런 어리석은 행위를 매듭짓기 위해 문명 역사의 본말을 규정하였다. 그렇다면 이후부터는 제 영역 간의 한계 본질을 명시한 심판 절차에 돌입할 것은 당연한 순서이다. 지상 강림 역사는 실로 세계의 본질을 세계적인 작용 원리에 근거해 확정한 작업이며, 대립된 질서를 극복한 작업이고, 본질을 정위시켜 정도를 확립한 작업이다. 인류를 심판하기 위해 하나님이 주도한 사전 정초 역사이다. 본말을 규정하기 이전에는 세계가 어떻게 전개될지 몰랐고, 모르니까 희망의 불씨라도 남아 있는 것으로 알았지만, 알고 보니 종말은 확실하게 도래하였다. 선천의 진리 체제로서는 더 이상 꿈을 실현할 진리력이 남아 있지 않아 종말을 맞이하였다.

지상 강림 역사가 선언된 때부터 재림 때까지는 그날이(최후 심판) 유예된 기간으로서, 성경에서 무화과나무의 비유를 배우라고 한 것처럼(마, 24: 32~34), 인자의 임함이 노아 때와 같아 항상 깨어 있어야 하는 기간이다.[167] "보라 여호와의 크고 두려운 날이 이르기 전에 내가 선지 엘리야를 너희에게 보내리니"라고 한 것처럼,[168] 최

167) "깨어 있으라 어느 날에 너희 主가 임할는지 너희가 알지 못함이니라." –마태복음, 24장 42~43절.

후 심판이 있기 전에[169] 선지 엘리야를 일으켜 심판 의지를 열방에 알리는 활동 기간이기도 하다. 이때 인류가 진정성을 깨닫고 악한 길에서 돌이킬 듯하면, 모든 악과 죄를 사함으로써 극악한 심판 절차를 접을 수도 있게 되는 마지막 구원 기간이다. 이것이 바로 최후 심판 때까지 이 연구가 알릴 수 있는 최선을 다한 인류 심판 절차이다. 이 기간 동안만큼은 아무리 요란한 경고 나팔 소리가 울려도 그것은 하나님이 인류를 구원하기 위해 각성을 촉구하는 소리이지 정말 멸절시키고자 한 의도는 없다. 멸망할 수밖에 없는 인류를 구원하기 위해 하나님이 최고의 약속과 최선을 다한 시스템을 마련했고, 사랑한 인류를 맞이하기 위해 천국문 앞에서 노심초사 기다리고 계시다.

그러나 모든 은혜와 지혜와 인내를 바쳤는데도 불구하고 최후 심판 절차가 철회되지 않고 있다는 사실은 여전히 큰 두려움이다.[170]

> "인자의 모든 영광으로 다시 오시는 그날에는 반드시 심판이 있다. 그 심판은 최후에 일어나고 그 판결이 영원한 판결이다. 더 이상은 돌이킬 수 없다."[171][172]

"최후 심판은 두 가지 종류의 사람을 구별한다. 선한 일을 한 사람은 영생에로의 심판을 받고, 악한 일을 한 사람은 멸망에로의 심

---

168) 말라기, 4장 5절.

169) "내가 심판하러 너희에게 임할 것이라"－말라기, 3장 5절.

170) "그날로 지정된 때가 이르면 영원한 비밀이 역사의 시간 속에 나타나며, 전 세계에 미치는 심판이 여호와의 전능하심을 통하여 나타나 여호와의 높고 낮은 모든 창조물의 영역에 온갖 세상적인 영광을 다스리시게 되며, 마침내 그 모든 것은 낮아지게 된다."－「여호와의 날과 남은 자 사상 연구」, 앞의 논문, p.32.

171) 「마, 25: 31～46에 나타나는 최후심판의 척도 연구」, 김영석 저, 총신대학교신학대학원 신학과 신약신학전공 석사학위논문, 2003, p.47.

172) 예수 그리스도는 마지막 때에 재림주로 오셔서 세상을 심판한다. 인자로 오셔서(마, 25: 31～32) 심판을 주재한다. 그리고 모든 심판을 하나님께서 아들에게 맡겨 주셨다(요, 5: 22, 27).－위의 논문, p.215.

판을 받기 위해 부활한다."[173] 악인은 영벌에, 의인은 영생에 들어가도록 하는 것이(마, 25: 46) 심판 역사로 이룰 최후 목적이다.

심판 의지가 사전에 천명된 바에는 심판으로 향한 인류 역사의 진행 방향과 정해진 절차도 피할 수 없다. 그렇다면 심판은 심판이려니와 심판이 단행된 이후의 진행 절차와 대비책은? 하나님은 모든 인류에게 구원의 문을 개방시키고 천국 문으로 인도할 프로젝트를 세웠지만, 그래도 최후 심판 절차는 거쳐야 하므로 이 연구는 멸망할 자를 심판하고 난 이후에 펼칠 청사진도 밝혀야 한다. 그 계획은 일찍이 선지자가 선포한 바 '남은 자'를 통해 약속이 실행되리라. 남은 자를 통한 역사 성취가 바로 심판 이후 구원에 대한 약속을 충족시킬 프로젝트이다. 선지자 아모스는 미래에 종말론적인 여호와의 날이 도래할 것을 선포하였는데, 하나님을 의지하고 섬긴 경건하고 거룩한 사람들에게는 그날이 구원과 회복의 날이 될 것을 기대하게 했다. 남은 자란 여호와의 참된 경배자들로서, 하나님은 모든 시대의 남은 자들에게 그의 왕국이 이 땅에서 확립될 것을 확신시켰다. 남은 자를 통한 역사 전개의 사례로서는 대홍수 심판에서 노아 가족이 남은 사건이 있다.[174] 노아 가족으로부터 인류사회가 재구성된 사실을 보면, 현 문명 체제가 심판받고 난 이후의 새로운 역사 창조에 대한 가능성도 능히 짐작할 수 있다. 아무리 참혹한 멸망이 있더라도 의로운 자는 끝까지 구원해 남긴다. 그러나 하나님은 홍수 심판(노아)을 끝으로 인류를 전멸시킬 심판은 하지 않을 것을 무지개 예표를 통해 기억시켰다.[175] "여호와 하나님께서 세상을 보존하시

---

173) 「최후의 심판(마, 25: 31~46 중심)」, 김호연 저, 안양대학교 논문집 제16집, 신학 편, 1996, p.217.

174) 「여호와의 날과 남은 자 사상 연구」, 앞의 논문, p.20, 25, 14.

175) "내가 너희와 언약을 세우리니 다시는 모든 생물을 홍수로 멸하지 아니할 것이라. 땅을 침몰할 홍수가 다시 있지 아니하리라. …… 내가 내 무지개를 구름 속에 두었나니, 이것이 나의 세상과

며, 세상에 대해 그의 섭리를 시행하겠다고 약속하였다(창, 8: 22). 그러므로 멸절은 다시 없다. 이 약속은 최후 심판 때도 유효하다. 아무리 패역한 이스라엘도 완전히 멸하지는 않아 이스라엘을 회복시킬 남은 자가 있었듯",[176] 최후 심판 때도 상황은 다를 바 없다.[177] 남은 자에 대한 사상과 믿음이 어떻게 개진된 것인가 하면, 아무리 신실한 이스라엘 백성도 그 믿음과 행위가 완벽할 수는 없다. 또한 여호와께서 자신이 선택한 백성들이 언약을 파기했을 때 이들을 대적하여 여호와의 전쟁을 일으켜 심판한다면 여호와께서 주권적으로 선택하고 언약을 맺은 선민 이스라엘의 존재와 사명은 어떻게 되겠는가? 그들의 사명이 실패로 끝나는가? 하나님은 이스라엘을 통해 모든 민족과 열방에게 자신을 증거하려 한 계획을 철회할 것인가? 이와 같은 의문에 대해 선지자는 포로와 파멸이 있은 후에 이스라엘의 남은 자들이 그 땅을 회복시킬 것을 내다보았다.[178]

> "그중에 십분의 일이 오히려 남아 있을지라도 이것도 삼키운 바 될 것이나 밤나무, 상수리나무가 베임을 당하여도 그 그루터기는 남아 있는 것 같이 거룩한 씨가 이 땅의 그루터기니라."[179]

인류 역사가 종말을 고하더라도 하나님은 그의 백성들이 다시 돋아날 수 있도록 그루터기를 남겨 두리란 뜻이다. 그 그루터기, 그 거룩한 씨가 인류 역사를 펼칠 새 역사에 대한 프로젝트를 담고 있다. 아무리 인류가 끝없는 패역으로 인해 종말을 맞이하였을지라도 만

의 언약의 증거니라." – 창세기, 9장 11~13절.

176) 「여호와의 날과 남은 자 사상 연구」, 앞의 논문, p.2.

177) '남은 자(remnant)는 하나님의 심판을 받아 죽어 가는 선민 가운데서 선민의 명맥을 유지하게 하시려고 남겨 두시는 소수의 사람' – 위의 논문, p.13.

178) 위의 논문, p.1.

179) 이사야, 6장 13절.

연된 오염과 심판으로부터 분리된 소수의 의인들을 남겨서 태초로부터 종말에 이르기까지 하나님의 창조 목적을 추호도 단절이나 변경 없이 완수할 것이란 실천 의지이다.[180] 그렇다고 남은 자들이 최후심판 때까지 기다렸다가 심판이 단행되는 그때 한꺼번에 분리되는 것은 아니다. 지상 강림 역사가 선언된 순간부터 분리 작업은 이미 시작되었고, 선택된 자들은 선택된 자답게 남은 자로서의 사명 역할을 진작시킬 것이다. 남은 자들이 이룰 역사 형태에 대해 "아모스 선지자는 다윗 계통에서의 이스라엘의 회복을 말했는데, 이때의 다윗 왕국은 영원한 그리스도의 나라를 상징하는 것이다."[181]

> "이후에 내가 돌아와서 다윗의 무너진 장막을 다시 지으며 또 그 퇴락한 것을 다시 지어 일으키리니 이는 그 남은 사람들과 내 이름으로 일컬음을 받는 모든 이방인들로 主를 찾게 하려 함이라."[182]

무너진 다윗의 장막을 다시 세우는 역사는 남게 될 자들이 이룰 재림과 최후 심판 역사를 준비하는 구체적인 과제 유형이다.[183]

그렇다면 최후 심판 절차를 거쳐 최종적으로 남게 될 남은 자란 도대체 누구이고, 이 시대에 심판받을 대상은 과연 무엇인가? 심판 기준과 목적과 절차까지 밝혔는데 그래도 깨닫지 못한다면 희비가 엇갈린 역사를 경험하리라. 아모스 선지자는 이렇게 지적하였다.

> "화 있을진저 여호와의 날을 사모하는 자여 너희가 어찌하여 여호와의 날을 사모하느뇨. 그날은 어두움이요 빛이 아니라. 마치 사

---

180) 「여호와의 날과 남은 자 사상 연구」, 앞의 논문, p.126.

181) 『구약 아모스 주해』, 김희보 저, p.473.

182) 사도행전, 15장 16~17절.

183) 남게 될 자들이 이룰 사명 역할은 결국 남은 자들이 이룰 사명 역할과 동일함.

람이 사자를 피하다가 곰을 만나거나 혹 집에 들어가서 손을 벽에 대었다가 뱀에게 물림 같도다. 여호와의 날이 어찌 어두워서 빛이 없음이 아니며 캄캄하여 빛남이 없음이 아니냐."[184]

선지자 아모스는 여호와의 날이 이스라엘을 위한 승리의 날이라는 관념은 종교적 환상이라고 했다. 오히려 택한 백성 이스라엘을 심판하는 날이고 이스라엘을 향해서 여호와께서 분노하시는 날이 될 것이라고 선언했다. 예언자인 스바냐도 동일한 화법을 가지고 여호와의 날에 대해 택한 백성의 종교적 환상을 분쇄하면서, 그들을 향하여 종교적 환각에서부터 잠을 깨고 현재의 삶을 역사적 자각을 가지고 바라보라고 경고했다.[185] 아모스는 이스라엘에 속한 하나님의 사자로서, 이스라엘에게 외치라고 준 메시지는 바로 미래의 역사적, 우주적 사건으로서의 여호와의 날, 곧 이스라엘의 마지막에 관한 것이었다. 그 마지막이 언제인가 하면 지상 강림 역사가 완수된 지금이며, 유태교-가톨릭-개신교를 통해 구축한 서구 문명이 야기한 종말 역사이다. 굴곡과 변화들은 겪었지만 지난날 이스라엘로부터 이어진 신앙 전통에 대해 하나님이 내린 큰 심판은 없었다. 언젠가는 단행될 것인데 그날이 지상 강림 역사를 완수한 지금이다. 여호와의 날을 사모하는 자들에게도 심판이 임할 것이라고 예고했던 것처럼(아모스), 그날이 되면 죄에 가득한 이스라엘 백성들이 심판을 받는다.[186] 믿는 도끼에 발등 찍힌다는 말처럼, 마태복음 7장 15~23절에서는 이러한 결정적 착각 속에서 헤어나지 못한 자들을 강하게 경고하였다. "자신들은 하나님께서 원한 모습이 전혀 아닌데도

---

184) 아모스, 5장 18~20절.

185) 『신의 약속은 파기될 수 없다』, 김이곤 저, 한국신학연구소, 1979, p.16.

186) 「아모스서에 나타난 여호와의 날 연구」, 앞의 논문, p.30, 12.

불구하고 자신들이 바로 하나님이 원하는 아름다운 모습을 하고 있다고 생각하고, 마지막 날 준엄한 심판을 받아 영원한 멸망에 처해질 수밖에 없는데도 불구하고 영원한 천국의 백성이 될 것을 확신하면서 살아가는 무리들의 모습을 보여준다."[187] 철옹성 같은 믿음으로 무장하고 돌이킬 수 없는 결정적인 착각을 일으키고 있는 자들이 이 땅에서 건재하다면 그들은 과연 누구이겠는가? 바로 기독교인들이다. 그들은 여호와의 날을 맞이하여 보혜사가 하나님으로 강림하였는데도 몰라보므로 마치 主가 도적같이 임하리라고 한 형국을 재현했다. 그들은 강림 때를 대비해 깨어 있지 못했고 맞이할 차비도 갖추지 못했다. 하나님은 세상 만민을 공의로서 심판할 주권자이므로, 비록 이스라엘이 선택 입은 백성이고 기독교가 그 전통을 이은 종교일지라도 뜻을 어기면 심판을 피할 수 없다.[188] 강림한 하나님을 영접하지 못한 자들은 철저한 파멸 외는 아무런 가망이 없다. 그래서 아모스는 여호와의 날이 神이 심판을 내리는 흑암의 날이 될 것을 우려했다.[189]

선지자가 밝힌 바 여호와의 날이 이스라엘 왕국이 심판받을 날이라는 주장에 대해 상황이 달라진 오늘날 이 문제를 다시 초점 잡는다면, 하나님이 강림하여 단행할 심판 대상은 택한 이스라엘로 지칭된 기독교 문명 체제와 그 전통을 이은 서구 문명, 나아가 그 문명의 확대 영역인 현대의 물질문명 전체이다. 왜 선지자는 사모한 여호와의 날이 이스라엘이 기대한 승리를 안기지 못하고 종말의 날이 될 것을 경고하였던가? 그 역설을 어떻게 받아들여야 하는가? 그러나 이 연구가 증거할 지상 강림 역사를 대동하면 그 이유를 환히 알 수

187) 「결정적 착각 속에서 산 사람들의 최후의 충격(마, 7: 15～23)」, 박종기 저, 설교자를 위한 성경연구, 8권 7호, 한국성경연구원, 2002, p.1.

188) 「아모스 5장에 나타난 여호와의 날 연구」, 앞의 논문, p.16.

189) 위의 논문, p.35.

있다. 그래서 이 연구는 담대하게 기독교 문명이 주축을 이룬 서구 문명과 현대 문명의 종말을 선언하지 않을 수 없었다. 하나님이 이를 심판 대상의 초점은 정확하게 서구의 기독교 문명에 있다는 사실을 준엄하게 지적한다. 그렇게 지적한 것은 오히려 그들을 구원하기 위해서이며, 깨닫게 해서 하나님의 나라로 인도하기 위해서이다. 그래서 이스라엘의 마지막 날은 기독교가 주축이 된 현대 서구 문명이 맞이할 마지막 날이 되고 만다.

하나님은 하나님다운 방법으로 철저하게 심판 절차를 이행하고 불의와 죄악에 대해 응분의 대가를 지불하겠지만, 그중에서도 최후 심판으로 주어질 보응 결과는 무엇보다도 하나님이 베푸실 무궁한 사랑과 영광과 영생을 통해 최종적으로 판가름 난다. 사도 바울은 "하나님께서 각 사람에게 그 행한 대로 보응하시되, 참고 선을 행하여 영광과 존귀와 썩지 아니함을 구하는 자에게는 영생(永生)으로 하시고, 오직 당을 지어 진리를 좇지 아니하고 불의를 좇는 자에게는 노와 분으로 하시리라"고 교훈하였다(롬, 2: 6~8). 창세 때부터 지금까지 없었던 큰 환란과 애통이 쏟아지고, 멸망의 가증한 것이 거룩한 곳에 서 두려움과 공포가 소스라치겠지만, 하나님이 베푸실 은혜와 사랑과 영생을 얻지 못해 버림받음만 같지는 못하다. 그래서 최후 심판 역사는 무엇보다도 살아 계신 하나님이 의로서 보장할 영원한 생명이 있다는 사실을 확증 짓는 데 있다. 하나님 앞에서 인류가 저지른 죄악을 사함 받는 것, 그리하여 나와 선조들이 애써 일군 역사와 문화적 전통을 파멸시키지 않고 영원하게 이어 자손들에게 물려주는 것, 그것 이상 하나님의 뜻을 받든 인류에게 안길 최고의 선물은 없다. 하나님과 아들과 인류가 함께하는 영원한 왕국, 곧 지상천국 건설이 그것이다.

제5장 강림의 문명적 기반

1. 동서 통합의 키워드

천지가 창조로부터 운행·지속·변화·발전하게 된 것은 그만큼 진리를 일구었고 진리를 통해 역사가 추진된 것이다. 만고로부터 진리를 앞세우지 않은 문명 역사는 없다. 그러나 천지는 완전하게 창조되었어도 창조 원리, 바탕 본체, 주재된 역사까지 완전하게 밝히지는 못했다. 지성들이 쉬지 않고 탐구했지만 전체를 보지 못해 창조된 본의를 파악하지 못한 상태이다. 神을 보지 못하였고 통합이 불가능하다는 쪽으로 가닥을 잡고 말아 역사가 막다른 골목에 도달했다. 부분으로서 지닌 한계성이 곳곳에서 나타났다. 통합을 이루지 못한 이유가 전체를 보지 못해서인데 세계 자체가 그러한 것으로 알았다. 이제 더 이상 대책이 없다. 종말을 맞이하였다는 뜻이다. 통합의 필요성을 절감하고 통합을 이끌어 내어야 인류가 구원될 수 있다. 이것이 세계가 동서 통합의 키워드[190]를 찾고 모멘트[191]를 이루

190) key word: 중요어, 해독의 열쇠가 되는 어, 표제어, 어떤 문장을 이해하거나 문제를 해결할 수 있는 실마리가 되는 말–다음 사전

191) moment: 어떠한 일을 일으키는 근거가 되는 것–다음 사전

어야 하는 이유이다. 선천 문명이 지닌 분열의 한계성을 통감하고 대책을 세우지 못할 경우 파멸되고야 마는 두려움을 감지해야 한다. 제 영역들이 하나만 보고 자신들의 진리만 인정한 것이 주된 이유이다. 사상이 대립각을 세운 것은 물질이면 물질, 정신이면 정신 하나만 근원적이라 믿고 파고든 데 있다.

쇼펜하우어는 "자연적인 원인은 모두 의지가 나타나기 위한 기회나 동기를 주는 데 지나지 않으며, 의지야말로 모든 물의 자체라고 하였다. 의지가 물의 자체 혹은 전부라고 강조한 것은 주체와 주관을 하나의 전체로서 통일하지 못하고 주체와 주관 중 하나를 택해 그 영역의 중심이 모든 것의 중심"이라고 생각한 반쪽 철학이다.[192] 반쪽이 전부인 것으로 알아 나머지를 잃고 말았다. 화이트헤드는 철학의 틀 자체를 근본적으로 바꾸어야 미래의 철학이 갈 수 있는 필연적인 항로를 개척할 수 있다고 했는데, 20세기 들어와 서양 철학은 그런 경고를 무시하고 形而上學을 추방해 버려 파선당한 배처럼 산산조각이 나고 말았다. 유물론과 관념론의 갈등, 이론과 실천의 균열, 마음과 몸의 부조화 문제, 환경과 인간의 관계 등등 부딪히는 문제들에 대해 속수무책이다.[193] 통합을 이룬 것이 아니라 분열을 조장시킨 것이 선천의 세계관이 지닌 공통적인 한계이다. 특히 종교 영역은 어떤 논리적 타당성도 없이 각자 자신의 우월성만 내세워 반감을 조장하므로 불교, 기독교, 이슬람교 등등 내로라한 고등 종교들조차 상대성을 면하지 못하였다. 자기 종교만 최고의 진리라고 부르짖으면서 타 종교를 매도한 선교 정책을 철회하지 않았다.[194] 통합적인 본질을 가지지 못했다. 대등한 본질을 가진 종교들이 서로

---

192) 『화이트헤드와 동양철학』, 김상일 저, 서광사, 1993, 지은이의 말.

193) 위의 책, p.110.

194) 『선과 신비주의』, 윌리암 존스톤 저, 이원석 역, 대원정사, 1993, p.12.

절대성을 고수하므로 조화는커녕 반목의 골만 깊어졌다.

하지만 세계의 각 영역은 본래부터 부분으로서 독립된 존재가 될 수 없었다. 전체를 보지 못해 착각을 일으킨 것이므로 전체성만 파악하면 대립된 것으로 보았던 요인들을 제거할 수 있다. 선천 역사가 분열된 것은 창조로 인해 구축된 본체가 세계를 구성하기 위해 날개를 펼쳤던 것으로, 분열한 본래 목적은 하나 되는 데 있다. 분열이 극하면 통합의 시대로 돌아가게 되어 있는 것이 생성 역사가 지닌 특성이다. 역사뿐만 아니라 전 영역이 그러하다(분열 문명→통합 문명). 지성들이 사물의 영역과 마음의 영역을 개척한 것은 대립성을 조장시킨 두 영역이 아니다. 그 다음에 반드시 나타날 통합의 영역을 확보하기 위한 교두보 작업이다.[195] 분열의 단계를 거치면 통합의 단계에 이른다. 이런 판단에 대해 논리적 근거는 분명하다. 세계가 삼라만상으로 분화되고 종교가 진리를 수호한 것은 세계가 통합될 수 있는 기반 작업이다. 과학도 종교도 학문도 예외가 없다. 선천에서는 제 영역이 통합되기 위해 분열하였고, 구심적인 역할을 할 지상 강림 역사를 손꼽아 기다렸다. 불교 역시 큰 틀에서 보면 강림 역사를 예비한 것이고, 유교도 하나님을 맞이할 수 있는 진리적 기반을 다지기 위해 노력한 종교이다.

그렇다면 분열된 진리 영역들은 어떻게 해서 하나인 바탕체로부터 말미암았다는 것을 알 수 있는가? 분열을 다하면 통합의 기운이 무르익고, 전체적인 관점을 확보하게 되어 분열된 과정을 꿰뚫을 수 있다. 그래서 세계 본질의 분열을 촉진시킨 과학 영역이 개척한 방법론, 인식론 등이 모두 분열된 본질을 확실하게 보존시키는 데 역점을 두었다고 할 수 있다. 확실한 근거를 찾아서 실증할 수 있는 것

195) 『한철학(2)-통합과 통일』, 최동환 저, 지혜의 나무, 2005, p.129.

만 진리로 인정했다. 바야흐로 통합의 시대가 도래하면 분열된 세계를 꿰뚫을 수 있게 되어 본래의 동질성과 하나 된 구조를 확인하는 것이 주된 진리 판단의 기준이다. 구슬이 서 말이라도 꿰어야 보배이듯, 분열된 문명은 통합해야 진리관을 완성할 수 있다. 애써 구슬을 모았다면 그 다음은 꿰는 작업에 몰두해야 한다. 진리는 일구었어도 꿸 수 없다면 아무 소용이 없다. 꿰는 작업, 즉 통합해야 하는 것이 그 다음 순서이다.

분열 문명과 통합 문명은 극을 넘어선 세계관으로 제반 가치 척도와 진리 기준, 생성된 본질이 완전히 다르다. 분열 시대에 내림한 성인이 진리를 일구고 실천하는 것이 사명이었다면 통합 시대에는 합쳐서 하나 되게 하는 것이 사명이다. 선천에서 기독교는 기독교답고 불교는 불교다워야 했지만 후천 시대에는 기독교는 불교를 융화시키고 불교는 기독교와 하나가 되어야 한다. 이 시대에 강림한 성인은 진리 세계를 하나 되게 해야 한다. 그래서 하나님도 동서 문명을 통합하기 위해 강림하였다. 강림 역사가 분열 문명을 결실 짓고 통합 문명을 개화시키리라는 것은 결코 빈말이 아니다. 통합의 시대가 도래하므로 하나님도 이런 시대 본질을 대변하기 위해 이 땅에 강림하였다. 분열된 세계가 분열된 그대로 끝나지 않고 어떻게 통합된 세계로 전환되는가? 그 이유는 끝없이 분열시킨 바탕체가 존재해서이다. 아무리 흐트러지더라도 때가 되면 다시 질서를 회복하고, 이때 분열된 목적을 성취한 새로운 모습을 구성한다. 인생, 자연, 섭리, 역사, 문명 등 어떤 영역도 통합성이 적용되는 것은 같다. 그래서 원리적이다. 하나님이 태고로부터 분열하는 힘으로 창조 세계를 구축하였다면 그 다음은 통합하는 힘으로 창조 권능을 드러낸다.

어떻게 분열된 세계가 통합될 수 있는가? 분열을 이룬 바탕이 창조로 인해 구축됨으로써이다. 창조는 바탕 된 본체가 있어 온갖 것으로 분열되어도 결국은 통합된다. 원래대로 돌아가는 것인데, 다만 분열되기 이전과 분열된 이후는 차원이 다르다. 알고 보면 세계가 분열되는 것은 통합으로 가기 위한 과정이고, 분열하는 것 자체는 최종 목적이 아니다. 서양 학문은 분열적이고 분석적인 세계관으로 일관되어 있는 것 같지만, "최근에 와서는 분석보다는 종합을, 부분보다는 전체를 보려고 한 학문적 시도가 활발하게 일어나고 있다. 또한 분석적인 세계관과 대비된 통합적・전일론적(holistic) 세계관에서는 세계 안의 모든 존재가 상호 유기적으로 관련되어 있다"고 보았다.[196] 하지만 유기적으로 연관성이 있다고 해도 그것만으로 통합적인 관점까지 확보한 상태는 아니다. 왜 세계가 상호 연관된 것인지에 대한 이유를 캐내어야 한다. 그리해야 동서 문명을 통합하고 神과 인간이 합일할 수 있는 키워드를 찾아낼 수 있다.

키워드를 찾는 것은 통합을 이루는 관건인데도 하나님의 본체가 드러나지 못한 선천에서는 거의 불가능한 일이었다. 대표적인 사례로 『천주실의』에서 마테오 리치는, 유교적인 가치관을 가진 동아시아 문화권에서 그가 신앙한 기독교의 하나님을 이해시키고 선교할 목적으로, 주로 우주만물의 궁극자인 神의 문제를 다루었다. 유교가 신앙한 天과 기독교가 신앙한 하나님에 대해 공통된 점과 이질 된 점을 논했다. 문제는 그 기준이 너무 편파적이라 기독교적인 틀 안에서 유교를 재단하여 버려 규격이 맞지 않았다. 주로 이질 된 점을 꼬집어 비판했다. 각자 지닌 본질이 대등한 상태에서는 서로가 서로를 통합할 수 있는 안목을 가질 수 없다. 아무리 노력해도 원하는 목적을 이룰 수 없다. 그렇다면? 양교를 통합하기 위해서는 제3의 대

196) 「동학사상의 교육적 함의」, 장열이 저, 경상대학교 대학원 교육학과 박사학위논문, 2008, p.1.

안 키워드를 찾아야 한다. 신관 문제도 마찬가지이다. 마테오 리치는 유학 경전의 상제와 천주교의 하나님을 비교해 많은 공통점을 피력했다. 그래서 하나님을 유교의 天에 主를 붙인 天主(천주)라고까지 불렀다. 천주가 만물의 창조주인 사실을 강조하였고, 부모천인 것에 대해 논거하였으며, 理를 비판하고 천주를 理로서 해석하는 것에 반대하였다. 끝내 포용하지 못하고 만 것은 기독교가 세운 교리 체제가 유교의 理를 수용할 만한 그릇이 못 되어서이지 하나님이 그런 것은 결코 아니다. 제한성·상대성·한계성을 극복한 제3의 초월적인 키워드가 필요한 이유이다.

하나님은 인류를 통합할 수 있는 구심체이지만, 기독교가 쌓아 올린 문명권까지 그러한 것은 아니었다. 기독교가 역사상 유교 문명권을 만나 선교한 과정을 살펴보면 오히려 자체로서 지닌 세계관적 한계를 노출시키고 있다. 후천 시대가 요구한 통합 본질을 본유하지 못했다. 그들이 理를 이해하지 못한 것은 자체 지닌 신관이 문제이다. 이유인즉 理를 의뢰체의 일종에 불과하다고 해석한 것이다. "오직 영이 있는 사물이 영이 있는 사물을 산생하고, 지각 있는 사물이 지각 있는 사물을 산생하는데, 理는 영각이 없으므로 만물의 근원이 될 수 없다"고 보았다.[197] 기준은 바르게 세웠지만 적용은 엉터리로 하여, 하나님은 모든 것을 갖추었지만 세상은 그렇지 못했다. 세상은 통합체로부터 분열된 관계로 진리를 각각 나누어서 가진 탓에 유교도 하나님이 지닌 존재 본질을 부분적으로 드러낼 수밖에 없었다. 이것을 알 길 없는 마테오 리치는 하나님의 본질 부분을 취한 理를 하나님이 아니라고 부정했다.

---

197) 「유학신관에 대한 기독교적 이해」, 윤용주 저, 호남신학대학교 신학대학원 신학과 석사학위논문, 1998, p.25.

그는 천주는 자연천(自然天)이 아니라는 사실도 애써 논거하였는데, 형체 있는 사물로서는 천주를 일컬을 수가 없다고 주장했다.[198] 창조 본체가 드러나지 못한 상태에서는 하나님과 피조물이 지닌 격차를 극복할 수 없게 되고, 나아가서는 不二인 연유 역시 알 길이 없었다. 이런 점들이 기독교 교리가 지닌 세계관적 한계이다. 이와 같은 여건으로서는 신즉자연이라고 말한 스피노자의 범신론을 이해할 리 만무하다. 하나님은 창조주이므로 피조물과는 달라야 하지만, 다시 보면 같은 논리로서 천지는 하나님이 창조한 관계로 바탕 역시 하나님과 같아야 한다. 그런데 기독교는 전자를 취하고 후자는 부인함으로써 하나님이 만유의 主일 수 있는 길을 막아 버렸다. 마테오 리치는 천주가 만물의 창조주인 것을 설명하기 위해 천주는 만물의 근원이라고 전제하면서, “만약 낳은 자가 있다면 천주도 천주가 아니다. 동물과 초목은 시작과 끝이 있는 사물이지만 천주는 그런 시종이 없다. 따라서 만물의 근원이다”라고 주장했다. 피조물과의 차이를 부각시켜서 천주가 만물을 주재한 유일한 존재라고 결론을 내렸다.[199] 이로써 神을 절대화시키고자 한 목적은 달성하였지만 한편으로는 같음을 보지 못한 관계로 천차만별한 만물을 통합할 수 있는 논거까지는 세우지 못했다.

마테오 리치는 사물은 시종이 있지만 천주는 시종이 없다고 했다. 시종이 존재하고 하지 않는 차이는 피조체와 창조주를 구분 짓는 현격한 기준이다. 이점을 지적한 사상적 논거 사례는 흔하다. 아리스토텔레스는 제일 원인을 들어 원인의 무한소급 문제를 해결하고자 했고, 스피노자는 자기 원인 개념을 통해 하나님 자리를 차원적으로

198) 위의 논문, p.25.

199) 위의 논문, p.24.

설정했다.[200] 이것을 근거로 존재한 세계를 대별하면, 세계에는 반드시 원인이 필요한 존재가 있고 그런 원인을 필요로 하지 않는 존재가 있다. 다시 말하면 창조된 존재가 있고 창조가 없는 존재가 있다(?). 구분을 확실하게 하고 보니 기독교는 神과 자연과의 고리를 끊어 버린 결과를 낳고 말았다. 일반적인 사상 영역에서도 보면 창조를 필요로 하지 않는 존재 혹은 원인을 필요로 하지 않는 실체는 볼 수 없으니까 원인을 반드시 필요로 하는 현상계에서는 존재하지 않는 것처럼 보이므로 실체성을 아예 부인하였다. 사물이 자체로서 창조 동인을 지닌 자생, 자화 세계관을 선호하여 삼라만상이 다시는 하나님에게로 귀환할 수 없게 꼬리를 끊어 버렸다.

그러므로 분열된 세계를 수습하기 위해서는 제3의 바탕 된 본체가 필요하고, 그런 존재가 있다는 사실을 알아야 세계도 통합할 수 있다. 제3의 초월적인 바탕 본체가 존재해야 하는 이유이다. 스피노자는 모든 존재는 神에 내재되어 있다고 보고, "神 이외에는 어떠한 실체도 존재할 수 없으며, 또한 파악할 수 없다"고 한 것이 그 예이다.[201] 초월적인 본체 영역을 개척하고자 했던 스피노자의 탁견이라고 할까? 제3의 존재란 분열 중인 현상계를 초월해 있는 바탕 본체이다. 神이 자기 원인을 필연적으로 가지는 것처럼 사물은 제3의 원인을 가진다. 그래서 神은 이미 존재한 분이 될 수 있고, 만물은 창조를 통해 존재하게 되었다.[202] 神이 삼라만상 이치를 총괄할 수 있게 된 근거이다. 세계 통합은 어떻게 가능한가? 무엇보다 하나인 바탕 본체를 근거로 하나님이 천지를 창조하였고 세계에 대해 초월적,

---

200) 「에티카에 나타난 스피노자의 신에 대한 고찰」, 이정 저, 인천가톨릭대학교 대학원 신학과 윤리철학전공 석사학위논문, 2009, p.33.

201) 위의 논문, p.9.

202) 神이 창조 이전에 존재할 수 있는 바탕 근거를 마련하고 확보함으로써 창조 이전인 無로부터 창조될 수 있었다. 즉 만물은 창조된 관계로 창조 이전에 존재한 초월적인 근거가 필요하게 됨.

본체적, 창조적으로 존재해서이다. 神이 없다면 존재도 없고 통합도 불가능하다. 神은 전면에 드러날 수 없지만 통합 권능을 발휘함으로써 존재한 사실을 드러낼 수 있다.

불교에서는 '色의 自性은 본래 空하다'고 하는데,[203] 이것 역시 色에 대해 空의 초월성을 인정한 명제이다. 이런 유의 법어를 보면 覺者도 사실은 창조적인 본체를 각성한 것이다. 누구라도 초월적인 본체를 보았을 때 온갖 것으로 분열된 세계를 극복할 수 있다. 色이 세계를 장엄하기 이전에는 본래 空하였다. 그런데 어떻게 色化 되었는가? 空이 色化된 것이다. 같은데 변화된 것은 창조가 이룬 작용이 원인이다(化됨). 그렇지만 결국은 色不異空, 色卽是空이다. 지성들이 지금까지 구했던 진리 통합의 키워드가 바로 창조이다. 동서 통합의 키워드는 본체이며, 세계 통합의 키워드는 神이다. 창조, 본체, 神이란 키워드를 휘어잡으면 인류사회를 하나 되게 할 통합 문명 시대를 열어젖힐 수 있다. 세계의 궁극적 실체는 神이지만, 神이 창조주로 인정되기 위해서는 다시 창조 권능을 통합시켜야 한다. 통합은 제3의 초월 권능이다. 이것을 도가에서는, 세상에 만물이 존재하는 것은 만물을 생성하게 하는 그 무엇이 틀림없이 있을 것이라는 식으로 표현하였다. 그 무엇이 바로 道이며, 그들은 그렇게 부르는 것조차 조심스러워했다.

사물은 가변적이고 변화하지만, 이런 변화를 지배한 법칙 자체는 불변이다. 총괄해서 道라고는 불렀지만, 道가 세계에 대해 지닌 위상은 神으로서 가진 역할과 진배없다. 道는 존재 이전에 존재를 있게 한 우주의 근원이고 일체의 생성을 뒷받침한 법칙이다.[204] 세계 자

---

203) 「대승불교철학과 L. 비트겐슈타인의 언어관 연구」, 이강희 저, 한국외국어대학교 교육대학원 철학교육전공 석사학위논문, 2008, p.19.

204) 「H. 베르그송과 노자의 인식론에 관한 비교 연구」, 도창환 저, 가톨릭대학 대학원 신학과 종교

체가 그런 자리, 그런 역할, 그런 초월적인 지배 법칙을 요구하였다. 충족될 수 없다면 세계가 아예 구성조차 될 수 없다. 부인한다면 자신이 존재하고 있는 사실을 부정하는 것과 같은 자가당착적 모순을 저지른다. 왜 道는 현상계와 달리 불변, 절대, 근원적인가? 그렇게 해야 우리도 존재할 수 있기 때문이다. 부인하면 더 이상 역사가 통합적으로 진척될 수 없다. 왜 神은 절대, 불변, 유일한가? 化된 만상은 분열하고 변화하지만, 神은 일체 현상을 초월해 있어서이다. 문명 역사가 아무리 장대하더라도 바탕인 본체는 아무 변함이 없다. 존재는 본체가 化한 상태이다. 본체가 건재하므로 천지는 끝내 통합되고 만다. 스피노자의 범신론처럼 바탕 된 본체[神]가 존재하지만, 그것이 창조와 동시에 자연 속에 동화되어 버린다면 세상 어디서도 만상을 주재·섭리·통합한 권능자를 찾을 수 없다. 헤겔은 정·반·합 법칙에 따라 모순, 대립된 것들이 통일, 통합된다고 했다. 이런 일이 가능한 것은 化를 일으킨 바탕 본체가 온갖 변화를 초월하여 건재해서이다. 그래서 분열을 본질로 한 현상계에서는 결과를 통해 확인할 수 있는 것을 진리에 대한 기준으로 설정했다. 하지만 모든 근원을 밝힐 후천의 본질계에서는 핵심 된 기준으로 일체를 통관할 수 있는 관점을 진리의 제일 요건으로 삼는다. 전자는 창조의 결정성, 그리고 후자는 창조의 일관성이 관건이다. 제 현상계는 낱으로 보면 독립된 것으로 보이지만 하나인 본체로부터 분열된 관계로 연결되어 있고(인과), 일체가 통관되는 것을 통해 하나란 사실을 알 수 있다.[205] 그래서 바탕 된 본체는 제 존재계와 현상계를 지배할 수 있다. 뭇 생명체가 종으로서 지닌 속성을 지속할 수 있다. 역사인들 예

철학전공 석사학위논문, 1992, p.25.

205) 분열이 완료되면 하나인 본질체이자 존재체로서 통관됨.

외일 수 있겠는가?

한편 바탕성이 존재한다는 사실은 다른 각도에서도 확인할 수 있는데, 神은 본체적·초월적으로 존재함과 동시에 전체 세계를 한 본질 안에 둔 존재자란 통찰 관점이 그것이다. 이것이 곧 神이 세계와 인류 역사를 통합할 수 있는 키워드이다. 세계는 하나님의 존재성, 곧 神적 본질로서 구성되었고, 神은 그렇게 세계를 구성하고 있는 바탕체이다. 그래서 세계를 통합할 수 있다. 佛陀가 2500년 전에 펼친 깨달음의 핵심은 연기의 도리이지만, 한편으로는 세계의 존재성을 자각한 것으로도 평가된다. 연기이므로 하나이고, 하나이므로 떨어져 있어도 연결된 고리가 있다(인과 관계). 나아가서는 그렇게 구조화된 전체자가 있다는 뜻이다. 다양한 세계가 유기적인 네트워크 체제를 갖춘 이유는 세계가 하나인 본질로서 구성된 존재 안이기 때문이다. 어찌하여 세계는 神적 본질로서 구성된 존재계인가? 한통속으로 이루어진 진리의 구조를 보면 확인할 수 있다. 노자는 말하길, "우주는 영원한 변천, 항구적인 생성 속에 있고, 생성자인 道로부터 나온 모든 사물들이 반(反)의 법칙에 의해 다시 돌아간다"고 했다.[206] 왜 생성된 본질이 순환하는가? "무한하게 나타나는 통합의 순간들이 무한성과 영원성을 형성하는가?"[207] 그 대답은 다름 아닌 세계에 가로놓인 구조 자체가 그러한, 세계가 곧 존재자인 때문이다. 『용담유사』에서 강조한 "동귀일체(同歸一體)의 참의미는 一氣인 太極으로부터 만물의 다양성으로 분화된 백천만물(百千萬物)의 생명들이 생멸하는 순환 법칙에 따라 본래의 一氣인 太極으로 돌아가 하나가 된다."[208] 순환 법칙을 따른 것 같지만 사실은 세계가 존재자로 구

206) "反者 道之動." -『노자도덕경』, 40장.

207) 『인간과 신에 대한 파스칼과 노자의 이해』, 조명애 저, 서광사, 1994, p.37.

208) 「동학사상의 교육적 함의」, 앞의 논문, p.49.

성된 것이다. 니체는 영원회귀 사상을 통해 "우주적 상황이 전적으로 동일하게 반복된다"고 하였다.[209] 통합적인 생성 작용 측면을 보면 미비점이 보이지만, 본의 면에서는 세계의 존재화 인식에 근접했다.

선천에서는 神의 존재화 상태를 부분적으로 접하여 존재성을 지향한 연면한 추이를 엿보기 어려웠지만, 섭리적으로는 처처에서 세계 통합 키워드가 요구한 존재화를 달성하기 위해 자기 역할을 다하였다. 이런 사실을 깨닫는 것 자체가 하나님이 창조주로서 세계를 통합한 작업인데, 모르니까 진리가 생명력을 지니고 영원성을 고무하였다는 사실을 알지 못했다. 객관적・원리적・결정적인 이치만 인정해 실생활에 활용하였다. 하지만 진리는 지극히 존재적이고 의지적이라, 세계를 포괄할 수 있는 본질을 지녔다. 중국의 왕양명이 주창한 心卽理(심즉리) 사상은 理를 존재화시킨 대표적 사례인데, 세계의 일체화와 존재화에 기여한 일대 성과이다. 세계는 기계적・결정적・결과적・객관적・이법적인 것만 전부가 아니다. 속성을 포괄한 존재화 지향에 心卽理가 갖춘 본의가 있다. 理와 太極이 지배하고 있는 진리적 환경 속에서(유교 문명) 세계를 心적으로 판단한 것은 엄청난 혁신이다. 이런 추이가 어긋나지 않았다는 것은 하나님이 진리를 본체로 하여 강림한 사실로도 알 수 있다.

도교는 키워드로서 道를, 기독교는 神을 내세웠지만, 이들을 더 큰 틀 안에서는 볼 수 없는가? 그들이 지닌 현격한 차이에도 불구하고 이질성을 극복할 수 있는 제3의 키워드가 있다면? 비인격적인 道와 인격적인 말씀(Logos)은[210] 어떻게 일치된 접점을 찾을 수 있는가?

209) "영원회귀: 우주의 모든 사건이 그 세세한 부분에 있어서와 그 총체적인 우주적 통합에 있어서 미래에 다시 일어날 것이며, 과거에도 일어났는데 그것이 정확하게 동일한 양상으로 무수히 반복된다(말로의 해석)." −『신은 존재하는가』, 한스 큉 저, 성염 역, 분도출판사, 1994, p.554.

210) 「H. 베르그송과 노자의 인식론에 관한 비교 연구」, 앞의 논문, p.69.

道의 본질성과 말씀의 의지 성향을 합친 神적 본질의 존재화 지향이 그 정답이다. 창조주 하나님이 조건을 갖춘 본체자로 강림한 것이다. 神과의 합일을 갈망하지 않은 진리 영역이 어디에도 없었다. 지난 역사에서는 계기를 이룰 만한 역사적 모티브가 없으므로,[211] 지상 강림 역사가 그 역할을 대신했다. "다산(정약용)은 6경과 4서가 수기에 관한 책이고, 수기의 학문인 것으로 규정했던 것처럼",[212] 꿰뚫을 수 있는 관점을 지상 강림 역사로 확보했다. 세계가 神적 본질로 구성됨으로써 가능했다. 맹자는 "천지의 기운은 도달하지 않는 것이 없으며, 통하지 않는 곳이 없다[浩然之氣]" 하였고, 최한기는 "氣는 형체마다 침투하지 않는 것이 없고 사물마다 적시지 않는 것이 없다"고 말했다.[213] 세계가 본체 안이다. 본질-존재를 기반으로 神이 구성되었다는 것이 세계를 통합할 수 있는 키워드이다. 그동안 동서 사상을 비교한 시도는 더러 있었지만 융화시킨 성과는 없었는데, 이제는 이런 유의 사상이 봇물처럼 쏟아지리라. 세계를 통합할 수 있는 원동력은 역사적인 사례를 통해서 볼 때 물리적인 힘은 결코 아니다. 풀은 종이 정도는 붙일 수 있지만 쇠는 안 되는 것처럼, 인류 사회를 하나 되게 할 핵심 키워드가 그렇게 제한성이 있어서는 안 된다. 그래서 하나님이 강림하여 일체를 통합할 수 있는 바탕 틀을 마련했다. 선천에서는 천대받고 무시당했지만 중심 역할을 하게 될 그날을 기다리면서 선각자들은 현상계와 구분된 초월 영역을(본체계) 믿음으로 수놓았다.[214] 선불교에서는 깨달음을 통해 우주의 본

211) motive: 동기, 의도, 목적. 예술 작품에서 창작 동기가 되는 중심 제재나 생각-다음 사전

212) 수기: 인간의 도덕문화를 자기 것으로 체화하여 실천하는 것-「미래를 살다간 앞선 지식인, 다산」, 한국교육신문, 2009.7.20, 5면.

213) 「동학사상의 교육적 함의」, 앞의 논문, p.27.

214) 현상계만으로는 세계가 존재할 수도 지탱될 수도 없었음.

체와 합일하고자 하였는데, 이런 노력들이 그대로 하나님과 하나 될 수 있는 길을 텄다. 유교에서 일구었던 인성적 진리들도 오늘날 하나님의 창조성을 확인하는 데 일조한 것은 마찬가지이다. 섭리된 이유가 있는데 누가 그 본질을 왜곡할 수 있겠는가? 통합적인 관점을 통하면 그들이 무엇을 원한 것인지, 무엇을 위해 정열을 불태운 것인지 속뜻을 알게 된다. 하나님을 위해 추구되지 않은 진리 영역은 어디에도 없다. 창조 목적을 이루는 데 기여하였고, 그를 통해 하나님이 강림하였다.

섭리된 뜻을 깨닫는다면 종교와 학문과 진리 영역이 추진된 방향을 알고 이루고자 한 과제가 무엇이라는 것을 짐작할 수 있다. 무엇이 잘못되었고 어떻게 고쳐야 할 것인지 판단할 수 있다. "여러 민족들 가운데서 새로운 메시아 시대를 예비하고 도래할 구속의 길을 마련하는 것이 기독교의 특수한 소명이라고 자부한다면, 그들은 즉각 태도를 바꾸어 어떤 문화도 배제해서 안 되고, 어떤 종교도 멸절되지 않길 바라야 한다. 모든 종교와 문화들을 성령의 능력 속에서 흡수하여 변모시켜야 한다. 종교들과 문화들의 잠재력과 능력을 억압해서는 안 되며, 오히려 그것들 속에서 인간을 해방하고 구원하는 神國의 미래를 바라보아야 한다."[215] 여기에 하나님이 강림한 깊은 뜻이 있다. 진정한 해방감으로 인류가 구원될 수 있는 희망의 대신호탄이다. 선천에서는 자신이 속한 문화가 우월하고 절대적인 가치를 지닌 것으로 알았는데, 동서 간의 교류가 활발하게 된 여건 속에서는 각 문명이 처한 한계성을 인식하여 만남과 대화를 통해 하나 될 수 있는 길을 찾아야 한다. 분열이 극한 종말성을 파악해야 기치

---

215) 「종교 간의 대화를 지향한 종교와 신학의 연구」, 위거찬 저, 서울대학교대학원 종교학과 철학박사학위논문, 1989, p.227.

로 내세운 통합 의지를 수용하여 새로운 문명 건설 과제를 역동적으로 추진할 수 있다. 神적 질서를 옹위했던 것도 서구 문명이고 神의 권위를 무너뜨린 것도 서구 문명이다. 그 결과 그들은 지금 이 땅에서 하나님을 위해 할 수 있는 모든 일을 잃어버린 상태이다. 그래서 이 연구가 동서 문명을 통합할 수 있는 키워드를 찾았는데, 그 최종 결론에 지상 강림 역사가 있다. 유태교, 가톨릭, 개신교가 이룬 역사만으로는 세계를 통합할 수 없었다. 일체를 아우른 신관과 세계관 수립이 절실하므로, 지상 강림 역사가 그 화두를 충족시켰다.

통합할 과제를 정확히 알아야 처한 부족분을 발견하고 왜 통합되어야 하는 것인지에 대한 이유를 깨닫는다. 사실 동서 문명이 지닌 가치를 수치로서 매기라고 한다면 최대로 올린다 해도 반쪽밖에 안 된다. "서양은 지금까지 영혼의 반쪽, 즉 의식과 이성을 가지고 살아왔다. 따라서 반드시 나머지 다른 반쪽, 즉 무의식과 직관의 영역을 발견해야 할 필요가 있다."[216] 이유를 알아야 하는데, 사고와 이성은 드러난 현상계를 파악하기 위해 개척한 정신적 노력이고, 무의식과 직관은 그 이면에 있는 본체계를 밝히기 위해 개척한 정신적 요소이다. 서양 문명은 분명 한계가 있는데도 온전한 것으로 여긴 것은 전체를 알지 못해서이다. 어떻게 반쪽 문명인가? 전체를 모르면 반쪽이 전부가 되고 전체를 알면 그렇게 알았던 전부가 반쪽이기 때문이다. 그래서 혹자는 "세계의 미래 운명은 두 정신, 곧 동양 정신과 서양 정신이 결혼하느냐 못 하느냐에 달려 있다"고 했다.[217] 결혼은 통합이 절실한 시대의 요구를 인식한 또 다른 표현이다. 왜 결혼을 성사시켜야 하는가? 남자나 여자가 혼자로서는 가정을 꾸릴 수 없

216) 『동양정신과 서양정신의 결혼』, 베드 그리피츠 저, 정창영 역, 깊이와 넓이, 1991, p.14.
217) 위의 책, p.16.

고, 다음 세대를 이을 수 없다. 마찬가지로 반쪽뿐인 문명만으로는 세계와 역사를 완성시키지 못하고 새 문명을 창달할 수 없다. 거대한 멸절 상황이 불 보듯 하다. 동서 문명을 통합해야 다음 세대를 기약하고 구원의 문턱으로 다가설 수 있다. 하나님이 내세운 통합 권능에 대해 만민과 역사가 호응해야 한다. 각 문화권은 경계를 허물고, 각 종교권은 타 종교의 가르침에 귀를 기울이며, 각 민족들은 전통적인 관습의 문을 열어젖혀야 한다. 어떤 믿음을 가지고 어떤 神에게 예배하더라도 서로 통하고 어울리는 터전을 마련해야 하는데, 지상 강림 역사가 그 모티브를 이루리라. 바라는 바 "이성적이고 공격적인 남성상을 대표한 서양 정신과 직관적이고 수용적인 여성성을 대표한 동양 정신은 진정한 결혼을 통하여 하나가 되고, 그리해야 지킬박사와 하이드와 같은 인격 분열 현상을 치유하고, 가정과 사회의 파괴를 막을 수 있다."[218)]

쉽지 않은 과제이지만 이 연구는 세계를 통합할 수 있는 모티브와 인류사회를 하나 되게 할 수 있는 키워드를 제시하였다. 동서 간의 교류가 활발한 오늘날 양 문명의 전통을 통합할 수 있는 가장 정확한 범주 틀은 동양 본체론과 서양 形而上學이 일체된 존재 세계를 이루는 데 있다. 동양의 道, 太極, 理, 梵, 空적 개념과 서양의 神, 창조, 현상, 법칙, 원리 같은 개념들이 서로 어울려야 하나님이 창조주다운 통합신으로서 모습을 갖추게 된다. 하지만 동서 문명이 하나 될 수 있는 최상의 모티브는 무엇보다 인류가 서로 화해하고 용서하고 원수를 사랑하는 이상적인 가치에 있다. 그리하면 인류는 정말로 하나가 되어 통합된 문명 세계를 건설할 수 있다. 神人合一 경지에 이른다. 이것이 진정한 키워드이고 분열된 세계를 초월한 통합 본체이

218) 위의 책, 머리말.

다. 우리는 아무리 신성하고 거룩하고 싶어도 사랑하고 용서하고 화해하지 못하면 묵은 감정과 원한이 쌓여 세상을 더럽힌다. 서로 마음의 문을 활짝 열고 일체가 되어야 이 땅에 강림한 하나님을 영광의 主로서 맞이할 수 있다. 동서 문명을 통합해야 하나 된 창조 목적을 기필코 달성할 수 있게 된다.

2. 서구·기독교 문명의 종말

세계의 본질이 드러나기 위해서는 먼저 바탕 된 본질이 분열을 극해야 한다. 인류가 쌓아 올린 문명의 본질을 밝히고 그를 통해 본말을 규정하기 위해서는 수많은 세월 동안 수없는 과정을 거치면서 분열된 문명의 근거들을 확보해야 한다. 그리하여 오늘날 판단할 수 있게 된 것이 바로 서구·기독교 문명의 종말이다. 종말이 온 것이 아니라 이미 지나쳐 버려 본말까지 규정하였다. 그래서 이 연구가 서구·기독교 문명의 종말성을 부각시키게 되었다. 성장 과정에서는 자신이 누구이고 장차 무엇이 될 것인지 궁금한 것처럼 서구 문명도 고대, 중세 시대를 거치는 과정에서는 자체로서 지닌 문명의 본질을 알지 못했다. 이후 다양한 가치관, 문명들과 조우한 결과 비로소 본색을 나타냈다. 고대 그리스 시대에 자연철학자들이 등장하였는데, 그들은 세계를 이룬 근본적인 것들에 대해 말했지만(물, 공기, 불 등) 아직 본색은 불분명했다. 특징을 초점 잡기 위해 발버둥친 과정이었다. 이런 문명 가운데(헬레니즘) 기독교(헤브라이즘)가 파고든 것은 참으로 운명적이다. 전통이 다른 두 문명이 동거하게 된 것은 이유가 있는데, 하나님만 신앙한 유태교와 달리 기독교는 예수 그리스도를 더해서 신앙해야 한 관계로 인간으로 태어난 독생자를 신격화시키기 위해서는 그리스 문명의 도움이 긴요했다. 이것이 동방에서 태동된 기독교가 서구 쪽으로 방향을 틀게 된 이유이다. 절실한 이유, 그러니까 神의 인간화를 뒷받침할 신화적 메커니즘을 그리스 문명이 지녔다. 그리스·로마가 전승시킨 신화에는 神과 인간이 자유롭게 교제한 이야기들이 다반사인데, 이런 분위기 가운데서 예수도 신격화될 수 있었다. 그리고 이것은 기독교가 유태교와 갈라서게 된 주된 이유이기도 하다.

기독교는 그리스 세계관의 도움을 받아 인간으로 태어난 예수가 신격화되고 神이 인간화될 수 있었다. 하지만 인간이 신격화된 것은 아이러니하게도 다시는 건너지 못할 강을 건너고 만 결과를 낳았다. 그리스 문명은 특성상 神을 인간화시킨 신화적 전통과 현실 인식적인 메커니즘은 지녔지만, 초월적인 神을 뒷받침한 본체적 세계관은 확보하지 못했다. 일은 일단 저질렀는데 수습을 하지 못한 형국이다. 삼위일체설, 보편 논쟁 등 神에 대한 논거는 다양하게 펼쳤지만 神을 증명하고자 한 시도는 실패하고 말았다. 초월적인 벽을 넘지 못했다. 이런 특성이 그대로 서구 문명이 지닌 한계성으로 이어졌다. 이런 문제는 서구 문명이 전면적으로 전환된 르네상스 운동 과정에서 더욱 확대되었는데, 자타가 공인할 만큼 근대 문명을 일으킨 바탕은 그리스 문명에 있다. 만물은 성멸하지만 결국은 근본으로 돌아가게 되듯, 서구 문명은 그 뿌리가 그리스 문명에 있은 관계로 유럽에서 문예부흥 운동이 일어났을 때 외친 구호 역시 '그리스로 돌아가자', '그리스의 문예를 다시 찾자'였다.[219] 神이 존재한 사실을 증명하는데 한계를 느낀 헬레니즘 문명이 헤브라이즘과의 동반자 관계를 청산하고 자기 갈 길을 가려고 한 선언이다. 결별에 따른 진통은 태동

---

219) 『21세기 문명 동양정신이 만든다』, 오국주 저, 살맛난 사람들, 1994, p.36.

된 과학적 진리관을 기독교가 전면적으로 억압하면서부터 전달되었다. 알고 보면 양 문명이 함께했던 중세 시대에도 서로 융화되고 일치된 문명은 아니었다. 겪어 보았지만 안 맞으니까 갈라섰다. 근대 문명을 일으켜 세계관을 역전시킨 헬레니즘 문명은 이제 헤브라이즘을 무참하게 짓밟았다. 이런 역사적 과정을 거쳐 오늘날은 서구 문명의 본색이 거의 드러났다.

그들은 선조 때부터 만물의 근원을 궁금하게 여겨 탐구의 길에 나섰던 것처럼, 시종일관 사물들에 관한 진리를 탐구하는 데 관심을 가지고 세계를 개척하였으며, 철학도 이와 같은 방향을 뒷받침하기 위해 사색하였다. 제 현상을 形而上學적으로 추구한 것은 만유를 이룬 공통적인 창조성과 본체성에 근접한 것이지만, 그렇더라도 초점은 어디까지나 사물의 본질을 탐색하고자 한 데 있다. 인간은 무엇인가, 자연이란 무엇인가 하여 현상계의 결정성과 분열성을 추출하고자 하였다. 그것은 결국 서구 문명이 지닌 부분성을 벗어나지 못했다는 뜻이다. 그런데도 그들은 자신들이 일군 진리가 절대적인 것으로 알았다. 이 순간에도 세계적인 영역을 담당한 순수 본체계가 존재하고 있다는 사실은 무시한 채…….

따라서 본체가 드러나지 못한 상황에서는 그 무엇도 각자가 지닌 문명적 역할을 다할 수 없다. 때가 될 때까지는 궁극성을 향하여 묵묵히 제 갈 길을 걸었다. 창조 목적을 이루는 데 필요하므로 각자 진리적으로 역할을 수행했던 것인데, 그것을 세계를 이루는 데 있어 절대적인 것으로 오인했다. 이런 경향은 철학, 학문, 종교 등 선천 문명 전체가 가진 추세이다. 투철한 사명감까지 더하여 타 진리와 타협 없이 세계관을 수호했다. 그러나 발목을 묶었던 폭설도, 보름이 넘도록 불편을 안긴 빙판길도 영상의 기온 속에는 더 이상 버텨

내지 못하듯, 구축한 철옹성 세계관들이 하나님이 강림한 순간 한꺼번에 허물어졌다(본말이 결정됨). 처음부터 사물들에 대해 관심을 가진 그리스적 사고방식은 근대에 이르러 그 본성과 어긋난 神을 제거시킴으로써 정체성을 찾기 시작하였고, 과학 문명을 일으켜 꽃을 피웠다. 이런 특성은 서구의 지성들이 그동안 양산한 세계관적 개념들을 살펴보면 더욱 확실하게 확인할 수 있다. '마르크스의 잉여가치, 니체의 권력의지, 프로이트의 무의식, 소쉬르의 기표와 기의, 후설의 판단중지, 아인슈타인의 상대성, 케인즈의 유효수요, 바슐라르의 인식론적 단절, 루카치의 계급의식, 하이데거의 현존재, 비트겐슈타인의 언어게임, 그람시의 헤게모니, 라캉의 욕망, 하이젠베르크의 불확정성, 브로델의 장기지속, 아도르노의 계몽, 사르트르의 자유, 레비스트로서의 심층구조, 바르트의 신화, 알튀세르의 이데올로기, 쿤의 패러다임, 리오타르의 포스트모던, 푸코의 권력, 하버마스의 의사소통, 데리다의 해체' 등등[220] 세계적인 관심사 중에서도 사물, 현상, 정치, 사회, 제도, 과학, 학문, 역사, 인간의 욕구 등 표면화된 영역들에 집중하여 괄목할 지적 성과를 거두었다.

하지만 그렇게 쌓아 올린 문명 역사를 통해 거둔 대단원에 걸친 결과는? 순수하게 추구한 것이 수학이란 학문이지만, 오늘날 원자탄을 포함하여 새로운 무기를 제작하는 데 응용되고 있다는 사실은 시사하는 바가 크다.[221] 다음과 같은 도식을 이끌어 내고도 남음이 있다. 즉 서양 학문의 본색=수학→원자탄→세계 파괴=종말을 일으킨 요인이란 도식이 그것이다. 이것은 비단 수학이란 학문 영역을 통해서만 이끌어 낼 수 있는 도식은 아니다. 수학을 기초로 한 서구 문명

---

220) 『현대철학은 진리를 어떻게 정의할 것인가』, 남경태 저, 두산동아, 1997, 뒤표지.

221) 『신은 존재하는가』, 앞의 책, p.71.

전체가 이와 같은 도식을 성립시키는 데 동조하였고, 서구 문명이 벗어날 수 없는 한계성으로까지 이어졌다. 즉 서구 문명은 인류를 구원할 수 있는 통합 문명이 아니었다. 본말을 보면 자체 지닌 한계성을 직시할 수 있는데 보지 못해 지금도 심대한 착각 속에 사로잡혀 있다. 이에 하나님이 강림함으로써 선천과 후천이란 대시대적 질서를 갈라놓았다. 사실을 인정했을 때만 각자가 처한 본말적 한계를 안다. 서구·기독교 문명이 더 이상 인류 역사를 주도할 수 없게 된 근거이다. 기독교가 보인 배타성과 역사를 통해 드러난 현상계적인 특성이 그러하듯, 서구 문명은 본체 문명이 아니다. 지체 문명이다. 지체는 분열하여 맺은 결과 문명으로서 통합 역사를 주도할 수 없다. 서구 문명은 선천의 분열 문명을 주도해서 오히려 지체 문명다운 특성을 충분히 나타내었다. "인종과 종교적 편견이 결합할 때 인간의 편견은 극도에 달하는데, 그 두드러진 예를 우리는 이스라엘과 아랍에서 볼 수 있다. 두 민족은 편견을 버리지 못해 영원히 적이 되고 말았다. 화해할 길은 거의 없는 것 같다."[222] 지체는 결정적·상대적·대립적이다. 결정된 신앙관이고 가치관이므로 더 이상 바꿀 수 없다. 그러나 본체 문명은 그런 결정성을 초월할 수 있어 동서 간 문명 역사를 통합할 수 있다.

화엄의 사상 체계는 상식상 역설적인 구조인 것 같지만, 사실은 본체로부터 인출된 분열성, 질서성, 결정성을 초월한 통합 논리를 펼쳤다. 즉 "하나의 티끌 안에 온 세계를 담고, 온 세계는 그 속에 무한의 티끌을 담고 있다. 모든 이치와 존재는 본래 空하여 아무것에도 걸림이 없는 무애(無碍)이다. 걸림이 없으므로 한 티끌이 온 세계를 품고 온 세계가 무한한 티끌을 품는다."[223] 본체는 뿌리로서

---

222) 『때를 알아라』, 안병욱 저, 자유문학사, 1998, p.50.

줄기와 가지를 내고 꽃을 피우고 열매를 맺기 이전의 비결정적인 본질체이다. 걸릴 것이 하나도 없다. 삼라만상을 있게 한 바탕체이므로 한 티끌의 작음과 무한한 티끌의 많음을 두루 초월한다. 서양에서는 이런 존재 개념을 무조건 神에게 의뢰하여 관념화시켜 버렸지만, 동양 본체론은 직관된 인식을 통해 의미화했다. 초월 논리는 지체 문명 안에서는 결코 인출할 수 없다. 이런 이유로 관념적으로 추구된 神의 속성 개념(헬레니즘)에 인격적인 개념을 보탠 서양의 신관과, 본체는 직시하였지만 존재자로서 얼굴을 그려 내지 못한 동양의 본질적 천관은 모두 하나님의 모습을 완전하게 구성하지 못한 결과이다.

그래서 오늘날 모습을 재구성하게 된 것이 강림한 하나님이다. 일체의 근원을 이룬 존재자가 본체적인 神인데 이런 사실을 외면한 것이 서구 문명이 초래한 한계성이다. 바탕 된 본체와 초월적인 神을 제거하므로 서구 문명이 모순투성이인 세계관으로 얼룩져 버렸다. 진화론, 유물론, 과학주의 등등. 화이트헤드가 '모든 존재는 자기 창조적이다(과정 철학)'라고 했을 정도로,[224] 神의 존재 역할을 없애 버리려고 한 노력은 무신론자들에게는 환영받을 사상이었지만, 세계는 그만 온전할 수 없게 되어 버렸다.

왜 억지이고 모순된 것인지 알지 못한 것은 本이 무엇인지 알지 못해서이며, 끝까지 本을 모른 상태, 그것이 바로 말세이고 종말이다. "유교의 고전인 『대학』에서는 덕본재말(德本財末)의 진리를 가르쳤다.[225] 덕은 인생에서 중요한 근본적 가치이고 재물은 인생의 말단적 가치이다. 우리는 무엇이 근본이고 지엽말단(枝葉末端)인지를

223) 『과정 형이상학과 화엄불교』, 스티브 오딘 저, 안형관 역, 이문출판사, 1999, pp.78~80.

224) 『화이트헤드와 동양철학』, 앞의 책, p.256.

225) "德者本也 財者末也." - 『중용』, 10장.

분간하여 본말을 전도시키지 않아야 한다."[226] 그런데 전도시켜 버렸다면? 뿌리는 땅에 묻혀 있어야 하는데 가지가 처박고 있다면? 고사할 것은 시간문제이다. 어떤 문명이? 본말을 전도시킨 서구 문명이다. 본체를 버리고 神을 떠나 말단인 물질적 가치를 앞세웠으므로 정말 본말이 전도되어 버렸다. 이것이 말세가 아닌가? 방치하면 정말 고사, 파멸되고 만다. 이런 문명이 어떻게 지속될 수 있겠는가? 자체 지닌 문명적 시스템 안에서 보면 큰 문제가 없는 것 같아 보이지만 통합적인 관점에서 보면 도를 넘어선 한계성을 확인할 수 있다.

"서구 정신은 소크라테스와 플라톤의 시대 때부터 이성적인 사고를 발전시키는 데 전력을 기울였다. 그래서 중세 시대에는 방대한 신학 체계를 건설하였고, 현대 과학과 현대 철학까지 수립하였다."[227] 그런데 서구 문명이 끝에 이르고 보니(본말 규정) 그들이 붙들고 있은 진리 체제는 전체를 대변하지 못했다. 세계는 하나하나 분열하여 드러나지만 분열되지 않은 통체 상태를 직시할 수도 있다. 역사는 하나하나 풀어서 엮지만 즉시 꿰뚫기도 한다. 눈을 크게 뜨고 보면 보다 장엄하고 보다 지혜적이고 보다 근원적인 진리 가닥을 붙들 수 있다. 그런데 서양의 지성들은 우직스럽게 이성만 활용했고, 제 현상이 지닌 차이성만 탐구했다. 공통성을 보고 통합, 일치시키고자 한 역사가 없다. 이것이 지엽적인 문명으로서 지닌 특성이고 서구 문명이 말단 문명인 이유이다. 과학 문명과 합리적인 제도를 발전·확산시킨 공적은 있지만, 진정한 의미에서 세계를 융화시킨 성과는 거두지 못했다. 문화적·사상적·역사적으로 남긴 통합적 발자취가 없다. 그 원인이 어디에 있는가? 사상적 비조인 플라톤으로부터 그

226) 『때를 알아라』, 앞의 책, p.100.

227) 『동양정신과 서양정신의 결혼』, 앞의 책, p.72.

전조가 이미 내비쳤다. “플라톤은 물질적 존재보다는 정신적 존재가 근원적이라는 것을 이론을 통해 긍정한 최초의 인물로서 서양 관념론의 비조이다.”[228] 정신적인 것과 물질적인 것이 존재한다는 것은 모두 경이로운 것인데, 플라톤은 어떻게 정신적인 부분만 강조해 세계관적 한계를 자초했는가? 양자를 통합하는 문제가 당시로서는 역부족인 지적 작업이었으리라. 그러니까 물질적 존재에 절대 가치를 둔 유물론이 따로 대두하여 서양 철학사가 관념론과 유물론의 투쟁으로 대치되고 말았다. 섭리적으로는 투쟁한 것이 아니고 통합을 위해 분열한 것이지만, 알길 없는 그들로서는 서로가 한쪽 진리만을 고수한 과오를 저질렀다.

“데카르트 철학은 물심이원론을 펼쳐 몸과 마음을 분리시켰는데, 이것은 300년 후에 심각한 결과를 야기하고 말았다. 합리적인 정신과 의식은 인간만 가질 수 있게 되어, 자연은 텅 빈 존재가 되고 말았다. 정신에서 물질을 분리시키고 몸을 마음에서 분리시킨 서양 의학은 병을 고치는 의약을 발명하면 할수록 더 큰 변을 일으킨 결과를 낳았다. 신체의 부분을 분석하는 데는 성공했지만, 인체의 유기적인 관계(몸과 마음)를 파악하는 데는 실패하고 말았다.”[229] 왜 몸과 마음을 분리시켜 이해하고자 했는가? 제3의 바탕 본체를 보지 못한 것이다. 그러니까 반쪽 문명밖에 안 된다. 동시에, 한꺼번에 보지 못하고 본말을 규정하지 못한 세계관으로서 한계가 역력하였다. ‘존재는 자기 원인에 의하여 창조해 나간다’고 한 것은[230] 시계를 보면서 시간에 관한 정보만 취한 것과 같다. 작동하고 있는 시계가 어떻게 제작된 것이고, 구조가 어떤 것인지는 무시해 버렸다. 이 얼마나

---

228) 『세계관의 역사』, 고전 구 저, 편집부, 1986, p.30.

229) 『화이트헤드와 동양철학』, 앞의 책, p.186.

230) 위의 책, p.230.

엄청난 오류인가? 한쪽만 보고, 반쪽만 보고, 나타난 것만 보고 판단했다.

이성을 취한 것이 어떻게 잘못된 것인가? 이성은 사물의 세계를 바르게 분석할 수 있는 위대한 정신 기능으로서, 이성을 필요로 하는 세계 안에서는 하등 잘못된 것을 찾을 수 없다. 하지만 불교에서는 현상 세계를 초월해서 본체 세계를 볼 수 있도록 반야란 지혜를 개발하였다. 이런 진리 세계가 건재한데 어찌 이성만으로 세상을 다 보았다고 할 수 있겠는가? 空[본질]과 色[물질]은 세계를 구성한 공통적인 요소인데, 서양은 色의 세계만 보고 탐구하였다. 현상적인 세계는 이성으로, 본체적인 세계는 직관을 통해야 하는데, 서양의 지성들은 현상계만 본 과오를 범했다. 뱃속에서 키운 자식인데 부모의 뜻을 모르는 불효자처럼……. 본체[神] 세계를 부정한 문명의 말로가 어떤 결과를 초래하리라는 것은 명약관화(明若觀火)하다. 세계는 보는 것과 달리 일체가 연관되고 연결되어 있는데 관점이 부분적・분열적이라 생성 중인 세계 안에서는 판단이 제한되었다. 한계가 역력하므로 보다 완전하고 전체적・초월적・본체적인 지혜가 필요한데, 원천적으로 차단되어 버려 누구도 어찌할 수 없다. 神을 거부하고 본체 세계를 부정한 서구 문명은 끝내 세계를 완성시키지 못했다.

선천에서 神과 본체를 보지 못한 이유는 무엇인가? 진리의 본질은? 역사의 본질은? 神의 본질은? 본질을 규명하지 못한 것은 창조된 본의를 모른 데 큰 이유가 있다. 우파니샤드는 객관체를 마야(maya)라 부르고, 그것을 환영으로 보았다. 브라만과 아트만은 본체계로서 실재이고, 마야는 현상계로서 환영이다. 마야에는 두 가지 특성이 있는데 하나는 흔들림 현상이고, 다른 하나는 베일 현상이다. 흔들림으로 인해 유일자인 브라만이 수많은 개체(아트만)처럼 분화된 것으로 보였고, 커튼에 가린 것처럼 은폐되어 버렸다. 본체가 어렴풋하고 흐릿하다고 한 이유이다. 플라톤이 현상계의 인간을 동굴 속에 갇힌 죄수로 보았던 것처럼……(『국가』).[231] 본체가 가려져 있어 서양 철학은 神을 개념 지었지만 관념화에 그쳐 버렸고, 그런 여건 속에서는 神의 실체를 붙들 수 없었다. 그래서 서양이 이룬 일체의 문화적 유산은 반쪽 문명밖에 안 된다. 진리를 일구어 세계를 완성하고자 했지만 장애물이 가로놓였다. 지상 천국을 건설하지 못했다.

서구 문명의 특성이 이러하므로, 그와 같은 토양 속에서 배양된 기독교와 이것을 뒷받침한 신학적 영역이 차이를 지닌 것은 없다. 특히 통합적인 관점에서 본다면 기독교가 고수한 배타주의는 얼마나 하나님의 뜻과 어긋난 것인가? 더 이상 세계화된 종교로 발전할 가망이 없다. 지난날 구축된 신관은 이런 배타주의를 옹호한 장본인이라 새롭게 정립되어야 한다. 그리해야 세계적인 바탕 위에서 강림할 재림주를 맞이할 수 있다. 만민, 만민족을 심판할 재림주가 어떤 특정 문화 속에 갇혀 있어서는 안 된다. 한계 그릇을 깨뜨리고 역사를 새롭게 일으켜야 한다. 기독교는 순교까지 불사한 신앙 투쟁으로 승리한 역사는 있어도 통합을 이룬 역사는 없다. 구약은 하나님에 대해 믿음을 바친 인물들에 관한 기록이고, 이스라엘 민족을 통해 이룬 역사일 뿐, 이방인들의 신앙과 문화를 통합하고자 한 전적은 없다. 편애적이리만치 이스라엘 민족을 사랑한 역사이다. 신약과 교회를 통한 역사도 비슷한 맥락이다. 성경만 인정하였고 교회 밖에서는 구원이 없다고 못 박았다. 이것은 분명 기독교가 본체 문명이 아닌 증거이다. 인류사회를 하나 되게 할 통합 역사를 어디서도 기대할 수 없다. 본체는 일체를 수용할 수 있는 세계관적인 그릇인데, 기

231) 『한철학(2)－통합과 통일』, 앞의 책, pp.358～359.

독교는 그런 역할을 배제해 버려 모조리 들어내어야 했다. “이교도를 살육하고 분파(分派)를 탄압하고 이단을 불태웠다. 가톨릭과 프로테스탄트는 같은 神의 이름을 불렀지만 피를 흘렸다.”[232)]

혹자는 기독교, 그중에서도 개신교가 지닌 배타주의 신앙의 원인에 대해 유일신 사상과 제국주의의 신학 정착, 그리고 초기 선교사의 보수적 신앙 노선을 꼬집었다.[233)] 이런 신앙이 강림한 하나님을 배척하고 기치로 내세운 통합주의를 거부하면 맞이할 종말성이 극도에 이른다. 선천 문명은 어떤 영역도 자체 확보한 문명적 테두리 안에서만 결속하려 하고 실질적인 통합력을 발휘하지 못했다. 서구·기독교 문명도 예외일 수 없어 미래 역사를 주도하지 못할 것이 자명하다. 신교와 구교조차 반목해 전쟁으로 피를 본 그들이(30년 전쟁) 어떻게 다른 전통을 가진 영혼들을 구원할 수 있겠는가? 근대에 이르러 군사력을 앞세운 제국주의적 위압으로 약소민족들을 고통으로 몰아넣은 것은, 아담이 금단의 열매를 따 먹은 죄악과 예수를 십자가에 매단 죄악 이후에도 근절되지 않은 세계사적 악행이다. 더구나 지상 천국 건설을 주도했어야 할 기독교가 도리어 식민지 쟁탈에 앞장선 지주 역할을 했다는 것은 참으로 아이러니하다. 왜 이 같은 어리석음을 반복하게 된 것인가? 자신들이 옳다고 여긴 진리관, 가치관, 세계관의 아족적 한계성을 벗어나지 못해서이다. 하나님의 본체가 드러나지 못한 상황에서 피할 수 없게 된 숙명이다.

하나님이 강림해야 하며, 강림해야 인류의 미래 역사가 창조의 원대한 목적을 성취하는 방향으로 추진된다. 서구의 열강들이 근세에 이르러 드러낸 제국주의적 본색은 하나님이 이루고자 했던 세부 역

232) 『동서사상의 원류』, 철학사상탐구선양회 편, 백산출판사, 1996, p.46.

233) 「유학신관에 대한 기독교적 이해」, 앞의 논문, p.1.

사가 아니었다. 인류를 향한 하나님의 뜻을 등에 업고 자기 민족과 국가적인 욕망을 채운 잔악한 역사 행로였다. 그래서 하나님이 그들의 세계를 떠나 버렸다. 서구인들이 건설한 현대 문명은 하나님의 뜻을 구현한 역사가 아니다. 그래서 하나님의 나라와 영광을 이룰 세부 역사는 다시 새롭게 엮여야 한다. 그들이 자부하고 있는 인류 역사의 진보와 쌓아 올린 선진 기술 문명 뒤에는 식민지 민족들이 흘린 피눈물이 고여 있다. 거대한 물질문명이 이룬 위상은 사실 밑도 끝도 없이 솟아 오른 바벨탑일 뿐이다. 본체와 전체를 주춧돌로 삼지 못한 한계탑이다. 과연 서구 문명이 누리고 있는 문명적 영광은 하나님을 믿은 대가로 인해 주어진 축복인가, 종말 직전에 만개된 문명적 아우성인가?

떠오르는 태양은 온 누리에 찬란한 햇빛을 비추지만 석양은 땅거미를 드리운다. 기독교는 미래 역사를 이끌 청사진과 영광된 역사를 굳게 믿지만, 이빨 빠진 호랑이처럼 서양 신학은 神이 존재한 사실을 증명하는 데 실패한 학문으로서 지는 문명을 대표한다. 神을 모신 문명인데도 神을 알지 못했다는 결론이다. 고대 그리스의 철인과 서양 중세의 교부철학자들은 애써 하나님을 증명하고자 하였지만 철학적 논거가 부족해 실패했다. 그래서 르네상스 이후 전통을 이은 근대 철학자들은 단안을 내려 神은 그 존재를 인식할 수 없다는 쪽으로 결론을 내렸다. 서양의 철인들이 神이 초월적인 본체자란 사실을 몰랐을 리는 없다. 그런데도 객관적인 합리성을 근거로 神을 비합리적인 실체로 몰아붙인 것은 결과적으로 神을 알지 못했다는 뜻이다. 선조들이 에덴동산에서 본 하나님을 추억과 전설로서 간직한 채 선천의 긴 역사 터널을 통과하는 동안 온갖 상상을 동원하여 추정했다. 누구도 하나님의 참모습을 보지 못했다.

그렇다면 하나님은 정말 어떤 분인가? 하나님은 사차원적인 본체자로서 삼차원적인 피조체와는 차원이 다른 권능자이다. 그런데 서구 문명과 기독교 신학은 자체 지닌 삼차원적인 진리 기준과 안목(현상계적 질서 인식만) 가지고 神을 보려고 발버둥을 쳐 끝내 사차원적인 神을 이해하지 못했다. 하나님은 창조를 실현시킨 차원적인 대존재자인데, 서양 문명은 이 엄연한 사실을 외면하고 탈차원화·탈 形而上學화·탈창조화·탈존재화의 길로 치달았다. 역사가 더해질수록 하나님이 지닌 본질적인 요소는 오캄의 면도날로 잘라 버리고, 허망한 표상인 언어적 개념들을 붙들고 분석이니 논리니 기호니 한 궁상만 떨었다. 그러므로 하나님이 이루고자 한 뜻과 동떨어졌다. 서양이 개화시킨 무신론·유물론·합리성에 근거한 과학 사상 등은 神을 떠난 인간이 하나님에게로 나아갈 길을 버리고 이탈해서 엮어 놓은 미로의 잔해들이다. 그러니까 도달하게 된 것이 결국 종말이란 한계 국면이다. 서구·기독교 문명이 종말을 맞이한 주된 이유는 역사적·사상적·문명적으로 神을 떠난 것이다. 그들이 神을 버림으로써 神도 그들에게 했던 모든 문명적 약속을 파기했다. 서구·기독교 문명이 대역사적 종말을 맞이하였다. 그렇다면 서구 세계를 떠나 버린 하나님은 지금 어디에 계시는가? 밝힐 바 한민족이 이룬 반만 년 역사 위에서이며, 동양이 일군 본체 문명 역사 위에서이다.

3. 총괄적인 신관 정립 요구

"가톨릭이든 프로테스탄트든 정교회든 혹은 그리스도교이든 유태교이든 또 神을 믿는 자든 무신론자든 불문하고 神의 존재에 관한 문제는 오늘날 해묵은 종파들과 새로운 이데올로기들을 모두 관통한다."[234] 神이 전능하다면 神이 창조한 세상과 神의 존재에 관해서도 아무 문제가 없어야 하는데, 전 영역에 걸쳐 화두로 대두되고 있다는 것은 무엇을 뜻하는가? 그것은 神 자체보다는 神을 바라본 시대적 상황과 관점에 문제가 있었다는 뜻이다. 태초의 창조 순간부터 하나님은 인류와 함께하였는데, 인류는 神을 얼마나 알고 주장을 세웠는가? 기독교를 통해 하나님을 바라보았지만 하나님을 얼마나 알았는가? 하나님의 나라로 인도받지 못했고 의혹만 앞세웠다. 논란이 구구했다. 해결하기 위해서는 세계적인 원리성을 확보하여 하나님의 존재 속성과 본체를 규명·규정·구성해야 했다. 아내가 남편에게 요구를 하고 부모가 자식에게 바라는 것은 무언가 부족한 부분을 채워 주기 바라서이다. 神에 대해서도 요구가 생긴 것은 이 시대에 꼭 필요한 세계사적 요청인데 무시한다면 하나님의 뜻에 역행된다. 인류 역사가 이와 같은 국면을 타개하기 위해 새로운 신관들을 대두시켰다. 하나님이 변신한 것이라기보다는 인간이 지닌 이해력을 혁신시키기 위해서이다.

세상은 변하고 변하므로 그렇게 한 시대가 운이 다했다고 판단하면 새로운 신관을 세워 종말적인 국면을 타개하려고 했다. 수운은 세상이 혼란과 혼돈에 휩싸인 것은 후천개벽을 이루어야 할 운수의 조짐이라고 보고, 새 시대를 이끌 신관을 주창해 천도교를 창립했다.[235] 무함마드도 분열된 아랍 사회를 통일하기 위해서는 각자 믿은 부족신을 초월해 정치적·사회적·신앙적으로 결속시킬 수 있는 신관 수립이 필요하다는 사실을 자각했다. 그래서 그는 유태인과 기

---

234)『신은 존재하는가』, 앞의 책, p.5.

235) "선천의 운이 다하여 머지않아 후천이라는 새로운 세상이 도래할 것이니, 세상의 사람들은 모두 이를 맞이하기 위하여 그 준비를 해야 한다."-『천도교』, 윤석산 저, 천도교중앙총부출판사, 2011, p.33.

독교인들이 믿은 알라를[236] 유일신으로 등단시켰다. 성육신은 하나님 현현의 절정으로서 그 목적은 시대의 요구에 따라 이스라엘을 넘어 전체 인류를 죄악으로부터 구원할 대상을 확장시키는 것이다. 하지만 하나님이 육신의 몸을 입고 온 것은 신현 계시의 최고 절정인데도,[237] 새로운 모습으로 강림한 하나님을 보고 동시대인들은 거부하고 말았다. 이후 삼위일체 교리를 세워 뒷받침하기는 했지만, 교리가 인준되기까지는 구구한 논쟁 과정을 거쳐야 했다. 하지만 삼위일체 교리를 확립한 것은 그렇게 믿은 자들이 거둔 신앙적 성과일 뿐, 하나님 자체가 삼위일체를 본체로 하여 완성된 것은 아니다. 그러므로 보다 완성된 신관이 미래에 등단하게 될 것이라는 것은 미루어 짐작할 수 있다.

神은 시대적인 요구에 따라 모습을 달리해 현현하였을 뿐 아니라, 세계적인 원리성에 입각해서도 다양한 형태를 취했다.[238] 하지만 하나님을 창조신으로서 표방했던 기독교는 정작 이런 요구를 묵살해 버렸다. 이것은 기독교가 가진 신관의 문제인 것만은 아니다. 하나님이 진리의 성령으로서 세계적인 요구에 부응한 모습으로 강림하기까지는 다양한 형태의 신관 제기 상황을 막을 수 없었다. 유교에서는 天을 통해, 노자는 道를 통해, 불교에서는 법신불(法身佛) 개념을 통해 神의 모습을 구성했다.[239] 각자 지닌 문화권에서 구축한 神의 모습이므로 한결같이 완성된 모습은 아니다. 특히 불교의 법신불은 오늘날 진리의 본체자로 강림한 하나님과 비교하면 法身, 즉 法

---

236) 『신의 역사』, 카렌 암스트롱 저, 배국원·유지황 역, 동연, 1999, p.252.

237) 「시내산 신현 연구」, 손부영 저, 백석대학교 기독교신학대학원 목회학전공 석사학위논문, 2007, p.3.

238) 神은 절대적이지만 신관은 변함.

239) 동양의 道를 미완수된 신관 형태로 봄.

[진리]으로 구성한 부처님으로서 진리의 성령으로서 강림한 하나님을 불교적인 양식으로 표현한 것이다. 하나님이 불교인들의 눈높이에 맞추어 法神(=진리의 성령)으로 현현하였다. 기독교가 예수를 성육신(成肉身)화시킨 것과 동열이다. 그것을 부정적인 측면에서 본다면 하나님의 본체가 드러나지 못한 상태에서의 억측적 관점일 수도 있지만, 사실은 완성하기 위해 개진시킨 기반 관점이기도 하다.

『중용』 25장에서 誠者 自成也(誠은 스스로 이루어 가는 것이다). 道自道也(道는 스스로 인도하는 것이다)라고 했는데, 이것은 대우주가 아무런 외재적 존재의 간섭 없이 스스로를 끊임없이 조직해 나가는 우주(Sell-organizing Universe)란 뜻이다.[240] 생성의 시종을 제하고 과정만 바라보면 우리는 누구라도 우주가 스스로 이루고 인도하는 것으로 여길 수 있다. 그러나 우리는 창조된 존재이므로 시종을 볼 수 없다. 볼 수 없는 제한이 있어서이지 시종이 없다는 뜻은 결코 아니다. 神도 마찬가지이다. 시계가 있다면 만든 사람도 당연히 있는 것처럼 자성야 자도야한 우주를 통해 우리는 세계가 지닌 부족분을 알고 이를 극복한 세계관을 수립해야 한다. 이에 스피노자는 "神을 절대적으로 무한한 존재, 즉 모든 것이 각각 영원하고 무한한 본질을 표현하는 무한한 속성으로 이루어진 실체라고 말했다. 실체는 자신 안에 있으며 자신에 의하여 생각된다. 실체는 그것의 개념을 형성하기 위하여 다른 것의 개념을 필요로 하지 않는다."[241] 스피노자가 구상했던 神은 바로 자체 원인을 스스로가 함유하고 있는 전능한 창조자에 대한 요구였던 것으로, 이것은 『중용』의 자성야 자도야 세계관과 정면 대치된다. 우주는 자성야 자도야 할 수 없는 관계로 오

240) 「중용, 인간의 맛」, EBS 기획특강, 김용옥 강의, 35강.

241) 「에티카에 나타난 스피노자의 신에 대한 고찰」, 앞의 논문, p.7.

히려 모든 원인을 자기 원인화시켜야 했다.[242)]

그래서 스피노자는 범신론을 통하여 "神은 우주로부터 떨어져 살지 않는다. 神이 세계 안에 있고 세계는 神 안에 있다. 자연이라는 것은 神이 존재하는 특수한 방식이요, 인간 의식은 神이 스스로 사유하는 특수한 방식"으로 규정했다.[243)] 개념적으로는 신관을 두루 충족시킨 것 같지만 본체적으로는 神을 세계 안에 얽어매어 버렸다. 차원적인 창조 본의를 알지 못했다. 사실상 창조는 하나가 만 가지를 생성해 내었지만 본체는 그대로 유지된 방식이다. 부모는 자식을 낳았지만 생체적으로는 독립된 존재이다. 하나님은 천지 만물을 창조하였지만 그렇다고 하나님이 전격 세계화, 자연화된 상태로 존재하는 것은 아니다. 함께하면서도 독립적이라 결정적인 시공간에서 능히 초월할 수 있다. 하나님은 초월성과 내재성을 모두 아우른 분인데, 이런 요구를 선천의 신관들이 충족시키지 못했다. 메커니즘 체제를 뒷받침할 수 있는 바탕 본체를 보지 못해서이다.

선천 문명은 분열을 본질로 해 지속적으로 부족한 부분에 대해서는 새로운 신관을 세워 보완했다. 神의 관념을 인격적·존재적·본질적·이법적으로 분화시켰다. 그 이유는 때가 되면 총괄적인 신관을 완성시키기 위해서인데, 기독교가 인격적인 신관을 고수한 것은 신관으로서의 사장성을 자초한 격이다. 자연과학이 발달한 근대 이후부터 세계관과 진리 영역을 포괄한 신관들이 다양하게 대두되었지만(범신론, 이신론, 만유내신론) 변화를 거부한 "서방 기독교의 인격적 神 이해는 점차 빛을 잃어가기 시작했다. 서구·기독교가 몰락의 길을 걷게 된 것은 무엇보다도 과거 역사에서 잔혹했던 수많은

242) 원인이 꼭 필요한 현상계와 그런 원인이 필요 없는 본체계는 구조적으로 필연적인 이유를 가짐.
243) 『신은 존재하는가』, 앞의 책, p.194.

행위가 기독교 神의 이름으로 자행된 전적이 주된 이유이기도 하지만",[244] 더 심각한 이유는 도덕적·지적·과학적·영적인 이유로 인해 인격적 神 개념이 폐물이 되어 버렸다. 인간 사회와 동떨어져 근엄한 모습으로 존재한 절대 초월적인 인격신관은 오히려 무신론의 출현을 부채질한 결정적 원인이다.[245]

세계의 인격신관은 오늘날 사멸의 길로 가고 있다는 것이 정통한 판단이다.[246] 처음부터 神을 부정한 경우는 드물었지만, 인격신관은 외골수적이라 神이 과연 세계관의 궁극 지평이 되느냐 한 의문을 갈수록 키웠다.[247] "19세기 초부터는 무신론이 토론의 주요 논제가 되었다. 과학과 기술의 발달은 서구인에게 자율과 독립이라는 새로운 정신을 부여했고, 神으로부터 독립된 인간 존재의 가능성에 대해 눈뜨게 했다. 또한 루드빅 포이엘바흐, 카를 마르크스, 찰스 다윈, 프리드리히 니체, 지그문트 프로이트 같은 인물들이 나타나 神이 없는 세계에 대해 학문적 해석을 제기하여 서구·기독교인에게 지대한 영향을 끼쳤다. 그리하여 19세기 말부터는 많은 수의 사람이 종교의 억압에서 인간을 해방시키기 위해 神을 죽여 없애야 한다는 생각을 하였다. 그들은 수세기 동안 서유럽을 지배한 神이 사실은 무의미하고 해악한 존재였다고 보고, 神에 대한 고집스런 미신적 숭배 행위를 파괴하고 불식시킬 이성의 시대가 도래했다고 생각했다."[248] 그 이유가 어디에 있는가? 세계가 요구한 포괄적인 신관 요구를 기독교 교회가 충족시키지 못했기 때문이다.

244) 『신의 역사』, 앞의 책, p.602.

245) 위의 책, p.676.

246) 『화이트헤드와 동양철학』, 앞의 책, p.280.

247) 『신은 존재하는가』, 앞의 책, p.197.

248) 『신의 역사』, 앞의 책, p.602.

하나님은 '하늘과 땅의 창조주 아버지로서 만유를 포괄한 절대자로' 믿었는데,[249] 정작 기독교인들이 해석하고 적용시킨 神은 크게 달랐다. "16세기에 중국에 들어온 마테오 리치와 예수회 선교사들은 대체적으로 선진 유학의 주재적이고 인격적인 상제·천관에 대해서는 긍정적으로 인식하고 수용하였지만, 자연주의적인 천지관 및 철학적 태극론에 대해서는 비판하고 거부하였다."[250] 물론 이때의 "인격적 모습이라 함은 유신론적 실재를 의미하고, 자연적인 모습이라 하면 이신론(理神論)적인 자연법칙으로서 비실재를 의미한다."[251] 이것은 하나님이 자연주의적인 신관을 포괄하지 않아서가 아니라, 동서양이 처한 문화적 차이로 인해 神을 바라본 관점이 분화된 것이다. 즉 셈족(유태교, 그리스도교, 이슬람교)과 동양 종교(힌두교, 불교, 도교 등) 사이에는 신관에 있어 분명한 차이가 있었다. 셈족 종교에 있어서의 神은 무한히 거룩하고 자연을 초월한, 그리고 자연과는 섞일 수 없는 피조물의 주재자로 묘사되었다. 그러나 동양 종교 전통 속에서의 절대자 神은 만물 속에 편만하게 깃들어 있는, 내재하는 神性으로 묘사되었다.[252] 그렇다면 그 다음 과제는 양 신관을 포괄하는 작업인데, 안타깝지만 가능한 바탕 본체를 어디서도 제공받지 못했다. "하나님은 우리가 형성할 수 있는 모든 개념을 넘어서는 존재로서, 사실상 神 내지 神性으로서 지칭된다. 브라만, 아트만, 道, 니르바나(열반), 空 같은 개념은 비록 인간의 머리로서 인지할 수 없고, 또 인간이 형성한 어떤 개념도 넘어서는, 이름 붙일 수 없는 실재를 가리키지만",[253] 그렇더라도 언젠가는 하나님이 세계 안에서 존재자

---

249) 『신은 존재하는가』, 앞의 책, p.197.

250) 「유학신관에 대한 기독교적 이해」, 앞의 논문, p.2.

251) 위의 논문, p.11.

252) 「동양정신과 서양정신의 결혼」, 앞의 책, p.26.

로서 모습을 갖추기 위해(본질적 실재) 포괄해야 할 개념이었다. 불교에서는 "모든 존재에는 佛性이 있다(一切衆生 悉有佛性, 일체중생 개유불성)고 했는데, 만약 모든 인간 속에 神性이 있다고 한다면 서구 신학은 당장 이단으로 정죄하였으리라."[254] 하나님은 그가 창조한 피조물 가운데 깃들어 있어야 마땅한 것인데도 절대적으로 격리된 노선을 취한 것은 기독교 신관이 지닌 한계이다. 미래 시대를 이끌 종교는 "인간과 자연과 神이 함께 어우러져 살 수 있는 우주 공동체의 삶을 지향한 종교이다."[255] 이런 요구를 지성들이 새로운 신관 정립으로 답해야 했다. 절대적으로 고고하고 세상에 대해 초월적이기만 한 神은 세계인들이 더는 선호하지 않는다. "중세기 유신론적 신관은 神을 하늘 위에 붙잡아 두고 절대적이고 불변하는 필연적 존재로서 파악한 과오를 범했다. 그러니까 신학 분야에서도 神은 죽었다(God is dead)고 한 神 죽음 신학 운동을 촉발시키고 말았다. 서양의 神은 죽었고 죽을 수밖에 없었다."[256]

하지만 지상 강림 역사는 神과 자연과 인간이 함께하고 일치되고자 한 인류의 끊임없는 요구에 따라 신관을 완성시키게 된 일대 결과이다. "神은 아무리 절대적이라 할지라도 마냥 인간의 상상력에 의존한 신비적인 존재자로 격리되어 있을 수 없다. 그래서 근대를 연 지성들은 인간이 지닌 이성에 근거하여 철학적 神 이해를 추구하였고"[257] 또 요구했다. 이성을 충족시키기 위해서는 神이 그만큼 낮아져야 하고 가까이 다가와야 하며 합리성에 근거해 논리를 펼쳐야

---

253) 위의 책, pp.40~41.

254) 『화이트헤드와 동양철학』, 앞의 책, p.32.

255) 『천도교』, 앞의 책, p.27.

256) 『화이트헤드와 동양철학』, 앞의 책, p.278.

257) 『신의 역사』, 앞의 책, p.519.

한다. 전능한 지혜자로 혹은 진리의 본체자로서 인류가 분간할 수 있는 모습으로 강림해야 했다. 그래서 보혜사란 진리의 성령으로 모습을 갖추었다. 하나님이 새로운 모습을 드러낸 것은 창조 이래 양산된 온갖 진리와 역사를 총괄해서이다. 노자는 우주 발생론을 道生一, 一生二, 二生三, 三生萬物로 집약했는데, 아무리 세월이 더 흐른다 해도 이런 상태로서는 우주적인 본체론을 완성시킬 수 없다. 오직 하나님이 아니고서는 완성할 수 없는 성업을 통해야 강림한 하나님을 판단할 수 있다. 왜 과일에는 꼭지가 달려 있는가? 왜 세상은 인과율이 적용되는가? 본체로부터 떨어져 나온 필연적인 연결고리이고 흔적이 아닌가? 본체로 통하고 창조로 통하고 하나님에게로 통하는데, 사라져 버린 비밀 통로라 이 길을 이 연구가 만인이 직접 찾아 나설 수 있도록 복원하였다.

세계는 어느 한 부분으로만 구성될 수 없다. 언젠가는 통합적인 모습을 갖추어야 했는데, 그것이 곧 지상 강림 본체이다. 총체적인 요구에 부응했다. 이전에 세워진 신관은 지극히 부분적이었다는 뜻이다. 그래서 전체를 통관하면 하나님이 아무리 차원적으로 격리되어 있더라도 존재한 속성을 파악할 수 있다. 하나님은 세계를 초월한 사차원적인 존재자인데, 이런 사실을 거부한 현대 물질문명은 끝내 한계벽에 부딪히고 말았다. 초월성을 인정해야 하나님을 이해하는 것은 물론이고, 물질문명으로 인해 피폐된 종말 문명을 극복한 사차원적인 강림 역사가 정당화된다. "아인슈타인은 상대성이론을 통해 과학의 세계가 사차원적이라는 것을 밝혔지만, 그런데도 불구하고 현대의 과학이 우주를 바라보는 눈은 삼차원적 사고에 머물러 있다. 세계는 사차원적인 神[본체]으로부터 창조된 것인데 지성들은 삼차원적인 안목을 벗어나지 못하므로 인류 문명이 더 이상 발달할 수 없게 되었다."[258] 무신론에 기초한 과학 분야가 한계점에 이르므로 세계를 총괄할 수 있는 관점을 필요로 하고,[259] 인류는 본능적으로 만유의 主인 하나님과 함께할 지상 강림 역사를 손꼽아 기다렸다. 창조로 인해 말미암게 된 세계가 총체적인 모습을 갖춘 하나님의 지상 강림 역사를 필요로 했다.

세계는 창조되었고 유구한 세월 동안 분열한 과정을 통해 만개됨으로써 세계는 언젠가는 통합적인 관점에서 통찰·종합·각색·재정립되어야 했다. 하나님도 마찬가지이다. 선천에서는 어차피 분열이 대세로서 하나님의 모습도 부분적으로 볼 수밖에 없었다.[260] 그것이 유교가 바라본 天이고, 불교가 바라본 法이며, 힌두교가 바라본 梵, 이슬람이 바라본 알라였다. 기독교에서도 하나님을 나누었는데 성부 하나님, 성자 하나님, 성령 하나님이 그것이다. 분열을 통해 나뉜 관계로, 분열이 끝나면 다시 합쳐진다. 그래서 때가 되므로 완수할 수 있게 된 것이 곧 진리 세계를 통합한 역사이다. 분열 중인 상황에서는 모든 것이 부분적인 모습으로 현현될 수밖에 없었는데, 때가 되어 일신되었다.[261] 부처도 예외는 없다. 부처는 선천불로서 선천의 본체성을 통시, 통관함을 통해 인류를 시공을 초월한 본체 세계, 창조 세계로 인도한 개조자이다. 부처가 구한 깨달음과 인도 역사가 있어 인류는 하나님의 모습이 완전하지 못한 상황에서도 버금간 본체 세계를 접할 수 있었다. 그리고 때가 되므로 그동안 일군 法을 완성시켜 새로운 모습으로 탄강한 부처가 통합 미륵불이다. 佛陀

258) 『21세기 문명 동양정신이 만든다』, 앞의 책, 뒤표지.

259) 현대의 과학 문명이 창조를 인정하지 않는 한 삼차원적인 안목은 벗어날 수 없음.

260) 선천에서 神을 달리 본 이유는 神 자체에 있는 것이 아니라 인간이 제한성을 지닌 인식 문제에 달려 있었음.

261) 분파된 진리를 통합하므로 분열된 神의 모습을 규합하여 완성할 수 있게 됨.

는 미래에 미륵불이 탄강할 것을 예언했는데, 이것이 정말 성업을 통해 실현되었다는 것은 지상 강림 역사를 강력하게 뒷받침한다. 탄강된 미륵불이 하나님의 통합적 신관 요구를 충족시킨 것은 이미 증거한 바 있다.[262] 이름도 합한 '미륵불 보혜사'는 기독교와 불교를 일치시킨 부처님으로서, 문명 역사를 통합할 수 있는 세계관적 근거, 그러니까 불교가 이룬 法을 통해 하나님이 강림할 수 있는 본체적 근거를 마련했다. 강림 이전의 불교와 기독교는 어느 모로 보나 색다른 종교였지만, 강림한 이후로 상황이 달라졌다.

살아 계신 하나님은 항상 역사하여 새로운 모습으로 임하시므로 오늘날 강림한 하나님은 과거에 기독교인들이 신앙한 그런 하나님이 아니다. 이것을 인류는 깨달아야 한다. 神을 새롭게 보고 새롭게 영접하므로 당면한 종말적 한계를 딛고 새로운 신앙 역사를 창조할 수 있다. 새 神을 맞이해야 인류 역사가 새롭게 혁신된다. 창조된 세계는 생성을 본질로 하며, 세계가 생성하는 한 언젠가는 종말이 온다. 권력, 제도, 사상 일체, 세워진 신관들이 모두 그러하다. 세계 안에서 절대성은 없다. 성주괴공, 영고성쇠, 생자필멸이다. 보다 유연하게 대처하는 자만 세계를 영원하게 지속시킬 수 있다. 종말은 피할 수 없다. 인류가 구원되는 길은 막다른 한계를 벗어날 새로운 문명 체제를 구축하는 것인데, 여기서 주된 돌파구가 바로 새로운 신관을 정립하는 것이다. 선천 문명의 종말성이 결정된 것도 사실은 이 연구가 새로운 神을 등장시키고 새로운 神의 이름을 세운 것이 결정적으로 작용하였다. 새로 등단한 神이 기존 신관을 통합하고 구원 역사를 주도하면 선천 질서를 이끈 신관은 퇴진하고 선천 역사가 종말에 이른다.

262) 2010년, 『미륵탄강론』 저술.

당연히 기독교가 세운 신관도 결국은 막다른 종말 국면을 피할 수 없게 된다. 그 이유는 신관 자체가 진리로서 가진 수명이 끝난 것이라기보다는 새로 대두된 신관 앞에서 진리로서의 역할을 더 이상 수행할 수 없기 때문이다. 대두된 통합적 요구를 두고 볼 때 선천 신관은 너무나 무기력하다. 그래서 하나님으로서도 하나님다운 대책을 마련한 것이며, 그것은 하나님이 강림함으로써 세운 지혜 대책이다. 곧 기독교가 기독교를 넘어 불교인까지 구원하기 위해서는 하나님을 부처님화시켜야 하고, 불교가 불교인을 넘어 기독교인까지 구원하기 위해서는 부처님을 하나님화시켜야 한다. 그리해야 기독교도와 불교도를 포함해서 모든 인류를 빠짐없이 구원할 수 있다(통합 종교). 강림한 하나님은 세계의 제 신관 요구를 총괄하므로 불교인을 구원하기 위해서는 기꺼이 불교화될 수 있고, 유교인을 구원하기 위해서는 기꺼이 유교화될 수 있다. 절대적인 권능을 남용해서 복종시키는 것은 무지막지한 방식이다. 나그네의 옷은 강력한 태풍도 벗기지 못하지만 온화한 태양은 스스로 벗게 한다. 하나님이 인류를 구원하기 위한 대비책도 이와 같다. 하나님이 먼저 사랑을 다하여 인류에게 다가서는 것이고, 눈높이에 맞추는 것이며, 변신을 시도해 일일이 세계화되는 것이다. 세계를 하나님화하고자 한다면 빠짐없이 할 수는 있겠지만, 그렇게 하기 위해서는 현재 존재하고 있는 세계를 모두 멸절시키고 다시 창조해야 한다. 그럴 수는 없으므로 현실적으로 구원하는 길은 하나님이 직접 변화하고 화신하여 일일이 세계화되는 방식이다. 이것이 하나님이 인류를 위해 여태껏 일관시킨 구원 역사의 본질이다. 이를 위해 하나님은 이미 만세 전부터 다양한 모습으로 현신하였나니 부처님으로 화신하고, 알라로 화신하고, 공자님으로 화신하여 뭇 백성을 구원하였다. 따라서 하나님이 너와 나를 구원하기 위해 새삼스럽게 세계화를 시도할 필요까지는 없다. 하나님이 밝힌 통합 신관 요구에 부응하기만 하면 그들이 과거에 어떤 형태의 신앙 전통을 지녔든 상관없이 장차 도래할 시온의 영광을 함께 손잡고 맞이하리라.

4. 동양의 가치 · 희망 · 부활

동양과 서양의 역사는 본질적인 측면을 통해 비교하기는 어렵지만, 과거에 문화사를 주도한 측면에서 본다면 동양도 한때는 찬란한 문화를 꽃피운 적이 있었다. 하지만 서양이 고대 그리스가 남긴 지적 전통을 살려 자연 과학을 발달시키고 합리적인 지식 체계를 구축하면서부터는 동양 문화를 추월하기 시작하여 오늘날은 세계가 거의 서양 문화로 도배되다시피 했다. 근세가 되었는데도 잠자고 있던 동양 각국은 최신식 무기로 무장한 서양 제국의 군사력에 제압당하여 대부분 식민지로 전락하고 말았다. 그나마 "서양 문화를 발 빠르게 받아들여 운용한 나라는 민족과 국가가 살아남았고, 수용하지 않은 나라는 서양 문화의 강한 힘에 점령되었다. 정신적 · 사회적 · 물질적 측면을 막론하고 현재의 생활이 거의 다 서양 문화로 가득 차 있는 것을 부인할 수 없다. 동양 문화에 대한 서양 문화의 절대적 승리, 절대적 정복 상황을 아무도 부인할 수 없다. 이런 여건 속에서 동양 문화는 끝내 살아남을 수 있을까? 서양 문화가 동양 문화를 뿌리째 뽑아버리려 하는가?"[263] 존폐가 우려될 지경인데, 학자들 중에는 역사상 등장한 문명들이 한결같이 흥망이 있고, 성(盛)을 다하고 나면 쇠(衰)가 뒤따랐다고 했다. 20세기의 대표적 문명사가인 토인비

263) 『동서문화와 철학』, 양수명 저, 강중기 역, 솔출판사, 2005, pp.38~39, 42.

와[264] 독일의 역사가인 슈펭글러는 모든 문명은 흥망의 과정을 필연적으로 밟는다고 주장했다. 서양 문명 역시 지금은 세계를 일색시킬 정도로 위세를 떨치고 있지만, 그 성함이 바닥치고 나면 급속하게 쇠락할 것이 틀림없다. 말단 문명이 지닌 발버둥으로서 본말이 극도로 전도된 상황이다. 本을 이룬 것은 동양 문명인데, 말단인 서양 문명이 극에 달했다는 것은 선천 문명이 종말을 맞이하였다는 뜻이다. 本을 버린 서양 문명이 고사할 것은 시간문제이고, 말단 문명이 득세하도록 빌미를 제공한 동양 문명도 여건은 비슷하다. 말단 문명이 강성해 본체 문명이 힘을 쓰지 못한 것이며, 본체 문명이 제 구실을 못 하니까 말단 문명이 성하여 말단에 처한 선천 문명 전체가 초읽기 상태에 돌입했다. 그러나 무성했던 가지와 잎들이 지고 몸통까지 잘려 나간다 해도 동양은 뿌리 문명이라 다시 회생할 수 있고 새로운 문명을 일으킬 수 있다. 여기에 동양 문명이 지닌 가치와 희망이 있고 다시 부활할 수 있는 생명력이 있다.

혹자는 한 강연에서, "세계사의 주축이 변하고 있다. 인류사회의 패러다임이 변하고 있다. 한국의 미래는 반드시 동아시아의 역사, 그리고 세계사 전체의 맥락 속에서 조각해야 한다. 칸트의 『순수이성비판』과 헤겔의 『정신현상학』은 인류의 근대적 가치를 확고히 만든 명저이다. 이 책을 썼을 당시 독일은 형편없는 후진국이었다. 그러나 근대적인 혁명 정신을 철학으로 완성했다. 마찬가지로 동아시아 문명의 미래를 직시해 줄 수 있는 철학은 오늘날 누가 체계 지을 것인가? 주자는 문명의 패러다임을 바꾼 사람이다. 서양적 가치에 찌든 생각을 다시 우리의 가치로 바꾸려는 노력, 곧 서구적인 도전에 대해 우리의 것을 찾을 때가 되었다"고 주창했다.[265] 우리 것, 나

264) Amold J. Toynbee: 1889~1975.

아가 동양적 가치를 찾고자 주위를 살펴보면, 서양 문화에 너무 혹해 정확한 안목을 가지지 못한 형편이지만, 그래도 다시 보면 동양 문명의 유형과 특성을 읽을 수 있고, 그곳에서 동양 문명이 감추어 놓은 희망의 빛을 발견할 수 있다. "그리스도교는 원래 동양 종교였다. 그런데 초대교회 때부터 주로 서양에서 지배적인 종교로 발전하였다. 그리스도교는 바울을 통해 소아시아의 그리스와 로마로 전파되었고, 이후 점점 유럽과 미대륙으로 확산되어 서구 종교로 탈바꿈해 왔다. 결과로서 그리스도교는 그 속에 동양 종교의 특색을 지녔음에도 불구하고 일종의 서양 종교가 되어 버렸다. 따라서 작금의 서구 그리스도교는 신학에 있어서는 헬라 철학을, 조직과 제도는 로마의 것을, 문화적인 표현은 유럽적인 것을 표방하게 되었다."266)

동양에서 발생한 종교가 어떻게 서구로 방향을 돌려 서양 종교로 탈바꿈하여 버렸는가? 탈바꿈한 결과가 시사하는 것은? 역사에 대한 가정은 있을 수 없지만, 만약 그리스도교가 서구가 아닌 동양 쪽으로 향하였다면? 지금 당연하게 여기고 있는 서양적인 그리스도교는 동양화되어 있었으리라. 그것은 정말 생각조차 할 수 없는 일인가? 그리스도교가 발생했을 때는 몰라도 지금은 돌이킬 수 없어 일말의 가능성도 없는가? 아니다. 지금이 오히려 적기이다. 어쩔 수 없이 하나님이 서양식 건물에서 살았지만,267) 이천 년이나 거하다 보니 이제는 집이 너무 낡고 좁아졌다. "셈족 종교의 토대 위에서 동양식 건물을 세워 이사를 하는 형식이므로 순리적이고 오히려 자연스러운 일이다."268) 본래 자리로 돌아가는 것이다.

---

265) 「중용, 인간의 맛」, 앞의 강의, 1강, 2강.

266) 『동양정신과 서양정신의 결혼』, 앞의 책, pp.18~19.

267) 결과를 놓고 본다면 서양식 건물은 하나님이 거하기에는 낯선 집이었음.

268) 위의 책, p.19.

때맞추어 문명사가들은 문명동진론(文明東進論)을 토대로 이천 년대를 아시아의 시대로 예측하기도 하였다. 즉 메소포타미아에서 발원된 인류 문명이 지중해, 유럽을 거쳐 대서양을 건너서는 드디어 태평양까지 넘어 동아시아로 동진하고 있다고 하는 생각이다.[269] 인류 역사가 추진된 대세에 편승하여 향후 그리스도교가 동양 문화의 터전 위에서 새로운 기독교를 일으킬 수 있게 된 형국이다. 이에 창조 이래의 인류 역사가 섭리된 비밀을 풀 핵심 키를 지상 강림 역사가 쥐게 되었다. 문명사가들도 태평양 시대가 도래할 것을 예견은 했지만 어떻게 구체적으로 펼칠 수 있을 것인지에 대해서는 언급하지 못한 형편인데, 태평양 시대를 개막할 한 중심 자리에 바로 지상 강림 역사가 있었다. 동양의 하늘 아래서 하나님이 강림함으로써 동양에서도 새로운 기독교 문명을 일으킬 수 있다. 이런 하나님을 맞이하기 위하여 동양은 이미 만세 전부터 일체의 사상적인 터전을 마련하였다. 그것이 사실이라면 그것은 기독교이지만 동양식 기독교로서, 서양의 기독교와는 격이 다를 것이다. 다르다고 해서 지금까지 구축한 기독교적 토대와 전통을 모조리 허무는 것은 아니다. 오히려 복음을 전파하는 것으로서는 한계를 보인 동양의 제민과 인류 전체를 구원할 신앙 혁명을 일으키리라.

동양은 도래할 태평양 시대와 강림할 하나님을 본체적으로 뒷받침하기 위해 역사를 준비하였거니와, 물 만난 물고기처럼 "기독교는 처음 그리스-로마 사상을 만났을 때보다 결코 적지 않은 풍성함을 동양 문화와의 만남을 통해 이루리라."[270] 새 神을 맞이하여 새 기독교를 일으킬 만반의 역량을 동양 문명이 갖추었다. 말만의 주장이

---

269) 『신문명 지향론』, 김정의 저, 혜안, 2000, pp.210~211.

270) 『선과 기독교 신비주의』, 윌리엄 존스톤 저, 이원석 역, 대원정사, 1993, p.362.

아니다. 그렇다면 구체적인 근거는? "갈릴레이와 뉴턴이 확립한 과학 연구 방법론에 기초를 둔 화려하고 거대한 현대의 물질문명은 자연과학을 토대로 발전하였는데",[271] 괄목할 만한 성과를 거둔 서양 문명도 그러나 사차원적으로 존재한 神을 이해하지 못하여 하나님이란 존재성을 증거하는 데 있어서는 실패한 문명이었다. 이에 반드시 동양은 하나님의 사차원적인 초월성을 뒷받침하기 위하여 일찍부터 사상적 기반을 터 닦은 본체 문명이다. 즉 "동양사상은 전부가 우주의 최고 본질과 합일하는 것을 수도의 목적으로 삼았다. 힌두교에서는 브라만, 요가에서는 브라만 또는 프르샤, 불교에서는 법신불, 유교・주역에서는 天, 노자・장자・도교에서는 道와의 합일 경지를 이상으로 여겼다."[272] 여기서 합일체란 곧 사차원적인 본질체로서 초월적인 神에 대한 또 다른 이름이다. 서구인이 하나님을 신앙한 것 이상으로 동양인들은 일체 활동을 道를 닦는 데 바쳤는데,[273] 이런 수행 행적은 하나님을 사차원적인 본체자로서 접견한 것과 다를 바 없다. 정말 "동양사상 가운데는 현대의 물질문명이 도달한 한계성을 극복할 수 있는 우주 만물의 원리가 들어 있다. 물질과 정신을 하나로 본 동양의 사차원적 세계관은 첨단과학에 대해서도 새로운 모델이 된다. 동양 사상을 비과학적이고 신비적인 것으로 치부한 편협한 사고에서 신속하게 벗어나 심신일여(心身一如), 물심일체의 융합된 세계로 나아가야 밝은 미래가 주어진다. 미래의 신과학, 신문명, 신종교를 창조하는 길은 동양사상과 첨단과학이 어떻게 결합하느냐에 달려 있거니와",[274] 가능한 것은 동양의 하늘 아래서 하나님이 강림

---

271) 『21세기 문명 동양정신이 만든다』, 앞의 책, p.63.

272) 위의 책, p.66.

273) 위의 책, p.67.

274) 위의 책, 뒤표지.

한 사실에 있다. 현대의 물질문명이 야기한 삼차원적인 폐해는 사차원적인 본체자로 강림한 하나님이 모두 해결할 수 있다.[275] 알고 보면 현대의 물질문명도 사차원으로 존재한 지상 강림 역사를 절실하게 기다렸다. 인류는 강림한 하나님이 사차원적인 본체자란 사실을 인정해야 신문명을 창조할 수 있다.

동양적 전통이 왜 가치가 있고 동양 사상이 왜 희망적이며 동양 문화가 어떻게 부활할 수 있는가 하는 것은 서양 문명과 비교해 보면 더욱 확고해진다. 서양은 그들에게 허용된 문화 공간 속에서 神을 본체자로 보지 못했다. 실체로서 보았다. 교리적으로는 창조론을 내세웠지만 진리적으로는 전혀 근접하지 못한 데 반해, 동양의 覺者들이 본체를 근거로 우주론을 펼친 것은 오히려 창조론에 입각한 사상이다. 동양 문화가 강림한 본체를 영접하는 데 있어 얼마나 적합한 진리적 환경을 갖추었는가 하는 사실을 알 수 있다. 이것이 곧 동양 문화가 지닌 위대한 저력이다. 서양의 지성들은 자신들이 세운 신학적 기반을 통해서만 하나님을 이해하려 들지 말고 동양이 일군 지적 전통을 통해서도 하나님을 볼 수 있도록 안목을 틔워야 한다. 잠긴 문고리를 풀어 헤쳐야 하는데 그 열쇠를 지상 강림 역사가 쥐었다. 동양 사상을 통해서도 하나님을 볼 수 있는 일체 디딤돌을 마련했다. 마음껏 넘나들 수 없게 된 서양 신학의 한계는 고스란히 동양 문명이 터야 할 희망으로 전도되었다. "근세사를 지배해 온 서구는 문화적으로 노쇠했다. 서구는 물질·정신이란 양 차원에서 모두 기력과 생명력을 소진하여 더 이상 인류 역사에서 견인차 역할을 담당할 수 없게 되었다. 마르크스에 의해 변질되고 니체에 의해 사장

---

275) "19세기를 지배했던 과학적 사고는 이제 서서히 막을 내리고 새로운 영성의 시대가 열리고 있다." -『동양정신과 서양정신의 결혼』, 앞의 책, p.42.

된 서양의 정신문명은 지난 100년 동안 그 무능력과 무기력을 적나라하게 드러냈고, 코뮤니즘과 파시즘에 의해 방향을 잃었으며, 좌절을 증명하였다. 이에 비하면 동아시아는 젊다. 거칠고 넓은 태평양과 높고 끊임없는 산맥, 광활한 사막 안에서 수만 년을 잠자다가 이제 막 깨어나기 시작했다. 앞으로 세계는 태평양을 중심으로 한껏 펼쳐지리라. 동아시아에 위치한 부지런하고 명석하고 수적으로 많은 동양인들의 활기가 세계를 이끌어 갈 원동력이 되리라."[276)]

혹자는 지성의 빛을 더하여 "지금까지는 헬레니즘화된 기독교 정신이 대세를 이루었지만(서구의 기독교 왕국이 막을 내림과 더불어 사라지려 함) 앞으로는 새로운 기독교 정신이 동양에서 나올 가능성"을 예측하였다.[277)] 그런데 그 예측이 정말 이 연구가 지상 강림 역사를 완수하므로 동력을 얻었다.[278)] 하나님이 동양의 문화적 터전 위에 강림한 것은 "헬레니즘화된 기독교 정신의 종언과 더불어 동양적 기독교의 탄생을 강력히 요청한다."[279)] 토인비는 "현재까지 살아남은 다섯 개 문명(서구·기독교 사회, 정교 기독교 사회, 이슬람 사회, 힌두 사회, 동아시아 사회) 가운데 서구 문명을 제외한 문명은 모두 해체 과정을 밟고 있거나 정체 상태에 있다"고 보았지만,[280)] 어떤 문명이 지는 문명이고 떠오르고 있는 문명인지는 완수된 지상 강림 역사를 기준으로 두고 보면 판단이 명확하다. 현존한 5개 문명 가운데서도 유일하게 동아시아 문명은 본체성을 간직함으로써 향후

276) 『서양정신의 위기와 동양의 희망』, 최유진 저, 한빛문화사, 1983, p.뒤표지.

277) 『선과 신비주의』, 앞의 책, p.19.

278) "희랍의 범주론적, 형식논리적 사유 모델에 의해 조직된 기독교는 동양의 신비주의의 사유방식에 의해 새롭게 해석되고 동양적 기독교로서 다시 탄생할 수 있는 가능성도 없지 않다." - 위의 책, p.10.

279) 위의 책, 저자소개.

280) 『신문명 지향론』, 앞의 책, p.116.

인류사회를 하나 되게 할 통합 문명을 주도할 수 있다.[281][282] 이와 같은 가치가 바로 동아시아 문명이 정체된 가운데서도 깨어 일어서 역사적으로 부활할 수 있는 잠재력이다. 서양 문명은 선천의 분열 문명을 주도하는 과정에서 세계적 현상들을 낱낱이 분석할 목적으로 예리한 칼날을 마련하였다. 만상이 지닌 차이성을 열심히 부각시키는 데 집중하였다. 그러나 동양은 본체 문명으로서 만상은 결국 같은 것으로 본 관계로 일체를 조화·일치시키려 했다. 종이 변화하는 문제에 대해서도 서양의 진화론은 처음에는 같았는데(공동조상) 변하고 변하여 다른 종이 되었다고 한 반면, 동양 본체론은 바탕이 같아야 변할 수도 있고, 본체가 호환되므로 그로부터 원숭이가 인간도 될 수 있는 것이라고 보았다. 공통된 바탕이 있어야 그 위에서 온갖 변화가 있게 되고 만상·만물·만화되어도 결국은 같다. 바탕 본체를 근거로 해 통합 논리를 세웠다. 동양 문명은 서양 문명이 이루지 못한 세계를 통합함으로써 인류와 하나님이 함께한 천국 문화를 조성할 수 있다. 여기에 동양 문명이 본체 문명으로서 지닌 지대한 가치가 있다.

하나님이 지난날에는 서양을 통해 역사하였고 그들을 젖과 꿀이 흐르는 파라다이스로 인도하고자 하였는데, 그런 하나님이 오늘날 동양의 역사 위에 강림한 것은 지난날 서양 문명을 통해 역사했던 것 이상으로 앞으로는 동양을 통해 인류 역사를 선도하기 위해서이다. 길고 짧은 것은 재어 보아야 하듯, 과거에 서양을 통해 이룬 역사와 앞으로 동양을 통해 이룰 역사가 어느 편이 하나님에게 더 큰

281) "오늘날의 기독교는 서구 세계가 일찍이 그리스 철학과의 관계에 의해서 형성되었듯, 동양 사상(불교)과의 관계에 의해서 새로운 세계를 낳을 수밖에 없는 것은 아닐까?" –『무신론과 유신론』, 히사마쯔 신이찌·야기 세이이찌 저, 정병조·김승철 역, 대원정사, 1994, 뒤표지.

282) 폐쇄된 동서 간의 사상적 문이 활짝 개방되어 있어야 통합 문명이 조성될 수 있음.

영광을 안길 것인가 하는 것은 기다려 보아야 한다. 즉 선천 하늘에서는 하나님이 서양을 통해 구원 역사를 펼쳤지만 강림 이후로는 동양의 하늘 아래서 동양 문명을 기반으로 인류를 구원하기 위해 역사하리라. 누가 과거 역사만으로 하나님의 뜻을 속단하는가? 앞으로는 동양을 통해 더 큰 영광을 이룰 것이나니,[283] 새로운 기독교 역사의 출발과 업그레이드된 문명 역사 창조가 동양의 하늘로부터 본격화될 것이다.

283) 세계 통합의 과제를 완수함으로써 일으킬 동양식 기독교 문명임.

제3편
강림적 신론

어떤 아저씨가 나를 시험하다. 이것은 아마 내가 참아낼 수 없을 것이라고 하며 나를 불러들이다. 나의 몸에 열화와도 같은 인을 두 군데 박으니 이것은 곧 두 심성이라. 죽기를 각오하고 뻗쳐오르는 열기를 내력으로 버티니 쓰러지더라도 결코 굴하지 않다.
어느덧 고통은 사라지고 아직 두 번이 남았으므로 두려움은 있었지만 가장 강인한 두 요인을 극복해 버린 다음에는 부차적인 것이라. 그 인성에 따라 종합적인 장래 운명 판단이 나오니 '동방의 치세자'이라. 즉, '진리의 길을 다스린다'는 뜻이더라.

–1983.5.26.02:22(꿈)

제6장 강림적 신론 개설

지상 강림 역사를 밝히기 위해서 이 연구는 다각도에 걸친 논조를 통해 개관 영역을 헤쳐 나왔다. 하지만 만인은 神을 보았는가? 이 연구는 神을 증거하였는가? 안타깝지만 자신 있게 대답할 수 있는 것이 하나도 없다. 왜냐하면 이 연구는 아직도 지상 강림 역사를 증거하기 위해 기초를 다진 상태일 뿐, 강림된 실체를 직접 드러낸 단계가 아니다. 하지만 이제는 때가 되었고 길은 준비되었다. 그렇다면 정말 남김없이 밝혀서 선포하는 것이 명실상부하게 지상 강림 역사를 증거하는 첩경이다. 중요한 것은 태초부터 역사하였고 성경을 통해서 역사하며 선지자를 통해 역사한 하나님이 지금도 길을 통해 역사하고 계시다는 사실이다. 살아 계신 하나님은 살아 역사한 방도로 증거해야 하는데 지난날에는 이론적으로만 접근했다. 따라서 이제부터는 과거에 지닌 미비점을 보완하여 하나님을 정말 살아 역사한 사실을 통해 증거하고자 한다.[1] 어디서도 언급되지 않았지만 하나님은 성령으로 임한 몸 된 '창조성전(創造聖殿)'인 아브라함을 통해 역사하였고 모세를 통해 역사하였고……, 主 그리스도를 통해서 역사하였

1) 존재함, 살아 계심, 역사함을 넘어 강림함까지 증거함.

는데, 오늘날은 부족한 이 연구를 통해 역사하였다. 하나님은 반드시 무언가를 행하고, 이루는 분이나니, 이 연구가 비록 주관적이고 일회적인 인생 과정을 기반으로 하였지만, 그동안 거둔 성령의 역사만큼은 만상 위에서 확인할 수 있는 보편·절대적인 것이다. 창조 자체가 하나님의 뜻에 의해 법칙으로 결정지은 것이듯, 강림 역사도 그렇게 결정적으로 증거되어야 하는데, 주관적인 길의 역사를 통해 일관되었다(모순이 아님). 이 연구는 밝힌 바 하나님을 증거할 수 있는 기초 작업으로서 세 기둥을 세웠는데,[2] 그것은 본인이 아니라 하나님이 직접 역사하여 거둔 결과물이다. 기둥을 세운 주체가 어디까지나 하나님이다. 여태껏 비밀을 감추고 있었지만 이제는 남김없이 밝히는 것이 강림한 하나님을 증거하는 길이다. 이 땅에 누가 과연 지력을 다해 세계의 진리를 통합하고 핵심 본질을 밝히고 천지가 창조된 사실을 증거하였는가? 하나님이다. 세 기둥은 실질적인 성업을 근거로 한 것이고, 이것이 참인 것은 이 기둥들을 발판으로 지상 강림 역사를 완수하였기 때문이다. 역사를 성사시킨 것은 결국 하나님의 뜻이다. 뜻은 본래 객관적인 기준을 통해서도 가늠할 수 없고, 만사는 뜻이 선 이후에 결정된 것이라 객관성으로 따질 수 없다. 그래서 본인도 은혜로운 역사에 대해 고뇌로운 결단 과정을 거쳤다.

그렇게 하여 이룬 일련의 과정을 직접 걸어온 인생 역정을 통하여 밝히고자 한다. 이런 역사에 대해 이 연구에서는 통상 '길을 위하여' 혹은 '길을 추구한다'라고 표현하였는데, 길의 역사를 증거하기 위해서는 그렇게 추구한 과정을 소상하게 밝혀야 한다. 이룬 판단이 주관적인 것은 맞지만, 결과를 이루고 보니 그렇게 한 것이 길의 본질을 규명하고 하나님을 증거할 수 있은 최적 방법론이었다. 어차피

2) 세 기둥=『세계통합론』, 『세계본질론』, 『세계창조론』.

하나님은 성업을 이룬 길의 과정과 무관할 수 없어 관계성을 긴밀하게 추적해야 했다. 그래서 이 연구가 초점 잡은 핵심적인 주제도 성령으로서 역사한 하나님의 발자취였다. 창조로부터 지금까지 초점 잡지 못한 하나님을 본체적인 개념을 통해 설정하였다. 이것은 천고만재된 하나님이 강림한 것과 같은 의미이다. 무형인 본체가 유형화되었다. 왜 무엇 때문에 유형화되었는가(강림)에 대한 이유는 다시 밝히겠지만, 이를 통해 하나님이 가일층 인류 앞에 다가설 수 있게 되었다.

제7장 삼위일체 하나님

1. 삼위일체의 논리성

"삼위일체로서의 하나님은 사도 시대 때부터 내려온 정통적이고 역사적인 기독교의 기초적 신앙이다."[3] "서기 160년에서 240년에 산 신학자 터툴리안(Tertullian)이 사상 최초로 이 용어를 사용하였는데",[4] "교회는 4세기부터 삼위일체론을 공식화하기 시작했다. 니케아 공의회(AD 325)는 성자와 성부가 동일 본질이라고 선언했고, 콘스탄티노플 공의회(AD 381)는 비록 니케아 공의회와 같은 정확함은 없어도 성령의 神性을 주장했다."[5] "성 아우구스티누스도 神적 본질로부터 출발하여 세 인격들을 설명한 삼위일체론을 펼쳤다."[6] 신앙인에게 있어서 성부 하나님이 제1位인 것은 거부할 수 없는 사실이다. 그러나 성자인 예수 그리스도가 제2位로서 인준되기까지는 숱한 신앙적 고투를 겪었다. 그리고 제3位에 해당한 성령을 하나님으로

---

3) 『기독교 사상』, 종교교재편찬위원회, 계명대학교출판부, 1984, p.185.

4) 『성령론』, 신동혁 저, 대한예수교장로회총회출판국, 1990, p.9.

5) 『벌코프 조직신학(상)』, 루이스 벌코프 저, 권수경·이상원 역, 크리스찬다이제스트, 1998, p.280.

6) 『기독교 사상』, 앞의 책, p.36.

인정한 절차 역시 신학적으로 미묘한 구석이 있다. 성령이 하나님이 되기 위해서는 합당한 근거가 있어야 한다. 성부와 성자는 아무래도 인격적이지만 성령은 달라 콘스탄티노플 공의회에서 "성자는 성부에서 발생하며, 성령은 성부와 성자로부터 발출됨을 선언하였다."[7] 그래서 신학자들은 "창세기로부터 그리스도까지를 성부의 시대, 예수가 지상에 머문 기간을 성자의 시대, 예수가 떠난 다음부터의 역사를 성령의 시대로 구분하기도 했다(?)."[8]

이에 삼위일체론은 사뭇 등한시된 성령의 존재성을 격상시킨 점은 있지만, 문제는 하나님이 셋이면서 동시에 동일하다는 주장에 대해서 이해하기 어려운 점을 노출시켰다.[9] "삼위일체 교리는 제약된 지식으로서는 그 깊이를 헤아리기 어려운 신비 중 하나이다. 성서에서는 삼위일체란 말이 한 번도 언급되지 않은 마당인데",[10] 이것을 긍정한 입장에서는 "에크하르트처럼 삼위일체가 본질적으로 신비적인 교리라고도 보았지만",[11] 부정한 입장에서는 까다로운 교리에다 자기 모순적인 여지조차 있다고 보았다. 그래서 뉴턴 같은 과학자는 "삼위일체 교리를 신학적으로 연구해 보고(1670년대), 이 교리는 아타나시우스가 이교도를 기독교로 개종시키기 위해 조작한 것이라고 단정하기도 했다."[12] 신앙인들에게서조차 난해한 교리로서 서구의 새로운 합리주의자들, 계몽주의 철학자, 과학자들이 수용할 리 만무했다. 3位가 어떻게 일체될 수 있는가? 하지만 더는 자세하게 설명할 방도가 없다. '헤겔은 3位가 正·反·合의 논리적 진행으로 나타

7) 『벌코프 조직신학(상)』, 앞의 책, p.280.

8) 『종교의 철학적 이해』, 김형석 저, 철학과 현실사, 1992, p.94.

9) 『종교철학개론』, 존 H. 힉 저, 황필호 역, 종로서적, 1980, p.95.

10) 『기독교의 이해』, 한중식 저, 숭실대학교출판부, 1990, p.185.

11) 『신의 역사(Ⅱ)』, 카렌 암스트롱 저, 배국원·유지황 역, 동연, 1999, p.459.

12) 위의 책, p.539.

난 것으로 보았고',[13] 성령에 대해서는 神과 인간과의 관계를 맺어 주는 영적 기능 역할인 것으로 보았다.[14] 어떻게 삼위일체성을 이해하지도 못하면서 논리만 비약시켰는가? 그 이유는 하나님의 본체가 분열을 완료하지 못해서이고, 그중에서도 제3位인 성령은 지금도 본체를 다 드러내지 못한 상태에 있기 때문이다. 삼위일체 교리를 이해하기 위해서는 결국 세계의 본질이 드러나야 하고, 하나님이 진리의 성령으로서 강림 역사를 완수해야 했다. 그리하여 삼위일체 교리가 하나님이 진리의 성령으로서 강림하는 데 논리적・인식적・섭리적으로 뒷받침된 것을 알 수 있게 되었다. 본체가 드러나지 못한 상태에서는 삼위일체 교리도 묘연하였지만, 성령이 보혜사 하나님인 사실을 알게 됨으로써 삼위일체 교리도 함께 완성될 수 있게 되었다.

2. 삼위일체의 역할성

기독교에서는 분명 하나님은 한 분뿐이라고 한 유일성을 강조하였다. 그런데도 예수는 하나님의 아들인 동시에 하나님이라 했고, 성령은 하나님의 영이라고 하였으며, 하나님과 같은 뜻을 가진 것으로 일컫기도 했다.[15] "삼위일체 하나님은 3位를 가져서 그 3位가 한 실체를 이루고 있다고 본 것이다. 성부인 하나님과 성자인 하나님과 성령인 하나님이 한 하나님인데 각기 독립된 인격을 지녔다. 3位는 모든 면에서 동일하고 완전히 한 분이다"고 한 교리 구축이 그것이다.[16] 하나인 하나님인데 기능과 역할과 격이 독립적인 것으로서

13) 『철학과 종교의 대화』, 채필근 저, 대한기독교서회, 1973, p.27.

14) 『종교의 철학적 이해』, 앞의 책, p.160.

15) 『철학과 종교의 대화』, 앞의 책, p.153.

16) 『기독교의 이해』, 앞의 책, p.186.

"성부는 창조의 근원이고, 성자는 죄를 사한(속죄) 영원한 제사(祭司)이며, 성령은 성부와 성자를 매개(중보, 보혜사)한다."[17] 더 나아가 "성부는 우주를 창조하고 성자는 인류를 구원하며 성령은 마음을 감동시키는 직분을 가지고 오셨다."[18] 그래서 위격상 3位로서 구분하였다.[19] 위격과 역할과 순서까지 분명하게 해 놓고 굳이 3位를 동일체라고 강조한 근거는? 처음부터 동일체인데 본체가 분열을 완료치 못해 인식할 수 있는 세계적인 작용 기반이 유보된 것이다.

우리가 하나님을 모르는 바도 아니고 예수 그리스도가 하나님의 神적 본질을 지닌 것을 이해하지 못하는 바도 아닌데 삼위일체가 도대체 무슨 말인지 알지 못한 제일 큰 이유는 밝힌 바 제3位인 성령이 본체를 완전히 드러내지 못한 데 있다. 이에 하나님이 진리의 성령으로서 드러나기 위해 길의 역사를 수놓았다. 존재한 형태를 성부 하나님, 성자 하나님으로부터 성령 하나님으로 이행하기 위해 본격적으로 역사를 펼쳤다. 태초부터 하나님은 존재하였지만 오늘날 성령으로서 드러나야 3位가 일체된 모습을 갖춘다. 그래서 비록 순서로는 성령이 제3位에 해당하지만 결정적인 역할은 성령이 하고, 성령은 성부와 성자의 시대를 이끌었던 본체 의지이다. 성령이 위격을 완성해야 성부와 성자의 위격도 완성되고, 3位가 일체됨으로써 하나님의 모습도 완성된다.

17) 『기독교 사상』, 앞의 책, p.184.

18) 『철학과 종교의 대화』, 앞의 책, p.154.

19) 첫째는 성부요 둘째는 성자이며 셋째는 성령이다.

3. 삼위일체의 통합성

삼위일체란 성부, 성자, 성령이 일체됨, 곧 동일 본질이란 뜻이다.[20] 그런데 문제는 3位의 동일성과 본질적인 통일성에 대해서 논증한 신학적 기반이 확고하지 못하였고, 성경에서도 삼위일체성을 제대로 뒷받침하지 못하였다.[21] 물론 삼위일체를 예증하기 위해 다양하게 철학적으로 구성한 노력은 있었다. 문제는 하나님이 직접 본체를 분열시키지 못한 상태에서는 어떤 지혜를 동원해도 삼위일체성을 확인할 수 없는 것이다. "삼위일체란 교의는 초대 교회 교부들의 견해와 종교 대회의 결정을 경유하여 확립된 것으로서 기독교가 세운 독특한 교리이기는 하지만",[22] 신학과 신앙만으로서는 해결할 수 없는 범세계적인 본질과 연관되어 있다. 하나님은 창조주로서 세계와 밀접하게 관련되어 있고 삼위일체성을 뒷받침한 본체 규명 역시 세계와 직결되어 있다. 다른 종교 영역과 철학 분야에서 다루지 않았다고 해서 무관한 것이 아니다. 핵심 본질을 규명한 관점에서 보면 통합성에 근거하고 있어, 이런 특성은 오히려 동양의 覺者들이 道를 통해 상세하게 부각시켰다.

"太極이 양의[兩儀=陰陽]를 낳고 양의가 만물을 낳는 것은 太極이 一而三이고 三而一이라는 뜻으로 해석된다(『易經』)."[23] 一而三은 하나[太極]이면서 셋이란 뜻이며, 三而一은 셋(陽·陰·冲氣)이면서 하나라는 뜻이다. 노자는 道가 一을 낳고 二, 三生萬物이라고 하였으며, 佛陀가 法身·報身·應身(三身)으로 화신한다고 한 것은, 한결같이 통합

---

20) 『개혁주의 신론』, 헤르만 바빙크 저, 이승구 역, 기독교문서선교회, 1992, p.482.

21) 위의 책, p.401.

22) 『철학과 종교의 대화』, 앞의 책, p.172.

23) 위의 책, p.172.

성을 나누어 인식한 형태이다. 본래는 한 본체이고 한 몸인데, 현상화된 과정에서 모습을 달리했다. 통합체가 존립하기 위해서는 생성해야 하는 것처럼, 3位로 나뉜 위격성도 하나님이 세상 위에서 역사하는 과정에서 모습을 달리했다.[24] 그런데도 3位가 하나 됨, 일체 됨을 도무지 이해하지 못한 것은 통합성이 지닌 존재로서의 특성을 파악할 만한 작용 근거를 붙들지 못해서이다. 삼위일체 메커니즘을 뒷받침한 통합성은 하나님이 본체자로 강림해야만 밝힐 수 있었고, 그 이전에 세계의 본질을 먼저 규명해야 했다. 3位로서 나뉜 것은 대우주의 생성 본질과 상통한 것이다. 3位를 규명한 것은 세계의 본질을 규명한 것과 맥락이 같다. 하나(일)가 만(셋)이 된 것은 천지가 창조된 원리이고 엄정한 생성 질서이다. 분열되고 결정된 관계로 만물이 각개・독립・이질적인 것처럼 보였지만 바탕 된 본체는 결국 동일한 것이다. 통합성은 분열 중인 현상계에서는 한꺼번에 드러날 수 없는 제한성은 지녔지만 본체 자체는 이것을 초월하여 하나이고 일체이다. 이것이 삼위일체성을 뒷받침한 세계 작용적인 원리이다. 삼위가 일체되는 것은 성부, 성자, 성령이 모두 현현되면 실현된다.

그래서 본인이 추구한 길의 역사는 하나님이 천지를 창조한 원리성과 관련하여 제3位인 성령의 실체를 밝히는 데 대해 결정적인 역할을 했다. 주관적인 역사인데도 핵심 된 과제들을 해결하여 확고하게 자리를 굳혔다. 가장 개인적인 인생 과정인데 가장 세계적인 길이 되었고, 남겨진 발자취로 인해 확인할 수 있게 되었다. 삼위일체 교리 정립은 성령을 하나님으로 부각시키기 위한 면면한 역사이고, 그 최종적인 역할을 길의 역사가 담당하였다. 한 인간이 걸은 인생

24) 성현들은 한결같이 하나가 셋이요 셋이 하나라고 선언하였지만, 그 하나 됨이 셋을 넘어서 만이 될 수 있고, 삼라만상이 될 수 있는 원리적 근거를 제시하기 위해서는 전혀 새로운 지적 추구 과정과 이를 위한 선행 작업이 필요했다.

역정이 하나님을 부각시켰다는 사실에 대해 당장은 믿을 사람이 없겠지만, 역사되었기 때문에 삼위일체 교리가 완성됨과 함께 하나님이 이 땅에 강림할 수 있었다.[25)]

25) 지상 강림 역사는 삼위일체 하나님 중 제3位에 해당한 성령을 하나님으로서 부각시키고 정위시키기 위해 일으킨 역사임.

제8장 길의 본질 하나님

1. 개요

神을 어떻게 증거할 것인가? 현재의 시공간에서도 함께하고 계신 하나님을 어떻게 현현시킬 것인가? 천지가 창조된 것이 사실이라면 하나님을 형상화시키는 것은 인류에게 주어진 최대의 과제이고 진리 탐구의 주된 목적이다. 하지만 여태껏 해결하지 못한 상태인데 이 연구가 '길의 본질'을 밝힘과 함께 어느 정도 해결하게 되었다. 세상은 하나님에 대해 주장이 구구한 것이 사실이다. 하나님은 존재한 것과 별도로 조건에 맞는 근거를 찾지 못해 무신론이 팽배한 상태이지만 별다른 대책이 없다. 증거 지상주의 앞에서는 정말 실질적인 근거를 제시해야 한다. 그런데도 아무런 성과가 없으므로 궁여지책으로 가설을 세워 돌파구를 찾았다. 예를 들면 인류의 문명 단계보다 훨씬 진화된 우주 문명이 있어 그들이 아득한 고대에 뭇 종과 인류를 창조해서 문명을 이식했을 것이라고 한 추측 등이 있다.

고대 종교 경전 중에는 정말 우주인들의 방문이나 목격담 같은 기록들이 보이는데, 성경의 에스겔[26]에서는 UFO를 당시의 문화 수준에서 임재한 하나님의 영광으로 묘사한 것이란 견해가 있다. 이런 관점에서 본다면 구름·권능·영광·능력은 UFO가 나타났을 때의 상태이고, 불기둥은 UFO의 서치라이트, 단쇠·이상 등은 UFO의 모습인 것처럼 보인다.[27] "인자가 구름을 타고 큰 권능과 영광으로 오는 것을 사람들이 보리라"[28]고 한 것도 UFO를 탄 우주인의 등장 장면처럼 여겨진다. 지상에서 보는 하늘은 가없는 우주 세계일 뿐인데, UFO와 우주인의 존재 여부는 지구나 인간과의 관계에 있어 또 다른 과제를 남긴다. UFO, 그것은 정말 존재하는데 지구의 문명 수준이 낮아 아직 알지 못하고 있는 미확인 비행물체인가? 물론 비공식적인 집계이기는 하지만 '1947년 이후 지구 곳곳에서 5천만 명이 넘는 사람들이 목격했다는 UFO에 대해서'[29] 어떤 과학자는 "지구가 속해 있는 은하 세계 안에 생명체가 있을 만한 별이 약 1만 개에서 1백만 개가 될 것이라고 추정할 정도이므로"[30] 우주인이 존재하지 않는다는 단정은 아무도 할 수 없다. 그러나 그런 의혹과 상관없이 하나님은 살아 역사한 족적을 한 인간의 영혼과 의식 한가운데 새겨두었다는 사실만큼은 누구도 거부할 수 없는 근거가 된다. 우주 공간도 어떤 물질적인 대상도 아닌 고뇌하는 인간의 삶 위에서 거룩하고 신성한 족적을 아로새긴 길의 역사는 추구된 인생 역정을 통해 고스란히 하나님을 드러낼 수 있게 된 황금노선이다. 인류가 앞으로 어떤 생명 공학적 정보를 획득하든, 첨단화된 기술 차원 위에서든,

---

26) "내가 본즉 그 허리 이상의 모양은 단 쇠 같아서 그 속과 주위가 불같고, 그 허리 이하의 모양도 불같아서 사면으로 광채가 나며, 그 사면 광채의 모양은 비 오는 날 구름에 있는 무지개 같으니, 이는 여호와의 영광의 형상의 모양이라. 내가 보고 곧 엎드리어 그 말씀하시는 자의 음성을 들으니라." - 에스겔, 1장 27~28절.

27) 『보병궁 시대는 이미 시작되었다』, 최상렬 저, 한솔미디어, 1995, pp.128~133.

28) 마가복음, 13장 26절.

29) 『보병궁 시대는 이미 시작되었다』, 앞의 책, p.33.

30) 위의 책, p.352.

인류가 추구해야 하는 인생 가치와 목표는 분명하다. 이것을 밝히기 위해 이 연구가 그동안 추구한 길의 과정을 약술하고자 한다.

제3位인 성령을 부각시키기 위해서 역사된 길의 과정은 성령이 3位 중 본령이라고 할 정도로 충분한 역사를 일으켰다. 神의 존재 여부에 대해서 과제의 중대성을 인식했던 본인은 高3 때(1976년)부터 실질적인 사색의 흔적으로 길의 과정을 출발시켰다. 길, 곧 진리를 구한다는 각오로 "어떻게 하면 神의 형태와 실체성을 증거할 수 있을 것"인지에 대해 고심하였다. 이런 과제를 풀기 위해 본인이 어떤 학문적인 방법 노선을 택했더라면 철학자나 신학자들처럼 한계성에 부딪히고 말았겠지만, 본인은 자체 지닌 인생을 담보로 했다는 점에 특별함이 있다. 길은 神의 문제를 풀기 위해 사명감을 일깨운 과정이지만, 한편으로는 그러한 추구 의지를 이끈 섭리가 길의 과정 속에서 작용하므로, 이 같은 작용 실체를 궁금하게 여긴 것이 나중에 실마리를 푼 단초가 되었다. 순수하게 구도자적인 정열을 쏟은 것인데 그 위에 섭리가 작용하므로, 이것을 감지한 본인은 모종의 작용력을 밝히기 위해 애를 썼다.

세계에 가로놓인 진리적 문제를 해결하는 것을 사명으로 삼은 길 위에 뜻한 바 섭리력이 작용한 관계로 길을 통하면 만인은 정말 세상 어디서도 볼 수 없는 살아 역사한 하나님을 발견할 수 있다. 그 실질적인 과정은 다시 주제별로 나누어 제시하겠지만, 정작 중요한 것은 본인이 추구한 탐구 의지가 고스란히 하나님이 자체의 모습을 세상 위에 드러내기 위해 일으킨 역사 의지와 동일하다는 사실을 확인하는 데 있다. 만인은 이 길을 통하면 정말 하나님의 존재 의지를 살아 있는 숨결로서 느낄 수 있다. 태내 때부터 선택되었다는 '나실인'처럼 길의 추구 의식 속에는 본인이 하나님을 알기 이전부터 구속된 섭리가 작용하였다. 본인은 다만 길을 추구한 것뿐인데 나중에 살펴보니 하나님이 처음부터 끝까지 길을 인도하였다. 그래서 본인은 길의 정체에 대하여 길은 인간에게 부여된 인생 삶을 시험 대상으로 삼은 神의 증명 방법론이라고 가치를 매겼다.[31] 神의 존재 사실을 증명하는 방법론이 길이란 주장에 대해서 논란의 여지가 있겠지만 그럼에도 불구하고 도달한 결과가 정말 절대적인 神意를 대변하게 된 것이라면 만인은 그 진위를 판단할 수 있어야 한다. 본인도 일련의 판단을 의심하였지만 결국은 구속된 의지가 작용하였다는 사실을 확인하였다. 결론을 도출하기까지 힘든 과정을 겪었지만 사실로서 확신하게 된 것은 누구도 거부할 수 없는 섭리성을 시공의 질서 속에서 발견하였기 때문이다. 생성된 인식을 시공의 질서가 뒷받침함으로써 만인은 하나님이 길을 통해 이룬 역사를 공유할 수 있다. 왜 하나님이 심혈을 기울여 길의 역사를 펼치게 되었는가? 증거할 바 삼위일체의 완성 본령인 진리의 성령을 보혜사 하나님으로 드러내기 위해서이다. 콜럼부스가 1492년 生을 투신한 모험으로 신대륙을 발견하였고, 뉴턴은 비상한 지성을 집중시켜 만유인력의 법칙을 발견한 것처럼, 역사 가운데는 위대한 선각들이 나타나 인류의 공복을 위해 이바지하였다. 본인도 그 위에 이 길 하나를 보태므로 강림한 하나님을 증거하리라. 그동안 본인이 걸은 길을 면밀히 분석하여 새긴 뜻을 구체화시킬 것이다.

---

31) 길은 하나님의 인도 의지로 구속된 것을 확인할 수 있는, 하나님의 존재를 그러한 족적을 통해 증명하고자 한 방법적 길이며, 제반 추구를 통하여 하나님의 형상을 드러내고자 한 믿음의 수행 과정이다.

2. 길의 섭리

길의 추구 역사에 대한 전반적인 과정은 『세계통합론』의 제2편 「섭리론」 속에서 이미 소개하였다. 그러므로 여기서는 본인이 그동안 어떤 경로를 거쳐 하나님이 이룬 섭리성을 발견하게 되었는가 하는 데 대해 역점을 두고 서술하고자 한다.

길은 인생을 통해 누구나 가질 수 있는 진리를 탐구하고자 한 의욕에서 비롯되었다. 그중 본인이 자아와 세계에 대해 눈뜬 청소년 시절에 포착하게 된 한 가지 이슈가 있다면, 세상의 다양한 주장 가운데서 참다운 진리란 무엇인가, 길은 어디에 있는가에 관한 문제였다. 그래서 나름대로 길을 모색하면서 본인은 막연하나마 神이란 존재에 대해 일종의 전제된 믿음 같은 것을 가졌다. 여기서 '추구'란 진리와 세계에 대해 생각을 일군 일련의 행위적 상황을 말하며, 이런 의식을 점차 소중하게 여겼다. 세계에 대해 자각의 폭을 넓혔고, 인생의 나아갈 방향을 뚜렷이 하였으며, 집중을 통해 남다른 직관력을 길렀다. 인생에 깊은 고뇌가 있고 장래에 대한 염려가 엄습할 때는 무량한 추구 행위를 포기하고도 싶었지만, 形而上學적인 추구 성향만큼은 버리지 못했다. 그래서 연면하게 맥을 잇게 된 것이 오늘날까지이다. 그러므로 이제부터는 길이 어떻게 하여 철학적인 추구 노정을 걷게 된 것인지에 대해 밝히리라.

본인은 1976년부터 길을 추구하면서 일구게 된 생각들을 기록하였는데, 1983년 12월 2일에 이르러서는 모종의 뜻을 자각하게 된 合一의 순간을 맞이하였다. 그 순간에는 진의를 알아차리지 못했지만 나중에 살펴보니 거기에는 놀랍게도 본인이 평소에 간구한 뜻이 하나님의 뜻과 일치한다는 사실을 발견했다. 그래서 내리게 된 결론은 그동안 길을 통해 받든 말씀들이 바로 하나님이 직접 이르신 말씀이라는 것과, 이것을 열방에 대하여 알리라고 한 계시를 부여받게 된 것이다. 실로 엄청난 뜻인데, 정말 놀라운 것은 말씀이 본인이 평상시에 일군 생각과 같은 것이라는 데 있다. 이것은 본인의 믿음이 상달된 것이고 품은 뜻이 생명을 얻게 된 것이다. 추구된 과정을 연결시키고 보니 의도된 섭리 뜻이 두드러졌는데, 이것을 단계별로 구분해서 서술하고자 한다.

길의 출발이 있은 1976년부터 1982년까지는 본인이 철학적인 사색에 몰두했던 기간인데 나름대로 믿음을 가지고 길(사명)을 구했던 시절이기도 하다. 그런데 1982년이 되자 이상하게도 전에는 없었던 예사롭지 않은 꿈들이 꾸어졌다(장래 일을 인지하게 됨). 해를 넘기고부터는 이런 현상이 더욱 고조되어 꿈을 통해 폭넓은 하나님의 은사를 체험하게 되었다. 나중에 알게 된 사실이지만 인생에서 중대한 전기를 이룬 사건들이 이 시기에 집중적으로 있었다. 다양한 루트를 통해 뜻을 전달받게 되어 본인도 도대체 이 같은 일들이 어떻게 해서 일어나는지 궁금하였다. 하지만 그렇게 은혜로웠던 역사들이 일정한 시기가 지나니까 소원해졌고, 그러니까 본인의 마음에도 점차 회의감이 생겨났다. 그래서 본인은 그만 이 정도에서 지금까지 추구한 길의 과정을 마무리 짓고 싶다는 생각이 들었다. 즉 그동안 걸어온 길의 가치를 버리기로 작정하였는데, 그런 의식 가운데서 실로 우연찮은 말씀을 접하게 되었다. 선지자 사무엘이 사울에게 전달한 한 설교 말씀이 본인에게 경각심을 일깨웠다.

> "왕이 여호와의 말씀을 버렸으므로 여호와께서도 왕을 버려 왕이 되지 못하게 하셨나이다."[32]

이 말씀이 그만 나의 심중을 꿰뚫고 말았다. 이것은 대역설이다. 하나님은 버리겠다고 선고하였지만 그 말씀을 접한 본인은 순간적으로 내가 길을 버려서는 안 된다는 하나님의 말씀으로 받아들였다. 그래서 내가 자신에게 되물었다. 그래도 길을 버릴 것인가? 버릴 수 없다면 앞으로 나는 어떻게 해야 하는가?

3. 길의 인도

전후 과정을 연결시키고 보면 역사를 일관시킨 하나님의 뜻을 역력하게 알 수 있다. 본인은 일상적인 삶을 영위하면서 진리를 일구었는데, 그런 삶 전체가 의도된 것이라고 한다면, 거기에는 모종의 의지가 작용한 것이 분명하다. 길이 하나님에게 소속되어 있고 자신도 모르게 뜻을 따랐다는 것은 중대한 원리성을 시사한다. 은혜로운 역사가 있을 때마다 본인은 하나님이 이룬 것이라고 짐작은 하였지만 정말인지는 확인할 수 없었다. 역사는 거듭되었지만 직접 연관짓지는 못했다. 그런데 1983년 11월에 접어들어 언급한 대로 길의 추구를 중단하기로 결심했는데, 하나님의 말씀이 임하여 권고하시므로 하나님이 이 길을 버리지 않았다는 것을 확신하였다. 은혜가 충만한 상태에서 다음과 같은 말씀을 연속적으로 접하였다.

> "나 여호와가 이같이 말하노라. 칼에서 벗어난 백성이 광야에서 은혜를 얻었나니 곧 내가 이스라엘로 안식을 얻게 하러 갈 때에라. 나 여호와가 옛적에 이스라엘에게 나타나 이르기를, 내가 무궁한 사랑으로 너를 사랑하는 고로 인자함으로 너를 인도하였다 하였노라. 처녀 이스라엘아, 내가 다시 너를 세우리니 네가 세움을 입을 것이요, 네가 다시 소고로 너를 장식하고 즐거운 무리처

---

32) 사무엘 상, 15장 23절.

> 럼 춤추며 나올 것이며, 네가 다시 사마리아 산들에 포도원을 심되 심는 자가 심고 그 과실을 먹으리라. 에브라임산 위에서 파수꾼이 외치는 날이 이를 것이라. 이르기를, 너희는 일어나라, 우리가 시온에 올라가서 우리 하나님 여호와께로 나아가자 하리라."[33]

평소처럼 성경을 펼쳤다. 그리고 평소처럼 읽었다. 그런데 왜 전에는 없었던 감동이 나의 심장을 고동치게 하는가? 이것은 하나님이 주신 말씀이며, 버리려 한 길을 확실하게 붙든 구원의 손길이다. 무궁한 사랑과 인자함으로 방황한 영혼을 붙들었다. 의혹에 찼던 실존의지를 밝혔다. 내가 너를 다시 세울 것이란 비전까지 제시하였다. 여기에 대해서는 다시 과제를 설정할 것이고, 우선 확인할 것은 길의 인도 실체에 대한 의지 표명 상황이다. 실로 끊임없이 던졌던 의혹에 대해 구속한 의지의 주체성을 밝혔다. 곧 '내가 너를 인도하였다'고 한 말씀은 길을 통해 드러난 하나님의 가장 확실한 임재 역사이다. 이로써 한 인간이 걸은 인생 역정이 한꺼번에 하나님이 인도한 길로서 승화되었다. 만감이 교차된 순간이었다.

> 본질을 내세우는 자는 어리석은 자요 우리는 먼저 神의 의지를 깨달아야 한다. / 내 마음과 마음을 다하여 하나님이 인도하는 이 하나하나의 성스러운 길을 완성하자. / 하나님이 계시하지 않는 바를 나는 말할 수 없다. / 하나님이 나를 이끄실진대 나는 이를 믿고 나아가리라. / 하나님의 인도하심이 없는 길을 나는 걸을 수 없다. / 하나님은 나를 義로 인도하시나 옳지 않은 길은 아예 그 길을 막으셨다. / 하나님 저는 뉘이오이까? 왜 저에게 이 같은 능력을 주시며, 저의 길을 아버지께서 인도하시나이까? / 때가 이르면 그 모든 의미에 하나님의 뜻이 있었음이 밝혀지리라. / 아버지 하나님은 세상을 저와 함께 두사 그 믿음을 강성케 하시니 환상으로 권세를, 무시로 평강을, 말씀으로 길을 인도하시나이다.

---

33) 예레미야, 31장 2~6절.

하나님이 인도한 손길에 대해 본인은 감지한 길의 독백을 통해 흔적을 남겼던 관계로 천명한 말씀을 확인할 수 있었다. 성령으로서 이룬 산 증거이다. 길의 전 과정을 구속했다는 것은 보혜사로서 실체 의지를 드러낸 것이다.

길의 출발로부터 길의 인도 의지를 확인한 과정까지는 하나님이 역사한 사전 구속성을 살필 수 있는 근거이므로 이곳까지를 한 단락으로 잡았다. 이전까지는 알 수 없었지만 뜻을 깨닫고 보니 은혜가 충만해졌다. 이것을 인류는 함께 볼 수 있어야 한다. 만인은 정말 길이 하나님으로부터 인도된 사실을 확인할 수 있다. 그래서 본인은 감히 길이 하나님의 역사 의지를 대변한 神적 본질이라고 말할 수 있다. 그리고 그렇게 판단한 근거는 일관된 섭리성에 있다. 정말 하나님이 인도했고 하나님이 세웠고 하나님이 구원한 길이다. 이런 통찰 과정이 나중에 하나님을 진리의 성령으로서 현현시킨 결과를 가져왔다.

4. 길의 사명

길의 인도 의지를 독백한 것은 본인이 감지한 주관적인 믿음이다. 평상시에 느끼면서 일군 잠재의식인데 그것이 하나님이 인도한 의지였다는 것을 확인하게 된 것은 인간이 품은 뜻이 어떻게 하나님의 뜻과 일치될 수 있는가에 대한 원리성을 시사한다. 그리하여 그 다음에 펼친 역사 단계가 곧 길의 사명을 깨닫게 된 과정이다. 하나님이 부여한 말씀의 요지는 본인이 지금까지 믿음으로 받아들인 하나님의 말씀을 책으로 기록하여 세상에 알리라는 것인데, 이런 말씀을 접한 순간 본인은 하나님이 무엇을 기록하라고 한 것인지 바로 알아

챘다. 내가 세상에서 이루어야 할 사명이 무엇이라는 것을 즉각 알았다. 그럴 만한 추구가 있었고, 기록할 만한 근거가 있었다. 문제는 주관적인 신념의 형태이라 객관성이 결여된 점은 있지만 직접 걸은 길이라 전후 과정을 연결시켜서 판단할 수 있는 장점도 있다. 결국 중요한 것은 믿음인데, 과정을 의도하지 않았으므로 하나님의 말씀을 그대로 확인할 수 있었다. 그리고 무엇보다도 본인이 사명을 거부할 수 없었던 것은[34] 길을 통해서 발견한 섭리의 일관성 때문이다. 이것이 정말 하나님의 말씀인가 하는 것은 함께 길을 살펴보면 알 수 있다.

그중에서도 특기할 만한 사실 한 가지는 부여된 말씀이 본인이 평상시에 일군 소망의 응결체였다는 데 있다. 나 역시 언젠가는 이 같은 지침이 주어질 것을 믿어 의심치 않았다.

> 과연 나는 이 세상에 존재할 자신에 대한 사명이 있는 것인가? / 나는 세계에 어떤 빛으로 임할 것인가? / 하나님, 저에게 세상에 임할 귀한 사명을 주시옵소서! / 하나님은 나에게 어떤 사명을 주실 것인가? / 나는 장차 올 무엇을 위해 길을 준비하는가? 나에게 길이 주어짐은 새로운 사명이 부여됨이다. / 나는 하나님이 이 자식에게 주신 靈을 복되게 증거해야 하나니, 그것은 하나의 귀한 소명으로서 人世에 드러나리라. / 아버지께서 나에게 이 같은 능력을 주심은 나로 하여금 귀한 소명을 일으키사 길을 인도하시며, 그 무언가를 이루시기 위함이다. / 하나님께서 그 크신 은혜를 주심은 만유에 하나라도 놓침 없는 뜻을 깨우쳐 종국의 사명을 이루기 위함이다. / 하늘에 계신 아버지의 뜻을 이루기 위해 나는 길을 완성해야 한다. / 하나님, 제가 여태껏 버릴 수 없었던 길의 정체는 무엇입니까? 결코 길을 버릴 수는 없었다. 그렇다면 그 길이라는 것은 무엇인가? 모든 것을 바쳐도 좋다고 했던 길이라는 것은 무엇인가? / 고난도 슬픔의 눈물도 그것은 다 하나님의 뜻이니 오

---

34) 인생적으로 준비를 갖추지 못한 상태에서 책을 펴야 한 문제.

늘은 몰라도 내일은 그 참뜻을 알리라. / 끝까지 참고 인내하므로 하나님은 나에게 언젠가는 반드시 이 세상을 구원할 위대한 소명을 일으키시리라.

연면하게 걸은 삶을 통하여 간절하게 간구하였는데, 구조적으로 합당한 응답을 확인하게 되어 본인은 믿음이 불타올랐다. 기록을 남긴 사실 자체가 깊은 저술 의도를 담은 것이었다.

길은 세계의 성숙과 함께 비로소 충동된다. 그러나 그 걸어온 과정만큼은 충실히 기록되어야 한다. / 길은 만인에 공표될 것이니 길은 바로 그들의 것이라. / 나는 이 기록 앞에서 진실되다. / 나는 일찍이 말세에 대처할 책 한 권을 쓰기 위해 어떤 지고한 도덕적 가치와 길을 찾아 고심하였다. 그러나 내가 지금도 무엇을 어떻게 써야 할지 몰랐는데, 하나님이 은혜 주심으로 말미암아 그 뜻이 바로 하나님이 내린 인류 최후의 지상 명령인 것을 이제 알았으니, 힘써 일생을 바쳐서라도 하나님과 그 義의 나라를 증거하리라. / 길이 있으면 반드시 合一이 있으리라.

이것은 사명을 깨닫기 이전에 길을 통해 수놓은 일련의 의지 다짐 흔적이다. 하나님은 한 인간의 생각을 속속들이 감찰하였고, 사전에 준비시켜 사명을 부여하였다. 한 인간이 쌓은 믿음이 어떻게 하나님의 뜻과 일치되었는가 한 사실을 확인할 수 있다.[35] 더할 나위 없는 은혜를 경험하게 되므로, 그렇다면 이렇게 은혜 주신 하나님을 위해 지금부터 내가 할 수 있는 일이 있다면 그것은 무엇일까? 이런저런 생각을 하다가 성경을 펼쳤다. 그 순간 참으로 두려운 말씀을 접하였다.

"유다 왕 요시야의 아들 여호야김 사년에 여호와께로서 예레미야에게 말씀이 임하니라. 가라사대, 너는 두루마리 책을 취하여 내

---

35) 비약한다면 하나님의 뜻과 간구했던 본인의 뜻이 일치된 순간 의식임.

가 네게 말하던 날, 곧 요시야의 날부터 오늘까지 이스라엘과 유다와 열방에 대하여 나의 네게 이른 모든 말을 그것에 기록하라. 유다 족속이 내가 그들에게 내리려 한 모든 재앙을 듣고 각기 惡한 길에서 돌이킬 듯하니라. 그리하면 내가 그 惡과 罪를 사하리라."[36]

아, 하나님 감사합니다. 내가 길을 얻었다. 하늘의 뜻을 알았다. 하늘의 道를 얻었다. 하나님이 주신 사명을 깨달았다. 나는 확실하게 구원되었다. 이런 사명을 위해 하나님이 여태껏 이 자식을 깨우치고 은혜 주어 이날까지 인도하였다.

그렇다면 이 단계에서 판단할 수 있는 길이란 과연 무엇인가? 지금까지 걸은 길은 본능적인 발걸음인데 사명을 깨닫고 보니 그 뒤에는 필연적인 이유가 있었다. 두루마리 책을 취하라고 한 말씀은 과연 무슨 뜻인가? 여러 가지 의도가 있겠지만 핵심은 하나님이 그런 책을 취할 수 있도록 사전에 길을 인도했다는 데 있다. 그래서 본인은 지나온 길을 살폈다. 길이 도대체 무엇인지, 어떻게 이스라엘과 유다와 열방에 대해 고하라고 한 것인지 이유를 알고자 했다. 그리고 命을 받들 각오를 다졌다.

나는 혼자 길을 가지만 길을 가는 목적은 그들에게 진정한 하나님의 형체를 드러내고자 함이다. / 神은 나의 정신 속에서 영원히 기여되리라. / 길은 神에 대한 나의 세계정신의 표명이다. / 나는 영원히 神의 고뇌와 의지를 시험받다. / 나의 존재와 정신과 영혼은 神의 길을 가다. / 이 大河와도 같은 인생에 대단원의 결론을 내리다. 나는 혼자다. 그리고 神을 알지 못하고서는 인간의 길을 갈 수 없다.

그러나 본인이 의지 다짐 사항을 확인하는 것만으로 하나님의 역

36) 예레미야, 36장 1~3절.

사성을 확신할 수는 없다. 그래서 사명에 대한 인식을 계속 확대시켜야 했다. 세움이 약속된 것이라면 어떤 뜻이 천명되더라도 더 이상 놀랄 것은 없다.

5. 길의 약속

하나님이 다시 세우리라 하므로 길이 장차 어떤 역사를 드러낼 것인지는 내심 기대되었지만 당시는 속 깊은 뜻을 알 수 없었다. 길은 장래를 준비하는 인생 문제와는 거리감이 있어 확신이 서지 않는 길의 추구 행위를 버리기로 한 것인데, '내가 너를 다시 세우리라'고 한 말씀은 나에게 있어 영원히 지울 수 없는 언약으로 새겨졌다. 이것은 본인이 길을 버리지 않는 한 유효한 언약으로서 하나님이 나의 인생을 끝까지 구속하겠다는 다짐이기도 하다. 그렇다면 하나님의 실존 의지를 확인한 1983년 11월 12일 이후부터 본인에게는 어떤 변화가 일어났는가? 가시적인 세움은 없어도 믿음의 그릇이 성장함과 함께 하나님이 놀라운 뜻을 부여하였다. 실로 두렵기조차 한, 대인류를 구원할 것이란 공언이 그것이다. 권능은 부여받았지만 당시에는 도저히 감당할 수 없는 뜻이라 이럴 수도 저럴 수도 없는 상황 속에서(진퇴유곡) 급기야 심신이 탈진한 지경까지 되었다. 과연 주신 말씀을 믿어야 하는가? 무시해 버릴 것인가? 개인적인 문제라면 그렇게 고민할 이유가 없겠지만 문제가 문제인 만큼 섣불리 결정할 수 없었다.

그렇다면 본인이 고민한 사명의 요지는? 정말 믿어지지 않는 일이지만 말씀을 세상 위에 고하면 인류가 취하는 태도 여하에 따라 惡과 罪를 사하리란 것이 그것이다. 누가 들더라도 실로 황당무계함이

엿보여 크게 번민하였다. 그리고 단안을 내리지 못하는 현실 앞에서 좌절을 경험하였는데, 방황 끝에 끝내 일어서기로 마음먹고 준비하여 공표하게 된 것이 1985년 9월 1일 출판한 『길을 위하여(1)』 이다. 차마 거부할 수 없는 사명인 만큼이나, 길은 맞이할 재앙조차 돌이킬 만큼 어떤 가치가 있는가? 惡과 罪를 사할 합당한 근거는? 당시로서는 아무것도 내세울 것이 없으므로 부족한 부분들을 하나하나 채워 나갔다.

> 인간은 길을 가고 있지만 그 길이 아무리 높고 숭고한 길이라 할지라도 진정한 생명의 진수로 여기는 자 적어지니, 과연 가는 길을 돌이켜 이 세계를 구원할 자 누구인가? / 길의 인도가 가능한 모든 인생 목적을 제시하라. / 이 세상에 한줄기 구원의 빛, 그 길은 결코 무한하지 않으며 유한한 길의 완성에 있다. 모든 가능한 것을 불러들일 이 영혼의 힘 / 고난을 받아들여 모든 세계에 가치 구현의 길을 열다. / 그대 피어나는 희망이여, 나에게 빛을 달라. 나는 영원한 이상을 품은 자유인이요, 모든 인생의 길을 극복시킬 구도자이며, 너희를 사랑하고 인도하고 구원할 자라. / 하나님은 나에게 모든 기적을 행하셨다. / 위업할 세계정신의 탄생을 기리며……. / 하나님은 나로 하여금 천지간에 거룩한 시공을 천개하셨다. / 나는 길로서 前後의 세계를 구원하기 위해 이 세상에 왔다. / 義와 善, 그리고 믿음으로 길을 이루리니 세계여, 나를 기다리라. 내가 바로 너희를 구하리라.

너를 다시 세우리라고 한 다짐이 인류를 구원하는 문제로까지 확대된 것은 길의 사명이 세계화되었다는 뜻이다. 그러나 세상 위에서 구체화된 것은 하나도 없으므로 세월을 두고 계속 정진해야 했다.

6. 길의 명령

말씀을 기록하라고 하므로 본인은 하나님의 의도를 즉각 알아차렸지만, 그렇다고 당장 실천할 수 있는 과제는 아니었다. 의혹하는 것이 인간이라 어떻게 사명이 주어진 것인지, 부여된 命이 확실한 것인지 궁금했다. 기독교는 재림주를 바라보고 있고, 오직 그날이 오기를 고대하고 있는 실정인데 별도로 이 길이 세워진 것이라면 거기에는 무언가 또 다른 의도가 있는 것이 분명하다. 그래서 숙고를 거듭했는데, 결론으로서는 예수가 재림하기 이전에 마지막으로 이루어야 할 사명을 길이 가졌기 때문인 것으로 가닥 잡았다. 재림에 관한 현안 문제를 두고 본다면, 신앙인들은 막연하게 기대감만 가졌지 정말 맞이할 수 있도록 준비한 매뉴얼은 어디에도 없다. 아무도 길을 예비하지 못했다. 이런 실정인데 『길을 위하여(1)』을 출판하기로 결심한 순간에 하나님이 계시하므로 합당한 뜻을 일깨울 수 있었다.

> "보라, 내가 내 사자를 네 앞에 보내노니 그가 네 앞에서 네 길을 예비하리라."[37]

이는 세례자 요한이 행할 사역 본질을 예수가 확인시킨 구절인데, 이것이 사명을 구한 자에게 임하였다는 것은 특별한 의미가 있다. 초림 시처럼 재림 역사 때도 그 길이 사전에 예비되어야 할 필요성이 증대된 상황에서 말씀을 접하므로, 궁금하게 여긴 길의 세움 의도를 깨닫게 되었다. 길이 부여받은 사명의 진로이고 추진하지 않을 수 없게 된 당위성이다. 이런 사명을 더 자세하게 설명한다면, 그가 네 앞에서 네 길을 예비하리라고 한 '그'가 바로 이 땅에 강림한 보

---

37) 누가복음, 7장 27절.

혜사 진리의 성령이다. 하나님이 본체자로 강림하므로 그가 재림할 主에 앞서서 길을 예비할 것이란 뜻이다. 그래서 이 연구가 지상 강림 역사를 증거하는 최종 목적도 정말 재림의 길을 예비하는 데 있다. 재림 역사를 실현하기 위해서는 숱한 과제들을 해결해야 하는데, 신앙인들은 하늘만 쳐다보고 있으므로 다시는 독생자를 희생시키지 않기 위해 하나님이 사전에 그 길을 예비하고자 하였다.

온갖 의혹과 고뇌를 겪은 다음 1985년 9월 1일, 『길을 위하여(1)』을 세상 위에 공표하였다. 어렵게 내린 단안인데, 그 의도를 세상은 제대로 알지 못했다. 용기를 내어 소개했지만 관심을 가지는 사람이 아무도 없었다. 회의감이 들었지만 그러나 지킬 것이라고 서언한 길을 또 버릴 수는 없기 때문에 추구할 과제를 새롭게 설정했다. 길이 정말 세계적으로 파급될 소명을 가진 진리라면 이에 합당한 대의명분도 함께 구해야 하지 않겠는가? 하나님이 부여할 행위적 지침을 구하고자 했다. 세상 가운데는 내로라한 전통적인 권위들이 포진하고 있으므로, 그 가운데서 진리의 정통성을 부여받기 위해서는 하나님으로부터의 인준 절차가 필요했다.[38)]

> 아직도 나를 고독 속에 붙드시는 것은 길을 위한 하나님의 뜻이다. 내 지금은 비록 길을 위해 독백하고 있지만 나는 또다시 사명을 자각해야 할 날이 오리라. / 이 길에 하나님의 대세가 부여되지 못한다면 나는 일어설 수 없다. / 때가 이르면 아버지의 대세가 주어지리라. 나는 지금 세계를 향해 일어설 때를 준비하고 있으니, 천체의 운행 에너지는 오직 길을 준비하고 있는 자에게 대세를 부여하리라. / 과연 예수님이 다시 오신다면 어디로 오실 것이며, 대세를 부여한다면 어디로 할 것인가? 길은 주님의 길을 예비하기 위해 하나님의 뜻으로 지상에 쌓고 있는 믿음의 제단이다.

---

38) 같은 배 속에서 태어난 자식 중에서도 부모의 가세를 이를 장자는 선택되는 법인데, 하나님의 품 안에 있는 수많은 경지의 道 중에서 과연 아버지의 대세를 부여받을 진리의 道는 어디에 있는가?

하나님이 命한 이상 말씀을 기록하는 것은 피할 수 없는 본분이다. 하나님의 역사가 멈추지 않는 한 기록하는 작업 역시 멈출 수 없고, 역사가 쌓이므로 다시 종합해야 한다. 그래서 본인은 『길을 위하여(1)』 이후부터 추구된 과정을 다시 정리하여 1986년 8월 10일, 초고를 마무리했다. 지난날의 배회와 잘못을 반성하면서 거룩한 성전에 바쳤다. 주신 말씀은 창세기 1장 26절부터 31절로서, 모든 것을 다스리라. 믿음으로 죄를, 사랑으로 만물을 주체적으로 다스리라였다. 하나님이 세우리라고 한 길 위에 드디어 하나님이 세상 만물을 주체적으로 다스리라고 한 책임의 권세를 부여하였다. 본인이 일찍이 구하고자 했던 대명의 권세이다. 세상 만물을 주체적으로 다스릴 수 있는 권능이다. 이런 권능을 감당하기 위해 본인도 사전에 본질적인 권역을 개척하여 두었다.

> 인간은 생각하는 것만큼 최대의 가치를 이루는 것 / 길의 인도가 가능한 모든 인생 목적을 제시하라. / 길의 가치 덕목: 偉, 勇, 愛, 智 / 나는 종속이 아닌 세계를 주도해야 할 권속자이다. 길은 모든 사물과 현상 그리고 세계에 대하여 주체이나니, 너는 모든 존재와 정신 그리고 영혼의 주인공이 되라.

『길을 위하여(2)』는 대명의 권세를 부여받게 된 과정을 주제로 하였다. 길에 대한 믿음을 한 단계 올려 세운 성과물이었지만 세상 위에서의 결과는 마찬가지였다. 혼자만의 외침으로 그쳤다. 그러나 개의치 않고 본인은 지침 받은 命이 있기 때문에 세계의 제 사상을 주체적으로 다스리기 위해 장도에 올랐다.[39] 인류가 안고 있는 진리적 이슈들을 찾아서 하나하나 헤쳐 나갔다. 세계의 제 사상을 섭렵하였

39) 『길을 위하여(3)』을 통해 구체화된 진리 통합의 완수 과정임.

다. 이 연구가 지상 강림 역사를 증거하게 된 것은 이처럼 하나님의 대명을 받든 과정을 거쳤기 때문이다. 진리 통합 역정을 토대로 하나님이 거의 전능에 가까운 지혜자로서 현현되었다.

7. 길의 선포

전국을 대상으로 『길을 위하여(2)』의 소개 작업을 끝낸 본인은 언급한 대로 지체 없이 진리 세계를 섭렵하기 위해 길을 출발했다. 본인이 세계를 통합할 수 있다고 생각한 것은 길이 이 시대에 세워지지 않을 수 없는 재림 맞이 사명을 자각했을 때부터이다. 그래서 주어진 과정을 완수하고 나면 길은 인류를 구원할 수 있는 당위 가치를 확보하게 된다. 세상은 재림을 맞이할 정도로 믿음이 통일되어 있지 못하고, 진리도 뒷받침되어 있지 못하다. 그래서 길이 세계 지향적인 의식을 가지게 된 것이며, 그 위에 대명의 권세가 부여되었다. 이로써 세계적인 사상을 섭렵할 수 있는 관점을 확보한 것이다. 돌이켜 보면 이 시기는 본인이 지난 인생 가운데서도 가장 순수하게 오직 진리 하나만을 위해 매진했던 때이기도 하다. 그리하여 1989년 11월 9일, 진리 세계를 통합한 성과물인 『길을 위하여(3)』을 세상 가운데 펼치게 되었다.

일찍이 하나님은 길의 과정이 단계적으로 완수될 때마다 중요한 뜻을 표명하였는데, 인도·세움·사명·이르신 말씀·대명의 권세 등이 그것이다. 『길을 위하여(3)』을 마무리하였을 때도 마찬가지로서, 부여된 뜻은 인류가 추구한 진리 탐구 목적과도 직결되었다. 이것을 본인은 서명 밑에 부제(副題)로서 '진리 통합의 완수 위에 하나님의 본체로 드러난 보혜사 성령의 실체에 관하여'라고 표기하였다.

하나님이 세상 위에 현현된 것을 인류 역사상 처음으로 밝혔다.[40] 세상 진리를 주체적으로 다스린 것이 외면적으로는 인류가 지닌 정신적 숙업을 해결하였고, 내면적으로는 하나님이 이룬 치리 의지를 분열시켰다. 이런 의지가 소정의 과정을 완수함과 함께 진리의 전모자로서 모습을 완성시켰다. 이를 발판으로 제3位인 보혜사, 곧 진리의 성령이 하나님으로 현현할 수 있었다. 보혜사란 진리의 대명사인데, 어떻게 진리의 문제를 해결한 치적 하나 없이 현현될 수 있겠는가? 가로놓인 진리의 문제를(통합, 본질, 창조, 유신, 섭리 등) 해결할 터전을 마련하였다.

하나님을 진리의 전모자로 현현시킨 『길을 위하여(3)』을 전국의 지성들에게 소개한 결과에 대해 본인은 정말 큰 기대를 가졌다. 그러나 얻은 것은 역시 무반응뿐이었다. 그렇다면 이제 나는 정말 어떻게 해야 하는가? 더 이상 무엇을 해야 할 것인지 방향 감각을 잃어버렸다. 추구한 길에 대해 마냥 믿음만을 고집할 수 없게 되었다. 개인적인 집착일 수도 있다는 생각이 들었다. 그래서 그동안 쉴 새 없이 매진했던 추구 의식으로부터 애써 벗어나고자 했다. 나 자신이 한 걸음 물러선 입장에서 길의 세계를 관망하였다. 그러니까 세상 역시 달리 보이게 되었고, 그동안 보아도 볼 수 없었던 어리석은 행위들이 하나둘 발견되었다. 마음을 비우고 나니까 새겨진 길의 가치들도 새롭게 조명되었다. 당시는 걸프전의 전화 소식이 숨 가쁘게 들려오던 때인데,[41] 길이 일군 일련의 진리적 통찰이 만약 사장되어

---

40) 지상 강림 역사를 완수하기까지의 단계적 역사 내력: 길의 출발→길의 추구→길의 본질 자각→보혜사 성령의 실체 규명→진리의 전모자로서 모습 완성→지상 강림 역사 증거→진리의 성령으로서 인류의 정신적 고뇌 해결→창조주다운 성업 완수→인류 구원과 세계 통합 의지 천명→최후 심판과 재림 역사→새로운 문명 창조와 시온의 영광을 위한 인류 장래의 프로젝트 제시

41) 이라크의 후세인과 다국적군에 의해 대치되었던 걸프 전쟁이 여러 가지 중재와 외교적 노력에도 불구하고 1991년 1월 24일, 지상전으로 돌입함으로써 세계를 경악하게 했다.

버린다면, 인류는 영원히 어리석은 행위를 반복하게 될 것이란 우려가 생겼다. 비록 부족한 인간이지만 본인은 하나님의 뜻을 깨달은 자로서 인류가 지닌 몽매를 일깨워야 할 책임이 있지 않는가? 그래서 본인은 1991년 8월 11일, 각오를 새롭게 다지면서 사명 수행의 과정을 재개시키기로 결심했다.

그리하여 『길을 위하여(1)(2)(3)』을 다시 살펴볼 기회를 가졌는데, 그러고 보니 거기에는 세상 사람들이 이 책을 왜 이해하지 못한 것인지 저술의 구성 체계 면에서 부족한 점이 있다는 사실을 발견하였다.[42] 그래서 체제를 재구성하여 저술한 것이 『세계통합론』이다. 햇수로 5년이 걸린 1995년 1월 5일, 정식으로 출판을 성사시켰다. 밝힌 바 지상 강림 역사를 증거할 수 있게 된 첫 기둥으로서 세계론 시리즈의 근간을 이룬 책이다.

8. 길의 본질

제3位인 성령이 보혜사 하나님으로서 모습을 갖추기 위해서는 성령으로서 길을 인도한 역사가 필요했다. 그리하여 드러날 수 있게 된 것이 길의 神적 본질 규명 역사이다. 본인은 평범한 인간이지만 인도된 길은 하나님이 뜻을 새긴 특별함이 있다. 이것을 밝혀내는 것이 그동안 궁금하게 여긴 길은 무엇인가에 대한 대답이다.

> 혼자이기 때문에, 하나뿐이기 때문에, 이 길은 영원히 이해될 수 없는 수난의 길인가? / 내가 결코 길을 버릴 수는 없었다. 그렇다면 길이라는 것은 도대체 무엇인가? 내가 모든 것을 바쳐도 좋다고 했던 이 길은 무엇인가?

---

42) 순수 진리성을 보전시키기 위한 자료 정리 작업 수준이었음.

과연 길은 무엇인가? 이것은 지금까지 추구된 길의 발자취를 살펴보아야 한다. 그래서 판단하게 된 것이 바로 길을 걸은 것은 본인이지만 이 길을 인도한 분은 하나님이라, 하나님의 의지를 새긴 길은 다름 아닌 하나님 자체의 神적 본질이란 결론이다. 길은 하나님의 절대 의지를 표명하고 대행하기 위해 세워졌다. 하나님이 인도하므로 길은 사전에 준비된 의지 형태로 표출되었고, 이것은 하나님의 존재 속성을 거의 전능한 지혜 형태로 구성할 수 있게 된 발판이었다. 물론 주체 의지가 보혜사로 드러나기까지는 더한 세월이 필요했지만, 일단 길이 하나님의 神적 본질이라는 것만큼은 이 시기 확정할 수 있었다. 심증이므로 자신 있게 주장할 형편은 못 되지만, 길이 神적 본질을 수용할 만한 그릇이란 것 정도는 알 수 있었다.

> 이것은 무엇을 위한 침묵, 누구를 위한 실존인가? / 세상에는 어쩌면 나와 비슷한 성격을 가진 사람이 있지 않을까 생각도 해보지만, 그러나 나는 분명 본질을 달리하고 태어났다. / 이 길은 나 자신 정상인의 행동 방향이라고 생각하지 않는다. / 나는 영원히 神의 고뇌와 의지를 시험받다.

독백된 형태이라 神적 본질 상태를 객관적으로 확인할 수는 없다. 하지만 순수한 자각으로서, 이런 의식 상태를 절대혼이란 말로서 표현하였다.

> 절대혼은 믿음의 수동적 구원이 아닌 능동적 대처이며 버림·한계·참음·개척·도전의 세계혼이 형성된 존재하는 인간이 가질 수 있는 최고의 절대 의식이다. / 나는 근본에서 나서 근본에 무지했던 인간이 근본으로 귀의하려고 한 절대 영혼이 있을 뿐, 나는 그 길을 가기 위해 존재한다.

절대혼은 구속한 하나님의 의지를 대변한 것이고, 神적 본질의 존재 가치에 대한 인식이다. 이런 뜻이 어찌 하나님의 의도 없이 드러날 수 있었겠는가?

> 나는 하나님의 말씀으로 존재한다. / 나는 외계에 대한 의연한 침묵과 인간을 위한 영원한 헤아림과 神에 의한 온유한 의지로 존재한다. / 나는 이성으로 판단하는 것 같지만 본성으로 판단하며, 나의 의지로서 살아가는 것 같지만 神의 은총으로 살아간다. / 너는 내가 아니요 너를 이끄는 본체는 계시이다. / 神 앞에서 고통받는 자여, 그러나 그대들은 피로서 존재하고 神性으로서 사고하며 은총으로 생활하고 있지 아니하냐?

길은 성령의 역사가 가시화되기 이전부터 일체의 가능성을 직감하였다.

> 잠재된 무지로부터 人性을 밝히는 것은 神性을 감지하는 첫 단계이다. / 神性은 쌓아두려는 곳에 쌓인다. 그러므로 그것은 하나의 목표요 그곳에 무엇을 쌓기 위해서 극기하고 있는가? / 神性에 비해 이질된 일면은 모두 버리고 접한 면적의 길로서 神性을 쌓아간다. / 내 존재의 미래를 의심하지 말라. 나는 내 욕구의 한계를 벗어난 곳에서 전능한 하나님의 양식으로 존재한다. / 지금이 중요한 것이냐? 이 生이 중요한 것이냐? 어쩌다 가치의 심판대 위에 섰다. 그리고 기회는 주어졌다. 나에게도 神性이 부여될 시련과 고뇌와 유혹이 오직 내가 쌓으려는 人本이 어디에 있는가에 달려 있다.

이런 유의 생각들이 결국 하나님의 의지를 수용한 성령의 역사를 불러일으켰고, 보혜사 하나님을 길의 과정 위에 안주시킨 결과를 낳았다. 만인은 길이 지닌 神적 본질성을 규명하기 이전부터 작용된 길과 하나님과의 긴밀한 교감 관계를 알면 현현된 보혜사 성령의 실체를 이해할 수 있다.

> 나에게 있어서 神은 믿음을 위한 진리의 전모요 대변자요 동조자이다. / 나의 존재 의지로서 나의 실재는 감별되며, 내가 존재할 수 있는 의지로서 神의 실재는 인지된다. / 하나님은 말씀이 없으시고 이 세상 어디서도 보이지 않지만, 하나님은 나의 정신 작용을 통하여 완수될, 길을 이루게 한 의지의 실체로 존재한다. 길은 하나님이 내린 하나님의 의지를 수용할 수 있는 그릇으로서, 하나님의 존재 형태와 뜻을 지혜를 통해 드러낸 하나님 의지의 실현체이다. / 길을 형상화시키는 것은 곧 하나님을 형상화시키는 것이다. / 神은 끝내 나의 정신 속에서 본질적인 모습을 드러내리라.

길이 하나님이 부여한 神적 본질인 근거는 하나님의 뜻이 길과 함께하고 있기 때문이고, 그만한 연단 과정을 거쳐 하나님의 뜻을 대행하게 되었다.

9. 길의 믿음

추구하고 지키고 완수해야 한다고 한 의지 다짐이 하나님의 인도 의지를 표출시킨 것은 하나님의 일방적인 역사인 것만은 아니다. 본인의 뜻과 노력도 더해졌다. 본인은 결코 얽매인 종이 아니나니, 간구한 뜻을 하나님이 열납해 준 것이다. 이것이 길의 과정 속에서는 마치 본인이 사전에 하나님의 뜻을 알고 있었던 것처럼 인지되었다.

> 하나님에게로 가는 자에게 있어서 길은 멀지만, 하나님에게로 가는 자에게 있어서 길은 가까워지고 있다. / 나의 꿈과 이상과 용기와 절대는 하나님으로부터 / 무상의 念으로 기도 드리옵나니 하나님, 당신의 영체는 이 길 위에 안주되소서! / 길은 神에 대한 나의 세계정신의 표명이다. / 길은 만유의 근본이다. / 나는 모든 것을

> 버리다. 나는 영원한 길을 가다. 나는 하나님의 길을 가다. / 영력은 실로 무한하나니 새벽 하늘 빛나는 샛별의 꿈으로 나도 간구하고 추구하면 하나님을 뵈올 수 있을 것이다. / 나를 통해 이룬 모든 것은 절대 헛되지 않으리니, 헛될 수 없는 것이 모든 것은 하나님이 나를 통해 이룰 완성의 기초이다.

길의 본질에 대한 판단을 확고히 하여 하나님을 향한 믿음을 공고하게 다졌다.

> 나는 고뇌하고 의심하였지만 하나님은 길의 과정을 빠짐없이 관장하였으며, 결국 세상을 향해 일어설 수 있는 다스림의 권세를 부여하였다. 길은 한 인간의 본질을 구속하므로 드러난 하나님 의지의 현실체이다. / 내가 길을 추구한 것은 하나님의 뜻을 길을 통해 드러내기 위한 방법이며, 길을 지킨 것은 하나님의 뜻을 드러내기 위한 의지이다. 하나님의 권능이 길 위에 주어지므로 하나님이 나의 의식 가운데서 살아 계신 분임을 깨달았나니, 하나님은 인도한 길을 완수함으로써 증거되리라. 길은 살아 계신 하나님의 뜻을 길의 추구 의식과 合一시켜 사명을 완수하게 한, 지극한 하나님 의지의 실현체이다. / 나는 하나님이 준 모든 영안의 언약을 기억하고 있나니, 이것은 전 생애를 통해 반드시 이루리라. 그리고 하나님도 언약을 성취하므로 길 위에 뚜렷한 실존자로 부각되리라.

길은 본인이 지킨 인생 가치이고 믿음이지만, 원한대로 주어졌기 때문에 오늘날 제반 역사를 성취한 하나님을 제3位인 보혜사 진리의 성령으로서 증거할 수 있었다.

10. 길의 준비

길은 본질적인 측면에서 하나님이 뜻을 밝혀주지 않았더라면 그 과정을 해명할 기회가 없었으리라. 본인은 나름대로 성령의 역사를 받들 수 있는 영적 준비를 갖추었지만 당시로서는 그런 상태가 영적 세계를 열기 위한 사전 준비 절차였다는 것을 알지 못했다. 그렇다면 도대체 어떤 과정을 거쳤기에 영적인 역사가 일어나게 된 것인가? 그것은 길의 추구 방법론이 대변한다. 우리가 어떤 논술을 하기 위해서는 주제를 정해서 생각을 이끌어 낸다. 그러나 길을 추구한 방법은 다르다. 길은 자아와 의식을 통해 본질을 일군 방식이라 뚜렷한 주제가 없다. 단지 세계에 대해 품은 막연한 믿음으로 인생 가치에 대해 묵상하면서 떠오른 생각들을 순간순간 기록한 것뿐이다. 그런데 이 같은 사고방식이 무형의 形而上學적인 본질을 포착할 수 있는 직관력을 기르게 했다는 판단이다. 직관은 애써 의도한 논리는 아니지만 잠재된 의식의 표출 상태이므로 살아 있는 진리성을 간직할 수 있었다. 본질은 직관을 통해 인출되므로 사전에 충분하게 의식을 잠재시켜 성숙하게 해야 한다. 정신력이 충일하여야 세계의 운행 질서와 동조된 영의 세계를 펼칠 수 있다. 정신의 고도가 높아져 우주의 氣를 충동시켜 세계적인 운행 질서를 감지한다. 영혼의 문을 열어 다양한 루트를 통해 하나님의 뜻을 수용하였다.

> 하늘나라의 계시를 받들기 위해서는 어떤 일에서보다도 강력한 생체적 준비가 이루어져야 한다. / 나는 이날로부터 하나님이 계시하는 존재적 수난을 출발시키기 위해 나 자신을 시험해야 한다. / 자신의 大悟로부터 출발될 수 있는 인생적 파워와 순발력은 어떤 세계의 무한성을 유한하게 하며, 氣의 신비로 우주를 충전시킬 수 있다. / 길은 서서히 정신 물질에 의해 본질을 규합하다. / 세계의식이 분화되다.

세계의 운행 본질을 감지하게 된 본인은 1981년 후반기에 이르러 드디어 세계적인 의식의 전환을 요청하였다.

> 하나님, 저의 가슴은 불타고 있습니다. 저에게 더한 정혼과 사랑과 아름다운 세계가 펼쳐질 수 있게 하여 주옵소서! 하나님, 제가 본능으로 인해 방황할 때는 온갖 세상 유혹과 가슴 아픈 질곡이 저를 괴롭혔습니다. 그러나 이제는 하나님, 저에게 길을 갈 영의 계시를 주시옵소서! 참으로 지난날은 어둠이었으나 이제는 세계가 밝습니다. / 너의 길은 참되니 영원한 가치를 이루라. / 육(肉)에서는 아무리 파도 육밖에 없으니 영의 길을 가라.

이렇듯 의식의 전환 상태를 직시한 이듬해(1982년) 초부터 본인에게는 정말 범상찮은 꿈들이 꾸어졌다. 영적인 기능이 활성화되어 주변에서 일어난 사건들로부터 특별한 의미가 일깨워졌다. 세계의 운행 질서를 예감하게 된 일들이 일어났는데, 당시에는 이것이 어떻게 해서 일어나게 되는 것인지 이해하지 못했다. 해를 넘기자(1983) 이런 유형의 영적 역사가 더욱 고조되었다. 당시는 군 복무 중이었는데, 이 시기에 본인은 일명 '소명 은사'를 체험하고 생애 첫 교회 출석이란 신앙적 결단도 내렸다.[43] 이를 계기로 본인은 교회 예배를 통해 하나님의 말씀을 받아들일 수 있는 문을 열었다. 인생에 고뇌가 생길 때마다 목사님이 한 설교 말씀 속에서 간과할 수 없는 응답을 발견하였는데, 처음 한두 번은 그냥 지나칠 수 있었지만 반복되는 데 대해 의아했다. 말씀을 통한 교감 역사가 시작되었다. 이런 역사를 경험한 본인은 점차 하나님의 임재 역사를 확신하게 되었고, 뜻을 새긴 사명인으로 거듭났다. 정말 예사롭지 않은 인도의 손길이므로 일체 정황을 기록으로 남겼다. 하나님이 일렀다고 한 말씀의 정체가 바로 이것이다.[44] 하지만 교회 출석만큼은 『길을 위하여(1)』

43) 본인이 최초로 교회 문을 두드리게 된 것은 1982년 4월 14일, 부대 교회인 백승교회 삼일기도회에서이다. 따라서 이전에 기원했던 대상은 마음속에 새긴 하나님이었음.

을 출판한 이후 교회적인 믿음과는 거리감이 커다는 사실을 알고 중단하였다. 그러나 하나님의 뜻이 궁금할 때는 선택적으로 출석을 하였다. 돌이켜 보면 영적 교감 역사는 충분한 본질적 준비를 갖추었기 때문에 본인에게서 펼쳐질 수 있게 된 대우주와의 대화였다.

11. 길의 원리

길은 하나님이 부여한 사명으로서 하나님이 인도하여 새긴 말씀이다. 그렇다면 본인에게는 도대체 어떤 일이 있었기에 이런 말씀을 수용할 수 있었는가? 앞에서는 본인의 생각이 하나님의 뜻과 일치된 상황을 통해 사명을 깨달았다고 했는데, 어떻게 이런 일이 가능한가? 본인의 뜻이 하나님의 뜻이란 불경스러움을 벗어나기 위해서는 작용된 특성을 원리로서 추출해야 한다. 본인은 인간 된 가치관과 순수한 구도 의지를 가지고 길을 추구하였다. 믿음을 독백하고 진리를 일군 것은 모두 삶을 통해 이룬 사색의 흔적들이다. 그런데 여기에 어떻게 하나님의 의지가 개입된 것인가? 그 근거는 이룬 독백들이 정말 하나님이 밝힌 뜻과 일치된 사실을 통해 확인할 수 있다. 일군 소명 의식은 본인이 지닌 생각이기 이전에 하나님이 품은 뜻이었다. 合一될 그날을 향하여 쌓아 올린 믿음이다.

> 이것은 무엇을 위한 침묵, 누구를 위한 실존인가? / 인간 존재의 온유함을 느낄 때 神은 가까웠나니……. / 길을 정당화시킬 수 있는 것은 오직 하나 神이 존재함이며, 인간 자체로서는 아무 데도 갈 곳이 없었다. / 나의 전과 그리고 그 이후가 진리될 수 있기 위해서는?

44) "나의 네게 이른 모든 말을 그것에 기록하라." – 예레미야, 36장 2절.

하나님이 밝힌 뜻은 평상시 본인이 생각하였고 간구한 뜻이기도 했다. 여기에 즉각 하늘의 道를 얻었다고 말한 계시 수용 원리가 있다. 누구도 감히 자신의 뜻이 하나님의 뜻과 같다고 말할 수는 없지만, 길은 그렇게 말할 수 있다. 길을 통해 받든 말씀이 하나님이 이른 말씀이란 것을 거부할 수 없다. 한 인간이 품은 뜻과 쌓은 義가 하나님에게 상달된 근거이다. 간구하지 않은 바에 대해 주어진 뜻은 하나도 없다. 말씀에 합당한 뜻을 일구었고 중후한 세계의식 속에 휩싸였다. 그리하여 모종의 의지 실체가 하나님인 것으로 밝혀짐과 동시에 길을 통해 일군 일련의 독백 역시 하나님의 뜻으로 승화되었다. 물론 일상적인 생활 감정까지 그런 것은 아니겠지만, 직관된 의식이 계시화되었다는 것은 길의 神적 본질 규정에 대한 분명한 확인이다. 그리고 인간의 뜻과 하나님의 뜻이 일치될 수 있은 제일의 근거는 무엇보다도 인간이 하나님으로부터 지음 받은 창조에 있다. 성경에서는 '너희 안에서 행하시는 이는 하나님이시니'라고 하였다.[45] 예수는 "내가 내 자의로 말한 것이 아니요, 나를 보내신 아버지께서 나의 말할 것과 이를 것을 친히 명령하여 주셨으니 ……."[46] 예수의 말이 하나님의 말씀이라고 한 주장은 길이 일군 뜻이 神적 본질을 직시한 것이란 주장과 다르지 않다. 하나님이 자체의 총체적인 존재 속성을 밝히기 위해 길의 역사를 펼쳤다. 본인이 길을 추구한 것은 하나님이 세상 위에 드러나고자 한 의도와 일치한다. 동학에서는 사람이 한울님을 모신다는 신앙을 가졌는데(시천주-侍天主),[47] 인간이 하나님과 함께할 수 있다는 것은 하나님이 창조주인 것에 대한 간접

45) 빌립보서, 2장 13절.

46) 요한복음, 12장 49~50절.

47) 수운은 "나는 도시 믿지 말고 한울님을 믿었어라. 네 몸에 모셨으니, 네 몸을 떠나 먼 곳에서 神을 찾는단 말인가(교훈가)." -『한밝문명론』, 김상일 저, 지식산업사, 1988, p.252.

적 시사이다. 인간의 뜻과 하나님의 뜻이 일치되는 것은 당연한 일이다. 이 같은 관계 작용을 통하여 길은 하나님이 구속한 神적 본질을 대변할 수 있었다.

> 나는 분명 나의 의지대로 살고 나의 세계 속에서 살았지만, 믿음을 통한 뜻과 행동은 나도 모르게 하나님의 뜻을 따르고 있었다. / 하나님의 부르심이 있기 이전부터 나의 정신 속에는 하나님의 의지가 작용하고 있었으며, 나는 내면적인 의식을 통해 길을 추구했지만 모든 것을 하나님은 끝까지 감찰하고 계셨다. / 내가 길을 추구한 것은 나의 生의 의지이고 개인적인 관점에서의 삶의 목적이지만, 그러나 길은 또한 나의 의식과 의지로부터 의도된 목적이기 이전에 이미 하나님의 의지와 목적으로 구속되었으며, 말씀이 길의 발자취와 함께하였다.

하늘 위에 뜻이 없었다면 길의 과정도 일관되게 성립될 수 없다. 길이 神적 본질인 것은 길이 이룬 역사를 통해 증명된다. 삶의 여정을 시험 대상으로 삼은, 神이란 존재를 증명할 수 있는 방법론인바, 인간의 뜻과 하나님의 뜻이 합일된 과정을 원리로서 추출했다. 길이 곧 진리이고, 진리는 하나님을 구성한 요소라 하나님도 세상 진리를 모두 품 안에 둘 수 있었다. 길이 이룬 역사 위에서 기적은 없다. 세계는 목적대로 운행되고, 길은 엄밀한 우주의 운행 질서를 따라 우연성을 극복한 뜻을 펼쳤다. 만상을 주재한 하나님이 시공을 초월하여 뜻을 전달하지 못할 이유가 어디에도 없다. 길을 통해서 증거하지 못할 하나님의 역사는 하나도 없다.

12. 길의 성과

『세계통합론』은 『길을 위하여(1)(2)(3)』을 종합하여 한 관점으로 꿰뚫은 책이다. 추구된 과정을 재구성하여 어떻게 세계가 통합되어야 하는가에 대한 시대적 당위성과 원리성을 밝혔다. 세계 통합은 神으로부터 창조된 세계가 분열을 극한 오늘날 이루어야 하는 역사의 필연적 절차로서, 진리 세계를 다스려 확보한 관점이다.[48] 『세계통합론』은 인류의 정신적 고뇌를 해결하고 하나님의 본체를 진리의 성령으로 형상화시킨 결과물로서, 정식으로 출판까지 하였지만 세상의 반응은 참담하였다. 그래서 다시 살펴보니 세상의 이해를 구하기 위해 기획하였지만 결과를 놓고 보면 역시 문제점이 있었다. 관점은 확보하였지만 주변 여건이 시기상조적이라 더한 성령의 역사로 때가 무르익기를 기다려야 했다. 세계를 통합할 수 있는 관점을 확보한 것은(전체성) 더할 나위 없는 성과이지만, 그럼에도 불구하고 세상 사람들이 이해할 수 없었던 주된 이유는 통합은 다시 분열되어야 제 모습을 갖추게 되는 제약성 때문이다. 그래서 『세계통합론』을 다시 주제별로 세분화시켜야 할 필요성을 느끼고 실천에 옮긴 것이 곧 '세계론' 시리즈를 출발시키게 된 이유이다.

그리하여 추출하게 된 첫 열매가 곧 『세계본질론』이다. 『세계통합론』이 세상의 몰이해와 상관없이 진리 세계를 통합한 것이 사실이라면 마땅히 세계에 가로놓인 핵심 된 본질을 규명할 수 있어야 한다. 이것이 만말을 대신하여 진리 세계를 통합한 증거이다.[49] 『세계본질론』은 세계 인식적인 관점에서 핵심 된 이슈 문제를 밝혔는데, 이것을 요약해 '세계는 한통속의 본질로 되어 있다'로 표현하였다. 그리고 1997년 3월 1일, 출판하였다. 여태껏 풀지 못한 정신적 고뇌를 해결하였는데, 누가 감히 인류가 지닌 숙원의 과제를 풀었다고

---

48) 길의 추구가 성령의 역사를 통하여 점진적으로 하나님의 모습을 완성시킴.

49) 이후 저술된 '세계론' 역시 논거 된 근거는 마찬가지임.

주장할 수 있겠는가만, 하나님이 부어 준 지혜이라 가능했다. 그리하여 핵심 된 본질을 근거로 이끌어 낸 지혜 성과물이 곧 세계의 천지 창조 사실을 증거한 『세계창조론』이다.

우주의 심원한 기원 문제와 직결된 창조는 인류의 지성들이 끊임없이 쟁점화시킨 관심사였다. 그런데도 여전히 논쟁 상태를 벗어나지 못한 것은 창조의 알파성을 함축한 핵심 본질을 파악할 방도를 찾지 못한 것이 근본적인 이유이다. 그런데 『세계본질론』이 해결했다고 단언한다면 이것이 참된 통찰인 것을 증명하기 위해서라도 천지가 창조된 사실을 입증해야 한다. 그리하여 본인은 궁리 끝에 하나님이 천지를 창조한 사실을 증거할 수 있는 바탕 된 근거를 한통속을 이룬 통합 본질속에서 찾았다. 그리고 창조 문제를 푸는 과정에서 제일 어려웠던 것은 과연 천지가 창조된 원동력이 무엇인가 하는 것인데, 이것은 일체를 구유한 통합성이 하나님의 命으로 化된 것이란 본의 통찰로 해결하였다. 창조론이나 진화론은 논거가 구구하지만 命化 작용은 삼라만상 어디서도 적용 가능한 실질적인 작용력이다. 만물의 기원에 관한 제반 문제를 푼 『세계창조론』은 1998년 11월 15일, 총 4편 중 1편만 인쇄본으로 발행했다. 지상 강림 역사를 증거하기 위하여 세운 세 번째 기둥이다. 그러나 이들 기둥은 하나님이 창조주인 권능성은 증거했지만 하나님 자체를 직접 증거한 것은 아니기 때문에 하나님의 존재 문제를 주된 주제로 해서 저술한 것이 2000년 10월 20일 발행한 『세계유신론』이다. 이로써 드디어 지상 강림 시대를 열 수 있는 기초적인 저술 체제를 모두 마련하였다.

제9장 보혜사 하나님

1. 개요

이 연구는 하나님이 존재한 사실을 증거하기 위해 최대한 보편적인 인식을 가지고 진리성을 인출하려고 하였다. 하지만 정작 증거하고자 하니까 막연한 감이 없잖아 있다. 도대체 길이란 것이 무엇이기에 하나님을 증거하는 데 그 본질까지 밝혀야 하는가? 어떤 관련이 있기에 하나님의 뜻을 길이 대변한 것인가? 그래서 이 장에서는 길이 지닌 특수성으로부터 보편성을 지니게 된 경위부터 밝히려 한다.

성경은 주어진 특수성을 더욱 특수하게 하여 아성을 구축한 것이 문제이다. 이 연구는 이미 길이 걸어온 대체적인 개요를 밝혔으며, 하나님이 성령으로서 역사한 근거도 제시하였다. 남은 것은 문제를 해결한 주체자를 밝히면 되는데, 이를 위해 '길'을 중요한 수단으로 삼았다. 코란은 당시 생존한 인류 가운데서 무함마드에게만 계시된 것이고, 23년 동안 한 구절 한 구절씩 새겼다. 이런 특수성을 넘어 길은 일관성까지 확보하기 위해서 노력하였다. 우리는 천지가 창조된 목적을 알아야 세계를 온전히 파악할 수 있다. 창조된 세계는 온통 특별함에 휩싸여 있다. 만물은 유일한 하나님의 뜻에 근거해 창조되었으며, 특별함으로 세계가 구성되었다. 그래서 세계의 특수성은 보편성을 통해서, 보편성은 특수성을 통해서 증거될 수밖에 없는 구조 위에 있다. 그런데도 이전에는 이런 사실을 몰라 진리는 진리대로 말미암게 된 근원, 즉 궁극적인 알파를 찾지 못했고, 하나님은 하나님대로 존재한 특수성을 뒷받침할 보편성을 확보하지 못했다. 천지 창조, 성령의 역사, 길의 선택 등은 한결같이 하나님이 부여한 은사이다. 그중 길만은 특수성을 불식시킬 수 있도록 객관적인 원리성을 확보하였다.

오순절날 이후 스데반이 순교할 때 하늘이 열리고 하나님 우편에 인자가 서 있는 것을 보았다고 하였지만 그것을 본 자는 스데반뿐이었다(행, 7: 55). 사도 바울은 회심하는 과정에서 하늘로부터 들려오는 소리가 있어 땅에 엎드렸는데, 그것을 들은 자는 바울 혼자였다(행, 9: 4). 하나님의 임재 사실을 알 수 있는 특별한 사건들이다. 우주 공간에는 수많은 혹성들이 있는데,[50] 하나님이 이상적인 뜻과 사랑과 목적을 둔 이 푸른 지구는 광활한 우주의 핵심 된 심장이다. 우리들은 특별히 마음을 두는 일이 있듯, 하나님도 뜻을 집중하는 일이 있는데 그것이 곧 성령의 역사이다. 어느 모로 보나 특별한 역사이므로 이 특별함을 보편화시키기 위해 길의 역사를 펼쳤다. 말씀은 객관적인 메시지로서, 삶의 현장 어디에서도 적용되는 진리가 되어야 한다. 그런데 지금까지는 교회 안에서만 신앙됨으로써 특별함으

---

50) 브루노는 "일체를 포괄하고 끝없이 넓은 공간 속에는 우리의 세계와 비슷한 무수히 많은 천체가 있다. 이 천체 중 어느 하나가 다른 것보다 우주의 중심에 있다는 것은 말이 안 된다. 우주는 무한한 만유이니 중심도 없고 가장자리도 없다. 우리의 태양의 둘레를 일곱 개의 혹성이 돌고 있듯이 또 다른 여러 개의 태양이 있어 다른 혹성계에 대하여 제각기 중심을 이루고 있다"고 주장했다. –『세계관의 역사』, 高田 求 저, 편집부 편, 두레, 1986, pp.62～63.

로 둘러싸인 울안을 벗어나지 못했다. 선지자, 목회자, 성도들은 이런 틀을 얽어맨 공신자들이다. 그러니까 하나님의 참된 모습을 볼 수 없었다. 고대인들이 비행기를 보았다면 도무지 이해할 수 없는 물체가 되었을 것이듯, 세계적인 보편성을 확보한 길의 역사를 모른다면 하나님 역시 제대로 판단할 수 없다. '神은 살아 있는 인형'[51] 이란 몰지각에 이른다.

그래서 본인은 성령의 역사가 지닌 특수성과 보편성을 연결시킬 수 있도록 모종의 작업을 시도했다. 하나님의 강림성을 파악하기 위해서는 하나님이 지닌 존재 속성부터 밝혀야 한다. 이를 위해 존재성을 추적할 수 있는 근거를 마련하였다. 길을 걸은 것은 본인이지만 이룬 것은 하나님이므로, 그렇게 인도한 역사를 추적하면 하나님을 확인할 수 있다. 특수함으로 둘러싸인 길, 보혜사, 성령, 하나님이지만 길을 통하면 객관화된다. 길은 이미 진리 세계를 통합하고, 핵심 본질을 드러내고, 천지가 창조된 사실을 증거하였다. 하지만 궁금한 것은 이런 역사를 누가 어떻게 이루었는가? 특수성을 보편화시키는 것이 해결책인데, 이것을 풀기 위해 이 연구가 먼저 길=보혜사인 것을 증거하고, 다음으로 보혜사=성령인 것을 증거하며, 성령=하나님인 것을 증거하리라.[52] 하나님=길, 길=하나님인 것을 밝힘으로 강림한 보혜성을 확정지으리라.

2. 길=보혜사 증거

하나님이 살아 역사한 사실을 증거하기 위해서는 길의 추구 본질

51) 『신의 죽음』, 가브리엘 바하니안 저, 김기석 역, 청하, 1988, p.86.

52) 태초 때부터 만재된 하나님을 현현시키는 것임.

과 보혜사 성령이 어떻게 연관된 것인지를 추적해야 한다. 이것은 본인이 부여받은 사명 의식과도 관련되어 있다. 본인은 1983년, 사명을 부여받고 고심한 끝에 하나님의 뜻을 열방에 고하기로 결심하였는데 그 순간, 길의 세계사적인 역할에 대해 모종의 계시를 부여받았다는 사실을 밝힌 바 있다(선지자적 사명). 즉 다각도에 걸친 모색 끝에 자각한 재림 예비 사명이 그것이다. 지상 강림 역사도 결국은 이 같은 사명을 실현하기 위한 일부 선결 작업 역할이다.

그러나 지금은 지상 강림 역사를 증거하는 데 주안점을 둔 상태이므로 재림은 차후에 증거할 과제로 남겨 두었다. 사실 초창기에 본인이 관심을 가졌던 주된 과제는 재림에 관한 문제였다. 길은 무언가로부터 구속된 것이 분명한데 작용하고 있는 의지의 정체는 도대체 무엇인가? 진리 통합의 과정을 완수함으로써[53] 현현된 실체가 바로 인류가 대망했던 재림의 현실체가 아닌가? 재림 역사를 맞이하고자 한 사명 역할을 기대했었다. 알 수 없는 혼돈 가운데서 끝내 정오 빛같이 실체를 밝혀 준 분은 하나님이었다. 그래서 지침 받은 대로 길의 과정을 종합하고 보니, 길 위에서 작용한 의문의 실체는 그리스도가 약속한 보혜사, 곧 너희에게 보내마고 한 '진리의 성령'(요, 15: 26~16: 14)이란 사실을 알게 되었다. 보혜사가 하나님으로서 강림한 목적과 길을 통하여 밝힌 하나님의 주재 뜻이 일치되었다. 장차 맞이할 재림 역사는 온 인류가 감당할 역사인데, 바르게 하기 위해서 이루어야 할 예비 절차에 지상 강림 역사가 있다. 그리해야 재림의 길을 평탄케 할 수 있다. 지금도 역사하고 계신 보혜사가 진리의 성령으로서 실체가 드러나므로 길과 재림 예수와 하나님과의 관계가 명확해졌다.

---

53) 진리 통합의 완수 결과=하나님을 거의 전능한 본체자로 강림시키고 세계 통합의 길을 틈. 그리고 세계 통합은 강림한 하나님이 내세운 제일의 기치로서 세계 통합의 완수 결과=인류를 하나 되게 하고 새로운 문명 차원으로 인도할 것임.

보내마고 한 보혜사의 역할과 길을 세운 목적이 일치하므로 보혜사가 하나님이 세운 길의 실체성인 것을 입증하였다.

> "내가 아버지께로서 너희에게 보낼 보혜사, 곧 아버지께로서 나오시는 진리의 성령이 오실 때에 그가 나를 증거하실 것이요"[54]

보혜사는 아버지로부터 나온 분이고, 그분은 진리의 성령으로서, 그분이 오면 그분이 바로 예수 자신을 증거하게 된다.[55] 그리스도에 대해서는 일찍이 사도 바울이 증거했고, 수많은 신앙과 신학자들이 증거했으며, 최종적으로는 재림주를 증거하므로 확증될 것인데, 이런 일련의 과정을 주도하고 완수할 분이 바로 아버지로부터 나오시는 진리의 성령이다. 이로써 길과 보혜사와의 관계가 분명해진다. 길은 재림의 길을 예비하는 사명을 지녔다고 했는데, 지침 된 보혜사도 재림주를 증거하는 것이 사명이므로 길과 보혜사는 목적 면에서 일치한다. 보혜사의 소재가 아버지에게 속한 점과 길을 인도한 주체 의지가 하나님에게 속한 점 역시 동일하다. 보혜사가 진리의 성령인 점과 길이 하나님을 거의 전능한 지혜의 형태로 현현시킨 것도 일치한다. 그래서 일차적인 판단으로서 길=보혜사란 사실을 확증한다.

다음은 보혜사 성령이 강림하므로 이루게 될 장래 일에 대해 밝혔다.

> "내가 떠나가지 아니하면 보혜사가 너희에게로 오시지 아니할 것이요, 가면 내가 그를 너희에게로 보내리니 그가 와서 罪에 대하여, 義에 대하여, 심판에 대하여 세상을 책망하시리라."[56]

---

54) 요한복음, 15장 26절.

55) 보혜사가 강림해야 재림 역사가 출발되고 길을 예비할 수 있게 됨.

56) 요한복음, 16장 7~8절.

"내가 너희에게 실상을 말하노니 내가 떠나가는 것이 너희에게 유익이라."[57] 왜냐하면 예수가 떠나므로 보혜사가 올 수 있고, 또 아버지께 요청할 수 있다. 그리고 '그'가 곧 하나님이 세운 '길'이다. 보혜사와 길은 하나님이 보낸 바이고 뜻을 대변한 神적 의지이므로 결국은 하나님과 같다. 보혜사가 존칭된 것은 하나님은 하나님인데 모습이 변용된 하나님이기 때문이다. 섭리상 창조 목적을 달성하기 위해서는 어떤 경우에도 보혜사가 진리의 성령으로서 현현되어야 하고, 현현되면 예수가 한 약속이 실현된다. 그(보혜사)가 罪와 義와 심판에 대해서 책망하는 절차에 돌입하면(최후 심판) 만인은 비로소 길이 재림의 길을 예비한 사실을 인정하게 된다. 명실상부하게 길이 세상의 罪와 義와 심판에 대해서 책망할 체제를 갖추게 되리라(길을 예비함). 지상 강림 역사를 온전히 증거하고 나면 세상은 정말 두려운 심판 국면으로 돌입하게 된다.

> "내가 아직도 너희에게 이를 것이 많으나 지금은 너희가 감당치 못하리라. 그러하나 진리의 성령이 오시면 그가 너희를 모든 진리 가운데로 인도하시리니, 그가 자의로 말하지 않고 오직 듣는 것을 말하시며 장래 일을 너희에게 알리시리라. 그가 내 영광을 나타내리니, 내 것을 가지고 너희에게 알리겠음이니라."[58]

그리스도는 인류의 죄악을 대속하기 위해 십자가에 못 박혔지만 그럼에도 불구하고 못 다한 구원 사역 부분을 유업으로 남겼는데, 그것은 당시의 시대가 가진 한계성 때문이기도 하다. 따라서 진리의 성령이 오시면 그때 비로소 세계 인류가 모든 진리 가운데로 인도될 것이라고 했다. 이처럼 그가 진리의 성령으로 와서 해야 할 일을 길

57) 요한복음, 16장 7절.

58) 요한복음, 16장 12~14절.

이 사명을 자각하여 달성한 것이므로, 길의 역사를 살피면 강림한 하나님이 진리의 성령이란 사실을 알게 된다. 인류를 모든 진리 가운데로 인도하리라 한 약속을 이루기 위하여 창조된 본의를 밝혔고, 세계의 핵심 본질을 드러내었으며, 사분오열된 진리 세계를 통합했다. 그런데도 길은 아직 세상에 대해 고할 일들에 대해 자중하고 있다. 하나님과 관련한 역사를 이해할 수 없다면 길이 선포할 장래 역사에 대한 비전도 아무 의미가 없다. 언젠가는 인류가 맞이할 역사일진대 길이 밝힌 메시지는 정말 자의로 말한 것이 아니고 하나님이 열방에 대하여 고하라고 한 말씀인 것을 인정해야 한다. 그리하면 재림 역사를 영광으로 맞이할 수 있다. 모든 역사는 보혜사(그분)가 이룬 것이고, 보혜사는 예수가 보내리라고 한 그분인 것이 맞다. 보내어졌지만 본래는 내 것, 그러니까 예수 그리스도를 다시 맞이하기 위해 이룬 역사이다(재림 역사).

어떤 사람이 자서전을 썼다면 그 책에서 말하고 있는 사람의 주인공은 저자 자신이다. 강림한 보혜사도 길이 하나님으로부터 세워진 것이란 사실을 깨달은 순간 모든 면에서 조건이 일치된다는 사실을 알게 된다. 예수도 이와 같은 순간이 오기를 얼마나 기다렸겠는가만, 길도 보혜사를 현현시키기까지는 숱한 역사를 겪어야 했다. '진리 통합의 완수 위에 드러난 보혜사 성령의 실체'는 한순간에 이룬 통찰이 아니다. 전 인생을 투신한 엄정한 과정을 거쳤다. 보혜사를 하나님으로서 드러내기까지 본질을 양성하였고 감응된 뜻을 부단하게 수용하였다. 그래서 이전까지는 길=보혜사인 사실을 밝힌 작업이었고, 이제부터는 보혜사=길=진리의 성령인 사실을 밝히기 위해 집중적으로 논거를 펼치리라. 즉 길이 보혜사의 존재 속성인 진리의 성령이란 것을 알기 위해서는 본인이 하나님과 이룬 교감 과정부터 추적해야 한다. 우리는 사물과 현상을 관찰해서 일정한 법칙을 발견하고 원리성을 인출한다. 그런데 여기에 더하여 섭리된 뜻까지 간파할 수 있다면 여기에는 분명 진리의 성령이 임재한 것이다. 이런 임재 역사를 인격적인 실체로서 조우하지 못한 동양에서는 인과보응된 이치를 통해 감지하기도 하였으며, 주어진 결과를 하늘의 뜻으로 받아들였다. 하늘은 인간의 다양한 행위와 쏟은 정성에 대해서 상응한 반응을 나타낸다고 믿었으며, 인과 결과를 확인할진대 天人간은 정말 교감된 것이 맞다. 이런 감응 사상은 매우 장구한 시간에 걸쳐서, 일반 백성들에게까지 영향을 끼친 이론인데도 불구하고(중국)[59] 작용을 일으킨 주체 의지는 밝히지 못했다. 하늘은 여전히 막연한 대상이며 감응한 것은 자신이 일으킨 행위가 원인인 것으로 이해했다. 어떤 구체적인 존재성을 지닌 경험적 대상이 아니고 단순한 인식의 대상으로 여겼다.[60] 반면에 길은 감응된 원인과 과정과 결과를 연결시켜서 추적할 수 있도록 기록을 남긴 관계로 과정을 살피면 역사된 주체 대상이 보혜사 성령이라는 것을 알게 된다. 하나님이 길을 통해 이룬 성령의 역사는 역사된 주체자를 추적할 수 있는 궁극적 작용력이다.

어느 날 한 학생이 정이(程頤)에게 "착한 자에게는 福을 주고 악한 자에게는 재앙을 내린다는 것에 대하여 어떻게 생각하십니까"라고 묻자 정이는, "그것은 자연의 이치이다. 착하면 福이 있을 것이고 惡하면 재앙이 있을 것이다." "그렇다면 天道란 무엇입니까?" "그것은 理일 뿐이다. 理가 바로 天道이다"라고 대답하였다(二程遺書).[61] 교감

59) 『천인관계론』, 풍우 저, 김갑수 역, 신지서원, 1993, p.51.

60) 「동양 천관념의 종교학적 연구」, 정한균 저, 원광대학교대학원 불교학과 석사학위논문, 1994, p.54.

61) "북송 시대의 정호와 정이 형제는 정통적인 정주리학의 진정한 창립자들이다." – 『천인관계론』, 앞의 책, p.83.

하므로 주어진 감동과 응답은 '하늘이 인간의 행위를 감찰한 뒤에 일련의 자연 현상을 통해 의지를 나타낸' 것이지만,[62] 그것은 주관적인 판단일 뿐, 천지가 응답한 것이란 사실은 확인할 수 없다. 하지만 길의 전후 과정을 살피면 시공을 초월한 하나님의 실체 의지를 분간해 낼 수 있다. 길의 인식이 지혜로 전환된 것은 하나님이 진리의 성령으로서 수놓은 생명력이다. 보혜사가 일깨운 교감 방식은 동양인들이 자각한 천지감응 방식과 차이가 있다.

> "예수께서 길 가실 때에 날 때부터 소경된 사람을 보신지라 제자들이 물어 가로되 랍비여, 이 사람이 소경으로 난 것이 뉘 죄로 인함이오니이까? 자기오니이까, 그 부모오니까? 예수께서 대답하시되, 이 사람이나 그 부모가 죄를 범한 것이 아니라 그에게서 하나님의 하시는 일을 나타내고자 하심이니라."[63]

이것은 1983년, 군 복무 당시 본인이 근무한 부대에서 발생한 한 사건을 통해 부족한 이 자식을 불러 준 하나님의 음성으로 들은 말씀이다. 정황상으로는 제자가 의문을 품고 예수께 질문한 내용이므로 더 무엇을 판단할 것이 있겠는가만, 본인은 하나님께서 이 자식을 불러 준 음성으로 들었는데, 이것이 곧 길이 가진 특별한 교감 방식이고, 진리의 성령이 일깨워 준 역사 방식이다. 샤만이 특수한 정신 능력을 가지고 정령과 대화를 나눈 교신 행위와도 성격이 다르다. 아무런 간구와 행위도 없었는데 역사가 일어났다면 마음에 일어난 큰 파도가 없었겠지만 품은 의문과 뜻이 구조적으로 말씀과 일치된 상황에 직면하게 되므로 하나님이 불러 준 말씀이란 것을 거부할 수 없었다. 치밀하게 의도된 성령의 역사이다. 때와 장소를 가리지

62) 위의 책, p.66.

63) 요한복음, 9장 1~3절.

않은 교감 역사는 실로 광범위한 것이었다.

> 인간 존재의 온유함을 느낄 때 神은 가까웠나니……. / 영원히 인자하신 분, 그분의 인간적 실체를 느끼다. / 神의 고뇌를 계시받다. / 神의 의지를 깨닫다. / 인간의 세계의식과 합치되는 것, 그것이 곧 神의 의식이다. / 보라, 하나님은 의롭다 하신 이를 이기게 하시나니, 말씀으로 이룬 세상은 그것이 바로 천국이라. 내가 하나님과 主 예수 그리스도를 믿음으로 말하노니, 모든 것은 뜻이니라. 모든 것은 뜻이니라. / 만유의 현상이 모두 하나님의 뜻일진대, 그 뜻으로 주신 큰 은혜를 단지 우연의 소치로 돌려버릴 것인가? / 하나님은 그분의 존재성을 인식할 수 있는 길을 주셨으니, 그것은 곧 인지함이라. 우리는 하나님을 인식할 수 있는 능력을 사고력을 통하여 부여받았다.

인간이 하나님을 인식할 수 있는 것은 하나님의 뜻을 받드는 것이고, 뜻과 통하면 하나님을 인식할 수 있다.[64] 구약 시대에는 하나님이 인간에게 직접 말씀하셨지만 오늘날은 길의 과정을 통해 역사한 보혜사를 통해 드러내었고, 보혜사는 만유의 운행 질서를 수단으로 삼아 뜻을 전달하였다. 보혜사가 진리의 성령으로서 현현되기 이전에는 길과 보혜사가 분리되어 있었지만, 실체가 규명된 이후부터는 일치되어 온전히 神意를 대변할 수 있다. 길이 일군 뜻이 곧바로 神의 뜻은 아니지만, 인도받고 세워진 관계로 神의 뜻을 나타낼 수 있다. 길과 보혜사가 본질 면에서 일치되므로 하나님의 형상을 전능한 지혜 형태로 형상화시켰다. 하나님은 떼려야 뗄 수 없는 피조체와의 교감 작용을 통하여 강림하였다. 길이 이룬 역사를 발판으로 성령의 역사 작용을 원리화시켰다. 그러므로 길=보혜사라고 한 주장을 당장은 이해하기 어렵겠지만 보혜사는 정녕 이 땅에 강림한, 향후의

64) 하나님의 본질 안에 있는 작용을 통해서임.

세계를 주도할 하나님이다. 인류가 끝내 받들지 않을 수 없게 될 보편적 神이다.

3. 보혜사=성령 증거

보혜사는 진리의 성령으로서 하나님으로부터 나온 것이지만 오늘날 강림한 것은 예수 그리스도가 보내마고 한 약속에 근거했다. "예수는 세상을 떠나야 할 때가 가까 왔을 때 슬퍼하는 제자들을 향하여 내가 가서 너희를 위해서 보혜사를 보내 주겠다고 했다."[65][66] 그리고 승천하는 순간에도 '너희가 기다리면 성령이 임하여 권능을 받고 나의 증인이 되리라'고 했는데, 여기서의 성령은 보혜사와 어떤 차이가 있는가? 구약 시대에도 하나님은 형상을 구체적으로 나타내지 않아 인류 중 누구라도 역사된 형태를 정확하게 묘사하지 못했다. "성경에 근거하면 성령은 거룩한 영으로서 제3位로서의 위격을 갖춘 하나님이며, 인격을 가지고 인간과의 관계를 유지하고, 인류를 구원하고자 한 경륜을 이루기 위해 약속의 영으로 강림한 바 되었다."[67] 신학자들도 나누어진 3位는 결국 일체, 즉 하나라고 했다. 성부=성자=성령이다. 이 연구에서도 3位는 동일체로서 통합적인 특성을 지닌 본체이지만 단지 세상 위에 임하면서 존재 형태를 달리한 것으로 이해했다.

이런 맥락에서 본다면 그리스도가 보내리라고 한 진리의 성령과 초대 교회 역사를 일으킨 약속의 영은[68] 모두 제3位인 성령에 해당

---

65) 『기독교 사상』, 종교교재편찬위원회, 계명대학교출판부, 1984, p.184.

66) 요한복음, 14장 16절, 26절. 15장 26절.

67) 『성령론』, 신동혁 저, 대한예수교장로회총회출판국, 1990, p.7.

68) 사도행전, 1장 4절. 에베소서, 1장 13절.

한다. 그중 승천 이후 올 것이라고 한 약속의 영은 정말 "정한 때(오순절) 강림하므로 인류를 죄악으로부터 구원한 경륜을 펼쳤다. 사도행전 2장 1~4절에서는 약속의 영이 강림한 역사적 사실을 상세하게 기록하였다."[69] 그렇다면 보혜사는? 보혜사가 진리의 성령으로서 강림한 기록은 성경 어디에도 없다. 그렇다면? 성부, 성자 시대에 활동한 성령은 그 본질은 동일하지만(삼위일체) 세상 위에서 이룬 역사 형태가 달랐다는 사실을 알아야 한다. 즉 하나님의 성령은 하나님의 성령이고(엡, 4: 40)[70] 예수의 영은 예수의 영이듯(행, 18: 7),[71] 약속의 성령(행, 1: 4, 엡, 1: 13)과 보내마고 한 진리의 성령(요, 15: 26),[72] 그러니까 또 다른 보혜사(요, 14: 16)는 강림한 목적이 각각 다르다. 다시 말해 성령은 영원 전부터 역사하였지만, 성부의 시대에는 형상 없는 하나님을 대변하였고(하나님의 성령), 성자의 시대에는 예수 그리스도가 인류의 죄악을 대속할 수 있도록 역사했으며(예수의 성령), 오순절날 강림한 약속의 영은 예수의 약속을 실현한 증인이 된 성령이다. 그래서 지상에서 놀라운 초기 선교 역사가 일어났거니와, 기독교가 지상 교회를 세워 하나님의 구원 섭리를 계승하게 된 것은 약속의 성령이 강림한 것이 주된 원천이다.

그렇다면 진리의 성령은? 이 성령은 성자의 시대를 이천 년 동안 지탱시킨 약속의 영과 달리 오늘날에 이르러 비로소 진리의 전모자로 모습을 드러낸 보혜사 하나님이다. 기록되길 "내가 아버지께 구하겠으니 그가 또 다른 보혜사를 너희에게 주사 영원토록 너희와 함께 있게 하시리라(요, 14: 16)." 즉 또 다른 보혜사로서 구분한 것은

---

69) 『성령론』, 앞의 책, p.25, 30.

70) 아버지의 성령(마, 10: 20) 또는 여호와의 神(사, 61: 1. 마, 3: 8).

71) 그리스도의 영(롬, 8: 9). 그 아들의 영(갈, 4: 6).

72) 또는 진리의 영(요, 14: 17).

여느 성령과는 다르다는 뜻이다.

> "저는 진리의 영이라 세상은 능히 저를 받지 못하나니 이는 저를 보지도 못하고 알지도 못함이라. 그러나 너희는 저를 아나니 저는 너희와 함께 거하심이요 또 너희 속에 계시겠음이라……. 그날에는 내가 아버지 안에, 너희가 내 안에, 내가 너희 안에 있는 것을 너희가 알리라(요, 14: 17, 20)."

진리의 영이 인간 된 본질과 함께하고 세상과 함께하고 계신데도 그 깊은 뜻을 누가 알 수 있겠는가만, 그럼에도 불구하고 하나님은 연면하게 거하여 계시다. 보혜사가 거한 처소가 인간 된 본질이고 길과 함께한 데 대한 선견이다.[73] 길=보혜사=성령에 대한 논거 천명이다. 길의 성립 사실과 보혜사가 임한 존재 조건이 일치한다. 보혜사가 길을 통해 역사하므로 '내가 아버지 안에, 너희가 내 안에, 내가 너희 안에'라고 한 말씀을 확인할 수 있다. "보혜사 곧 아버지께서 내 이름으로 보내실 성령, 그가 너희에게 모든 것을 가르치시고 내가 너희에게 말한 모든 것을 생각나게 하시리라"고 한 말씀이 지금 이 순간 모든 것을 가르치고 생각나게 하고 있다는 것을 누가 알았겠는가? 성령이 하나님으로부터 나온 것은 모두 같지만 부여받은 사명과 강림한 때와 역할이 구분된 것은 보혜사가 이전과는 전혀 다른 하나님으로 현현된 것이다.

하나님이 구약의 시대에 전권적으로 역사하였을 때는 성령의 활동 방식에 차이가 있었다. "하나님은 간접적인 표시로 임재한 사실을 나타내었는데 불과 연기 가운데,[74] 폭풍 가운데,[75] 미세한 바람

---

73) 神人合一지경인 길의 역사를 예견함.

74) 창세기, 15장 17절. 출애굽기, 3장 2절, 19장 9절, 16절 이하, 33장 9절. 시편, 78장 14절, 99장 7절.

75) 욥기, 38장 1절, 40장 6절. 시편, 18장 10~16절.

가운데서[76] 영광을 나타냈다."[77] 이런 표시도 "물론 하나님에 대해 어느 정도는 믿을 만한 지식을 제공하지만, 神이 존재한 사실을 확실하게 증거할 수 있는 표시는 아니다. 벧엘의 돌, 사막에 나타난 불기둥과 구름 기둥, 시내산에서 있은 우레소리, 성막에 나타난 영광의 구름, 언약궤 등도 神의 임재에 대한 표적과 보증이긴 하나, 그것이 하나님의 본체적인 모습은 아니다. 구약은 하나님에 대해 완전한 계시를 가지고 있지 않다."[78] 하지만 길을 통해 역사한 보혜사 성령은 그렇지 않다. 진리의 성령은 창조 이래의 인류 역사를 주관한 하나님이다. 표적과 보증들이 부분적인 것처럼 길로서 일군 하나님의 뜻도 부분성은 있지만, 긴밀한 네트워크 체제(섭리)를 갖춤으로써 보혜사로서 몸 된 모습을 구성할 수 있었다. "모세는 하나님의 영광이 지나고 나서야 볼 수 있었고, 선지자도 이상 중에서만 하나님을 뵈었다."[79] 모습을 온전히 본 사람이 없으므로 보혜사가 본체를 직접 드러내기 위해 의도적으로 역사를 펼쳤다. "성령의 활동이 성육한 예수 그리스도를 통하여 그분 안에 神性의 모든 충만을 육체로 거하게 한 것은(골, 1: 19, 2: 9) 신현의 최고점"이다.[80] 안타깝게도 하나님이 이루고자 한 뜻과 의지와 행위의 결과인데도 하나님과 직접 연결시키지는 못했다. 그래서 믿음이 필요했다. "성자가 세례를 받을 때 성부는 하늘에서 말씀하시고 성령은 비둘기 모양으로 내려오셨다(마, 3: 16)."[81] 하지만 그렇게 임재한 모습은 너무 단도직입적이다. 오순절날 약속의 성령이 강림한 상황도 여건은 같다. "홀연히 하

---

76) 열왕기상, 19장 12절.

77) 『벌코프 조직신학(상)』, 루이스 벌코프 저, 권수경·이상원 역, 크리스찬다이제스트, 1998, p.145.

78) 『개혁주의 신론』, 헤르만 바빙크 저, 이승구 역, 기독교문서선교회, 1992, p.17.

79) 위의 책, p.134.

80) 『벌코프 조직신학(상)』, 앞의 책, p.145.

81) 위의 책, p.284.

늘로부터 급하고 강한 바람 같은 소리가 있어 저희 앉은 온 집에 가득하며, 불의 혀같이 갈라지는 것이 저희에게 보여 각 사람 위에 임하여 있더니 저희가 다 성령의 충만함을 받고 성령이 말하게 하심을 따라 다른 방언으로 말하기를 시작하니라."[82] 성령으로 충만되므로 방언으로 말한 표징까지 있었지만 불의 혀같이 임한 성령의 모습은 가늠할 길이 어디에도 없다.

하지만 보혜사는 길을 인도한 뜻과 의지를 천명해 놓은 상태이므로 만인은 이것을 기준으로 일체 사실을 견주어 판단할 수 있다. 구약 시대에 선지자들이 계시를 받은 형태는 일방적인 체제였다. 하나님이 말씀한 것으로 묘사하기는 했지만 객관적으로 확인할 근거는 어디에도 없다. 하지만 보혜사가 진리의 성령으로서 역사하여 세운 길은 일체 근거를 공유할 수 있다. 성령의 역사는 지적인 사유만으로는 이해할 수 없다. 神은 인간이 깊이 사유한다고 해서 증거되는 대상이 아니다.[83] 하나님은 역사를 통해 스스로 존재한 사실을 알려주시는데, 그 역할을 담당한 것이 진리의 성령이다. 그래서 오늘날 강림한 보혜사는 성부의 전속령도 아니고 성자만의 유일영도 아니며 오순절날 강림한 약속의 영은 더더욱 아니다. 오늘날 이 땅에 새로운 모습으로 나타나 새로운 사명과 권능과 구원 사역을 담당한 진리의 성령이다. 보혜사는 이 시대에 진리로서 모습을 드러낸 하나님이고 구약 시대 때부터 활동한 하나님의 전 속성을 완성시킨 통합령이다. 3位를 일체시키고, 3位를 내포하고, 천지를 통괄한 만유의 영이다. 그래서 보혜사는 3位를 모두 증거할 수 있는 활동 영역을 확보하였다. 이 같은 보혜사가 오늘날 강림한 이유는 멸망에 처한 인

---

82) 사도행전, 2장 2~4절.

83) 『불교의 공과 하나님』, 한스 발덴펠스 저, 김승철 역, 대원정사, 1993, p.105.

류를 구하고 엄밀한 재림 사역을 감당하기 위해서이다. 보혜사는 그리스도를 떠나서는 한순간도 존재할 수 없나니, 이 연구가 지상 강림 역사를 증거하는 것도 재림 사역과 연관이 있다. 그만큼 지상 강림 역사는 인류의 장래를 위하여 확실하게 증거되어야 한다.[84]

길을 인도한 보혜사는 이전에 역사한 성령과 구분된 진리의 성령인 것이 분명할진대, 그렇다면 보혜사는 어떤 과정을 거쳐 3位와 만유를 통괄한 통합령이 될 수 있었는가?[85] 그것은 시공과 만유의 현상을 주재한 권능을 발휘함으로써이다. 진리의 성령은 다른 성령들이 활동한 것과는 차이가 있다. 예를 들어 어거스틴(아우구스티누스)은 고백한 바 중대한 인생 문제로 고민하고 있었는데, 동네 아이들이 부른 동요 속에서 '펴 보아라 펴 보아라' 하는 소리를 듣고 성경을 펼쳐 보니 '빛의 갑옷을 입어라(롬, 13: 11)'란 말씀을 접하였다. 이것을 계기로 깨달음을 얻고 새사람으로 거듭난 변화를 겪었는데, 그렇더라도 하나님은 어디서도 볼 수 없다. 하나님이 모세 앞에 섰던 것처럼 임재하지 않았다. 정황은 불확실하지만 그래도 어거스틴은 참회하고 새사람이 되었다. 한 영혼이 구원을 얻은 사건이지만 객관적인 근거는 어디에도 없다. 어거스틴이 개인적으로 이룬 신념의 결단이고 하나님으로부터 얻은 구원의 은혜이다. 하지만 진리의 성령이 강림한 지금은 조건이 호전되었다. 보혜사는 만유의 작용력을 근거로 역사를 펼침으로써 이전의 시대와는 차이가 분명하다. 성경이 정경화된 다음부터는 어떤 역사가 일어나더라도 내용이 더 첨가될 수 없는 상황이지만, 그래도 하나님은 역사하고 계시므로 폐쇄된 무대의 뒤에서 역사의 숨결을 이어 온 분이 보혜사이다.[86] 하나

---

84) 강림한 하나님을 영접할 수 없는 인류는 그 대상이 무엇이든 재림 역사를 맞이할 수 없다. 그런 의미에서 지상 강림 역사는 재림의 길을 예비하는 사역 절차인 것을 벗어날 수 없다.

85) 삼위일체=통합령인데, 이런 하나님을 이전에는 인류가 볼 수 없었음.

님이 성령으로서 강림한 관계로 이후의 역사 방식은 당연히 진리의 영이 주재해야 한다. 보혜사는 미래의 신앙 역사를 창도할 주재령이다. 보혜사는 창조 때부터 인류 역사를 주관한 창조주적 본령을 대변한다. 본령이므로 성령답게 마땅히 시공을 주재한 본의를 밝힐 수 있다.[87] 창조령으로서 길을 통하여 지상 강림 역사를 증거할 수 있는 세 기둥을 세우게 되었다.

> 하나님은 시공을 주도하므로 그 뜻에 따라 나타나심이 가능하다. / 하나님을 제 마음속에 두지 않은 불손한 자들은 모든 사물의 현상이 무의미하나 하나님을 추종한 믿음 된 자녀들의 마음은 섬세하여 하나님의 숨결과 그 호흡하심을 느끼나이다. / 하나님이 장차 될 일을 미리 보이심은 나로 하여금 세상일을 무관히 여기지 않게 하고, 다 하나님의 뜻임을 깨우치게 하며, 아버지가 함께하심을 증거하기 위함이라. / 나는 神의 존재를 인식하려고 노력할 뿐이고, 그렇게 한 나에게 神의 실체를 인식시켜 준 것은 시공을 주재한 하나님의 뜻에 의해서이다. / 길은 자신의 본질을 추구하므로 神의 품성을 발견할 수 있다는 사실을 밝히려 한다. / 인간의 의식이 분열되는 것과 하나님의 계시를 받드는 것은 엄연히 시공의 분열 질서와 리듬 위에서 작용되는 현상이므로, 이를 형상화시킨 길의 진리는 확고한 증명의 기반 위에 설 수 있다. / 하나님이 이 우주 간 어디도 아닌 내면의 의식 가운데서 역사한 것은 하나님이 창조주인 것을 입증한다.

하나님이 엄밀한 시공의 운행 질서를 주재하여 계시한 것은 만유의 통합령인 진리의 성령으로서 이룬 역사이다. 3位를 통괄하고 만유를 통합한 보혜사는 전권을 행사할 미래의 하나님이고 3位를 증거할 완전한 하나님이며 이 시대에 강림하여 새 예루살렘을 건설할 영광의 하나님이다.

---

86) 성령의 기록은 마감되었지만 성령의 역사까지 마감된 것은 아님.

87) 보혜사는 인류 역사를 주관한 섭리 뜻을 밝힘으로 증거됨.

4. 성령=하나님 증거

하나님은 어떤 분인가? 살아 계신 분인가? 이런 의문은 하나님을 증거하고자 한다면 반드시 풀어야 한다. 하나님은 정말 무엇인가? 하나님의 본체는? 이것은 선지자, 사색을 깊이 한 철학자, 학식이 출중한 신학자라도 그들이 쌓은 경험과 알고 있는 지식만으로는 해결할 수 없는, 하나님이 직접 밝혀야 하는 문제이다. 각 영역에 걸쳐 탐구한 지성들이 하나님에 대해 정의 내리지 않은 것은 아니나 본체를 보지 못한 관계로 관념적인 논거에 그치고 말았다. 펼쳐놓은 제반 신론들이 그러하다. 그렇지만 길은 이와 다르다. 합당한 실체를 제시할 수 있다. 근거는 물론이고 본체도 뒷받침할 수 있다.

본체를 규명할 수 있다면 그것은 정말 하나님이 길 위에 임한 것이고, 진리의 성령이 강림한 증거가 된다. 이르심과 일깨움을 통해 성령다운 모습을 드러낸다. 창조주는 창조한 모든 것을 알고 있는데, 그런 사실을 직접 밝혔다는 것은 자체의 존재성을 드러낸 것과 같다. 이런 활동을 주재한 분이 곧 진리의 성령이다. 하나님이 무엇이라고 정의 내려도 본체를 드러내지 못하면 탁상공론이 되어 버리므로, 이런 현상을 막기 위해 길이 합당한 역사를 펼쳤다. 하나님은 다양한 형태로 현현되었거니와, 보혜사도 그중 한 사례에 포함된다. 단지 시대적인 여건상 주어진 역할과 현현 목적이 달랐을 뿐이다. 하지만 성령의 활동은 모두 하나님이 일으킨 작용으로서 언제든지 하나님을 대신할 수 있다. 성령의 임함에는 당연히 하나님의 뜻이 포함된다. 성부와 성자의 시대를 주도하여 기독교인들에 의해서 3位 동격이란 지위까지 얻었다. 마태복음 3장 16~17절에서는 동시에 함께 거하였고,[88] 마태복음 28장 19절에서는 동열(同列)에 두었으며,[89] 고린도 후서 13장 13절에서는 권능과 영광의 실체로서 각 位의 역사에 대해 축복을 기원하였다.[90] 그러나 각 位로 머문 상태로는 하나님다운 권능과 영광과 주재권을 행사할 수 없다. 본질적으로는 동일하지만 본체를 완성시킬 수 없다. 완성하기 위해서는 실로 세계적인 역사가 따라야 하므로, 이런 조건을 충족시킬 수 있도록 진리의 성령으로 강림하였다.

그리하여 오늘날 현현된 보혜사 성령은 이날 이 순간까지 세계 역사를 주도하였고, 본체를 진리로서 형상화시킨 하나님이다. 인류는 이 땅 위에 얼마나 많은 神像을 쌓아 올렸던가? 얼마나 많은 의문을 가지고 뵈옵길 앙망했던가? 그런데 드디어 이 연구가 강림한 하나님을 증거할 수 있게 되었다. 이 같은 결과는 하나님이 길을 인도하여 얻게 된 통찰 관점이다. 하나님의 존재성, 접근한 인식 방법, 본성·속성·세계적인 본질을 두루 밝혔다. 창조, 삼라만상, 神의 존재 방식, 강림한 본체는 만유에 공통되고 두루 관통된다. 창조를 실현시킨 바탕체로서 무한한 생명력을 지닌다. 성경에서 묘사된 것도 그러하고 세계의 바탕 된 본질도 그러하며 길을 인도한 역사 의지도 그러한, 하나님의 본체는 바로 성령이다. 성령이 하나님의 본체이다. 이전에는 역사가 완수되지 못해 판단할 수 없었지만, 이제는 강림 역사를 완수하므로 일체를 판단할 수 있다.

성령은 하나님인데 이것은 삼위일체론에서도 규정한 바 있고, 신앙인이면 누구나 고백하고 있는 사실이다. 하지만 무수한 과정을 거

---

88) 예수 그리스도가 세례를 받을 때 삼위일체의 실체가 동시에 명확하게 드러난 바가 되었다. 그리스도가 있고 성부 하나님의 음성이 하늘로부터 들리기를, "이는 내 사랑하는 아들이요 내 기뻐하는 자라(마, 3: 17)"고 하였으며, 성령이 그리스도 위에 비둘기 형상으로 강림하였다.-『성령론』, 앞의 책, p.12.

89) 아버지와 아들과 성령의 이름으로 세례를 주라고 한 것은 예수님이 열한 제자들에게 한 최후 분부이었다.-위의 책, p.12.

90) "主 예수 그리스도의 은혜와 하나님의 사랑과 성령의 교통하심이 너희 무리와 함께 있을지어다."

친 이후 다시 성령인 것으로 결론을 내린 것은 세계적인 본질을 통섭한 결과론적 판단이다. 보혜사 성령은 과거에 각 位로서 활동했던 성령과는 차이가 있다. 보혜사는 3位의 분열을 주도한 성령인 동시에 3位를 통합하는 역사를 주도한 성령이다. 천지 역사까지 주재 영역에 포함한 창조 본령이다. 하나님의 본체자로 드러난 완전한 존재령이다. 일체 역사를 주재한 주체령이고 시공을 초월함과 동시에 내재한 본체령이다. 인간과 만물을 영으로서 통괄하였다. 성부도 영의 형태로 믿음의 역사를 이끌었고, 성자도 영의 인도를 받아 인류의 죄악을 대속한 구원 사역을 완수했다. 나아가 성령은 예수가 부재(부활, 승천) 중인 가운데서도 지상 교회를 세워 하나님의 섭리 맥락을 이었다. 성령으로서 연면하게 역사하였는데도 인류가 하나님을 알지 못한 것은, 하나님 자체가 섭리 역사를 완수하지 못해서이다. 그래서 때가 되므로 하나님이 신령한 성령으로 직접 임하여 지상 강림 역사를 완수하였고, 인류가 비로소 하나님을 맞이하게 되었다. 보혜사는 진리의 본체자로서 창조된 본의를 계시하였다. 이전에는 만유 안에서 전권을 행사하는 데 제약이 있었지만, 이제는 창조 주권을 발휘할 수 있다. 이전에는 성령이 교회의 귀 있는 자들에게만 말씀하였지만[91] 이제는 만유를 향해 터놓고 계시할 수 있다.

인류가 누천년 세월에 걸쳐 숭앙했던 장엄한 진리의 본체자, 그분이 보혜사로서 현현된 진리의 성령이며, 이 시대에 이 땅에 강림한 하나님이다. 창조된 비밀을 밝히기 위해서 성령이 본체자로 현현되어야 했다. 만유를 이룬 창조주로서 모습을 구성하기 위해서는 성령이 길을 통해 역사해야 했다. 진리의 성령=하나님인 결정적인 근거는 하나님이 뜻으로 천지를 창조했고, 그 뜻이 만유를 있게 한 구성

---

91) “귀 있는 자는 성령이 교회들에게 하시는 말씀을 들을지어다.” – 요한계시록, 3장 13절.

요소로서 진리화된 데 있다. 하나님의 존재 의지(성령)가 만유를 구성한 진리를 통하여 몸 된 모습을 완성한 것이니, 이런 성업을 이룬 주체령이 곧 강림한 보혜사이다.

5. 하나님=길 증거

하나님이 존재한 사실을 증거하기 위해서는 길의 본질을 밝혀야 했는데, 길이 하나님의 역사 의지를 대변한 神적 본질인 사실에 대해서는 이미 밝힌 바 있다. 하나님은 길을 인도한 주체 의지로서 길=하나님이다. 그렇다면 그 반대인 하나님=길도 성립이 가능하다. 길은 하나님의 존재 의지를 전능한 지혜의 형태로 수놓은 진리이고, 길을 통해 역사된 두려움의 실체가 보혜사 성령이란 사실은 이미 공언한 바 있다. 그렇다면 길은 정말 하나님다운 본질을 지니고 있어야 한다. 인간은 하나님이 될 수 없지만 세워진 길은 하나님화되기 위해 다양하게 의지를 대변한 역사를 수행하였다. 성령으로 인도된 수없는 발자취를 남겼다. 그렇게 해서 인출하게 된 것이 바로 길을 통해 드러난 의지 작용이다. 이것을 근거로 길이 하나님의 존재성을 부각시켜 몸 된 모습을 완성했다.

> 내 마음과 마음을 다하여 하나님이 인도하시는 이 하나하나의 성스러운 길을 완성하자. / 하나님의 인도하심이 없는 길을 나는 걸을 수 없다. 하나님, 저는 뉘이오니까? 왜 저에게 이 같은 능력을 주시며 저의 길을 아버지께서 인도하시나이까? / 이전에는 선지자나 사도를 통해 길을 예비하였지만 이제는 살아 계신 아버지께서 직접 인도하시다. / 하나님이 이 길을 인도해 주시므로 한 인간이 걸어온 인생의 과정은 자체가 하나님께 이르는 진리의 과정이 되다. / 길의 과정 속에서는 누구라도 다 인지할 수 있는 거의 전능에 가까운 지혜의 충족을 이루었으며, 이것은 하나님께서 이룬 참

> 다운 모습 자체이다. / 길을 보는 것은 그대로 전능한 하나님의 모습을 보는 것이며, 하나님을 다른 어디서도 찾을 수 없는 것은 하나님이 바로 우리들의 본질과 함께해서이다. / 하나님의 형상이 길의 본질 가운데 투영됨으로 길은 하나님의 의지를 대변한다. 살아 계신 하나님의 뜻으로 인도된 길이 진리화됨으로, 하나님은 일찍이 인류가 인지하지 못한 새로운 모습으로 세상 가운데 드러나리라. / 길의 전반적인 과정 속에서 나타난 절대적인 의식의 추구와 이로써 고백된 숱한 고뇌는 차마 두려움의 의식을 거부할 수 없는 인간적인 독백이었다. 그러나 그 두려움의 실체가 진리 통합의 과정을 통하여 보혜사 성령이란 하나님으로 밝혀졌다.

본인이 하나님의 살아 계신 숨결을 느낀 것은 길을 통해서이다. 단지 하나님의 의지가 완전하게 분열되지 못한 추구 도상에서는 길=하나님이고 하나님=길이란 사실을 결론 내릴 수 없었다. 그렇지만 나중에 길의 본질을 알게 된 결과적인 관점에서 하나님=길인 사실을 확신하게 된 것은 하나님이 길을 통하여 역사 의지를 분열시킨 데 있다. 하나님은 형체가 없지만 길을 인도하고 세운 의지는 존재자로서 근거를 남긴다. 하나님의 존재 본질이 결국은 뜻이고 의지라는 점은 이미 지적한 바 있지만, 그런 실체 의지가 발현되는 과정에서 세상 위에 다양한 형태로 나타났던 것이다.[92] 그중에서도 길은 하나님이 진리의 성령으로서 역사 의지를 집중시킨 관계로 하나님의 형체를 그와 같은 모습으로 그려 낼 수 있었다. 자재가 모자라면 집을 완성할 수 없는 것처럼, 하나님의 의지 활동인 성령의 역사도 부족한 것이 있다면 모습을 구성할 수 없을 텐데, 길은 주재된 역사의 알파와 오메가를 관장하게 되어 하나님을 거의 완벽하게 표출시켰다. 온전히 의지를 표명하였고, 만상 가운데서 제한 없이 작용하

92) 天의 본질적 요소는 자연의 이법으로도 나타난다. '天卽理 性卽理'라고 하는 것은 天이 자연의 이법으로서 우주 만물에 존재하며, 또한 자신의 마음속에 性으로서 들어 있다는 것임. –「동양 천관념의 동양철학적 연구」, 앞의 논문, p.80.

였다. 그런 초월적인 의지를 적나라하게 드러내어 하나님을 대변하였다. 길을 통하여 발현된 역사 의지가 하나님의 본체 의지로 승화된 것이다.

하나님의 의지 표출인 성령의 활동을 존재자적인 측면에서 보면 진리의 성령으로서 이룬 활동 영역이 동서를 불문하고 제한이 없었던 것을 알 수 있다. 즉 동양인들도 하나님의 의지적인 주재 활동을 天命이나 天志와 같은 의지 형태로 인식하였다.[93] 만유에 자재한 진리의 영은 하나님의 존재 의지를 대변한 참본질이다. 신현(神顯)적인 종교는 이 같은 활동 의지를 인격적인 존재로서 의인화시킨 것으로,[94] 동양인들도 이런 의지를 편만된 본질적 진리 상태로 일구었다. 하나님은 진리를 본질로 한 관계로 만물의 궁극적인 원인자로 존재할 수 있었고, 창조물인 인간의 존재 의식까지 구속하였다. 『중용』에서 하늘이 命한 것을 性이라 했듯(天命之謂性), 하나님의 절대 의지를 인식한 것이 天命이고 의식을 통해 분열시킨 것이 이 길이다. 하나님을 구성한 핵심 된 본체인 절대 의지를 세월을 두고 분열시킴으로써 하나님이 오늘날 존재자로서 형상화되었다. 하나님은 모양이 없고[95] 그려 낼 수 없고[96] 특정한 시간, 장소, 사람들에게만 제한적으로 계시하였지만,[97] 그런 존재 의지를 집중적으로 현현시킨 길은 그렇지 않다. 정말 만인 앞에 하나님의 모습을 보일 수 있다. 하나님이 진리의 성령으로서 역사한 결과이다. 길=하나님, 하나님=길인 것을 증거할 수 있다. 길을 선도한 주체 의지는 오늘날 강림한 보혜사 하나님이며, 죄 많은 인류를 구원할 만유의 어버이이다.

---

93) 자연을 관장한 하나님의 의지 형태에 대한 일부 인식임.

94) 『종교문화의 이해』, 정진홍 저, 서당, 1992, p.169.

95) 신명기, 4장 12절, 15절.

96) 출애굽기, 20장 4절.

97) 『개혁주의 신론』, 앞의 책, p.18.

제10장 신 한국 강림 하나님

1. 개요

세계적인 본질을 포괄한 진리의 성령이 보혜사 하나님인 것을 밝힘으로써 하나님이 살아 역사한 사실은 어느 정도 해결하였다. 그렇다면 이러한 하나님이 이 땅의 역사 위에서 강림한 의미는 무엇이며, 어떻게 보편사로 연결시킬 수 있는가 하는 것은 다시 조명해 보아야 한다. 보혜사 성령을 하나님으로 규정한 것은 본인의 독단적인 생각인가, 아니면 참된 판단인가? 진위를 가늠하기 위해서는 이미 공론화된 선견들부터 살펴보아야 한다. 길은 일찍이 세계에 대해 이해하기 위하여 제 사상들을 섭렵하였지만, 일련의 과정을 인위적으로 조작한 경우는 없다. 믿음으로 추구한 것일 뿐, 하나님이 일깨우기까지는 길이 삼위일체를 완성시킨 보혜사 성령이란 사실을 알지 못했다. 산을 오를 때는 산등성이 보이지 않지만 정상에 오르고 나면 산하를 발밑에 두게 되고, 새로운 하늘을 보게 되는 것처럼, 보혜사가 강림한 하나님인 것을 알고 한민족의 역사를 둘러보면, 이전에는 알지 못한 선견된 비밀들이 속속 드러난다. 사실 이 땅에서 호흡한 선지자들은 지천[98]으로 하나님의 강림 역사를 예언하였는데, 어떻게 그렇게 알았고 정말 도래할 것을 믿었던가? 시대가 혼란할 때마다 이슈화되기는 했지만 가치는 인정하지 않았다. 그러나 지금은 이 땅 위에서 그 같은 예언이 있었다는 사실 자체가 중요하다. 실현되기 전에는 구구한 추측이 난무해도 실현되면 시시비비가 가려진다. 예측하는 것과 결과를 보고 검증하는 것은 다르다. 추측할 때는 초점이 안 맞아도 검증할 만큼 때가 성숙되면 그때는 꼭 맞아떨어진다. 결국 이 땅을 다녀간 선지자들의 판단은 정확했다. 대한민국은 장차 세계를 다스릴 정신 지도국이 될 것이요, 환란이 오기 전에 마지막 메시아인 聖人이 출현하여 인류에게 꿈과 비전을 제시하리라. 儒・佛・道를 합친 초종교적 정신 혁명이고, 새로운 의식 혁명이다.[99] 그러나 예언은 어디까지나 예언일 뿐이라 어떻게 실현될 것인가 하는 데까지는 언급하지 못했다.

이에 하나님이 길을 예비한 선지자의 땅에 강림하므로 예언이 실현될 수 있게 했다. 민족의 영각들이 준비했고, 근대사에 이르기까지 이어온 도맥들이 강림할 하나님을 지침하였다. 서양의 지성들은 神이 죽었다고 선언하였고, 무신론을 세계적으로 확산시킨 상황인데, 민족의 선각들은 오히려 이 땅에 오실 하나님의 절대 강림을 예견하고 맞이할 준비를 하였다는 것은 탁월한 선견이다. 더군다나 기독교 문화권에서는 이구동성으로 主 그리스도의 재림을 앙망한 분위기인 데 반해 모든 면에서 비전을 이룰 보혜사를 맞이할 차비를 차렸다는 것은 얼마나 영력이 뛰어난 민족인가 하는 것을 알 수 있다. 그래서 이 연구도 선각들이 한 예언과 꼭 맞아떨어지도록 지상 강림

98) 지천(至賤): 매우 흔하게

99) 『남사고의 마지막 예언』, 박순용 저, 삼한, 1996, p.223.

역사를 증거할 수 있었다. 그리해야 선각자들이 강림 역사를 예비한 선지자로 인정되며, 예언이 만고불변한 진리로서 인준된다. 민족적인 선견을 현실화시킨 神 한국 강림 역사가 한민족이 지닌 보편적인 믿음과 일치하여 한민족이 정말 세계를 구원할 주축 민족으로서 부상하게 된다. 여기에 한민족이 만고 이전부터 선택된 특별한 사명이 있다는 것을 발견하게 된다. 한민족이 미래 역사를 주도하고 미래 인류를 구원할 것이란 사실을 확인하는 것은 차후 문제이다. 예언을 성취하고 인류가 가진 진리적 숙원을 풀기 위해서 한민족은 이 땅에 보혜사가 하나님으로서 강림한 목적을 깨달아야 한다. 아울러 이 연구도 제반 사실을 고해 사명 의식을 고취시켜야 한다. 한민족은 반만 년 동안 알게 모르게 하나님을 맞이할 준비를 하였고, 죄 많은 인류를 구원하기 위해 예비되었다.

2. 한국 강림의 섭리적 기반

이 연구는 하나님이 살아 역사한 사실을 확인하고 보혜사 하나님의 강림 실체를 증거할 세계사적 사역을 완수하고자 한다. 하지만 역사한 하나님이 어떻게 한 인간이 걸은 인생길 위에서 현현되었는가 하는 것은 믿기 어렵거니와, 더군다나 한국 땅에 강림하였다 하므로, 이에 대한 섭리 뜻을 밝혀야 한다. 알다시피 구약 시대의 하나님은 이스라엘 민족을 구원한 전적을 지녔다. 이스라엘 민족을 선택하고 축복하였다. 그러나 이스라엘은 하나님을 유태교라는 민족 신앙 틀 속에 가두어 버려 생성하는 우주의 섭리를 거슬렀고, 선대 조상들이 일구어 놓은 민족적인 영성을 고갈시켜 버렸다. 조상들이 이룬 영광을 기억하고 보전하는 데 급급했다. 전통적인 계율에 집착하여 살아 역사한 뜻을 거스르는 누를 범하였다. 그중 중대한 과오 하나가 독생자를 십자가에 못 박은 사건이다. 하지만 이 같은 역사 속에는 역설적인 뜻도 숨어 있다. 더 이상 비전이 없는 율법의 틀을 깨고 이방인들에게도 하나님의 구원 섭리가 미칠 수 있게 했던 것이다(기독교 역사).

이스라엘은 유일 신앙을 뿌리내린 공적은 있지만 더 이상 세계사적인 역할은 수행할 수 없게 되었다. "야훼를 유일신으로 신봉하고 다른 神의 존재를 부정하였으며, 번잡한 율법을 존중하고 선민사상·정치적 종말사상을 가져"[100] 자기 민족을 결집시키는 데는 플러스 요인이 되었지만 보편사적으로 확대시키는 데는 장애 요소가 되었다. 하나님의 뜻을 가장 잘 받든 선민이 뜻을 가장 크게 거스른 민족이 되었다는 것은 시사하는 바가 크다. 그러니까 그리스도는 못 박혔지만 그에 대한 믿음이 기독교란 신앙 역사를 통해 살아나 313년 콘스탄티누스 대제에 의해 공인되었고, 테오도시우스 황제에 의해 국교화되었다. 상황이 역전되어 유태교인들은 그리스도를 처형한 이단 민족으로서 적대시 당하였고, 박해받는 민족이 되었다.[101] 그들은 나라 없는 민족으로서 특유한 문화와 인상 때문에 가는 곳마다 혐오스런 대상이었다. 오늘날 하나님이 강림한 것은 제 민족 앞에서인데 문화적·사상적으로 보편성을 결여한 민족이나 종교로 하여금 구원 사역을 대행케 할 수는 없다. 이스라엘 민족은 하나님과 교감한 역사를 선도하였지만 오늘날은 아무것도 기대할 것이 없게 되었다. 그래서 세계 섭리적인 사명 역할을 확대시켜 등단하게 된 것이 기독교 보편주의이다. 역할을 주도한 것은 교회로서 복음을 전파하

100) 『보병궁 시대는 이미 시작되었다』, 최상렬 엮음, 한솔미디어, 1995, p.374.

101) 위의 책, p.373.

여 세계사적인 경륜을 펼쳤다. 그리스도가 승천한 이후부터 현재까지는 교회 역사를 통해서 인류가 하나님의 존재성을 확인하고 있는 중이다.

하지만 기독교 교회는 급격하게 변화된 현대 사회에서 끊임없이 제기되는 다대한 문제들을 감당하지 못하고 난관에 봉착했다. 민족적인 신앙에 충실한 이스라엘이 그 믿음 때문에 오히려 자가당착에 빠지고 만 것처럼, 기독교인들이 구축한 신앙 체제만으로서는 더 이상 구원 역사를 지탱할 수 없다. 구축한 교리 체제가 너무 경색되어 버려 세계적인 문제를 감당하지 못하고 있다. 진화론, 유물론, 무신론적 과학주의 등이 기독교 신앙 체제를 위협하고 있다. 그런데도 기독교인들은 우직스럽게 세상에 종말이 올 것만 기대하면서, 그때가 되면 자신들만 구원될 것으로 믿고 있으니, 그런 신앙이 오히려 하나님을 만유의 하나님이 되지 못하게 발목을 붙들고 있다. 그래서 우리는 19세기 말, 한 철학자의 세기적인 통찰을 통하여 神은 죽었다고 한 선언의 소리를 듣게 되었는데(니체), 이것은 서구 문명이 쇠락함으로써 섭리한 하나님이 떠나 버린 데 대한 비극의 절규이다. 주류로 몸담은 기독교 세계를 버림으로, 서구 사회는 지금 세계 영혼의 생명력이 고갈된 빈껍데기로서 명맥을 유지하고 있다. 하나님은 진실로 그들의 세계를 떠나 버렸는데, 그렇게 한 하나님은 현재 어디에 소재해 있는가? 새로운 모습으로 역사 위에 등단하기 위하여 길을 통하여 일체 과정을 준비하였다.

바야흐로 건설될 새 예루살렘 성전은 하나님이 강림하여 이룰 새 하늘과 새 땅이며, 만물을 새롭게 하여 거할 새로운 진리의 성전이다. 기존의 가치관과 세계 질서를 헐어 버리고 거룩한 성, 새 예루살렘 성전에 새로운 모습으로 임하리라. 이 같은 영광을 이루기 위해 하나님이 만세 전부터 한민족을 선지하여 길을 예비하였다. 마지막 남은 자들까지 구원하기 위해 길의 역사를 주도하였다. 사명을 깨닫고 돌이켜 보니 섭리된 과정이 일시에 꿰뚫어졌듯, 하나님이 한민족의 역사 위에 강림한 사실을 알고 보니 지나온 민족사의 발자취가 모두 이 같은 대업을 이루기 위해 추진된 것이 역력하다. 이것이 바로 이 땅에 강림하기 위해 하나님이 마련한 섭리적 기반이다. 한민족과 인류를 구원하기 위한 역사라는 것을 알 때, 한민족은 정말 세상 만민을 구원하기 위해서 만세 전부터 예비된 민족이란 사실을 확신할 수 있다.

3. 한국 강림의 선지자적 기반

이스라엘 민족이 성부 시대를 주도했을 때는 많은 선지자들이 나타나 하나님의 뜻을 고하고 대언하고 예언하였다. 이사야가 그러하고 예레미야가 그러하며……. 그들은 하나님의 계시를 받들어 이스라엘 민족을 이끌었고 혹은 책망하였고 혹은 구원하였다. 그렇다면 지상 강림 시대가 도래한 오늘날 이 땅의 선각들은 어떤 선지자적 역할을 수행하였는가? 우리는 아브라함의 믿음을 계승한 신앙 역사와 문화 풍토 위에 있지 않다. 그런데도 선각들이 지상 강림 역사를 예지하였다는 것은 한민족의 놀라운 영성력을 능히 짐작하게 한다.

길 위에 하나님이 함께한 것은 본인이 깨어 있은 것이 이유는 아니다. 한민족이 쌓은 문화적 전통들이 빠짐없이 하나님을 맞이할 수 있는 기반으로 작용하였다. 한민족은 본성적으로 하나님과 교감할 수 있는 영성적 자질을 갖추었다고 할까? 먼저 언어가 지닌 구조가 그러하고, 한글과 같은 문자 창제 업적이 그러하며, 사고된 의식과

정신적 경지를 드높인 수행 문화 등이 있었다. 하나님을 성령으로서 받들 수 있도록 영성을 끊임없이 도야했다. 세계 질서와 부합한 정신 본질을 지녔다. 이런 호조건을 가지고 있어 선각들이 하나님의 뜻을 새길 수 있었고, 일군 정보를 후세에까지 전하였다. 길이 보혜사를 맞이한 것 역시 그와 같은 맥락을 이은 것이 큰 이유이니, 하나님이 만세 전부터 뜻을 둔 것은 이스라엘 민족과 교회만이 전부가 아니다. 만상을 이룬 역사 위에서이다. 그런데도 민족의 장래를 지침한 예언들은 아직도 풀리지 않고 있고 가치를 인정하지 않고 있는 것은 아직 하나님과 연관시킬 계기 역사가 일어나지 않았기 때문이다. 그래서 오늘날 지상 강림 역사를 완수한 것은 선각들이 예지한 실체를 구체화시키기 위한 절차이다. 한민족이 보혜사를 맞이하기 위해 선지자적인 선견을 갖추었다는 것을 밝히는 바이다. 한민족의 역사와 영혼 속에는 오랜 세월에 걸쳐 하나님을 맞이하고자 한 소망과 기다림이 있었고, 예언들을 담은 영서(靈書)들과 때를 맞추어 비기를 해석한 자들이 나타났다는 것은 지상 강림 사실을 시기적절하게 판단한 것이다. 민족의 혼을 일깨우기 위해 전수된 영서들이 때도 모른 채 내팽개쳐 있다면 지금까지 비전되어 온 이유가 사라진다. 그럴 수는 없으므로 정다운 스님은 '자신이 펴낸 『소설 정감록』이 『정감록』의 해설서라 하였고(1986년)',[102] 신유성은 이제까지 『격암유록』을 완전히 해독한 사람이 없었는데 자신이 이루었다고 공언했다(1987년).[103] 언급한 바 길이 진리 통합의 과정을 완수하여 보혜사 성령의 실체를 현현시킨 것이 1989년 11월 9일이므로, 견주어 보면 선대가 이룬 선지자적 노력이 헛되지 않았다. 그래서 비사로서

---

102) 『소설 정감록(하)』, 정다운 저, 밀알, 1986, 앞표지.

103) 『격암유록』, 남사고 전수, 신유성 해독자, 세종출판공사, 1987, p.10.

묵혀 있은 묵시적 예언을 해석해 때가 이른 사실을 알렸다. 진실로 태고의 비밀을 풀 지상 강림 역사가 본격화되었다. 선각들이 예비한 예언 실체를 강림한 하나님으로 지목함으로써 이 연구는 한민족이 주도해야 할 인류 구원에 대한 사명과 비전을 제시할 수 있다.

그렇다면 지상 강림 역사를 맞이하기 위해서 선지자들이 자각한 사명은 과연 무엇인가? 그것은 진실로 멸망에 처한 인류를 구원할 수 있는 사명을 가진 민족으로서 선지된 사실을 확인시키는 것이고, 성령이 한민족의 역사 위에 머문 뜻을 알리는 것이다. 그러므로 우리는 선각을 통하여 하나님이 둔 특별한 뜻과 은혜를 자각할 수 있다. 길이 부여받은 사명이 그대로 한민족이 이루어야 할 사명이고, 길이 개척한 장래 역사가 그대로 한민족이 개척할 장래 역사로 이어질 것이므로, 이와 같은 비전을 사전에 알렸다. 그중 『정감록(鄭鑑錄)』[104]과 『격암유록(格庵遺錄)』[105]은 대표적으로 이 같은 역할을 담당한 영서이며, 이곳에는 한민족이 걸어온 역사와 나아갈 행보를 예언한 내용이 담겨 있다. 예언이 아무리 과거 역사에 대해 높은 적중률을 보였더라도 정작 중요한 것은 미래사인데, 길이 증거한 강림 역사와 일치된 것은 길이 장차 어떻게 대망한 선견들을 성취시킬 수 있을지 부담을 안긴다. 길이 밝힌 지상 강림 역사와 선견된 예언이 일치되는 것은 하나님이 한민족을 위해 예비한 뜻을 확인하는 것과 같으므로, 길은 이런 역사를 발판으로 한민족이 나아갈 길을 지침해야 한다.

선견 중 하나님이 보혜사로서 강림할 것을 예언한 부분부터 짚어

104) "AD 752년 3월 15일, 미륵불로부터 예언을 받아 1234년 동안(1986년 당시) 비밀리에 전수되어 오면서, 신라의 소멸과 고려의 창업을 예시했고, 고려의 멸망과 조선의 개국을 예언했으며, 임진왜란과 병자호란은 물론, 왜정 시대와 해방, 그리고 남북 분단을 예언하여 적중한 우리 민족사의 예언서이다." -『소설 정감록(하)』, 앞의 책, 표지.

105) "『격암유록』은 남사고가 소년 시절에 神人을 만나 전수받은 예언서로, 선생 자신도 그 내용을 완전히 해독할 수 없었던 신비의 책이다." -『격암유록』, 앞의 책, 뒤표지.

보면, 대한민국은 참으로 지상 강림 역사가 실현될 것을 사전에 예지하고 있은 선지자의 땅이라 할 수 있다. 그중 이 나라 최대의 곡창지대인 호남평야에 우뚝 솟은 모악산은 진표율사라는 선지자가 미래에 올 미륵불을 예견하고[106] 道를 품었던 땅이다. 그는 변산의 부사의방(不思議房)으로 들어가 3년 동안 온몸을 바위에 두드리는 참회 끝에 미륵과 지장보살을 친견하고 미래의 부처가 이 땅에 강림할 것이라는 사실을 깨달았다. 미륵불의 한반도 강세를 확신하고 구체적인 행적을 준비한 선지자로서, 그가 자각한 미륵 신앙은 미륵이 이 땅에 하생하여 용화수 나무 아래서 세 번의 설법을 통해 모든 중생을 구제한다고 본 미륵하생 신앙이다. 고대사회에서 미륵 신앙을 민중 신앙으로 뿌리내린 인물이다.[107] 그가 강림할 것이라고 한 미륵은 당시 불교적인 문화 속에서 하생할 묘체를 그렇게 이름 붙인 것이지만, 미륵은 사실상 한민족의 역사 위에 강림할 보혜사 하나님이었다. 미륵이 세 번의 설법을 통하여 중생을 구제한다고 한 것은 다분히 상징적인데, 그 설법은 밝힌 바 지상 강림 역사를 증거하기 위해 세운 세 기둥, 곧 세계의 진리를 통합하고 세계의 핵심 본질을 밝히고 천지가 창조된 사실을 증거한 성업 외 용화 설법을 충족시킬 조건은 없다. 설법을 통해서라고 한 것은 하나님이 진리의 성령으로서 강림하여 인류를 정신적 고뇌로부터 구원하는 것이다. 이 땅에 하생한다고 한 미륵 신앙이 근대 한국의 민족종교들에 의해서 하나님으로 해석되었다는 것은 놀라운 일이거니와, 이것을 이 연구가 다시 강림한 하나님으로 확인한 것은 그가 이룬 선각이 얼마나 뿌리

106) 진표율사: 통일신라 초기의 승려(719～?), 금산 출신, 12세에 명산을 다니면서 불경을 연구하고 766년 금산사를 창건, 미륵상을 금당에 안치한 후 다시 금강산에 들어가 발연사를 지어 고찰 법회를 베풀고 7년을 지냄.

107) 「백제 미륵사상의 연구」, 김탁제 저, 원광대학교 교육대학원 동양종교학과 불교학전공, 석사학위논문, 1995, p.57.

깊은 통찰인가 하는 것을 알 수 있다.

한편 같은 미륵 신앙의 계통으로서 『정감록』이 비기로서 전한 중점 사안도 마침내 이 시대에 열리게 되는 정도령에 대한 예언이다. "조선조 중엽부터 유포된 『정감록』은 민간에 전승되어 뿌리내린 미륵신앙 및 도참설을 종합하였는데",[108] "사회가 불안하고 세태 민심이 흉흉할 때마다 위기의식과 말세 사상으로 유포되어 새로운 메시아의 도래를 약속한 예언으로서 신앙되었다. 이스라엘 백성들이 예언자의 증언에 따라 장차 메시아가 왕으로 와 왕국을 세우고 구원해 줄 것을 믿었듯",[109] 정도령에 대한 믿음도 한민족이 간직한 일종의 메시아적 사상 부류라고 할까? 한민족은 조선 시대 오백 년 이래 이 땅에 義의 왕이 나타나서 천년 왕국을 건설하고 세계만방에 조공을 받게 될 때가 올 것을 기대했다. 왕도 시대에 새로운 왕이 나온다고 한 예언이므로 집권자들이 나서서 막았지만,[110] 『정감록』을 믿는 백성들의 신뢰도가 얼마나 높았던가 하는 것을 알 수 있다.

오늘날에 이르러서도 궁금한 것은 그토록 한민족이 기다린 정도령의 실체란 과연 무엇인가? 정말 유구한 역사를 통하여 핍박받은 이 땅에 강림하여 한민족을 구원하고 영광된 나라를 건설할 것인가? 세계사를 주도하리라고 한 정도령, 천 년의 태평양 시대를 이끌고 갈 지도자 정도령,[111] 그분을 맞이하는 것은 한민족이 반만 년 역사를 통해 기다려 온 숙원이었던 것이니, 언젠가는 맞이해야 더 이상 혹세무민하지 않으리라. 그래서 일부 신앙자들에 의해 제기된 것이

108) 『한국근대 민중종교사상』, 황선명 외 5인 저, 학민사, 1983, p.12.

109) 메시아의 재림을 소망하고 어려운 신앙의 길을 걸어 나옴.−말라기, 4장 2~5절, 이사야, 60장 1~22절.

110) 『원리강론』, 세계기독교통일신령협회, 성화사, 1982, p.505.

111) 『소설 정감록(하)』, 앞의 책, p.39.

主 그리스도의 재림이 한반도 땅에서 이루어진다는 것, 예수가 승천한 후 산 자와 죽은 자를 심판하러 강림할 것이란 것은 기독교 문화권에서는 보편화된 신앙인데, 이것이 한반도에서 신앙되면서 일부 그렇게 해석되었다. 그래서 한 신흥종교에서는 '한국을 예수의 재림 이상이 실현될 제3의 이스라엘 국가'라고 주장했다.[112] 그렇다면 정도령이 과연 재림 예수인가? 연관된 것이라면 이 땅에서 일어날 역사적인 변화는? 정말이라면 온 민족이 일어서 맞이해야 하지 않겠는가? 주장만 하고 있어 될 일이 아니다. 정도령의 실체를 명확하게 구분해서 영접할 수 있도록 길을 준비해야 한다.

이를 위해 이 연구가 한민족의 역사 위에 보혜사 하나님이 진리의 성령으로서 강림한 사실을 밝혔거니와, 만유의 어버이인 하나님까지 실체가 구체화된 마당인데 다시 오리라 한 아들이 아버지가 계신 땅 위에 강림하지 못할 이유는 없다. 이 연구는 바로 이 같은 가능성을 자각하여 재림 역사가 이 땅에서 성취될 수 있도록 길을 예비하고 있거니와, 보혜사를 하나님으로 현현시킨 것도 알고 보면 이 같은 사명을 완수하기 위한 기반 구축 과정이다. 정도령이란 파자로 鄭(정), 즉 유대읍으로서도 풀이되는데, 이스라엘 민족에게 머문 은혜와 축복이 한민족에게 내려질 것을 예언했다는 해석이다.[113] 유대읍에서 발생한 구원 종교가 유구한 섭리 경로를 거쳐 이 땅에 발을 내려서 고통받는 약자를 구원할 것이란 약속으로서,[114] 파자된 정도령이 기독교 신앙을 바탕으로 강림할 것을 예지한 것이기도 하다.

그러므로 보혜사가 강림한 하나님이란 사실과 정도령이 재림 예수와 일치된 구원의 主로서 강림할 것이란 사실은, 이 연구가 모든

---

112) 『한국사회와 종교』, 한국종교협의회 편, 신명출판사, p.313.

113) 『소설 정감록(하)』, 앞의 책, p.37.

114) 위의 책, p.386.

가능성의 문을 열고 뒷받침하고자 한다. 그런데 이 정도령의 강림 때를 16세기 프랑스의 노스트라다무스가 세계의 종말을 지적했다고 믿는 1999년 7월과 연관 짓기도 하는데, 이것은 정도령이 정말 재림 예수로서 구체화되면 적중 여부를 확인할 수 있다. 대망한 眞人, 즉 혁세주인 정도령은 어떤 초자연적인 힘과 신비한 능력을 지니고 과학 지상주의로 물들어 있는 인류 앞에서 마술 같은 기적을 보이면서 강림할 것이 아니다. 일찍이 인류가 겪지 못한 궁극적인 질서를 부여하기 위해서이고, 그것은 기존 질서를 어떤 형태로든 재구축하는 작업이다.[115] 그런데 어떻게 깜짝쇼 같은 기적을 몰고 올 것인가? 합당한 여건을 조성하여 철저하게 예비해야 할 뿐이다. "정도령은 眞人을 찾아가서 새 역사를 열어갈 비결을 받을 것이므로, 眞人은 모든 것을 알고 있다. 眞人은 정도령을 알아보고 그 비결을 건네줄 것이다. 眞人과 정도령이 비밀리에 주고받아 어느 날 떠오르는 태양처럼 밝은 햇살을 쏟아내리라."[116] 사전에 갖춘 것인데, 그 眞人이 곧 보혜사 진리의 성령이다. 보혜사가 하나님으로서 主 그리스도의 길을 예비할 것이나니, 이를 위해 인도된 것이 곧 '길의 역사'이다.

하지만 정도령이 펼칠 민족적 구원과 세계사적 영광에 대한 비전은 아직 구체화되지 못한 상태이며, 도화선은 한민족이 이 연구를 통하여 모든 사실을 자각하는 데 있다. 선각들이 예언했고 풀뿌리 민중들이 손꼽아 기다린 정도령이 이 땅에 오리라는 것은 강림한 하나님마저 목적을 둘 만큼 절실하다. 이 같은 역사를 일컬어 『격암유록』에서는 '한반도 남한에서 세상을 구원할 성인이 출현하여 찬란한 일월성신 진리의 빛을 발한다'고 하였다. 삼위일체 하나님은 인류

115) 『한국근대 민중종교사상』, 앞의 책, p.29.

116) 『소설 정감록(하)』, 앞의 책, p.330.

역사를 주관한 창조주이고, 오늘날 길을 통하여 현현된 보혜사 성령이며, 장차 올 재림 예수의 길을 예비할 아버지 하나님이다. 그런데도 인류가 아직 아무 사실도 알지 못하므로 이 연구가 애써 밝히려 한다. 명실상부하게 강림한 하나님이 이룰 영광된 역사는 "고대하고 갈구한 구세주가 남한에서 출현한다는 것이고, 그분은 하나님의 진리를 펼쳐서 세계를 구하고 다스릴 분이다."[117] '만국활개남조선'이다(『정감록』).[118] "하늘의 큰 道가 내려온 이 시대는 모든 道를 하나로 합하는 해원임을 알라."[119] 세상의 학문과 사상과 종교를 통합하는 역할을 담당하리라. 『격암유록』에서는 '미륵출세 만법교주 시목출성 동서교주(궁을론)'라고 하였다.[120] '시공을 초월하여 자유자재한 진리 세계를 운용할 도력을 지닌 자, 세상을 가장 위대한 진리로 다스리게 될 지도자',[121] 보혜사가 강림하여 세우고 통치할 나라는 여느 세속 국가의 모습이 아니다. 인류의 이상을 실현할 범국가이고 초국가이며, 이 땅에서 건설될 진정한 하나님의 나라이다. 하나님이 강림하고 연이어 아들까지 재림하면, 그렇게 해서 건설된 나라가 바로 지상천국이 아니고 무엇이겠는가? 『격암유록』에서는 이렇게 표현하였다.

> "우리나라 금수강산에 천하의 기운이 돌아오니 유사 이래 즐거운 道로다. 조선이 세계 중심의 출발이요 세계 만방의 부모국이요 모든 왕 중의 왕이로다."[122]

---

117) 『격암유록』, 앞의 책, p.29.

118) 萬國活計南朝鮮: 세상 만민을 구원할 사상이 남쪽 조선에서 나온다.

119) "天降大道此時代 宗道合一解寃知." - 『격암유록』, 정각가

120) "彌勒出世 萬法教主 柿木出聖 東西教主." - 미륵불이 출세하니 만법의 교주로다. 감람나무로 나온 성인 동서양의 교주시니…….

121) 『정감록 원본해설』, 정다운 저, 밀알, 1986, p.68.

122) "錦繡江山我東方 天下聚氣運回鮮 太古以後樂道 始發中原槿花鮮 列邦諸民父母國 萬乘天子王之

이 땅에는 참으로 깨어 있는 선지자들이 있어서 神 한국 강림 역사를 예비해 온 민족이다. 하지만 문제는 너와 내가 이 같은 사실을 자각하고 있는가? 세계를 향해 구원의 기치를 높이 들 수 있겠는가? 쉽지 않으므로 이 연구가 선현들이 이룬 선지자적 역할을 계승하고자 한다. 한민족이 선대로부터 예비한 길을 완수하기 위해서는 길이 고한 메시지를 수용해야 한다. 그리하면 지상 강림 역사가 완성되고, 일찍이 선지자가 한 모든 예언이 성취되리라.

4. 한국 강림의 사상적 기반

길은 『세계통합론』을 통해 진리 세계의 통합을 실현하였다. 그리고 그 과정에서 보혜사 성령의 실체를 현현시킨 것은 하나님이 살아 역사한 사실을 증거할 수 있게 된 기반이다. 하나님이 보혜사로서 진리 세계를 통합한 것은 성령으로서 이룬 역사이고, 한민족이 유구한 역사를 통하여 쌓아 온 사상적인 기반 덕분이다. 이 땅의 문화적 자양분을 흡수한 선각들은 일찍이 전수된 전통적인 사상을 충분히 소화해 내었고, 그 위에서 천부의 命을 받들게 된 만큼 지금까지 일군 사상적인 특성은 한민족이 갖춘 고유한 본성이다. 한민족이 특별히 세계를 통합할 진리적·영성적 터전을 마련했다. 어떤 측면이든 문화적·정신적으로 독단이 있어서는 제 사상, 가치, 문화를 포용할 수 없고 보편화시키기는 더더욱 어렵다. 이런 면에서 통합이 필요한 이 시대에 한민족이 인류의 정신적 고뇌를 해결하기 위해 섭리되었다. 돌이켜 보면 하나님이 이 땅에 강림하여 통합 역사를 펼친 것은 결코 우연이 아니다. 통상적으로 이룬 역사인 것 같지만 하나님이

王."-『격암유록』, 말운가

사상적으로 인류를 구원하기 위해 역사한 것이다. 그 최초 근거가 한민족의 개국 이념인 홍익인간(弘益人間) 속에 있다. 인간을 널리 이롭게 한다는 사상은 역사상 처음 선언된 인본주의(人本主義－Humanism)일 뿐 아니라,[123] 지금까지 희석되지 않고 있는 보편적 이념이다. 본질적으로 세계의 사상을 포용할 운신의 폭을 지녔고, 널리 세계를 통합할 수 있는 가능성을 지닌 길이다. 왜 한반도는 세계의 제 사상을 받아들인 길목이 되었고 통합을 시도한 사상가들이 배출되었던가? 우리는 인간으로서 이룰 수 있는 것이 있고 없는 것이 있다. 세계는 분열시킬 수 있어도 제 사상을 통합할 수 있는 안목과 본체는 본유할 수 없다. 그래서 하나님이 역사하였고 한민족으로 하여금 길을 이루게 했다.

한국에는 고대로부터 민족 고유의 정신적인 바탕이라고 할 수 있는 神仙道(신선도)가 있었는데, 삼국 시대에 전래된 儒·佛·道란 성숙된 종교까지 소화해 낸 바탕 종교이다. 그래서 선각들은 자연스럽게 삼교를 서로 비교할 수 있는 진리적 환경을 가지고 공통된 요소를 추출하고자 한 것이 통합 사상을 배출한 근거이다. 완벽한 개종만 허용하고 인정한 서양과 달리 우리는 삼교가 공생 공존하였다. 그래서 동양의 군자는 삼교를 차별 없이 받아들인 사람이었고, 삼교에 능통한 사람을 존경했다.[124] "한국 종교사를 수놓은 삼교 회통론은 끊임없이 이어진 화두였다. 통일 신라의 고운 최치원(857～), 고려의 대각국사 의천, 백운거사, 이규보(1168～1241), 운곡 원천석, 목은 이색, 조선 시대의 삼봉 정도전, 권근, 함허 기화, 나암 보우, 김굉필, 김시습 등등. 대개는 타 종교의 교리는 어느 정도 인정하더

123) 『소설 정감록(하)』, 앞의 책, p.23.

124) 『서양종교철학 산책』, 황필호 저, 집문당, 1996, p.232, 236.

라도 자기 종교에 대해서는 절대적 우위성을 강조한 입장인데, 서산 휴정의 삼교 사상은 정말 통종교적이다. 『선가귀감(禪家龜鑑)』은 삼교의 일치와 회통을 목적으로 했다."[125] 각각 별립되어 다른 형태를 갖추고 있는 삼교라도 궁극적인 진리성에 있어서는 결국 만난다고 본 논지이다. 이런 회통론(會通論)[126][127]은 지속적으로 후대에까지 영향을 끼쳐 조선 중기 이후의 한국 종교 및 철학의 흐름을 형성하였고, 근대의 신종교인 천도교・증산교・원불교 등의 교리를 이룬 밑거름이었다.[128] 원불교의 창시자인 박중빈은 "覺한 진리의 궁극자리를 一圓이라고 하면서, 만유가 한 體性이며 만법이 한 근원이다. 유가의 太極, 無極, 도가의 自然 혹은 道, 佛家의 청정법신불이 다 같은 자리"라고 선언하였다.[129] 사상, 종교, 주의, 주장이 모두 一圓의 진리에 근원했다고 말한 것은 참으로 한민족이 기른 사상적 씨알의 꽃망울을 터트린 격이라 아니할 수 없다. 一圓으로 상징하다 보니 진리로서 지닌 생명력인 본체가 드러나지 못한 점은 있지만,[130] 본질에 근거한 웅대한 진리적 결집은 달성했다. 세계적인 사상을 포용해서 통찰한 결과이다.[131]

근대에 서양의 사상・이념・종교・제도까지 받아들인 길목의 역할을 한 한반도는 세계의 제 사상들이 혼전하게 된 백화점을 이루었

125) 「서산 휴정 삼교사상의 연구」, 강대남 저, 원광대학교교육대학원 동양종교학과 종교학전공, 1995, p.62.

126) 회통론: 이질 요소를 담은 상위 사상들을 하나로 合一하려는 이론. 이것은 三敎의 독자성을 인정한 후에 각 교법의 관계 설정에 있어서 차이 관계보다 상통 관계를 밝힘으로써 공통점을 인식하고자 한 것임.

127) 세계 합일 근거: 유일신 존재 바탕→창조→분열→통합→합일.

128) 위의 논문, p.63, 74.

129) 『한국민중종교 사상론』, 유병덕 편저, 시인사, 1985, p.85.

130) 보편성을 확보하지 못함.

131) 『우리민족의 고유사상』, 안창범 저, 국학자료원, 1997, p.66.

다. 서세동점한 여세로 인해 우리는 서양의 문화를 수용하지 않을 수 없었고, 그 결과 한국은 "다양한 동양의 고전 문화와 현대 산업 문화가 함께 공존하고 있다. 파생되는 문제들을 한꺼번에 겪게 되었는데, 이것은 오히려 교구주의를 넘어서 인류의 보편적인 문화를 창조할 수 있게 된 호조건이다."[132] 한국처럼 풍족하리만치 다양한 문화, 가치, 삶의 경험, 정신적인 유산을 축적시킨 민족이 지구상에 다시 없다.[133] 문화적으로 동떨어졌던 기독교까지 동양의 어떤 나라보다도 교세가 급등하게 되므로,[134] 한국은 인류가 지구촌을 이룬 오늘날 세계 역사를 주도할 새로운 질서를 창출할 수 있는 충분한 조건을 지니게 되었다. 이처럼 한민족이 배양하여 온 문화적 토양이 의미하는 것은? 이전과 달리 동서 간 교류가 활발하게 된 지금은 걸맞은 가치 질서를 창출해야 하는데, 그러기 위해서는 인류사회가 진리 세계를 통합한 보혜사를 하나님으로 맞이해야 했다. 그리해야 종국에 그 나라(Kingdom of God)를 건설할 수 있다. 한민족이 세계를 통합할 수 있는 역량을 갖춘 것은 하나님이 인류를 구원하기 위해 마련한 사상적 기반 덕분이다. 유구한 세월에 걸쳐 세계 문화의 진수를 구비하게 되어 이 땅에서 세계를 통합할 수 있는 관점을 도출하였고, 이것은 다원화된 시대 여건 속에서 진리로 인해 부딪힌 문제를 해결할 수 있는 창의적 역량이다. 하지만 문제는 여전히 일련의 역사가 하나님이 진리의 성령으로서 이룬 성업인 것을 알지 못한다는 데 있다. 하나님이 주관한 역사였다는 것을……. 인류사회는 각

---

132) 『한국사회와 종교』, 앞의 책, p.151.

133) "동양의 고전사상, 서양의 과학정신과 사회사상, 기독교사상, 한국고유사상 등 실로 세계사를 형성한 중요 사상 전통들이 모두 우리 사회에서 살아 있는 문화 요인들로 기능하고 있어서 한국은 근세 국제 정치사의 여울목이자 동시에 세계 문화사의 여울목을 이루고 있다." – 위의 책, p.86.

134) 한국은 기독교가 동양에서 가장 성공적으로 성장한 사회이므로 서양의 정신문화가 어느 피선교 국가보다 더 깊게 영향을 주고 있는 나라임. – 위의 책, p.86.

영역에 있어 세계의 진리를 포섭한 우주관적 질서를 요구하고 있다. 도올 김용옥은 역설했다.

> "우리의 동양 문화권에는 정신세계를 지배한 2대 해석학적 기원이 있다. 즉 제일 처음 공자가 당시에 아무도 돌보지 않았던 선진(주공)의 제 경전들을 수집하여 해석했는데(공자 6경－서술을 통해 창작을 이루어 냄), 이것이 바로 제1 해석학적 기원이다. 진시황의 분서갱유로 탄압을 받기도 했지만, 진을 멸망시킨 한은 이후로 유가를 높였다. 한이 분열하게 되자 이 분열을 틈타 인도로부터 불교가 들어왔고, 이 불교가 공자를 깸. 당나라 때 불교가 전성기를 이루고 각종 경전 해석이 이루어졌다. 당 분열 시 스님들이 부패하고 송이 들어서자 송 학자들은 전부 배불론자가 되었다. 이때 朱子라는 학자가 나타나 불교의 인식론과 形而上學에 상응하는 윤리학적 인식론과 유가의 우주관적 해석인 理氣論을 통하여 기존의 유교, 불교에도 없었던 완전히 새로운 패러다임을 구축하여 문명의 틀을 바꿈. 이것이 朱子(주자)가 일으킨 신유학이고 사서 운동이며 제2 해석학적 기원이다. 이로부터 청나라 말기까지 실로 700년간 주자학적 패러다임이 지속됨. 그런데 이것을 다시 깬 것이 바로 서양의 과학문명이다. 그 깸의 의의란 실로 거대한 인도문명(불교)과 중국문명(공자)을 깬 것임. 그와 같은 대세의 여파로 이 땅은 폐허가 되고 일본 식민지가 되었다. 그 이후로 다시 새로운 패러다임은 만들어졌는가? 이것을 누가 만들었는가? 세상, 세계가 온통 서양 사상으로 절어 있는데 본인이 노자 하나로서 세계를 바꿀 수 있겠는가? 그러나 朱子는 성공했다. 엘빈 토플러의 제3의 물결로? 써어드 패러다임을 누가 만들 것인가? 과연 제3 해석학적 기원의 도래는 무엇을 암시하고 있는가? 이것은 동서양이 가진 문명을 다 말아먹어야 한다."[135]

세계적으로 파급될 보편성을 지닌 통합 문명의 기반을 갖추기 위해 도올은 후학을 길러야 한다고 강조했지만, 이 연구는 일체 조건을 충족시킨 지상 강림 역사를 마련하였다. 역사는 인식함을 근거로,

---

135) 「노자와 21세기」, 김용옥 강의, 제목: 해석학적 3대 기원설, 27~28강, EBS 교육방송, 2000년 1월.

믿음은 확신함을 근거로 이루는 것이니, 한 민족이 깨어 일어서는 것은 분열된 인류사회를 통합할 대기치이다. 이 푸른 지구에서 마지막으로 남은 위대한 역사가 있다면 동서 간의 전통이 서로 만나 새로운 문명을 창출하는 것인데, 지구촌 어디를 두고 살펴보아도 한반도에서만큼 동서 문명이 격렬하게 만난 유래가 없다. 동양과 서양이 혼전한 최격전지랄까? 공산주의와 민주주의가 치른 동족상잔의 육이오, 사회주의와 자본주의, 기독교와 유교가 맞닿아 있는 곳, 지정학적으로 세계의 제일 강대국에 속한 미국·중국·일본·소련과 가까이한 나라, 그래서 도올은 지적하길, "한국은 20세기 인류 역사의 쓰레기통이다. 20세기 인류가 저지른 죄악이 한반도에 다 들어와 있다. 역사상으로 세계의 문제가 이곳처럼 집중되어 있는 곳이 없다. 우리는 우연하게 살고 있는 것 같지만 한국 땅에는 인류사의 문제가 모여 있는 것이 현실이다. 그러므로 한반도 문제를 어떻게 푸는가 하는 것은 인류사의 미래와 연관된다. 한반도가 지닌 문제를 해결하는 것은 20세기 인류사의 극악한 대립 국면을 푸는 핵심키 역할이다. 이념적 대립과 인류가 지닌 이슈들이 맞닿아 있는 곳",[136] 이 같은 문제를 해결하기 위해서 선각들은 미륵불이 하생하리라고 했고, 만법교주 출세 운운하였다. 능히 조건을 갖춤으로써 하나님이 보혜사로서 이 땅에 강림하였다.[137]

---

136) 「노자와 21세기」, 위의 강의, 41강, 제목: 공수신퇴와 민주주의.

137) 대한민국은 결코 작은 나라가 아니다. 지금 땅에서 나는 자원은 한정되어 있다. 지도를 거꾸로 놓고 바다를 보라. 사통팔달 대국으로서의 진로가 보인다. "지도를 거꾸로 놓고 보면 한반도는 더 이상 유라시아 대륙 끄트머리에 매달린 半島가 아니다. 태평양과 동아시아의 한복판에 위치한 교통의 중심지이자 물자 이동의 십자로에 있다. 또한 한국은 세계에서 가장 힘센 나라 미국, 세계에서 가장 돈이 많은 나라 일본, 세계에서 가장 인구가 많은 나라 중국, 세계에서 가장 국토가 넓은 나라 러시아에 둘러싸인, 세계에서 가장 땅의 값어치가 비싼 곳이다."－조선일보, 2000년 3월 10일 금요일, 제목: 21세기 한민족 대 항해 시대 특별전 안내문.

5. 한국 강림의 세계 인식적 기반

태초에 천지를 창조하고 아담과 이브를 만들었으며 타락한 인류를 멸망시키고 방주를 만든 노아 가족을 구원함으로 아브라함과 이삭과 야곱의 하나님이 된 만세의 主, 이스라엘 민족을 선택하여 모세로 하여금 젖과 꿀이 흐르는 가나안 땅으로 인도한 구세주, 선지자를 세워 뜻을 만상 가운데 알리고 다윗을 왕으로 세워 그 가계로부터 예수 그리스도를 탄생하게 한 하나님, 가장 사랑했기 때문에 가장 큰 희생을 감수하게 하여 인류가 저지른 죄악을 대속하게 한 하나님, 승천 부활하여 오순절날 약속의 성령을 보냈고, 사도들과 바울로 하여금 교회를 세워 순교도 불사할 만큼 선교 사업에 주력한 결과 로마로부터 국교로 공인받아 광범위한 세속 섭리의 길을 튼 하나님, 그리하여 맞이하게 된 중세의 천여 년 기간 동안은 하나님의 창조 이상을 실현할 수 있는 절호의 기회였다. 그런데도 자칫 하나님의 권세를 빌려 권력을 남용하게 되므로 종교 개혁을 일으켜 개신교를 세운 하나님, 이처럼 하나님은 인류를 구원하기 위해 불철주야 역사하였는데, 문명이 개명되고 지식이 쌓이자 인류는 하나님을 이해한 것이 아니라 오히려 세상을 온통 무신 사상으로 뒤덮고 말았다.

그래서 하나님은 권능을 발휘하여 만세 전부터 주관한 섭리를 바탕으로 한반도에 보혜사 진리의 성령으로 강림하게 된 것이니, 이 연구가 증거하고자 하는 하나님은 특별한 하나님이 아니다. 아담을 지은 하나님이고 예수 그리스도의 아버지인 하나님이며 인류를 구원하기 위해 지상 교회를 세운 하나님이다. 그런 하나님이 구원의 역량을 길러 온 한민족의 역사 위에 강림하므로 이 같은 역사를 이끈 하나님을 증거하고자 한다. 이 땅에 강림한 것은 특별한 역사이므로 이 부분을 강조하리라. 증거할 대상이 강림한 하나님인데, 이런 실체에 대해서는 지성인들도 보편적인 영감을 가지고 예지함으로써 세계사적인 길을 마련하였다. 그중 한반도에서 실현될 역사성에 대해서는 누구보다도 이 땅에서 호흡한 선각들이 자세하게 예비한 것이니, 그 족적은 근대에 민족 종교들이 등장하는 과정에서 두드러졌다. 지난 역사에서는 유태교와 기독교가 하나님을 모셨던 것이라면 앞으로는 한민족이 모실 것이며, 이를 위해 한민족이 반만년 동안 길을 예비하였다. 분열은 통합을 낳고 통합은 다시 새로운 분열을 낳는 것처럼, 하나님은 구약과 신약의 역사를 출발시켰을 때 이미 한민족의 역사 위에 임할 역사도 동시에 출발시켰다.

이스라엘은 과거 역사에서 하나님을 맞이한 영광을 이룬 민족이었다면 한민족은 미래에 영광을 이룰 민족으로서 혹은 이제 막 맞이한 민족으로서 선택되었다.[138] 한민족이 걸어온 역사 과정은 그 발자취가 고스란히 보혜사를 하나님으로 맞이하기 위한 체제이다. "근세에 나타난 천도교·증산교·원불교는 한결같이 동양의 전통적 종교인 三教{儒·佛·道}에 머무르지 않고, 이들을 비판한 입장에서 장점을 취합한 통합 종교를 표방한 것은"[139] 보혜사가 하나님으로서 강림할 세계 인식적인 기반을 터 닦은 것이다. 자칭 개벽을 알린 종교로서 세계의 어떤 선각자들보다도 앞장서 지상 강림 소식을 발 벗고 알렸다. 원불교의 대종경 변의품에서는 "선지자들이 말씀한 전후 개벽의 순서를 날이 새는 것에 비유했는데, 수운 선생의 행적은(천도교) 세상이 깊이 잠든 가운데 첫 새벽의 소식을 알린 것이고, 증산 선생은(증산교) 그 다음 소식을 알린 것이며, 대종사(원불교)는 날이

138) 한민족은 새로운 역사 시대에 새로운 하나님을 모실 민족으로서 예비됨.

139) 『새로운 발견과 창조』, 이영주 저, 해인, 1989, p.454.

차차 밝으매 그 일을 시작한 것이다"라고 했다.[140] 참으로 탁월한 통찰로서 이 땅에서 전개될 질서 대요를 가닥 잡은 것인데, 이 같은 선견들이 곧 지상 강림 역사를 예비한 역할이다. 하지만 아직 실체를 온전히 맞이한 상태가 아니므로 강력한 통합 권능을 발휘할 수 없었고 교리 면에서도 보편성을 결여하여 세계적인 역사성으로까지는 확대되지 못했다. 비록 설익어 민족 종교 이상의 틀은 벗어나지 못했지만, 사상적인 바탕만큼은 하나님이 강림할 수 있는 선견된 인식을 개척하였다.

보혜사를 맞이하기 위해 참으로 영적으로 깨어 있었다. 잠자는 세계를 향해 고한 여명의 햇살을 드리웠다. "인도의 시성 타고르는 동방의 해 뜨는 나라 한국에서 인류의 희망이 제시될 것이라 했고, 예수는 동방의 해 뜨는 나라에서 흰옷 입은 무리들이 진리의 표상이 될 것이라 했다. 佛陀는 바다 건너 비로자나 장엄경이 있는데, 미륵보살 마하살이 그 안에 있어 본래 태어난 곳의 부모와 친척과 여러 사람을 거두어 성숙시킬 것"을 기대했다.[141] 학계에서는 "태양계가 별자리를 이동하여 새로운 우주 공간으로 공전의 궤도를 바꾸고 있다고 보고, 태평양 시대를 예견하면서 대처 방안을 마련해야 한다고 주장했다. 지성들은 서양 문화의 종식과 더불어 동양에서 새 문화의 시대가 열릴 것을 예견하였다."[142] 아직은 거리감이 있지만 선견된 지성으로 거둔 통찰력이다. 주관적인 신념을 애써 합리화시킨 의도가 없는 것이므로 값지게 평가되어야 한다. 다각도로 예비된 섭리성을 꿰뚫어 보아야 하나님을 맞이할 수 있다. 그 뒷받침을 이 연구가 할 것인데, 가능하게 한 분이 하나님이다. 보혜사 하나님은 각처에

140) 위의 책, p.454.

141) 『남사고의 마지막 예언』, 앞의 책, p.223.

142) 『소설 정감록(하)』, 앞의 책, p.39.

서 인류사에 있어서 선진 문명의 기틀을 이룬 선현들에 의해서 예시되었다. "석존은 3000년 후인 현 시대에 생미륵존불이 출현할 것을 예고하였고, 예수는 이 세상 임금이 온다(요, 14: 30)고 하였다. 공자는 『周易』에서 창조주의 말씀, 즉 成約이 동북방에서 이루어진다고 보고 後生而可畏, 즉 내 뒤에 나보다 더 큰 성인이 탄생될 것이 가히 두렵다고 하여 자신보다 더 큰 성인이 나올 것을 내다보았다."[143]

> "누가 동방에서 사람(聖人)을 일으키며, …… 열국으로 그 앞에 굴복케 하며, …… 이 일을 누가 행하였느냐 누가 이루었느냐 누가 태초부터 만대를 명정(命定)하였느냐. 나 여호와라 태초에도 나요 나중 있을 자(聖人)에게도 내가 곧 그니라."[144]

강증산은 말하길, "누구든지 한 사람만 오면 각기 저의 스승이라 하여 따르리라."[145] 예언된 미륵불의 탄강 경우를 보더라도 佛陀 이후에 결성된 팔만대장경이란 경전만으로서는 다난한 이 시대를 佛法으로 구원할 진리력을 발휘할 수 없다. 佛法의 정수를 엑기스화시킨 미륵존불의 출현이 요청되는 것이며, 이런 요구는 여타 영역들도 마찬가지이다. 그래서 만유를 통괄한 본령인 보혜사가 강림하였다. 그분이 곧 구세주(인류), 메시아(기독교), 미륵불(불교), 진인(도교), 정도령(한국 전래 비결)이다. 내가 곧 그이다. 천상의 비밀도 때가 되면 한꺼번에 밝혀지는데, 그중 '내가 장차 열석자로 오리라'고 한 강증산은,[146] 한반도에 완성된 진리자로 올 하나님을 가장 현실감 있게 엿본 선지자이다. 강증산을 받든 교인들은 그를 백의민족으로 강

143) 『새로운 발견과 창조』, 앞의 책, p.438.

144) 이사야, 41장 2~4절.

145) 『대순전경』, 3장 144절.

146) 『대순전경』, 9장 16절.

림한 하나님으로, 미륵존불로, 옥황상제로 지목하여 숭앙하지만,[147] 강림 역사를 예지한 선지자와 직접 강림한 하나님은 차원이 다르다. 이 땅의 문화와 사상적인 특성을 꿰뚫은 선지자 중 한 사람이라는 사실을 인정한다면 증산이 말한 神 한국 강림에 대한 예언은 놀라운 탁견에 속한다. 선천에서는 분열함을 통해 성장을 이룬 시대로서 다수의 종교가 출현해 인류 문화를 꽃피웠는데, 개벽에 의한 후천 통일 시대가 오면 결실의 道가 출현하여 인류 문명이 열매를 맺게 되는 때이다. 이때 우주의 주재자인 하나님이 동방의 해 뜨는 나라 한국에 강림하여 성부의 시대를 맞이하게 된다고 하였다.[148] 노스트라다무스는 '하나님은 자신의 생명의 주기를 타고 오신다'고 예언했고,[149] '기독교가 전한 큰 축복의 메시지도 지상에 천상의 하나님이 성령으로 강림하여 인류와 함께 살 것'이라고 전하였다.[150] 즉 "나는 내 아버지의 이름으로 왔으매 너희가 영접지 아니하나, 만일 다른 사람이 자기 이름으로 오면 영접하리라."[151] 다른 분이(보혜사) 자기 이름으로 올 것인데, "그때가 오면 세상은 진리로 인도되고 사람은 진리 자체가 되리라."[152] 하나님이 손수 지은 인간 안에서 역사하여 본체를 현현시킨 것이니, 길=하나님이라고 내린 결론이 그것이다.

하지만 아무리 선견된 안목을 가지고 길을 준비해서 세상을 향해

147) 『증산도의 진리』, 안경전 저, 대원출판사, 1985, p.186.

148) 『이것이 개벽이다(하)』, 안경전 저, 대원출판, 1991, p.282.

149) 노스트라다무스의 아들에게 보내는 편지 중에서: "지금 우리는 전능한 하나님의 힘의 주기로 돌아오는 달의 지배를 받고 있으며, 그것이 끝날 때, 다음에는 태양에게, 그 다음은 토성의 지배를 받는 것이다." -『이것이 개벽이다(상)』, 위의 책, p.43.

150) 『개벽 다이제스트』, 안경전 저, 대원출판, 1994, p.51.

151) 요한복음, 5장 43절.

152) 『개벽 다이제스트』, 앞의 책, p.51.

외쳐도 귀 기울이는 자 몇 명이며, 믿음을 바쳐 신앙할 자 누구인가? 반만 년 역사 끝에 하나님이 강림하였지만 아무도 아는 자가 없다. 외친 자도 추종한 자들도 본분을 넘어 참칭은 하였지만, 정말 강림 역사를 준비하여 맞이할 수 있는 안목은 가지지 못했다. 따라서 이 연구가 나서서 길의 전 과정을 인도한 하나님, 세계의 진리를 통합한 하나님, 핵심 본질을 규명한 하나님, 천지 창조를 증거한 하나님, 민족의 선각들이 예언한 하나님, 한민족이 세계를 구원할 수 있도록 역량을 갖추게 한 하나님이 반만 년 동안 기다린 보혜사 하나님이란 사실을 밝히리라.

제4편

지상강림론

웬 아주머니가 나타나 정감록을 배우고 싶으면 자기에게로 오라 한다. 가니 책을 펼쳤다. 그것은 한국의 기독교적인 예언서로서 각 개인의 몇 날 몇 시 신상서까지 대입만 하면 다 나오게 되어 있었다. 거기에는 하나의 법칙이 있어 위 글자에 몇 몇 받침을 대입하니 예언이 되었다. 설명서가 있고 각종 세기적 그림들이 고대의 것으로부터 수록되어 있었는데, 나의 것을 보니 웬 아름다운 공원 같은 곳에 푸른 숲과 꽃이 만발하고 연못 위에 아치교가 있었다. 마치 봄놀이하는 풍경이라, 사람들이 붐비고 친구하고 놀러 갔던 옛일이 그대로 찍혀 있었다. 그리고 내가 그 아치교에 걸터앉아 있는데 좌우측의 돌부처 사이에 끼어 있었다. 나는 그 두 개의 돌부처 사이에서 이미 결혼이 된 것이라 한다.
나는 이 책이 어떻게 생긴 것이냐고 물으니 예수 그리스도의 제자 한 분이 창세기, 누가만 놔두고 그 모든 것을 폐하여 그 신비와 예언을 이 속에 파묻어 둔 것이라고 했다. 정감록은 몇몇 구절이 그대로 나와 있고, 그것은 바로 성서적인 것이었다. 알고 보니 창세로부터 지금까지 되어 온 일과 될 일들을 대입만 시키면 그대로 예견되어 나왔다. 그렇다면 나는 이 책을 보는 방법을 반드시 알아야겠다고 생각했으나 신기하게도 그들은 그림만 펼치면 그 속에서 척척 신비의 예언들을 들추어 알아내는데 나는 도저히 알 수 없었다. 어느 곳을 펼쳐 성화(聖畫) 속의 어떤 얼룩이 표시 나는 지점을 이리저리 숙여 측면을 달리해 보면 묘하게 해석이 내려졌다.
알 수 없는 중에 웬 아저씨가 해석판을 들고 나와 은밀히 나에게 그것을 설명해 주니 내가 가지고 있는 정감록의 설명만 잘 읽으면 되는 것이었다. 그 그림 뒷면에는 그 어느 곳을 강조하는 ㅁ모양의 먹지가 표시되어 있는데, 이것은 해설서를 보거나 그 먹지의 투명도를 보면 알 수가 있다고 했다. 나는 모든 것을 알았다. 그리고 집을 향해 뛰었다.

-1983.4.26.04:55(꿈)

제11장 지상강림론 개설

1. 강림 역사 증거

제1편 「총론」은 핵심 된 화두를 전면에 내세운 선언이었고, 제2편은 이해할 수 있도록 개괄적인 관점을 제공한 것이며, 제3편은 하나님이 강림하기 위한 존재적·신학적·섭리적·사상적·역사적 기반을 다진 작업이라면, 이제부터는 본격적으로 지상 강림 역사에 대해 서술하고자 한다. 하나님이 역사한 것은 태고로부터 연면한 것이지만 이 땅에 강림한 것은 창조 이래로 없었던 역사이다. 그런데도 선언만 하고 개념적인 정리로서 끝나 버린다면 시대를 전환시킬 역사적 사건이 될 수 없다. 그래서 존재적인 근거를 밝힌 것이 앞 편의 「강림적 신론」이었다. 그러나 이것은 그야말로 터를 닦은 작업으로서 진리의 성령으로 현현된 존재 속성을 규명한 단계이다. 그러니까 규명은 했지만 전제된 일면이 있다. 그러므로 「지상강림론」은 입장을 달리하고자 한다. 하나님은 역사적으로 이미 강림한 상태인데, 계속 전제만 한다면 인류의 장래 일에 대한 예고가 더 이상 확인할 기회가 없어진다. 완수된 입장을 견지해야 그 이상의 것을 밝힐 수

있다. 강림한 하나님으로서 이 땅에서 합당한 권능을 발휘할 수 있다.

그렇다면 달리해야 하는 사명과 관점이란 도대체 무엇인가? 이전까지는 무엇을 통해서도 하나님을 실질적인 본체자로서 천명하지 못했다. 망령이 떠돌아다닌다는 말이 있는 것처럼, 이런 의혹을 떨쳐 버릴 수 있는 확실한 방법은 존재자로서 생명을 가지는 것이다. 하나님도 예외가 될 수 없는 것이, 하나님은 성령의 역사를 통해 살아 계심을 증거해야 하며, 그렇게 역사된 형태를 뒷받침하는 것이 곧 영적인 의지 활동이다. 이에 의지로서 주재된 성령의 역사를 이 연구가 밝히고자 한다. 이것은 하나님의 살아 계심을 증거하는 획기적인 역점 기도이다. 성공하면 인류는 명실상부하게 하나님과 함께한 지상 천국 건설을 눈앞에 둔 것과 다름없다.

그렇다면 하나님의 강림 목적을 현실화시켜야 하는 사명을 지닌 본인도 임무를 부여받은 자로서 지닌 마땅한 존재 색깔(본색)을 나타내지 않을 수 없다. 이전까지는 한 발 물러선 입장에서 '그렇게 되리라' 혹은 '하리라'고 했지만, 이제는 직접 이루고 행할 일로 혹은 실현될 일로서 확정지어야 한다. 하나님은 참으로 이 땅에 강림하였고, 증거할 수 있는 진리적 조건을 갖추었다. 강림하리라 혹은 거하리라가 아니다. 임하리라 한 예언을 성취시킨 근거를 확보하였다. 정말 실현된 사실을 확인할 수 있는 판단 시점이 지금이다. 강림하기 이전에는 누구도 확인할 수 없었는데, 이 연구는 하나님이 이룬 성업을 바탕으로 획기적인 증거 메커니즘을 구축하였다. 완수된 입장에 선 관계로 일체를 밝힐 수 있다. 창조 섭리는 생성 과정을 완료한 입장에 서야 삼세 간을 관통한 통시성을 확보하여 목적된 의지를 일관시킬 수 있다. 정말 지상 강림 역사를 실현한 마당이므로 전후간에 걸친 과정을 통찰함에 있어 큰 어려움은 없다. 도상에서 탐구하는 것이 어려웠던 것뿐이지 이루고 난 이후 과정을 관망하는 것은 큰 문제가 아니다. 이것을 인류는 알아야 한다. 실로 이전에는 믿음을 가져야 했지만, 지금은 단호한 결단이 요구될 뿐이다. 강림된 결과에 근거하여 지난 역사를 관망하고 장래 일을 판단할 수 있다. 모든 권한은 하나님이 가진 것인데도 우리로서는 새 일을 도모하는 것 같고 이질적인 주장인 것처럼 여기지만, 「지상강림론」은 만세 전부터 예비된 창조의 목적을 현실화시키는 단계 일환이다.

태초로부터 주재된 역사는 하나님이 이 땅에 강림하기 위한 섭리 궤도를 한 치도 벗어나지 않았다. 제 영역이 동조해 보혜사가 강림할 수 있는 기반을 마련하였다. 「지상강림론」은 창조 이래 하나님이 보혜사로서 본체를 드러낸 역사에 대한 일대 기록이다. 하나님이 어떻게 강림할 수 있었는가? 갑자기 이루어진 일이 아니라면 반드시 작용된 근거가 있다. 이것을 이 연구가 찾아내리라. "섭리가 지니는 의미는 하나님이 통치의 목적을 달성하기 위하여 세운 규정 또는 피조물들을 위하여 나타낸 돌보심과 관계되어 있다. 하나님이 모든 피조물을 보존하며, 세계에서 생성하는 모든 일에 행동하며, 만물을 그 정해진 목적으로 인도하는 사역이다."[1] 그런데도 주도된 섭리를 완수하기까지는 사실적인 역사로서 확인할 수 있는 근거를 찾지 못했다. 하나님이 강림함으로써만 알게 되었다는 것은 일체 역사가 지상 강림에 목적을 두고 치달았다는 뜻이다.

모든 것은 하나님이 주재한 본체 의지가 드러나야 알 수 있는 것으로서, 세상 자체가 본체를 동반한 지상 강림 역사를 절실하게 원했다. 命에 의해 창조된 관계로, 命[의지]은 천지를 있게 한 핵심 작용이다. 이와 같은 원동력이 섭리로 엮여 역사화되고 진리화되었다.

---

1) 『기독교신학 개론』, 루이스 벌코프 저, 신복윤 역, 은성문화사, 1980, p.104.

무리수가 있는 것처럼 보이지만, 命한 뜻이 있어 강림한 본체가 세상 이치를 통합했다. 관점을 확보하여 만상과 하나님이 연관된 고리를 밝혔으며, 만물의 바탕 위에 하나님이 거한 사실을 확인했다. 세계의 역사가 그러하고 인생의 본질이 그러하며 사물의 제 현상들이 다 그러하다. 하나님은 존재한 티끌 하나라도 주재 역사 안에 포함시켰다. 섭리를 통해 두루 엮어 내었다. 물리 현상, 생명 현상 등 존재하는 것은 무엇 하나 하나님의 역사 의지와 창조 의지와 섭리 의지 안을 벗어나지 않았다.[2)]

그래서 하나님이 강림한 근거를 추적하기 위해서는 무엇보다 그동안 일군 세상 진리를 섭렵하여 천고 만재된 섭리를 꿰뚫어야 했다. 그리해야 만물이 하나님의 창조 본질 안에 속한 실태를 확인할 수 있다. 하나님과 만상과의 실질적인 관계를 추적한 이 연구가 밝힌 역사는 인류가 걸어온 발자취이고 하나님이 이룬 직접적인 뜻이다. 이것을 알아야 하나님이 진리의 성령으로서 이룬 성업을 확인하고 창조주를 인정할 수 있다. 성경에서는 "창세로부터 그의 보이지 아니하는 것들, 곧 그의 영원하신 능력과 신성이 그 만드신 만물에 분명히 보여 알게 되나니……."[3)] 이 사실을 이 연구가 증거해야 한다. 언젠가는 이루어야 할 창조 목적이며 반드시 완수해야 하는 저술 과제이다.

2. 강림 역사 기점

한 인간이 살아온 삶의 의미와 가치를 평가하고 결론을 내리게 되

2) 강림하게 된 존재 형태가 곧 인류를 모든 진리 가운데로 인도할 보혜사 진리의 성령이다.

3) 로마서, 1장 20절.

는 것은 그의 삶이 마무리되었을 때이다. 하나님의 섭리 뜻을 판단하는 것도 이와 같아 완수 이전에는 누구도 뜻을 온전하게 판단할 수 없다. 뜻을 받들었던 선지자, 사도, 성직자, 성도, 독생자라도 여건은 다르지 않다. 엿볼 수는 있었지만 결과를 보지 못한 관계로 이루고자 한 뜻을 알지 못했다. 진리 세계도 생성 중인 때는 잔존된 감이 있는데, 이제는 하나님이 강림한 관계로 역사된 뜻을 확정지을 수 있다. 본인 역시 길을 추구하는 과정에서 의심도 하였고 부인도 하였지만, 전체적인 본말을 규명한 이후로는 어떤 경우에도 섭리 의지가 뒷받침된 뜻을 알 수 있었다. 무형의 의지로 역사한 하나님이 유구한 세월에 걸쳐 강림한 관계로 만족할 만큼 객관적인 원리성을 도출할 수는 없다. 주관성은 다분하지만 역사된 발자취를 추적할 수 있다면 세상은 하나님이 어떤 역사를 펼친 것인지 알 수 있게 된다. 그리고 이런 역사의 한 중심에서 구심 역할을 한 성령의 역사가 있다. 항상 성령을 통해 역사한 형태를 취함으로써 하나님은 어제도 그러하였고 지금도 그러하며 이후에도 그렇게 역사할 것이나니, 이런 조건에 맞추어 지상 강림 역사가 증거되어야 한다. 우리는 몰라도 하나님은 알고 있고 인간은 거부해도 하나님은 천지 역사와 함께 하였으니, 천지가 침묵한 가운데서도 하나님은 끊임없이 뜻을 밝히셨다. 이런 특성을 지닌 주재 역사를 우리는 그동안 기독교가 전한 메시지만으로 전달받았다. 그래서 「지상강림론」에서는 관점을 더욱 확대시켜 전체 세계를 통해 역사한 내력까지 밝히려 한다.

'성령은 창조와 구속에서 하나님의 일을 완성시키는 특별 업무 분야를 담당하는 것'[4]으로 보거나 하나님이 부여한 부분적인 역할 정도로 여기기 쉽지만, 사실은 그렇지 않다. 이전이나 이후라도 역사

---

4) 『기독교신학 개론』, 앞의 책, p.77.

의 중심에는 항상 성령이 존재한다. 지상 교회를 통해 구원 섭리를 이끈 분도 성령이었고, 오늘날 지상 강림 역사를 완수한 분도 성령이다. 삼세 간에 걸쳐 있는 관통자이고 지혜자이며 만사를 이룬 바탕체로서 존재한다. 하지만 성령의 역사를 무조건 절대적인 것으로 단정해서도 안 된다. 성령은 전지전능한 해결사가 아니다. 세세한 '품'을 거쳐야 증거된다. 하지만 문제는 인간이 지닌 것만으로는 한계가 있다는 데 있다. 세계가 지닌 근본적인 문제를 풀 정확한 정보를 가지고 있지 못하다는 것은[5] 세계가 지닌 구조적인 실상과도 맞물려 있다. 이것은 그런 앎과 달리 품을 제공한 성령이 우리와는 차원이 다른 전체적인 통괄자로 있다는 뜻이며, 이런 분이 정말 창조 섭리를 완수한 진리의 성령으로서 강림하였다. 당연히 제 방면에 걸쳐 획기적인 변화가 예상된다. 이전에는 성령의 실체를 증거하고자 해도 "당신은 하나님을 믿으십니까? 예수 그리스도를 믿으십니까?"[6] 믿는 것 외 다른 방도가 없었다. 섭리 역사가 완수되지 못한 상태에서는 어떤 영역에서도 믿음을 앞세운 것 이상을 벗어나지 못했다. '一圓은 모든 진리의 본원처이고 모든 진리의 근원(소태산)'이라고 했지만,[7] 본원처이고 근원된 道의 실체를 개념적으로 단정한 것뿐이다. 김수환 추기경은 "자애롭고 경애로운 공경의 대상인 동양의 天 개념이 기독교의 하나님과 상통된 일면이 있다"고 증언했는데,[8] 天과 하나님을 연결시킬 세계 바탕적인 근거까지는 밝히지 못했다. 선천의 진리성이 지닌 한계이다.

하지만 이 연구에서는 지상 강림 역사를 완수한 관점에서 제반 근

---

5) 『코리아 웅비의 증산도』, 노상균 강해, 대원출판사, 1994, p.6.

6) 『기독교교리의 역사』, 베른하드 로제 저, 차종순 역, 목양사, 1990, p.58.

7) 『한국민중종교 사상론』, 유병덕 편저, 시인사, 1985, p.116.

8) 「김수환 추기경과 도올과의 종교 토론」, 동아일보 2001년 4월 7일자 신문, A 29면.

거를 제시할 수 있다. 여기에 인도된 길의 섭리 역사가 주효하다. 과거에는 시대를 가른 획기적인 역사들이 있었다. 서양역사에서 콘스탄티노플이 함락된 날은 한 시대의 종막인 동시에 다음 시대의 개막을 알린 매우 중요한 날로 여겨졌다. 지나고 보니 중세라는 암흑의 일천 년을 보내고 유럽 세계에 새로운 생명과 역사적인 에너지를 태동시킨 대사건이었다.[9] 하지만 지상 강림 역사는 그런 역사와도 비교할 수 있는 사건이 아니다. 분열을 본질로 한 선천 질서를 종결짓고 우주의 생성 본질을 전환시킬 대사건이다. 당연히 인류는 일찍이 경험하지 못한 새로운 역사를 맞이하리라. 전 방위적으로 세계 질서를 전환시키리라. 지난 이천 년간은 기독교 역사가 주축을 이루었지만 감히 하나님의 아들이 희생되었는데도 세상은 죄악을 깨닫지 못한 불행이 있었다.[10] 하지만 오늘날은 이런 국면조차 전환되어 지상 강림 시대가 도래하였다. 어떻게 확인하고 어떻게 맞이할 것인가? 이것이 인류가 당면한 과제이고 귀 기울여야 할 메시지이다. 앞에서는 하나님이 진리의 본체자로서 현현된 내력을 밝힌 상태이므로 본 「지상강림론」에서는 보다 실질적인 증거 체제를 구축하리라. 하나님이 강림한 목적과 장차 이룰 일을 함께 밝히리라. 이 순간을 기점으로 인류 역사는 이미 하나님과 함께한 영광스런 천국 세계의 문턱으로 들어섰다고 보아도 좋다. 하나님과 함께한 가슴 벅찬 시대와 구원 공간을 바야흐로 맞이하게 되리라.

9) 『세계사 편력』, J. 네루 저, 장명국 편역, 석탑, p.61.

10) "그리스도는 유대 땅 베들레헴에서 태어났고(마, 2: 4 이하), 나사렛에서 자랐으며(마, 2: 23. 요, 1: 45), 갈릴리에서 가르쳤다(마, 3: 13 이하). 그는 구원이 오는 유대 땅에서 살았고(요, 4: 22), 예루살렘에서 죽어야 했다(눅, 13: 33)." — 『히브리적 사유와 그리스적 사유의 비교』, 토를라이프 보만 저, 허혁 역, 분도출판사, 1989, p.192.

제12장 선지자적 사명의 요청

1. 선지자적 사명의 대요와 일깨움

구약의 기록을 보면 이스라엘 민족 가운데는 하나님으로부터 부여받은 특별한 능력을 가지고 사명을 수행한 자들이 있는데, 이들이 활약했던 시대를 일명 '선지자들의 시대'라고 부른다. 이사야, 호세아, …… 요나, 미가 등등 이들은 자기들이 영감한 메시지를 기록하여 활동 상황을 남기기도 했는데, 이 기록이 곧 성서를 구성한 주요 자료이다.[11] "선지자란 하나님의 사람 혹은 종, 사자, 선견자, 해석자, 파수꾼, 영의 사람으로서 숱한 사람 가운데서 특별히 택함을 받아 하나님의 일을 하게 된 자이다."[12] 그들이 받은 소명은 인간적인 소명이 아니다.[13] 출생하기 이전부터 기름 부음을 받은[14] 선택적인 것이다. 특별히 사명을 자각하고 하나님과의 교제 가운데서 하나님이 준 가장 중요한 메시지를 받아 전하였으며,[15] 직접 준 말씀만을

---

11) 『구약신학』, 원용국 저, 세신문화사, 1991, p.54.

12) 위의 책, pp.46~49.

13) 아모스, 7장 14절.

14) 예레미야, 1장 5절.

전하였다.[16] "성령의 충만함을 받아 말씀을 선포하였고, 순교를 불사하였을 뿐 아니라,[17] 그렇게 한 활동과 역사를 통해 하나님의 뜻을 나타내었다."[18] 자신과 세상의 운명을 감지하고 미래와 하나님의 뜻을 안다는 것은 간단한 일이 아니다. 능히 하늘이 정한 자라야 한 숙명적인 것이다.[19] 그래서 선지자이다. 하나님이 불러 세운 관계로[20] 행적 하나하나에 뜻이 함께하였다.

사사로서 선지자적 사명을 수행한 최초 사람(예언)은 사무엘이다. "그는 소년시절에 하나님으로부터 소명을 받아 교제하였으며,[21] 말씀을 직접 전하여 백성들을 회개하게 했다.[22] 하나님의 뜻에 따라서 왕에게 기름을 부었을 뿐 아니라 예언도 하였다."[23] 이후 많은 선지자들이 세워져 역사를 펼쳤는데 예수 그리스도를 정점으로 막을 내렸다. 이슬람교의 경우는 무함마드 외 예언자는 더 이상 인정하지 않았다.[24] 이렇게 선지자의 시대는 마감되었지만 창조 섭리가 완성되고 전한 메시지대로 목적을 달성하였는가? 사명자는 더 이상 필요 없는가? 사무엘이 세워지고 무함마드가 예언하고 그리스도가 옴으로써 인류가 새로운 구원 역사를 맞이하게 되었듯, 세월이 흐르면 하나님의 뜻을 대언하고 수행할 선지자가 또 필요하지 않으리란 법이 없다. 정경은 확정되었지만 하나님의 섭리 호흡까지 멈춘 것은

---

15) 요엘, 1장 1절. 미가, 1장 1절.

16) 『구약신학』, 앞의 책, p.55.

17) 열왕기상, 2장 24절. 역대하, 24장 20~22절. 예레미야, 26장 23절.

18) 『구약신학』, 앞의 책, p.54.

19) 『주역을 읽으면 미래가 보인다』, 박태섭 저, 선재, 1999, p.50.

20) 신명기, 18장 15절. 아모스, 2장 11절.

21) 사무엘상, 3장 4~14절.

22) 사무엘상, 3장 10절. 이사야, 8장 8절.

23) 『주역을 읽으면 미래가 보인다』, 앞의 책, p.46.

24) 『역사와 해석』, 안병무 저, 한길사, 1993, p.348.

아니다. 선지자가 출현한 것은 그 시대가 요청한 정당한 이유가 있었다. 하지만 선지자를 통한 역사 맥이 끊어지게 된 것은 그것 역시 그럴 만한 이유가 있었다. 선지자가 전달한 메시지만으로도 아직까지는 섭리 역사가 지탱되고 있다. 그러나 시대는 변하고 변하여 다시 새로운 메시지를 전파해야 할 필요성이 증대되면 선지자는 언제든지 다시 세워질 수 있다. 다만 그때가 언제이고 어떻게 당위성을 확보할 수 있는가 하는 것이 문제인데, 선지자가 출현할 가능성만큼은 누구도 막을 수 없다. 하나님이 여태껏 역사한 섭리 유형이 그러하듯, 하나님은 구원 사역을 대역할 인물을 앞세우지 않고 역사를 추진시킨 경우는 결코 없었다. 알다시피 세례자 요한은 主 그리스도의 초림을 예비한 선지자이고, 바울은 그리스도의 사후에 예수의 사역 의미를 정립한 사도이다. 예수도 창조 목적을 구현한다는 측면에서는 하나님의 뜻을 받든 선지자이다.

그렇다면 이 연구도 밝힌 바대로 지상 강림 역사를 선언하였는데, 이런 유의 사명과 메시지는 어떻게 부여받고 전달된 것인가? 하나님과 대면한 것이 아닐진대 가능하도록 역할을 담당한 것이 곧 이 연구이다. 하나님을 현현시키고 본체를 드러내기 위해서는 일련의 사역을 수행할 지상에서의 담당 역할자가 있어야 하며, 그것이 곧 길이다. 만상의 主인 하나님은 단독으로 역사할 수 없다. 역사를 이루기 위해서는 먼저 사명을 수행할 선지자를 세워 단절된 섭리 맥을 잇는 작업을 해야 했다. 이런 노력 절차가 앞에서 밝힌 길의 추구 역사이다. 개인으로서는 보잘것없는 인간이지만 길을 통해서는 옛 선지자들이 맡았던 사명 역할을 통합하고도 남음이 있다. 하나님이 강림하기 위해서도 길을 통한 선지자적 역할은 필요하였고, 강림 이후에도 이런 사실을 밝혀 증거하기 위해서는 선지자적 역할이 긴요하다.[25] 그렇기 때문에 지상 강림 역사를 증거하기 앞서 밝혀야 한 것이 길이 부여받은 선지자적 사명 역할의 대요이고, 필요성에 대한 근거이다. 우리는 자유를 구가하면서 세계가 영원 무구하게 보전될 것을 바라지만 기대와 달리 세상은 끊임없이 변하여 어느덧 천지간의 질서가 전환되어 버렸다. 당연히 인간도 발맞추어 새로움을 도모해야 하고, 그리해야 새 역사를 맞이할 수 있다. 지난날 선각들이 이룬 믿음은 옳았고 나름대로 고유한 가치를 지녔다. 불교의 진리도 옳고 기독교 신앙도 옳고 과학적인 발견들도 인류사회에 꼭 필요한 진리 인자이다. 문제는 그렇게 이룬 인자들이 다시 새로운 변화 요구에 직면하였다는 사실이다. 통째로 결단을 내려야 하는 때를 맞이하였다. 하지만 이 같은 때가 도래한 사실을 누가 밝히고 일깨울 것인가? 모두가 현시대를 일컬어 말세라고 입버릇처럼 말은 하고 있지만 과연 누가 하나님의 뜻을 정식으로 대언하는 입장에 서서 종말의 때를 선포할 수 있단 말인가? 그리고 심판의 날이 도래하였다면 지금 누가 여기에 대해 구체적인 대비책을 세웠는가? 바로 여기에 이 시대의 진정한 종말 상황을 선언하여 인류를 구원할 선지자적 외침이 있어야 할 것이다.

시종일관 지상 강림 역사를 준비하고 사명을 수행한 이 연구는 마땅히 하나님이 부여한 준엄한 권능을 바탕으로 선지자적 사명에 대한 대요와 당위성을 천명할 수 있다. 사명 역할을 확실하게 표명하지 못한다면 하나님이 강림한 사실과 시대를 전환시킬 메시지를 전달할 수 없다. 불가피하므로 그동안 깊이 감추고 있었던 길의 존재

25) 정말 하나님이 이 땅에 강림을 이루었다면 이 모든 사실을 증거할 선지자의 세움은 불가피한 요청이다. 하나님이 홀로 강림할 수는 없는 것이니, 오늘날의 이 시대에 있어서 돌현한 선지자적 사역은 새삼스러운 바가 아니다. 하나님이 강림하심에 따라 부수된, 그러면서도 필요 불가결한 역할이다.

색깔과 본질을 밝혀야 한다. 하나님의 역사 없이 길의 과정이 성립될 수 없듯, 선지자적 사명의 대요 밝힘 없이 지상 강림 역사가 증거될 수는 없다. 천명한 모든 사실을 책임지기 위해서라도 인류 앞에서 숨김없이 증언해야 한다. 담대하게 나서야 지상 강림 역사를 증거할 수 있다. 몽매한 인류를 일깨우는 책무를 공고히 하리라.

현대인들은 의도적으로 하나님을 부정한 무신론적 기류를 타버려, 일평생 하나님이 존재한 사실 여부에 대해 관심조차 두지 않는 사람들이 부지기수이다. 믿음이 있다고 하는 신앙인들도 하나님의 뜻을 파악하지 못하고 있는 실정이므로, 이런 무지를 일깨워 인류를 하나님께로 인도할 수 있는 세기적 사명을 불태워야 한다. 당신은 하나님이 한민족과 인류 위에 둔 영광된 뜻과 구원 계획을 알고 있는가? 누가 어떻게 이와 같은 뜻을 계시받고 알릴 수 있는가? 예고도 없이 모든 역사를 즉시 단행한다면 무슨 영광이 되겠는가? 누가 하나님이 이룬 역사라는 사실을 알아차리겠는가? 그래서 하나님은 밝힌 바 한민족이 걸어온 역사를 통하여 멸망에 처한 인류를 구원할 프로젝트를 마련하였다. 선천 역사는 종말을 맞이하였으므로 서둘러 매듭을 지어야 한다. 약속된 역사를 속속 이루어야 한다. 그런데 예고조차 없다면 인류 역사를 심판할 타당성이 결여된다. 밝히고 세우고 예고한 절차를 거치지 않으면 누구에게도 영광이 될 수 없다. 몽매한 인류를 방치해 두었다가 결과만 보고 심판할 하나님이 아니다. 산적된 문제들에 대해서 그것이 어떤 난제라도 해결할 것은 끝까지 해결하리라. 이것이 길이 담당해야 하는 사명으로서의 과제이다. 하나님이 이 시대에 선지자적인 역할을 부활시켜서 뜻을 밝힌 것은 어떤 경우에도 인류를 끝까지 구원하기 위해서이다. 하나님의 약속이 이루어지지 않은 것을 빌미로 주도된 예언 역사를 전격 무시해서는 안 된다.[26] 우리에게 아직 판단할 시간이 있는 것은 구원받을 기회이고, 일깨움을 촉구하는 것은 하나님이 인류를 구원하기 위해서이다. 그래서 역사할 행로를 사전에 길을 통해 밝혔다.

> "빌립아, 내가 이렇게 오래 너희와 함께 있으되 네가 나를 알지 못하느냐? 나를 본 자는 아버지를 보았거늘 어찌하여 아버지를 보이라 하느냐."[27]

길이 보혜사 하나님을 세상 위에 등단시킨 것은 이 같은 역사 자체가 하나님이 강림한 사실을 증거한다. 길을 보는 것이 하나님을 보는 것이고, 선지자적 대요를 파악하는 것이 하나님의 뜻을 파악하는 것과 같다.

그러므로 굳센 믿음을 가진 자나 그렇지 못한 자나 이 연구가 밝힌 선지자적 일깨움 앞에서는 프리미엄을 가질 자가 아무도 없다. 하나님은 전혀 새로운 믿음의 출발선에서 구원 역사를 펼칠 것을 작정하였다. 조건은 오직 진정성 하나뿐이다. 때문에 공의로운 심판 기준이 될 수 있다. 인류를 구원하기 위해 각인이 지닌 영혼의 문을 열어젖힐 수 있는 방도이다. 역사의 길목을 가로막고 있는 義의 심판대를 피할 자 아무도 없다. 의로운 자도 일단은 심판대 위에 서야 하며, 그리해야 구원의 반열에 선다. "낡은 술(유태교)은 그 수명이 끝났으며, 그때 예수가 물로 술을 만들어 새 장을 열었다. 그 술은 수명을 다한 낡은 술과 비교할 여지가 없는 참된 술이다."[28] 그런데

---

26) 설사 천 년의 세월이 지난 후라 할지라도 여기에 대한 믿음은 마찬가지이다. 하나님의 뜻은 만세를 구축한 영원한 바탕이다. 천 년이든 만 년이든 하나님의 뜻에 대한 성사 여부에 있어서 세월이란 분량은 아무런 의미가 없다. 모든 것을 초월해 있는 것이 하나님의 뜻이다.

27) 요한복음, 14장 9절.

28) 『역사와 해석』, 앞의 책, p.348.

세계는 계속 변하여 그리스도가 부어 준 참술마저 지상 강림 역사로 인해 낡은 술이 되어 버렸다. 그렇다면 참된 술이라고 믿고 마신 추앙자들은 이 시대에 새로 빚어진 술을 어떻게 분간할 것인가? 이런 문제를 해결해야 하므로 이 연구가 정확하게 판단하기 위하여 선지자적인 사명의 대요를 구체화시켰다. 그리해야 길이 강림한 하나님의 뜻을 밝히는 공식적인 창구 역할을 할 수 있기 때문이다. 이 연구가 밝힌 것이 그대로 하나님의 뜻을 전달하는 사명 수행 과정이 되고, 하나님의 지상 강림 역사를 증거하는 토대가 되리라.

2. 선지자적 선포와 예고

구약의 "예레미야서는 유다 역사상 가장 암흑기에 활약했던 한 위대한 선지자의 사역에 대한 기록이다. 예레미야는 40년 동안 반역하는 유다에 대해 하나님의 정죄를 신실하게 선포하였고, 비참한 종말을 맞을 때까지 인내하며 임무를 완수한 눈물의 선지자이다."[29] 어떻게 해서 예레미야는 유다가 멸망하리란 것을 알았으며, 자신이 선포한 메시지가 심판에 대한 것이라 때때로 선지자직을 포기하려고 했으며, 그러면서도 가중된 고뇌를 극복하여 끝내 모든 사실을 눈물로서 선포하게 된 것일까? 그 뒤에는 항상 하나님이 동행한 성령의 역사가 있었다. 유다가 당면한 멸망의 조짐에 대해서 하나님은 이런 사태를 내버려 둘 수 없었다. 그래서 예레미야를 세웠고 호소어린 노력을 통해 경고하였다. 하물며 오늘날은 '전 지구상의 생명체들이 절멸할 위협에 직면한'[30] 상황이므로, 창조 이래 최대의 긴

29) 『뉴톰슨 관주주석 성경』, 뉴톰슨 관주주석 성경편찬위원회 편자, 성서교재간행사, 1985, 예레미야 서론(예레미야, 9장 1절. 13장 17절).

30) 『코리아 웅비의 증산도』, 노상균 강해, 대원출판사, 1994, p.54.

박한 위기가 임박했다는 사실을 선포하지 않을 수 없다. 천지 우주가 가쁜 숨을 몰아쉬므로 하나님이 이 사실을 알려 대비할 수 있도록 선지자를 보내었다. 유다는 하나님이 진심으로 뜻을 둔 신실한 백성들이라 눈물의 선지자를 보냈던 것처럼, 사랑한 인류가 당면한 위기 상황에 대해 하나님이 그냥 있으리라는 것은 말이 안 된다. 이런 때에 선지자를 보낼 것이라는 것은 지난날 이룬 역사 사례를 보면 불가피한 일이다. 인류가 총체적으로 위기에 직면했는데 암울한 앞날에 대해서 어떤 비전도 제시하지 못한다면 어떻게 되겠는가? 국면을 전환시켜 사태를 벗어날 대책을 마련해야 한다. 이것이 세인들 앞에서는 미처 접하지 못한 새 진리와 새 말씀과 새 약속 메시지로 다가오게 된다. 사실 알고 보면 신약도 구약에 대해서는 새로운 약속 메시지이다. 그래서 신약이다. 누가 신약을 세웠고 하나님이 이룬 새 역사로 믿었던가? 닳고 닳은 구질서를 타파하기 위해 새 말씀을 대언한 것은 선지자가 이룬 역사 덕분이다. 선지자를 세워 사태를 대비토록 했던 것이니, 그 총체적인 실황을 이 연구가 추적하리라. 길을 준비하고 메시지를 선포하게 한 분이 강림한 하나님인 것을 증거하리라.

본인이 경험한 성령의 역사를 밝히고자 하는 것인데, 부여받은 사명의 대요를 밝혀야 지상 강림 역사도 사실로서 확증된다. 이것은 참칭이 아니다. 불가피한 요청이며, 인과 법칙에 따른 결과이다. 왕이 행차하기 위해서는 사전에 준비를 철저하게 해야 하는 것처럼, 선행된 사례로서는 세례자 요한이 있다.[31] 그리스도가 오기까지 사전에 마련된 역사가 있었다. 요한은 "400여 년간 내려온 침묵을 깨고 메시아의 출현을 선포하였다."[32] "구약의 마지막 선지자(말라기)

31) 『성경의 파노라마』, 헨리에타 미어저 저, 생명의 말씀사, 1991, p.319.

가 이스라엘 백성을 향해 권고한 이래 400여 년이란 공백기가 흘렀는데, 이후 세례자 요한이 나타나 광야에서 그리스도의 임함을 외쳤다. 그렇지 않다면 무지한 백성들이 어떻게 때가 도래한 사실을 알 수 있겠는가?" 지상 강림 역사도 마찬가지이다. 이 연구가 외치지 않는다면 누가 외칠 것이며, 선지자로서 역할을 하지 못한다면 누가 알 수 있겠는가? 강림 사실과 때와 실체를 어떻게 분간할 수 있겠는가? 없기 때문에 일어서 선포해야 했다. 때가 된 만큼 일체를 숨김없이 밝혀 하나님이 이루실 바를 알려야 했다. 물론 메시지 가운데는 본의 아니게 주관적인 생각도 섞여 있으리라. 그런 사례를 없애기 위해 철저히 길의 역사를 대동시켰다. 그리하여 파멸에 직면한 인류를 구원할 장대한 약속과 메시지를 천명하게 되었다.

초림을 증거한 요한 이래 2000년간 침묵을 깨고 선지자가 출현하였다는 것은 곧이어 도래할 재림과 심판할 때도 다가왔다는 뜻이다. 아무리 역사가들이 과거 역사에 정통하여 미래를 전망할 수 있다 해도 인류가 맞이한 종말 상황까지 판단할 수는 없다. 그들은 섭리된 역사를 내면화시킬 수 없다. 뜻을 판단할 안목을 확보하지 못했고, 진리와 신앙의 기준이 바뀌었다는 사실도 알지 못했다. 묻건대 당신은 강림한 보혜사를 아는가? 안 즉시 새로운 질서 궤도 속으로 진입해 버린다. 만세 전부터 주관된 섭리를 통찰해야 비로소 때가 도래한 사실을 알 수 있다.[33] "이사야는 주전 700년에 그리스도의 출생과 성장, 고난, 부활, 재림, 도래할 신천지를 직접 보고 있는 것처럼 세밀하게 예언하였다."[34] 어떻게 알 수 있었는가? 마찬가지로 이 연구는 어떻게 하여 지상 강림 역사를 펼칠 수 있는가? 이제부터 이

---

32) 『구약신학』, 앞의 책, p.59.

33) 길은 만인에 공표될 것이니 길은 바로 그들의 것이다.

34) 『기독교와 문화』, 조인서 저, 한울출판사, 1996, p.64.

연구가 그 절차를 밝히려 한다.

> 하나님이 귀를 여시사 천둥 같은 울림으로 계시하심은 이것이 곧 하나님의 말씀이라. 세상의 처음부터 끝날까지 될 일과 하여야 할 일을 밝혀 드러낼 것이니, 너희는 이것을 받을 준비를 하라.

사명은 그냥 부여된 것이 아니고 그냥 수행된 것이 아니다. 믿음을 지킨 길의 과정처럼, 일체를 하나님이 준비하였고 인도하므로 제반 행로를 지침 받았다.

> "만군의 여호와가 이르노라. 보라, 내가 내 사자를 보내리니 그가 내 앞에서 길을 예비할 것이요, 또 너희의 구하는 바 主가 홀연히 그 전에 임하리니, 곧 너희의 사모하는 바 언약의 사자가 임할 것이라."[35]

보라, '내가 내 사자를 보내리니'라 하였고, '그가 앞서 길을 예비할 것이요'라 하였다. 이 연구의 선지자적 역할이 그렇다. 하나님이 임하는 날에 主의 특사가 오리라 했는데, 그 특사가 곧 이 연구이다. 진리의 성령이 언약의 사자로 임함과 함께 예언도 성취되었다.

> "보라 여호와의 크고 두려운 날이 이르기 전에 내가 선지 엘리야를 너희에게 보내리니 그가 아비의 마음을 자녀에게로 돌이키게 하고, 자녀들의 마음을 그들의 아비에게로 돌이키게 하리라. 돌이키지 아니하면 두렵건대 내가 와서 저주로 그 땅을 칠까 하노라."[36]

말리기가 한 예언대로 "세례자 요한은 하나님의 나라가 가까이

---

35) 말라기, 3장 1절.

36) 말라기, 4장 5~6절.

왔다고 선포하고 회개를 촉구하면서 세례를 주었고",[37] 그리스도는 세례자 요한이 엘리야인 것을 인정하였다.[38] 초림 시 보내리라고 한 엘리야가 세례자 요한으로 왔던 것처럼, 지상 강림 역사를 맞이한 오늘날 "主 그리스도가 재림하기 이전에도 나타나지 못하리란 법이 없다."[39] 조건을 놓고 본다면 지금이 엘리야의 도래 상황이 가일층 종합되었다고 할 수 있다. 主가 임할 수 있게 하기 위해, 능히 감당할 심판과 영광을 위해,[40] 이 연구가 선지자로서 행할 사명이 엘리아가 사명을 부여받기 이전에 결정되어 있었다.

3. 선지자적 선각과 인식

인간은 통상 의식을 가지고 사물을 판단하는데, 일상적인 생활 가운데서는 이성을 활용한다. 이성은 합리적으로 판단할 수 있게 하고 전래된 타당한 관습들을 인정한다. 그러니까 고대 노예제 사회에서 구조적으로 타성에 젖은 사람들은 모든 사람이 평등하리란 가능성을 미루어 생각할 수 없었다.[41] 마찬가지로 오늘날은 각 민족과 나라들이 대개 독립된 국가를 이루고 있는 상황에서 세계가 하나로 통합되어야 한다고 주장한다면, 현재 지닌 상식적인 타성으로서는 몽상으로 치부되기 쉽다. 이런 사례를 통해 볼 때, 선지자가 내다본 선각성은 더욱 두드러진다. 선각이란 시대와 시공을 초월한 선재 본질을 초월적으로 인식한 것이므로, 당대에 주류를 이룬 세계 질서와는

37) 『뉴톰슨 관주주석 성경』, 앞의 책, p.1329.

38) 세례 요한에 대한 예수의 증거－마태복음, 11장 7～14절.

39) 『뉴톰슨 관주주석 성경』, 앞의 책, 말라기서론.

40) 하나님이 사자를 보내어 그가 모든 길을 예비하면 "내가 심판하러 너희에게 임할 것이라."－말라기, 3장 5절.

41) 자유와 평등을 실현하려 한 민주주의 제도와 비교함.

구조가 다르다. 그러나 세계는 쉬지 않고 그와 같은 질서 구조를 향해 분열하고 목적을 이루기 위해 생성하였기 때문에 선지자들이 지각한 예언만으로 확인할 수 있는 충분한 추진 현상 역시 아니다.[42) 단지 차별된 특징이 있다면 이스라엘의 선지자들은 통틀어 미래 역사를 전망하는 데 주도적인 역할을 담당한 점이다. 그리고 선지자(예언자)가 이룬 선각은 그들이 호흡한 시대에 국한된 역사적 예언이 아니라 통합적인 본질을 직시한 형태로서 무수하게 시공의 문을 열 역사적 인자이다. 그래서 예언은 수천 년이 지난 이 순간에도(사장된 예언) 즉시 부활할 수 있다. 누구나 선재된 본질은 다양한 형태로 지각할 수 있지만 어떻게 하나님의 뜻을 선각할 수 있는가 하는 여기에 선지자다운 특징이 있다.

역사가도 주어진 자료를 해석해서 역사가 추진될 방향을 진단한다는 측면에서는 선지자와 비슷한 점이 있지만 그렇게 한 판단은 예단일 뿐 초월적인 인식은 아니다. 주어진 상황을 종합한 통찰일 뿐이다. 각 시대가 이런 지성인들을 존중했던 것은 세인들과 달리 앞날을 내다본 어느 정도의 근거를 확보하고 있어서이다. 수많은 사건들을 겪은 인류가 시대를 통찰하고 앞날을 내다보고자 한 노력이 없었다면 오늘날과 같은 시대를 맞이하지 못했으리라. 시대를 공유한 자들 중에서도 그 시대가 지닌 문제점을 성찰한 지식인의 역할은 막중하였고, 문제점을 직시해서 인류가 나아갈 길을 선도한 선각자들의 역할은 더욱 소중했다.

그런데 오늘날은 선각들이 이룬 예언 역사가 빛을 잃어 가고 있는 상황에서 예지력을 부활시켜 멸망에 처한 인류를 구원할 자 누구인

---

42) "예언자야말로 이스라엘 역사에서만 볼 수 있는 독특한 존재들이다. 저들이 아니었더라면 이스라엘 신앙이 세계로 진출하지 못했을 것이다." – 『역사와 해석』, 앞의 책, p.119.

가? 구원 역사를 주도하기 위해서는 살아 계신 하나님의 뜻을 통찰하여 이것을 사명으로 받아들여야 한다. 사명자는 깨어 있는 의식으로 타성에 젖은 무지한 백성들을 깨우쳐 권고할 수 있는 자이다. 이것이 선지자가 지닌 역할이고 이를 통해 대인류를 구원할 짐까지 짊어져야 한다. 인류가 멸망에 처하므로 끝내 한 영혼이라도 더 구원할 수 있는 지혜를 구해야 하는 것이 피할 수 없는 사명이다. 선지자는 하나님이 인류를 구원하기 위해서 세워야 한 선행 역사였던 만큼, 하나님의 뜻은 이 연구가 밝힌 사명에 대한 인식과 결코 동떨어져 있지 않다. 만상을 지은 창조 원리로서 깨우쳐 길을 인도하였다. 아직 세상 인식과는 거리가 있는데도 불구하고 이 단계에서 선지자적인 본분을 밝힐 수밖에 없는 이유는 사태가 사태인 만큼 곧바로 다음 장부터는 지상 강림 역사를 증거해야 하기 때문이다. 누가 하나님을 증거할 수 있는가? 선지자가 세워져야 하나님이 이 땅에 안착할 수 있다. 선지자가 앞서 길을 예비해야 하나님이 이 땅에 온전히 거할 수 있다.

4. 선지자적 수행과 추구 믿음

100% 사실만을 탐구해서 확인하고자 한 과학이라는 학문도 처음에는 가설을 세워서 실험하고 관찰한다. 지상 강림 역사도 상황은 마찬가지로서 처음부터 확신을 가지고 과정을 추진한 것은 하나도 없다. 도상에서는 온갖 의구심을 일으켰다. 아직 실현되지 않은 재림 역사는 더욱 그렇다. 때도 모른 채 실체를 판단할 수는 없다. 성경을 살펴보지만 그곳에서는 어떤 근거도 찾을 수 없다. 하지만 선지자가 역사하는 과정에서는 하나님의 뜻이 함께한다. 믿음이 믿은

바대로 이루어질 수 있도록 의지를 뒷받침한다. 지상 강림 역사가 그러하다. 실체를 확인하고 규명하기까지는 믿음을 가지고 추구할 수밖에 없고, 하나님이 이루실 일도 믿음으로서 표명한 상태이다. 그러나 분명하게 구분될 만큼 학문적으로 가설을 설정하는 것과 선지자가 우주의 운행 본질을 선지하는 것은 성격이 다르다. 선재 질서를 파악하는 것은 아직 도래하지 않은 미래 질서를 선각한 형태이다. 그러니까 예지한 뜻은 반드시 이루어짐에도 불구하고 과정에서는 곤혹스러운 지킴과 인내가 필요하다. 하나님은 장차 이룰 그 무엇을 위하여 강림한 것인가? 확인할 수는 없지만 무언가 분명한 뜻을 감지한 관계로 본인은 고뇌했다. 한 인간의 삶을 구속한 의도는 과연 무엇인가? 세상이 영원히 평화롭고 종말이 없다면 길의 과정도 추구될 필요가 없다. 그런데 하나님은 분명 도래할 어떤 때를 대비하여 역사했다. 그렇다면 그것은 정말 무엇인가? 분명 역사한 근거가 있어 뜻을 수놓은 것이 아닌가?

> 하나님은 너를 지키시는 자라. 영원까지 지키시리니 너는 마지막 때를 준비하라.

하나님이 역사하고 선지할진대 천 년을 살지 않아도 길 가는 자 그 시작과 끝을 알 수 있다. 길은 미리 선택되고 예비되는 것으로서 하나님이 길을 인도한 사실만큼은 의심할 수 없다. 과정 속에서는 믿음으로 대처했지만 그렇게 역사된 실존 의지가 언젠가는 밝혀질 것을 확신했다. 비록 완전하지는 못하다 해도 도달할 완수 추세를 예감했다. 그래서 알고 보니 교감된 역사의 이면에는 하나님이 발한 의지 작용이 있었다. 선지자의 맥이 끊어진 지가 언제인데 교감 역사가 재개된 것인가? 이 사실을 세상은 편견 없이 받아들여야 한다.

어찌 인간적인 회의감과 고뇌가 없었겠는가만 교감할 수 있도록 구도의 혼을 불태웠고, 우주의 모음에 귀를 기울였다. 그 결과 다양한 방면에서 하나님의 뜻을 인지할 수 있었다. 이런 과정이 쌓이고 쌓여 본인은 결국 길을 통해 일군 뜻과 쌓은 믿음이 하나님의 뜻과 일치된 선지자적 본질을 구축하게 되었다. 한 인간이 이룬 뜻과 품은 생각이 전격 하나님의 뜻인 것으로 확인되므로 길의 역사 위에 투영된 神적 의지(본질)를 자각했다. 성령의 인도로 얻게 된 깨달음인데 어찌 인간적인 교만이 섞일 수 있겠는가? 합당한 역사가 있어 선지자적 본분을 자각하게 되었다.

5. 선지자적 고뇌와 인내

하나님이 여태껏 세상 가운데 드러난 것은 선지자가 이룬 역사 형태를 통해서이다. 하나님이 오늘날 강림하게 된 것도 선지자를 통해서인데, 이것이 막상 이 연구와 연관되어 있다는 사실에 대해서는 어떻게 받아들일 것인지 의문이다. 현 단계에서조차 인정할 수 있는 분은 이 길을 직접 인도한 하나님뿐이다. 본인도 지난날 부여된 본분을 깨닫고 세상적으로 일어서려고 하였지만 실패하고 말았다. 오히려 믿음 있는 자들로부터 외면당한 혹독함까지 겪었다. 왜 그런가? 요지는 한 가지, 길이 세운 주장은 세상 인식과 다르기 때문이다. 그럼에도 불구하고 세상이 종말에 처한 이상 이 연구가 새 하늘과 새 땅과 새 질서를 예고하지 않을 수 없게 된 상황이다. 굳건했던 진리들이 예외 없이 무기력하여지므로, 새 터전을 마련해야 한다. 확보한 관점이 달라 기존 질서를 부인하지 않을 수 없게 된 부담과 낡은 집을 허물어뜨려야 한 고뇌가 있었다. 거한 집에는 진실한 자들도 있고, 행적으로 보나 믿음으로 보나 흠잡을 데가 없는 사람들 마저 선언된 메시지에 대해 무관심한 상황에서는 천지가 필연적으로 멸망할 수밖에 없다는 결론을 얻었다. 하지만 어떻게 할 것인가? 본인은 다만 길 가는 자요 뜻을 받드는 자일 뿐이니, 길을 완수하지 못한 상황에서는 코웃음을 쳐도 어찌할 수 없었다. 뜻을 실현하고 진리성을 판가름할 그날은 언제인가? 당장 보여줄 수 있다면 무슨 문제가 있겠는가? 그렇지 못한 상황에서는 믿음을 견지해야 했다. 세상은 안중에도 없는데 혼자서 길을 지켜야 하므로 아무리 지속된 은혜 가운데서도 인간적인 고뇌는 떨쳐 버릴 수 없었다. 노력해도 끝내 결과를 확인할 수 없는 상황이라면 믿음을 견지한 당위성도 사라진다. 소용없는 추구라면 정말 어떻게 해야 하는가? 뜻을 확인할 수 없다면 지탱해 온 삶의 가치를 버리는 것이 마땅하다. 길 가는 자 영원히 神의 고뇌와 의지를 감싸 안았다. 하나님이 이 땅에 강림하시다니! 누구나 쉽게 받아들일 수 있는 사안이 아니므로 믿음을 다져야 했다. 선지자적 사명을 수용하는 과정에서 탈세계적인 진통이 있었지만 위기의 순간마다 이 자식을 붙든 것은 하나님의 한량없는 은혜였다.

엄정한 계시를 담은 메시지가 하나님의 존엄함을 나타내었다면 누구라도 당혹해하고 두려움을 느끼지 않을 자 없다. 감당할 수 없는 짐을 부여안게 된 만큼 고뇌가 인생을 뿌리째 흔들었고, 땅 위에 발 디딜 의기조차 없을 만큼 시련을 겪었다. 사명은 깨달았지만 세상을 통해 확인할 수 있는 것은 아무것도 없어 확신하기까지는 숱하게 방황해야 했다. 간구는 하였지만 깨닫고 보니 세상과는 전혀 차원이 다른 뜻이므로 걸맞은 세계관적 틀을 구축하기 위해 노력했다. 철저하게 과정을 준비하였고 확인한 다음에야 지상 강림 사실을 선포할 수 있었다. 主 그리스도는 어떻게 해서 십자가에 못 박혔고, 소크라테스는 어떻게 해서 독배를 마셨는가? 최수운은 새로운 시대를 예고한 선견으로 인해 참살당했다. 하지만 선지자는 이전에도 그러하였듯 모든 고난을 각오한 자이며, 만난을 헤쳐 나가야 하는 것이 숙명이다. 앞장서 거친 세파를 헤쳐 나가야 시온의 영광을 맞이할 수 있다. 이 연구도 결코 예외는 없으리라.

6. 선지자적 인도와 길의 예비

구시대의 질서를 끝까지 지키려는 자와 새 시대의 길을 예비하려는 자는 벌써 사명 역할부터 다르다. 길을 예비하기 위해서는 남다른 선견과 믿음을 가져야 한다. 앞날이 확실하다고 해서 길을 예비할 수 있는 것은 아니다. 노아가 대홍수가 있을 것을 알고 방주를 준비한 것은 정해진 각본을 따른 것이 아니다. 하나님의 말씀을 받든 굳은 믿음이 있었다. 오늘날 이 연구가 선지자적 사명을 수행하는 것도 조건은 다를 바 없다. 신도들은 재림의 때가 임박했다는 메시지를 전달받고 있지만 정말 노아처럼 구체적인 대책을(구원의 방주) 마련한 것인지는 의문이다. 길을 준비하지 못했다면 구원도 받지 못할 것이 명백하다.[43] 하나님이 강림하였는데 교회마저 깨어 있지 못하다면 무엇을 더 기대할 수 있겠는가? 선지자가 등단하게 된 것은 그럴 만한 이유가 있었고, 선견을 가지고 온 것은 하나님이 일깨운 뜻이다. 누구나 처음부터 하나님의 뜻을 알고 행동하는 자는 없다. 믿음은 성장하는 것이고 순차적으로 뜻을 일군다. 그리하여 일정한

43) 오늘날의 기독교 교회는 재림에 대해서 아무런 대책을 가지지 못함. 교회가 아무런 대책을 가지지 못했다면 세상에서 누가 재림을 예비할 것인가?

시기에 하나님의 뜻을 깨닫고 지난 길을 돌이켜 본 순간 구속된 섭리 의지를 발견하였다. 교감을 성립시킨 것은 오직 믿음뿐이며,[44] 주관한 관계로 지상 강림 역사를 완수할 수 있었다.[45]

하나님이 인도한 예사롭지 않은 섭리 의지를 길의 역사를 통해 확인하였다. 이것은 누구라도 분별할 수 있는 작용 의지이지만 신앙인이 지킨 계율과는 성격이 다르다. 길의 역사를 통해 드러난 구속된 본질이다. 선택한 창구를 통해 하나님이 종말을 대비하여 일체 대책을 강구하였다. 세상이 이미 종말을 맞이한 상태인데 누가 이제 부랴부랴 대비책을 세울 수 있단 말인가? 손님이 대문 안에 발을 들여놓은 상태인데 주인이 잠을 자고 있다면? 그런데도 인류는 강림한 하나님에 대해 몽매하기만 하다. 그래서 하나님이 길의 전반을 구속해서 길을 준비했다. 본인은 자아를 인식하기 시작한 청소년 시절부터 주어질 본분 역할을 궁금하게 여겼다.

> 과연 나는 이 세상에 존재할 자신에 대한 사명이 있는 것인가? / 나는 세계에 어떤 빛으로 임해야 할 것인가? / 나는 장차 올 그 무엇을 위해 길을 준비하는가?

당시에는 해답을 구할 수 없었는데 지상 강림 역사를 완수한 결과를 놓고 보니 그 시기에 이런 사명을 간구했다는 것은 그 자체가 상호 교감된 근거가 되었다. 내가 이 길을 바르게 예비하지 못한다면 새로운 시대의 장을 열 수 없다고 믿고, 갈수록 어두워져 가는 인류의 미래를 근본적으로 회복시킬 새로운 가치 질서를 마련하고자 다짐했다. 하나님이 부족한 이 자식을 세운 뜻은 하나님이 세상과 함

---

44) 추구된 과정은 결코 의도되지 않았지만 결과 지어진 관점에서 살펴보니 전체 과정이 한 가지 목적 의지로 일관되었다.

45) 유비무환이 지닌 적용 개념과는 성격이 다름.

께하기 위해서이며, 세상 위에 새로운 뜻을 나타내기 위해서이다. 도래할 환란과 구원을 예고하고 미래를 준비하는 데 깊은 뜻이 있다. 하나님이 길을 세우려 한 섭리 의지를 역력하게 감지하였다. 구할 때마다 성령이 함께하였고 추구할 방향을 지침하였다. 해결해야 할 세계사적 과제가 산적한 상태인데 절차도 없이 도래할 역사를 主 그리스도의 재림에만 초점을 맞춘 신앙은 어불성설이다. 재림 예언은 틀림없이 성취될 것이지만 가능한 근거가 현실적으로 마련된 것은 아무것도 없다.[46] 지금부터라도 준비를 해야 하는데, 그러지 못하면 그날이 구원의 날이 아닌 심판의 날이 될 공산이 크다. 그리스도는 분명한 목적을 가지고 때를 맞춰 강림할 것인데, 맞이하지 못한다면 여차 없이 가중한 심판의 소용돌이에 휩싸이고 말리라.

따라서 지상 강림 역사를 증거한 선지자적 역할은 연이어 도래할 재림 역사에 대한 섭리적 本이다. 실로 지상 강림 역사를 통해 마련된 예비 절차를 통해 재림 역사가 한 치의 오차도 없이 다가오리라. 하나님이 준비한 길인데 어떻게 어긋나겠는가? 무지한 인간들은 아직도 이 연구가 지닌 예비 본분을 의아해하지만, 하나님이 선지자를 세운 것은 역사상 새삼스러운 것이 아니다. 앞세워야만 하나님도 역사 의지를 표명할 수 있다. 선지자는 하나님의 일을 준비하는 자이고, 뜻을 받들어 길을 평탄케 하는 자이며, 하나님의 일을 사전에 예고하는 자이다. 어제 오늘날 작정된 것이 아니고 만세 전부터 결정된 것을 비로소 밝히는 것인 만큼, 벽오동 심은 뜻은? 하나님이 길을 세운 뜻을 인류는 알아야 한다.

46) 재림의 현실 역사는 인류가 정말 맞이할 것임.

7. 선지자적 본질의 통찰과 자각

우리는 태어났을 때 아무것도 알지 못한다. 그런데 성장하면서 남다른 앎과 특별한 행적을 이룬 것이라면 그것은 열심히 배워서 알게 된 것이거나 깨달아서 얻게 된 결과이리라. 본인 역시 아무것도 모르고 세상 가운데 태어났지만 누구도 예측하지 못한 메시지를 전달하게 된 것은 그만한 깨달음 덕분이다. 하나님의 인도가 있어 말씀을 전달받게 되었다. 뜻을 아로새김에 있어 오랜 세월이 걸렸고 숙고해서 이룬 통찰이다. "아랍이 낳은 위대한 사명자 무함마드는 40세 때에 '일어서라 그리고 경고하라'고 한 알라(하나님)의 음성을 듣고 '나야말로 알라의 사도다'라 말하고 종교가로서 다난한 활동을 시작했다."[47] 그러나 알고 보면 그렇게 계시를 수용한 종교가가 역사상 한두 사람이 아니다. 이 연구가 부여받은 사명에 대해서도 세인들은 얼마든지 소신대로 생각할 수 있겠지만 중요한 것은 객관적인 정당성과 보편성이 관건이다. 무함마드가 자각하므로 이슬람교가 창시되었고, 인류의 정신적 삶과 역사 판도가 바뀌었지만, 그렇다고 그가 이룬 자각이 객관적으로 증거된 바는 없다. 계시 수용 상황이 지극히 주관적이다. 어느 누구도 무함마드가 경험한 알라와의 교감 상황을 이치적으로 확인할 길은 없다. 내면 깊숙한 곳에서 일어난 일로서 삶과 역사에 있어서 커다란 전기를 이루었는데도 불구하고 도대체 확인할 길이 없다. 覺者나 종교가들이 경험한 일화가 대개 그렇다. 위대한 행적인 것은 분명하지만 신비주의로 치부되었다. 하지만 이 연구는 이런 문제를 해결함으로써 차별을 두고자 한다. 수십 세기 동안 잊힌 선지자적 역할인 관계로 합당한 원리성을 제시할 수

---

47) 『세계역사의 대심판(상)』, 김영섭 · 김암산 계시수록자, 남궁문화사, 1994, p.234.

없다면 사명 역할도 정당화될 수 없다. 사명자는 절대자 앞에 홀로 선 단독자이다. 궁금하다고 해서 계속 되물을 수 없다. 우주는 말이 없으며, 하나님도 이룬 역사에 대해 침묵할 뿐이다. 따라서 사명자는 주어진 결과를 보고 뜻을 판단해야 한다. 뜻이 명백한 것이라면 무엇을 더 주저할 것인가? 삶이 그러하듯 믿음도 일단은 겪어 봐야 한다. 선지자적 본질은 그렇게 해서 받들게 된 준엄한 권고가 있었다. 교감된 역사가 있어 주어진 사명을 차마 거부할 수 없었다.

길은 하나님이 선지하고 교감한 과정의 역사이다. 하나님의 말씀에 적합한 자로서 모든 가능한 것을 불러들일 영혼의 힘을 범상찮은 기운으로 감지하였다. 그래서 내리게 된 결론이 '너는 내가 아니며, 너를 이끄는 본체는 계시다'란 판단이다. 선지 본질은 하나님이 부여한 뜻을 확인할 수 있는 바탕체로서, 그렇게 판단할 수 있도록 삶의 행로를 구속하였다. 선지자적 통찰을 이룬 것은 섭리상 불가피한 판단이다. 상식을 벗어나지도 특별하지도 않다. 저지를 수 있는 혼선을 충분히 감안하였고, 본질을 권고한 관계로 확인할 수 있었다. 향후의 과정을 통해 만세 전부터 예정된 뜻인 것을 알 수 있다. 사전에 구속된 선지자적 본질로서 지상 강림 역사를 완수할 수 있었다. 어찌 세례자 요한이 이룬 선지자적 역할 없이 그리스도가 강림할 수 있었겠는가? 하물며 하나님이 주권자로서 강림함에 있어서랴? 마땅한 사역이 있어야 했다. 역사는 준엄한 것이며, 확고한 공신력과 의지를 수반해야 한다. 사명에 대한 인식이 진작 길을 통하여 예비되었다.

> 하나님, 제게 능력을 주소서! 이 生을 기도하는 마음으로 수행하고 정진할 수 있게 하소서! 저로 하여금 아버지의 능력을 대행할 사명자가 되게 하소서! / 이 세상에는 수십억의 인구가 있고 지금

> 까지 수많은 종교가가 생애했다. 그들은 지금도 부여받은 사명을 다하고 있지만, 진정 이 시대에 살아 계신 하나님의 뜻을 깨닫고 길을 준비하는 사명자는 얼마나 될 것인가? / 내가 20세기의 말기인 이 시대의 종말기에 태어나서 이 시대가 안고 있는 시대적 진통을 겪고 있는 것은, 내가 이 시대에 태어나서 이 시대가 안고 있는 시대적인 문제를 해결해야 하는 나의 시대적 사명이다. / 나는 세계를 통합하여 主의 길을 예비해야 한다. / 主의 대언 능력으로 나는 이 세상을 구원할 마지막 사명자이다.

본인은 종말에 처한 인류를 향해 마지막 때를 알리는 사명자가 되어야 한다고 독려했는데, 이 뜻을 하나님이 수락하였다. 간절하게 간구했는데 섭리된 역정 가운데서 하나님이 열납한 사실을 확인할 수 있었다. 하나님이 계시하지 않았다면 성립될 수 없는 사명의 길 위에서 인류를 구원하고자 한 뜻을 인준하였다. 과거에 추진된 사례를 통해서도 보듯이 하나님은 이와 같은 계시 절차를 통해 인류를 쉼 없이 구원하여 왔다. 누구도 부인할 수 없으리라는 점에 대해 향후 만인의 준엄한 판단이 있길 기대한다. 중요한 것은 교감된 형태인데, 그 과정을 이 연구는 세계 안에서 작용된 원리성을 통해 추출했다. 길은 하나님의 의지를 대변한 본체 구성 요소로서 하나님의 실존 상황을 합당한 뜻으로 아로새겼다.

8. 선지자적 부름과 세움

동양의 성인인 공자는 그가 걸은 삶의 여정 속에서 전격적으로 의뢰한 하늘(天)에 대한 믿음을 토로하였는데, 天을 믿은 것은 쌓아 올린 본질적 義를 통해 이룰 장래 운명에 대한 간절한 바람이랄까? 기대감 같은 것이리라. 天을 향한 공자의 일방적인 신뢰 형태로서, 天은 기독교의 하나님처럼 공자의 인생을 인도한 섭리 흔적과 성령을 통한 역사 기록이 없다. 天이 정말 하나님과 연관되기 위해서는 주관된 역사가 있어야 한다. 상호 교감된 발자취가 있어야 존재한 실존성을 확인할 수 있다. 마찬가지로 길이 설사 세계적으로 파급될 소명을 안은 진리라도 현실적으로 일어서지 못하면 하나님의 뜻은 확인할 길이 없다. 도대체 무엇을 이룬 것인지 회의감을 피할 수 없다. 그런데도 의혹을 물리치고 믿음을 지킨 것은 하나님의 의지를 감득한 실존성을 확인해서이다. 그릇으로 사용되기 위해 연단되어야 하는 것은 선지자라면 반드시 거쳐야 하는 필수 절차이다.

선지자는 태어나기 이전부터 '나실인'으로서 택함받았거니와, 그렇게 결정되어 있어 사명을 위해 순교를 불사하였고, 바친 믿음이 누대에 걸쳐 빛과 소금이 되었다. 본인은 스스로 세상에 임할 귀한 사명을 간구했는데, 바람대로 하나님이 부족한 자식을 불러주었다. 쓸 그릇으로 택해졌다. 세상적인 삶의 방식에 안주해 있었는데도 방향을 전도시킨 역사가 주어졌다는 것은 한 영혼의 존재 가치를 하나님이 거둔 재생의 은혜이다. 대우주와 삼라만상 존재에 대해 의문을 품고 길을 구한 이 자식에게 하나님은 응답하였다. 놀라운 역사로 설익은 믿음을 성숙하게 하였다. 거룩한 실체를 나타내어 지금까지 길을 인도한 것은 바로 하나님 자신이며, 무궁한 사랑으로 다시 세울 것을 약속하였다. 이 의지 표명이 길의 추구 과정에서 끼친 영향은 실로 엄청난 것으로, 이것이 곧 지상 강림 역사를 있게 한 선지자적 본질의 세움과 권고 역사이다.

하지만 하나님이 실질적으로 역사한 행적의 핵심은 진리 세계를 규명하고 완성한 역사로서, 세우리라고 한 초점 대상이 곧 이 연구이다. 하나님이 역사한 결과가 「지상강림론」을 낳은 것이라면, 하나님이 의도한 참된 강림 목적은 천지 만상이 이대로는 안 되므로 직접 등단하여 인류를 구원하기 위해서이다. 이를 위해 하나님이 역사할 것인데 누가 응대할 수 있겠는가? 일체의 판단과 선택은 오히려 우리들 자신에게 달려 있다. 길의 작용은 성령의 역사를 일반화시키기 위한 의도도 있지만, 그렇게 이룬 역사를 정형화시켜 어디서도 적용 가능한 구원의 원리를 추출하기 위해서이다. 섭리가 미치는 모든 영혼을 구원하기 위해 역사를 펼칠 것이다.

9. 선지자적 구속과 뜻의 수용

인간이란 무엇인가? 인생이란 무엇인가? 이 같은 의문을 풀기 위해서는 수많은 세월에 걸쳐 다양한 탐구와 경험을 쌓아야 한다. 생체를 해부한다면 우리는 인간의 어떤 측면을 알 수 있을까? 싯다르타는 왕자 신분으로 성 밖 나들이를 나갔다가 생로병사를 겪고 있는 고통의 현장을 목격했지만 일체개고(一切皆苦)라고 인생 본질을 즉각 깨달은 것은 아니다. 인생은 삶을 겪는다고 해서 본질을 볼 수 있는 것이 아니다. 최선의 방법은 인생을 탐구해 본질을 일구는 것이다. 본질을 추구해야 진면목이 드러난다. 자아로부터 무한한 본질을 일구어야 하는데, 개성을 지닌 만큼이나 다양한 모습이 있다. 아인슈타인처럼 과학자로서 이룬 삶의 형태도 있고 마하트마 간디처럼 정치적인 인생 역정도 있다. 그런 인생 모습은 각자가 이룬 삶의 측면이고 공통된 본질은 아니다. 본질을 보기 위해서는 표출된 측면들을 최대한 객관화시켜야 하고, 면밀하게 들여다보면서 작용된 실체를 분석해야 한다. 그리해야 비록 한 인간이 경험한 삶일지라도 그로부터 만인이 가진 인생 본질로서 추출할 수 있다. 우리가 여태껏 피상적인 인식에 머물고 만 것은 인생은 추구했지만 결론을 내리지 못해서이다. 목적을 가지고 삶을 완수하지 못하여 인생에서 작용된 원리성을 보지 못했다. 그것이 우리가 겪은 삶의 모습이다. 인생을 탐구한다는 것은 조건 충족이 쉽지 않고, 누가 절대적인 가치를 설정해 놓은 것도 아니다. 그렇다면 정말 인생을 집중해서 탐구할 수 있는 방법은? 감성만으로 인생은 무상하다든지 일장춘몽 같다고 넋두리만 늘어놓을 수는 없다.

여기에 한 인생을 온전하게 관장해서 전면을 통찰한 인간의 구속자적인 삶이 있다. 인생을 전체적으로 볼 수만 있다면 그것은 그동안 넘어서지 못한 여건들과 비교할 때 크게 차이가 나며, 사전에 결정된 뜻이므로 더욱 그러하다. 구속자적인 생애는 만인이 두루 겪는 보편적 삶은 아니지만, 밝힌 본질만큼은 객관적으로 작용한 원리성이 된다. 믿음만 가진다면 삶의 길은 달라도 결과는 동일하게 얻을 수 있다. 이것이 곧 하나님으로부터 온전하게 生의 전면이 구속된 선지자적 생애이다. 구속된 삶의 경로는 하나님이 의도하여 세운 표본적인 본질로서 이를 통해 뭇 인생이 지닌 무한한 가능성까지 확인할 수 있다. 이전에는 그렇다 치더라도 깨달은 한 뭇 인생을 방치해 둘 수 없다. 구속된 과정은 그대로 진리의 여정이 되고 세계적인 본질을 함축하여 하나님을 현현시켰다. 만인 앞에 드러난 정신 추구의 표상이다. 고뇌하는 인간인데 깨닫고 보니 인간은 하나님과 본질을 같이할 수 있는 교감적 실체였다.

> 하나님의 부르심이 있기 이전부터 이미 하나님의 섭리 의지는 나의 정신 속에서 작용하고 있었다. / 하나님의 의지가 나의 정신 속에서 작용하므로 하나님의 사랑과 은혜와 구원을 이룬 섭리는 나의 장구한 인생의 길을 걷는 세월의 인식 속에서 드러나리라. 이 보화와도 같은 生의 길을 흔들림 없이 지켜나가 주어진 삶을 통하여 하나님의 뜻을 구현해야 한다.

은총도 축복도 역사도 모든 것이 무조건적인 것은 없다. 은혜 받을 만한 자가 은혜 받고 구원받을 만한 자가 구원을 얻는다. 일방적으로 부여된 것은 하나도 없다. 자신이 부족함을 느끼고 먼저 간구해야 하나님이 이에 응해 오신다. 뜻과 믿음의 기본적인 터전은 스스로 마련하는 것이다. 그리하면 하나님이 은혜를 더하게 되고, 믿음을 확인하여 새로운 길을 개척할 수 있다. 구속된 삶 위에 영혼이 살아 숨 쉬고 말씀이 머물며 천지를 지은 하나님과의 원초적인 교호관계를 밝힐 수 있다. 인간은 말씀으로 존재한 영적 존재로서 부여된 의식과 生의 의지가 온전히 하나님의 뜻으로 구성되었다. 본질을 자각하지 못해 활성화시키지 못했던 것이지만, 믿음을 지닌 자의 인생 본질은 태어나기 이전부터 하나님의 뜻에 맞도록 형성된 의지체이고 태어남으로 하나님의 뜻을 받아들일 수 있도록 구성된 본질체이다. 믿음이 있는 곳에 하나님이 있고, 하나님이 있는 곳에는 만인의 영혼도 함께한다. 본인이 이룬 길은 본인이 일군 뜻이기 이전에 하나님이 작정하신 뜻으로 구속되었고, 의도된 섭리가 인생 발자취와 함께하였다. 하나님이 한 인간의 주체적인 의지 작용과 함께할 수 있다는 것은 만상의 主[창조주]인 것이 확실하기 때문이다. 놀랄 일도 아닌 것이 피조물을 구속하는 것은 창조주가 발휘할 수 있는 당연한 권능이다. 본인은 生의 한가운데서 한껏 자유를 구가하였지만 그것은 하나님의 뜻 안에서였다. 뜻이 생애 전면을 지배하였다.

알고 보면 하나님의 계시를 수용하고 선지자적 본질을 구축하는 것은 생각만큼 특별한 일이 아니다. 남들이 착안하지 못한 길을 걸었고 믿음을 가진 것이며, 그렇게 한 행적에 대해 하나님의 뜻을 확인한 것일 뿐이다. 즉 길의 사명은 한 인간이 일군 생각과 쌓은 믿음이 하나님의 뜻과 일치됨으로써 부여되었다. 믿음을 양성해 하나님의 뜻을 확답받는 것은 선지자라면 반드시 갖추어야 하는 자질 조건이다. 감히 하나님의 뜻을 읽어낼 수 있어야 한다. '선지자에게 하나님의 말씀이 임하고',[48] 그것을 대언할 수 있는 것은 이런 과정을 거친 결과이다. '하나님은 우주와 만물을 창조하였고 모든 것을 운행, 지배하므로',[49] 인간의 생각과 의식도 구속할 수 있다. 이렇게 하여 세상 가운데 전달되는 의지 표명 체제가 하나님의 계시이다. '너는 생육하고 번성하여 땅에 충만하라'고 한 최초 계시가(구약)[50] 단도직입적인 측면은 있지만 선지자가 이룬 교감 역사는 인류의 영혼을 통하여 계시의 본질을 완성시키고자 한 목적도 있다.[51] 하나님이 강림하였다면 뜻의 전달 체제도 변화가 있어야 한다. '선지자는 말씀의 기록자이고, 그런 자가 전달받아 구성한 성경의 저자는 사실상 하나님인데',[52] 강림 역사는 보태어 교감된 작용 본질까지 밝혀야 한다. 그리해야 '선지자가 하나님의 뜻을 역사적 상황에 따라서 해석한 것'이란 오해를 푼다.[53] 뜻을 드러내기 위해서는 전 우주적인 창조 원리와 피조물과의 관계성까지 밝혀야 한다. 시공의 운행으로부터 개개 의식까지 온전히 통제해야 한다. 하나님이 인간의 본질 안에 내재하여 이룬 구속 역사이다.

그만큼 하나님의 뜻을 수용할 수 있도록 부름 받은 선지자가 견지해야 하는 노력은 막중하기만 하다. 우리는 부모로부터 유전 인자를 물려받은 자식들인 것처럼 인간은 본성적으로 하나님의 뜻을 수용할 수 있게 구조화되어 있다. 인간은 예외 없이 하나님으로부터 창

48) 예레미야, 36장 2절-『구약신학』. 앞의 책, p.65.

49) 위의 책, p.11.

50) 위의 책, p.39.

51) 선지자를 통한 교감 역사는 인류가 하나님과 함께할 수 있는 선재 기반을 터 닦은 것임.

52) 위의 책, p.65.

53) 『역사와 해석』, 앞의 책, p.163.

조되었다. 아무리 인간적인 노력이 있었다 해도 그 노력 안에는 필연적으로 절대 의지가 작용했다. 하지만 문제는 인간은 하나님의 뜻을 간파할 능력을 지녔어도 사고력이 지닌 최고치에 비해 인간이 가늠하는 분별치에 있다. 우리는 삶을 통하여 차원적인 본질로서 존재한 절대 의지를 인식하기 위해 노력해야 한다. 만사를 떨쳐 버릴 수 있는 상태[一念]에 도달해야 인간의 뜻과 하나님의 뜻이 일치될 수 있다(神人合一 경지). 이것이 곧 선지자가 하나님의 뜻을 받든 계시 수용 원리이다. 세계는 생명이 없는 것 같지만 살아서 운행하고 있고, 침묵하고 있는 것 같지만 제 결과를 통해 만 말을 대신한다. 언어로 전달된 말씀만 계시는 아니다. 보지 못하고 듣지 못해도 느끼고 알아차리는 자가 있듯, 하나를 보고도 만 가지를 알 수 있다면 지혜로운 자이다.

선지자는 말 없는 우주의 운행 상태를 보고 도래할 섭리 결과를 판단하는 자이다. 볼 수 없는 것을 보고 듣지 못하는 소리를 듣는다. 감각 작용을 넘어 시공을 초월한 운행 본질을 의식적으로 감지한다. 이것은 쉽지 않은 일이지만 사명을 위해 깨어 있는 자라면 불가능한 일도 아니다. 자기 궤도와 우주의 운행 질서를 일치시켜 세계의 영원성과 접하고 우주 공간 속에 자아를 침투시킨다. 세계의 운행 본질과 의식된 본질이 서로 동조되면 드디어 하나님의 뜻을 사고된 의식 작용을 통해 수용할 수 있게 된다. 하나님의 뜻이 나의 뜻이 되고 나의 뜻을 하나님의 뜻으로 승화시키는 선지자적 본질을 갖춘다. 대우주의 운행 질서가 자아낸 무궁한 계시를 수용할 수 있게 되고, 세계의 영원성을 하나님의 존재 속성으로 전환시킬 수 있게 된다. 한 인간을 온전히 불러 세운 길의 역사를 통하여 하나님이 만유를 주재한 창조주란 사실을 확인할 수 있다.

10. 선지자적 권위와 권한

남에게 하는 넋두리에 대해서는 대수롭지 않게 여기다가도 자신에게 비난의 화살이 쏟아지면 예민하게 반응한다. 선지자적 사명과 본질에 관한 사례에 대해 이야기할 때는 대수롭지 않게 넘기다가 직접 이 연구가 지닌 권한 주장에 대해서는 거부하는 태도를 보일지 모르겠다. 통상적으로 "선지자가 하나님의 뜻에 순종하는 것은 직무 수행의 정당한 요소로서, 하나님과 계속적인 교제를 가진다는 점에서 신분의 지속 상태는 타당하게 인정된다."[54] 예로부터 "샤만은 신성한 존재로서 예언하는 것은 아무나 되는 것이 아니고, 하늘이 점지한 자만 될 수 있는 거룩한 존재였다."[55] 선지자는 하나님과 교제하면서 말씀을 선포하고 뜻을 드러내고 뜻에 따라 기름 부음을 하였다. 권능 부여 사례를 익히 알고 있는 만큼 권능과 역할 수용에 대해 크게 고민할 필요까지는 없다.

하지만 지금은 그런 선지자적 권능이 정말 이 연구를 통해서 가시화될진대 세상은 어떻게 수용할 수 있겠는가? 전설적인 인물들에 관한 신화가 아니고 인류가 직접 판단해야 하는 문제이다. 선지자로서 역할을 피할 수 없다면 권능성을 표명하는 것도 어쩔 수 없이 밟아야 하는 순서이다. 예수를 세 번까지 부인한 베드로와 유태인과 이방인 사이에 가로놓인 종교적 장벽을 허물기 위해[56] 헌신한 바울도 사도적 권위를 가졌을 때 비로소 사역을 온전히 수행할 수 있었다. 하나님의 뜻을 준행하기 위해서는 어떤 형태로든 권능이 주어져야

---

54) 『구약신학』, 앞의 책, p.46.

55) 『주역을 읽으면 미래가 보인다』, 앞의 책, p.52.

56) 『성경의 파노라마』, 앞의 책, pp.388~389.

한다. 정통성에 부합한 것인가 아닌가 하고 왈가왈부할 수는 있지만 하나님의 뜻을 받드는 것이 본분일진대 말씀과 약속을 천명할 권한이 선지자에게 없겠는가? 뜻을 수행하기 위한 불기피한 조처이다. 창조 섭리를 완수하기 위해 부여된 권능으로서 전통적인 신앙에 대해 하등 대립될 것이 없다. 진리 세계를 포용해서 향후의 세계 질서를 예비하기 위한 절차이다.

> 나는 천하를 정복할 용기와 천하를 다스릴 지혜와 천하를 이끌 철학이 있어 족하다. / 살아 있는 자 세계를 수행해야 한다. / 시간 속에서 초조해하는 인간들이여, 나는 만유에 자재한 자라. 시간은 나의 구속자이나니, 나로서 모든 것은 시작이고 완성이며 끝이다. / 나는 세계를 변환시킬 수 있다. 이것은 내가 길을 통하여 얻은 가장 고귀한 신념이다.

권능을 부여받기 위해 정진하였고, 언급한 대로 '세상 만물을 주체적으로 다스리라'고 한 大命을 받들었다. 사명을 간구하였고 大命이 주어지길 기원하였는데, 권세가 충족됨으로 정말 대명을 수행할 수 있게 되었다. 진리 통합이란 성업을 완수하였다. 그리하여 실질적으로 세상 만물을 주체적으로 치리한 역사를 펼쳤다. 길을 바쳐 얻은 것이 곧 다스림의 권세였던 것으로, 이만한 권능을 부여받고서도 확신이 없다면 누구도 세계 통합 과제는 해결할 수 없다.

그렇다면 이 연구는 어떻게 하나님의 뜻을 대행한 정통적인 권한을 승인받게 되었는가? 하나님이 길을 인도한 주재 의지를 확인한 덕분이다. 하나님은 무엇보다 자체 의지를 세상 가운데 표명하기 위해 역사하였고, 권세를 대행할 수 있도록 道를 세웠다. 하나님이 부여한 권한은 본인이 삶의 여정 위에서 수행해야 하는 사명으로서 더할 나위 없는 짐이다. 그런데도 권한을 굳이 떠맡겨 천하 만물을 주체적으로 다스리게 하였는가? 세상으로서는 감당할 수 없는 인류 구원이란 과제를 해결하기 위해서이다.[57] 그래서 인류사회가 하나 되게 할 수 있는 세계 통합이란 과제를 앞세웠다. 하나님이 뜻을 이루기 위해 권능을 떠맡긴 형편으로, 이를 위해 하나님이 아껴 둔 권한은 하나도 없다. 권한에 대한 절대적인 전제 조건은, 이 연구가 사명을 수행할진대 인류가 저지른 모든 악과 죄를 사하리란 의지 천명에 있다. 이것은 하나님이 지상에 강림함으로써 밝힐 수 있게 된 인류에 대한 대약속이다. 그만큼 하나님은 길 위에 부여할 수 있는 권한을 아낌없이 내렸다. 길이 정말 인류의 죄악을 사할 정도로 가치가 있는 그 무엇인가 하는 것은 앞으로 진척될 추이를 지켜보아야 하리라. 선뜻 수용할 자가 없겠지만 그렇다고 전혀 엉뚱한 주장인 것만은 아니다. 길은 멸망에 처한 인류를 구원할 막중한 짐을 짊어졌다. 이 믿음, 이 사명, 이 약속이 부여된 권능을 가늠하는 기준이다. 하나님이 부여한 뜻이 전격 뒷받침되어 있다. 다스림의 권세는 하나님이 표명한 의지로서 하나님이 밝힌 뜻에 대해 아무도 거부할 수 없다. 미치는 곳마다 새로운 의미가 부여되고 포용・융화・통합된다. 재림 역사도 해결해야 하는 사명 범주 안에 있다. 하나님의 뜻에 따라 기름 붓는 역사는 예로부터 선지자가 행한 고유한 권한이거니와, 정말 그리스도가 재림한다면 그 때를 알릴 자 누구이고, 누가 그 길을 평탄케 할 것이며, 실체를 분별해서 기름 부음 역사를 주관할 것인가? 나서서 역할을 맡을 선지자가 있어야 재림주의 실체성을 만방 가운데 공인할 수 있다. 그래서 길이 사명을 밝히게 된 것이고, 독생자를 다시는 희생시키지 않기 위해 하나님이 길을 예비하였다.

문제는 역시 선지자적 본분을 어떻게 이해하고 수용할 것인가 하

57) 세계를 통합할 능력을 부어 넣은 것임.

는 데 있다. 예상하건대 이 연구가 겪은 과정이 그러하듯, 지극히 선택적이리라. 물론 대외적으로는 남김없이 구원 의지를 표명할 것이지만, 권능과 대명까지 거부된 상황에서는 심판이란 절차를 통해 뜻을 관철시킬 수밖에 없다. 그렇다고 감당할 수 없을 정도로 무조건적인 선택은 강요하지 않을 것이며, 이를 위해 이 연구가 충분한 호소력으로 판단할 수 있는 근거를 제공할 것이다. 미처 준비하지 못한 이 자식에게 선지된 본질성을 권고하였고, 미처 대비하지 못한 세상 가운데서 파란을 몰아칠 지상 강림 역사는 이루어졌다. 준비되지 못한 것은 피차일반이지만 하나님을 맞이할 수 있는 고귀한 영혼은 너나없이 지녔다. 처지와 상관없이 맞이해야 하는 것이 강림 역사라면 인류는 결국 가지고 있는 모든 것을 버려야 한다. 그리하면 인류는 상상을 초월한 구원 역사를 체험할 수 있게 되리라.

제13장 보혜사 하나님의 지상 강림

1. 지상 강림 과정

천지 우주를 창조하고 세계 역사를 주재한 하나님이 이 땅에 강림한 사실은 앞에서 밝혔지만 지금까지 펼친 것은 간접적인 근거일 뿐이므로 본 장에서부터 직접 서술하게 되었다. 어떻게 하나님이 보혜사란 이름으로 강림하였는가? 보혜사가 진리의 성령이란 사실은 밝혔지만 어떻게 강림하게 되었는가 한 역사적 문제는 언급하지 못했다. 통상 어떤 결과가 주어진 것은 어떤 과정이 겪은 범위 안에서이다. 과정이 결과를 이룬 것으로, 그 과정을 추적하면 이룬 결과도 알 수 있다. 오늘날 보혜사가 진리의 성령으로서 강림한 것은 창조된 순간부터 준비된 역사라고 해도 과언이 아니다. 하나님이 이 땅에 강림했다는 것은 예사로운 일이 아닌데, 그 의미를 굳이 따진다면 유사 이래 전무한 사건이다. 우주적인 운행 질서가 총동원되어 있다. 하나님이 강림하다니? 왜 무엇 때문에? 어떻게 해서? 어떤 운행 역사로 이루어져 있는가? 막상 추적하고자 하니까 어떻게 해야 할지 막막하다. 결과가 확실한 이상 과정은 서둘지 않고 하나하나 추적하면 된다. 어떤 경우에도 과정이 결여되면 단안된 주장이 아무런 설득력이 없다. 한 인간이 사명을 위하여 투신하였고, 삶을 바쳐 이끌어 낸 것이 지상 강림 역사이다. 神의 현현과 강림 역사는 일반적인 개념만으로 다룰 수 없다. 보혜사는 일체의 과정을 주도하여 결과를 있게 한 하나님이다. 강림할 수 있게 과정과 작용성을 규합시킨 본체이다. 하나님을 형상화시킬 수 있도록 길의 추구를 통하여 하나님의 강림 의지를 분열시켰다.

그렇다면 하나님은 어떤 역사를 일으켜 보혜사란 이름과 모습을 나타낸 것인가? 진리 세계를 섭렵하고 통합한 과정이 그것이다. 그 발자취와 성업을 누가 이룬 것인가? 진리의 성령이다. 성령이 진리 세계를 통합하여 보혜사란 모습으로 현현되었다. 세상 만물을 주체적으로 다스린 결과이다. 산적된 과제를 추적하고 해결하는 과정에서 한 인간의 생애를 온전히 구속하였다. 그리하여 진리 세계를 통합할 관점과 원리는 추출하였지만, 정작 그렇게 해서 나타난 것은 역사를 이룬 하나님의 의지이다. 작용된 의지가 길을 통하여 본체를 분열시켰다. 형체는 없지만 숙원의 과제를 해결하고자 한 노력이 실존재로서 발자취를 남겼다. 그래서 지금까지 강림했다고 한 하나님도 사실은 그 같은 작용 역사를 주도한 의지적 실체이다. 의지를 완수하니까 추구된 과정도 함께 완수되었다. 그렇기 때문에 본인은 길을 추구하면서 품었던 낱낱의 의혹을 길이 이룬 결과를 통해 판단할 수 있었고, 이를 통해 일관된 섭리성을 도출하였다. 이것이 길을 통해 드러난 보혜사 하나님의 강림 실체이다. 통합 의지를 발휘하여 진리 세계를 다스린 결과 위에[58] 하나님이 본체자로 드러났다. 외면적으로는 진리 탐구 의지를 표방한 것이지만 사실은 하나님이 주재

58) 제 현상으로까지 확대됨.

의지를 표출한 것이다. 이런 의지 작용이 길의 추구로 면면히 수놓아졌다. 밝힌 바 세계의 진리를 통합하고(『세계통합론』), 세계의 핵심 본질을 규명하고(『세계본질론』), 세계의 천지 창조를 증거함으로써(『세계창조론』), 만세 간을 초월한 하나님을 증거할 수 있었다(『세계유신론』).

보혜사는 분명한 목적을 가지고 강림하였다. 준비된 길은 고스란히 강림한 하나님을 증거하는 실존적 근거이다. 통합적인 관점을 확보함으로써 세계를 하나 되게 할 원리성을 추출하였고, 그만한 과제를 해결하므로 강림하였다. 이룬 길에 대하여 만인도 확인할 수 있다. 눈으로 보고서도 하나님이 어디에 계시냐고 묻는다면 더 이상 설명할 방도가 없다. 보혜사는 진리의 성령으로서 길을 성립시킨 과정 자체이다. 창조 의지를 연면하게 분열시켰고, 진리의 성령답게 본체를 드러내었다. 진리 세계를 통합한 실질적인 업적을 이루었다.[59] 알고 보니 길은 하나님이 보혜사로 드러나기 위한 섭리 역정으로서 그것이 곧 진리 통합의 완수 위에 하나님의 본체로 드러난 보혜사 성령의 실체이다. 일련의 역사를 통해 진리의 성령으로서 가진 본체성을 공고히 다진 결과이다.

한편 길을 통하여 앞으로 주어질 장래 역사도 판단할 수 있었는데, 그것은 하나님이 계시하여서가 아니다. 인생행로를 통하여 중후한 구속력을 실체감으로 감지하게 되어, 작용한 의지가 언젠가는 정체를 드러낼 것으로 믿었기 때문이다. 즉 길을 완수하면 하나님이 완전한 실존자로 임할 것으로 기대했다. 성령이 역사하므로 본인도 길을 추구한 과정 속에서 절대적인 가치관을 구축하였고, 차마 두려

59) 섭리를 완수할 때까지 세상적인 이해는 구하지 못했지만 강림할 수 있는 기반을 마련한 것은 사실임.

움을 거부할 수 없었다. 결국은 그렇게 의식된 실체가 바로 보혜사 하나님이다. 그래서 과정 속에서 대외적으로 표방한 것이 인류가 현실의 역사 속에서 하나님을 완전한 실체로 맞이하고, 작용된 실체를 확인할 수 있을 것이란 생각이었다. 그런데 그분이 정말 그리스도가 보내마고 한 보혜사 진리의 성령이고,[60] 전능한 지혜 형상으로 강림한 창조주 하나님이다. 하나님이 성령으로서 주재한 진리 탐구 역사는 인류 역사상 연면한 것이지만 이 연구가 비로소 본의를 밝혔다. 하나님의 인도로 이룬 성업이다. 성부 하나님이 역사한 터전인 유태교와(성부의 시대), 성자로 인해 창립된 기독교의 바탕 위에서(성자의 시대), 인류 역사가 바야흐로 진리의 성령을 하나님으로 모신 지상 강림 시대를 맞이했다(성령의 시대). 보혜사를 하나님으로 맞이하기 위해 '기독교는 삼위일체 교리와 기독론을 초대 교회 때부터 정립시켰고',[61][62] 오늘날은 성부와 성자와 성령의 역사를 총체적으로 규합한 보혜사가 진리 세계를 통합한 성업을 바탕으로 역사 위에 등단하였다. 진리의 전모자로서, 창조 진리를 밝힌 만유의 하나님으로서 강림하였다.[63]

하나님은 치밀하게 역사한 성업을 근거로 이 땅에 강림하였다. 엮인 진리적 요소 하나하나가 하나님의 호흡이고 발자취이다. 이로써 강림된 존재 상태를 판단할 수 있다. 거의 전능에 가까운 지혜자로 형상화되었는데, 그분이 삼위일체를 완성시킨 본체자로 강림한 보혜사 하나님이다. 말씀으로 천지를 창조하였고 만대에 이르기까지 천

60) '내가 아버지께로서 너희에게 보낼 보혜사' – 요한복음, 15장 26절.

61) 『기독교교리의 역사』, 베른하드 로제 저, 차종순 역, 목양사, 1990, p.24.

62) 교회 역사 이천 년은 제2位인 성자의 실체를 증거한 과정임.

63) 기독교의 섭리 과정은 3位의 神性과 존재성을 정립하기 위한 과정이기도 한 것이니, 기독교 역사를 통해 삼위일체 교리가 정립된 것은 오늘날 보혜사 성령이 실체로서 드러날 수 있는 길을 예비한 것임.

지 역사를 주재한, 아브라함의 하나님이고 예수의 하나님이며 공자, 佛陀, 무함마드가 이룬 구원 섭리를 뒷받침한 만유의 어버이이다. 그 하나님이 오늘날 멸망에 처한 인류를 구원하기 위해 강림하였다.

2. 지상 강림 기반

하나님이 강림한 것은 인류가 지난날 하늘을 우러러 기도했던 믿음 속의 하나님이 정말 실질적인 문제들을 해결하고 온 것이다. 니체는 『차라투스트라는 이렇게 말했다』에서 神을 길거리에서 찾아 헤매었고, 찾아도 보이지 않으니까 조소하면서 급기야 神의 죽음까지 선고하였다. 神을 길거리에서 찾다니! 하나님의 역사가 멈춘 곳에서는 누구라도 神의 죽음을 단정 지을 것이 당연하다. 오늘날 우후죽순처럼 발흥된 신흥 종교들도 극복하지 못한 병폐는 역시 믿음을 단언한 데 있다. 진리를 내세우기 위해서는 자체로서 지닌 기반이 돈독해야 한다. 이에 하나님은 산적된 숙원을 풀기 위해서 세계의 진리를 품 안에 두었다. 천지가 창조된 사실에 대한 실질적인 확인은 진리 세계를 통합할 수 있는 권능 위에 있다. 이전에는 이런 일이 불가능해 하나님이 만유의 主라고 주장한 데 곤혹이 있었고, 선택된 자들만 임재 역사를 경험하였다. 이런 점을 불식시키고 강림했다는 것은 그만한 역사가 동행한 것이다. 하나님은 참으로 만인이 가늠할 수 있는 확실한 실체자로 등단하였는데, 그것이 곧 천지 만물을 다스린 진리 통합 역사이다. 하나님은 창조주이므로 능히 진리로서 만물을 다스릴 수 있다.

칭기즈칸은 세계의 절반을 그의 말발굽 아래 둔 대제국을 건설했지만 그렇다고 온전하게 평천하한 것은 아니다. 평천하할 권한은 하나님이 지녔고 진리 세계를 통합한 성업을 이루었는데, 지상 강림 역사는 천고 만재된 진리사를 푼 성과물이다. 인류가 지닌 정신적 고뇌를 풀지 않고서는 하나님이 현현될 수도 증거될 수도 없다. 창조된 세계인 데도 그 안에서 하나님이 자재하기 어려웠고, 진리는 진리대로 하나님을 담아내지 못했다. 이것을 하나님이 사통팔달시켰다. 진리 세계를 꿰뚫고 핵심 본질을 규명하였다. 창조로부터 억겁의 세월을 바친 결과이다. 진리를 일구어야 하나님이 존재한 근거를 붙들 수 있다. 제반 영역에 걸쳐 관여되어 있어 주재된 뜻이 만상 가운데 스며 있다(섭리). 낱낱이 밝혀야 했지만 그렇지 못하여 우주 간에 자재한 하나님인 데도 만유의 하나님이 되지 못했다. 진리 세계를 통합한 결과 비로소 세상 진리를 치리한 하나님으로 인정되었다. 따라서 그동안 추구된 진리 탐구 역정은 하나님이 강림할 수 있게 마련된 기반 다짐 역사였던 것을 피할 수 없다. 무엇 하나 강림을 위해 개척되지 않은 진리 영역이 없다. 강림 역사를 성사시키기 위해서 문명이 개화되었고 인류는 믿음을 양육하였다. 범신론도 무신론도 알고 보면 하나님이 강림하기 위해 개척된 과도기적 신관 구축 과정이다. 세상 진리가 한결같이 창조 진리에 근거했다.

> 지금 하늘의 문이 열리고 숨겨진 지혜의 보화가 지상에 쏟아지는 것은 세상의 마지막 때가 임박했음이라. 이에 하늘의 지혜를 받아들인 자들이 하늘의 뜻을 이루기 위해 지상에 각자의 기둥을 세우니, 나는 그들이 이룬 업적과 성과를 바탕으로 장엄한 지혜의 성전을 건설해야 할 사명자이다. 어찌 그들의 노력과 수고와 맺은 결실 없이 진리 세계를 통합할 수 있을 것인가? 지고한 깨달음과 시공을 연 노력 없이 새 질서 하늘을 맞이할 수 있겠는가? 그들은 하나도 빠짐없이 하나님이 건설하고자 한 지상 낙원의 큰 기둥이고 주춧돌이니, 하나님은 결코 그들이 바친 수고를 헛되이 하지 않고 다 귀히 쓰시리로다.

제 학문과 경전이 보전된 것은 핵심 된 본질을 규명하는 데 기여되었고,[64] 각 분야에서 이룬 탐구 성과는 천지가 창조된 근거를 추적하는 데 주효했으며, 일군 진리는 하나님이 창조주로서 현현될 수 있게 하였다. 진리 세계를 섭렵하므로 보혜사가 하나님으로 현현할 수 있었고, 만유를 포괄한 창조주로서 강림하였다. 통합된 진리 모습이 곧 하나님의 본체이고, 시공간에 편만된 섭리성이다. 세상 진리를 다스리고 주재 권한을 밝힌 보혜사는 과학적인 진리의 태동 역사를 거부하고, 이슬람의 신앙 역사를 형제애로 포용하지 못한 하나님이 아니다. 우주 간에 걸쳐 있는 始, 宗, 本, 道의 고를 풀어 헤쳐 전지전능한 창조 권한을 드러낸 분으로, 진리의 성령답게 진리로서 성업을 다져 강림하였다.

3. 지상 강림 목적

主 그리스도가 이천 년 전에 강림하여 세상 위에서 이루고자 한 사역 목적은 분명하였다. 그리고 보혜사 하나님이 오늘날 이 땅에 강림한 것도 타당한 이유와 목적이 있다. 하나님이 줄기차게 역사한 덕분에 확인할 수 있게 된 사실이다. 이 연구가 지상 강림 목적을 밝히는 것은 그만큼 역사를 완수한 결과이며, 하나님이 밝힌 절대 불변한 뜻이다. 이 같은 뜻을 위해 하나님이 인류 역사를 주재하였고 길의 과정을 인도하였다. 이것은 예측이 아니다. 목적을 밝힘과 동시에 역사가 현실화된다. 그만큼 인류 역사는 구조적으로 강림 목적과 대면한 상황속에 직면하였다. 천지가 멸망에 처했는데 어찌 강림

64) 경전은 우주 본체의 여여한 모습을 수천 년 동안 覺者들이 진실한 구도 노력으로 우주의 본질적인 모습을 담아 보전한 것이니, 장차 인류가 진리를 바탕으로 구원될 보고를 남긴 것이다.

역사가 지연될 수 있겠는가? 급박한 이유는 인류가 위기 상황에 처한 데 있다. 분열된 선천 진리는 세상을 구원할 힘이 없다. 종말을 맞이한 상황에서는 무력증을 헤어날 진리가 하나도 없다. 도무지 인류를 구원할 가망이 없어 새로운 역사가 일어나게 되었다. 십자가의 道라도 예외는 없다. 그리스도의 희생과 보혈로 인류가 구원되었지만 그래도 완전하게 믿지 못해 결국 종말을 맞이하고 말았다. 그래서 하나님이 난국을 타개하기 위해 강림하였다.

하나님이 강림한 것은 이전에 내림한 성인들의 존재 의미와는 비견될 수 없는 절대 목적을 지녔다. 전혀 새로운 뜻과 사명을 가진 하나님은 이전에 존재한 하나님이 아니라 선천의 분열적인 모습을 규합해서 통합적인 모습을 구축하였다. 선천 진리가 지닌 구조적인 한계를 극복하고 획기적인 장정을 마련한 것은 인류가 진리로서 구원될 수 있는 반석이다. 분열을 극한 세상이 뜻을 따를 수 없다면 분열을 극한 즉시 파멸되고 만다. 이것이 인류가 하나님을 맞이하지 않을 수 없는 이유이고, 만유의 主가 되기 위해 천권을 내세웠다. 만생을 구원할 절대자인데도 이전에는 공자의 하나님, 佛陀의 하나님, 과학자의 하나님이 되지 못했다. 천지가 막다른 지점에 도달한 오늘날 세상 진리를 포괄한 보혜사로 강림하였다.

하나님의 목적과 뜻은 확실한데 지금 강림하지 않는다면 세계는 구원될 수 없다. 그렇게 세운 것이 세계를 하나 되게 할 통합 관점이고 원리이고 진리이다. 하나가 되어야 파멸을 면하고 하나님과 함께한 지상 천국을 건설할 수 있다. 한 영혼이라도 더 구원하기 위해 세운 뜻인 만큼,[65] 이 길을 대하는 자 진정한 판단이 있어야 한다. 이 연구가 향후 어떤 메시지를 천명하더라도 대의로서 나아가야 할 방

65) 한 명이라도 더 구원하고자 한 뜻은 하나님이 인류에 대해 가진 한량없는 사랑의 표현임.

향은 분명하다. 인류를 통합하지 못하면 산적된 고뇌와 대립 상황을 풀길이 없으며, 이로써 야기될 결과는 파멸뿐이다. 인류가 하나 되어야 하는 목적이 분명하므로, 멸망을 막고 지상 천국을 건설하기 위해 추진된 인류 역사의 섭리 루트가 한 치도 벗어나지 않았다.

4. 지상 강림 형태

보혜사는 창조주답게 진리로서 모습을 완성한 하나님으로 강림하였다. 사상 처음 4강 신화의 쾌거를 이룬 오 필승 코리아, 대한민국 축구팀은 이전과 같은 대표팀이 아니다. 온 국민의 열화 같은 성원과 기대에 부응했다. 어제나 오늘이나 하나님은 존재하였지만 이 땅에 강림한 하나님은 진리 통합이란 과제를 완수한 하나님이다. 길의 역사를 근거로 구성된 지상 강림 형태를 초점 잡을 수 있다. 우리는 하나님의 모습에 대해 통상 인간과 같은 모습을 연상한다. 그러나 뭇 존재들이 순간마다 변하고 있는 찰나적인 존재인 것을 고려한다면 하나님은 일체의 변화 영역을 주재한 차원 밖의 본체자이다. '우주를 창조한 하나님은'[66] 운행되고 있는 우주를 넘어서 있다. "너를 위하여 새긴 우상을 만들지 말고 또 위로 하늘에 있는 것이나 아래로 땅에 있는 것이나 땅 아래 물속에 있는 것의 아무 형상이든지 만들지 말며……"라고 엄금했던 것도[67] 어떤 경우에도 물질적인 형태로서는 하나님이 존재하지 않는다는 것을 경계시킨 조처이다.

말씀으로 창조된 세계 안에서는 하나님도 그와 같은 실존 형태로 보일 수밖에 없고, 이 같은 세계 안에서 활동하기 위해서는 영적인

66) 『신국론』, 아우구스티누스 저, 조호연 · 김종흡 역, 현대지성사, 1997, p.1031.

67) 출애굽기, 20장 4절.

존재 형태를 취해야 한다. 하나님은 뜻과 의지를 분열시킨 성령의 역사를 통해 창조로서 일관된 실존 형태를 나타내었다. 성령이 결국은 하나님의 본체라는 뜻인데, 무형의 본질이므로 무궁한 작용을 통해 세계를 영원하게 생성시킬 수 있다. 뜻과 의지와 본질이 우주적인 본체를 형성하고 있어 지성들도 그렇게 구성된 진리를 통해 궁극적인 실체성을 파악하였다. 불교에서는 '부처가 되면 해탈의 德을 얻게 되는데 이것을 法身이라 하고, 法身을 우주 만법의 본체'로 규정했다.[68] 창조의 운행 근간인 영의 주재성을 法으로서 각성한 형태인데, 이런 깨달음을 누가 진리가 아니라고 거부할 수 있겠는가? 헤겔은 '우주 시원과 근원을 절대 정신으로 보았다. 절대 정신의 발전을 통해 세계를 설명하고 제 현상을 일관시켜 표현했는데',[69] 이 같은 시도 역시 영적 운행 범위 안에 있다. 언젠가는 파악해야 할 궁극적 실상이고 하나님이 지닌 절대 본체이다. 진리로서 드러날 하나님을 미완수된 형태로서 직시한 것이다. 어떡하든 하나님은 세상 진리를 규합해야 하는 전향적인 인식을 필요로 했다. 아무리 하나님이 강림하였다 해도 오감을 가지고 확인할 수 있는 존재가 아닌 바에는 '하나님=무엇이다'고 곧바로 말할 수 없다. 부연 설명이 필요하다.

기독교 교리에는 화체설이 있다. 그리스도가 죽은 가운데서 부활하므로 육신은 남아 있지 않지만 '하나님의 능력으로 빵과 포도주의 성만찬이 참된 그리스도의 몸과 피로 봉헌되어 그 같은 성찬 가운데 그리스도가 임재한다고 본 믿음 형태인데',[70] 이 같은 교리를 이해하기 위해서는 반드시 성령의 역사를 실체가 이룬 작용으로 접근해야 한다. 하지만 보혜사가 진리를 본체로 한 사실을 알기까지는 안

---

68) 『대도직지』, 자사 저, 지욱 술, 각성 강해, 통화총서간행회, 1995, p.133.

69) 『역사철학 강의』, 최재근 저, 동풍, 1995, p.53.

70) 『기독교교리의 역사』, 앞의 책, p.221, 243.

타깝지만 믿음을 가지는 것 이상은 접근이 안 되었다. 영성화된 본질은 진리만으로 부각될 수 없고 주도적인 성령의 역사가 있어야 한다. 그래서 길을 통하여 본체령으로 완전하게 현현한 분이 보혜사 진리의 성령이다. 태고로부터 역사한 하나님은 진리의 성령으로서 활동을 주도한 것이다. 진리 세계를 통합한 것만큼 더 이상 하나님다운 권능을 나타낸 역사도 없다. 진리를 통합함으로써 완전한 지혜를 드러내었고 주도한 의지를 진리로서 구성했다. 역사 의지를 진리로 전환시킨 덕분에 만인은 역사한 영의 실체를 판단할 수 있다. 진리의 성령은 천지 역사를 주재한 실질적인 권능자이고 시공간 안에서 일체 근거를 드러낸 완전한 하나님이다. 우주 간에 걸쳐 있는 대망한 세계를 포괄하였을 뿐 아니라 하늘 아래 손길이 미치지 않은 역사가 하나도 없다. 진리의 화신체로서 만법의 근원 자리를 차지한 분이고, 창조 의지를 세상 가운데 수놓은 분이다. 진리의 전모자로 현현되었다.

아 아, 얼마나 기다린 主이신가? 얼마나 애태운 만유의 님이신가? 수억의 성상 세월 동안 역사한 하나님이 이제 막 존엄한 모습을 나타내었으니, 천지를 창조한 본의를 밝힌 영적 본질의 구현체이자 인류가 초점 잡기를 원한 천지 창조의 본원자이다.

5. 지상 강림 증거

지상 강림 역사가 완수된 과정을 요약해서 살펴본다면, 길을 추구하면서 교감된 실체가 종국에 보혜사 하나님이란 사실을 자각한 『길을 위하여』 시리즈와, 본체를 현현시키기 위해서 숙원의 과제를 해결한 『세계통합론』, 『세계본질론』, 『세계창조론』의 저술 역정, 그리고 세계의 유신적 근거를 밝힌 『세계유신론』 등이 있다. 철저하게 확인해야 하므로 강림 역사를 증거하는 것은 다른 문제를 푸는 것과는 성격이 다르다. 하나님이 강림하였다면 무엇을 근거로 증거할 수 있는가? 추구된 길의 과정을 모두 집약시켜야 한다. 믿어라, 그리하면 즉각 구원될 것이다와 같은 신앙 형태가 아니다. 하나님은 믿는 자를 구원할 것이지만 그렇다고 강림된 상황마저 증거되는 것은 아니니 강림 역사는 믿음을 결단하는 문제와는 다르다. 하나님은 세계 원리적인 바탕 위에서 역사한 만큼 근원된 진리 문제부터 풀어야 한다. 신앙과 신학만으로서는 해결할 수 없고,[71] 진리로서 이룬 핵심 작용을 밝혀야 한다.

하나님은 우주적인 바탕 위에서 존재된 상황을 증거할 수 있어야 하는데, 그러기 위해서는 천지가 창조된 근원된 구조를 밝히고, 인류가 일군 지적 성과를 총동원해야 했다. 동양의 道, 불교의 空, 유교의 太極, 理氣論 등은 어떻게 하여 하나님의 본체 강림을 증거하는 데 필요 불가결한 진리 유산이 되었는가? 이런 의문을 풀어야 강림된 실상을 증거할 수 있다. 데카르트는 사물의 현상 가운데서도 명석판명한 것을 확실한 진리 기준으로 설정했는데, 그것은 창조된 결정성에 해당되는 조건으로서 하나님이 존재하고 있는 상황과는 기준이 다르다. 하나님은 보아도 볼 수 없고 들어도 들을 수 없으며 만져도 느낄 수 없는 본체이다. 이에 道는 차원성을 넘나든 본질적 형태이라 삼세 간에 걸쳐 섭리를 주재한 하나님에 대해서는 오히려 적합한 기준이 된다. 道는 지극히 본체적인 하나님의 존재 의지에 더 밀접하다. 이 같은 사실은 동서의 사상들을 비교해 보면 더욱 확실하다. 세계가 성숙된 연후에야 道가 지닌 진리적 특성을 근거로 하

71) 세계의 바탕 본질을 규명해야 함.

나님을 증거할 수 있다. 하나님이 강림하기 위해서 세계의 진리 바탕을 마련해야 했던 이유도 여기에 있다.

오늘날은 신흥 종교들이 혹한 진리를 앞세워 당장 천지가 개벽될 것처럼 기세를 떨치지만, 태초로부터 시종을 관장해서 근본을 바꿀 수 있는 권능자는 하나님뿐이다. 그런데도 이런 권능이 무색할 정도로 혹세무민하고 있으니, 혼란에 빠진 세계를 어떻게 평정할 것인가? 하나님은 제 영역에 걸친 본분을 규정할 수 있다. 하지만 강림하기 이전에는 과도기적인 수준에 머물렀다. 진리를 통합하고자 한 노력이 어디에도 없다. 그런데 무엇을 근거로 증거할 것인가? 하나님과 조우했던 선지자들도 마땅한 근거는 제시하지 못했다. 보혜사가 천지를 주재한 하나님이란 사실을 알기까지는 강림할 때를 기다리고 또 기다려야 했다. 하나님이 창조 진리를 바탕으로 강림한 것이라면 이것을 근거로 세계의 알파와 오메가를 함께 규정해야 한다. 완전한 지혜를 드러내었다면[72] 그것이 곧 진리의 성령이 강림한 증거이다. 세상 진리는 하나님이 천지를 창조한 바탕 요소이고, 의지, 뜻이다. 보혜사는 만유를 이룬 창조주로서 삼라만상 일체를 헤아릴 수 있다. 천고로부터 인류 역사를 주재한 하나님이 세계를 꿰뚫을 능력이 없겠는가? 이와 같은 권능을 발휘하는 것 자체가 강림한 사실을 증거하는 것이다. 엮어진 낱낱의 과정이 하나님을 구성한 본체이다. 이와 같은 통찰은 강림 전의 여건 속에서는 불가능했다.[73] 수많은 구도자가 진리의 모상을 구하기 위해 노력했지만 끝내 일말의 의혹만 남기고 갔는데, 강림한 하나님이 즉시 해결하였다. 명실상부하게 극에 달한 대립적 이데올로기를 극복하고, 동서로 분열된 역사

---

72) 완전한 지혜=세계의 알파와 오메가를 규정한 권능=전지전능한 하나님의 표징임.

73) 핵심 된 본질과 창조의 본의를 밝혀 숙원인 진리적 과제를 해결하고, 가치를 부활시켜 하나로 통합할 기반을 마련함.

를 창조 진리 안에서 통합하리라. 하나님이 강림한 것은 이전과 달리 세상 진리와 함께하고 인류와 함께할 수 있게 되었다는 뜻이다. 하나님은 태고로부터 자재하였지만 강림한 이날은 창조주로서 지닌 주재 권한을 회복한, 인류가 만세 간에 걸쳐 앙망한 主의 날이다. 그 날에는 만민에게 영을 부어 주리라고 했는데, 우리는 그렇게 하여 강림한 하나님을 진리의 성령으로서 맞이하였다.

6. 강림 예언 실현

보혜사는 태초 이전부터 존재하면서 천지를 지은 창조주로서 지상 교회를 세워 섭리의 맥을 이은 하나님이다. 이 하나님이 세상 만물을 주체적으로 다스린 역사를 발판으로 강림하므로 기독교뿐만 아니라 만유의 하나님으로 격상되었다. 지상 강림 역사는 지난날의 유구한 인류 역사를 통섭해 실현하게 된 역사로 반드시 이루어질 것을 선각들은 믿어 의심치 않았다. 낱낱의 과정을 거쳐 이제 겨우 드러났는데, 선견이 있었다는 것은 이 연구만의 독자적인 주장이 아니란 뜻이다. 만세 전부터 계획되고 추진되어 도래하게 되었다. 단지 사태를 판단하는데 시공을 초월하다 보니 논리적인 인식 면에서 두서가 없었고, 현실과의 거리차로 인해 실현 시기를 가늠하지 못한 것뿐이다. 이제는 지상 강림 역사의 실현으로 일체 기대가 충족되었지만 아직도 세인들은 사안의 중대성을 깨닫지 못하고 있는 실정인데 반해, 선각들은 이 연구가 본 것 이상의 상황까지 예시하였다는 것이 놀랍기만 하다. 이정표를 통해 방향을 앞서 지시한 형태이다.

그러므로 이 연구는 그동안 이룬 일련의 성과를 바탕으로 서두에서 한 선언이 결코 허황된 사실이 아니라는 것을 예언한 내용을 통해 확인하고자 한다. 보혜사는 다름 아닌 예언의 직접적인 실현 대상이다. 예언을 확인하기 위해 이 연구가 세워진 것은 아니지만 예언한 대로 지상 강림 역사를 증거하게 된 것은 사실이다. 보혜사는 창조 목적을 이루기 위해 인류 역사를 주재하였고 인류를 구원하기 위해 길의 역사를 펼쳤다. 동서고금을 통한 예언은 대개 '말세에 있을 대환란에 대한 예고, 새 시대의(새 하늘과 새 땅) 도래, 구세 성현, 새 진리의 출현 등으로 압축되는데',[74] 오늘날 강림한 보혜사가 이들 조건을 충족시킨 결과체이다. 보혜사는 무엇보다도 진리를 본체로 한 분으로서 선천의 질서를 종결짓고 후천의 새 질서를 열 하나님이다. 사실이라면 여태껏 운행된 우주 질서의 근본을 뒤흔들 역사이다. 예언한 성취 조건과 꼭 맞아떨어진다. 이전까지는 흐릿하였지만 지금은 예언으로 전제한 질서 구조와 일치된다. 아무리 기다린 구세 성현이라도 어떤 모습으로 강림할지는 아무도 알 수 없다. 명확하지 못해 아전인수격으로 해석하였다. 예언을 잘못한 것이 아니라 세인들이 예언한 의미를 곡해했다. 예언은 어디까지나 예언 자체로 고유한 것이라 추측은 금물이다. 우주의 구조를 선지한 상태일 뿐 대환란을 막을 만한 역할까지는 기대할 수 없다.[75][76] 예언은 실현될 것이지만 그러나 이루어지기 전까지는 누구도 예언이 실현된 사실을 확인할 수 없다. 예언한 자라도 상황을 모두 알고 예언한 것은 아니다. 이루어졌을 때만 성취 여부를 알 수 있다. 역사가 가진 구조를 보고 진척된 과정과 진척될 방향을 가늠한다. 강림할 것을 예언했지만 믿지 못한 것은 아직 실현되지 못한 것이 큰 이유이다. 기록되길 '그리스도께서 떠나시게 되면 그가 보혜사를 보내실 것이

---

74) 『묵시록의 대 예언』, 강봉수 저, 민성사, 1999, p.217.

75) 『충격 대예언』, 안영배 편저자, 둥지, 1995, p.234.

76) 사태를 미연에 방지할 진리 작용은 이루지 못함.

고, 보혜사가 그들과 함께 계실 것이다'라고 했는데,[77] 보혜사가 무엇인지는 아무도 알지 못했다. 오순절날 강림한 약속의 성령이라는 견해도 있지만, 그는 지상 교회를 이끈 섭리를 담당한 성령이다. 보혜사가 강림한 목적과 다르다. 장차 재림 역사가 있을 것인데, 그때를 대비해 강림한 분이 진리의 성령으로서 본체를 드러낸 보혜사이다. 보혜사가 진리의 성령으로서 역사해야 재림에 관한 예언도 성취된다. 야기된 혼돈성을 가닥 잡을 수 있다.

> "主 하나님이 가라사대, 나는 알파와 오메가라. 이제도 있고 전에도 있었고 장차 올 자요 전능한 자라 하시더라."[78] "거룩하다 거룩하다 主 하나님 곧 전능하신 이여, 전에도 계셨고 이제도 계시고 장차 오실 자라."[79]

장차 오실 자, 그분이 정말 강림하게 된 것이 보혜사이다. 기독교가 세운 종말론과 심판론은 선천 역사가 종결됨에 따른 대결론으로서[80] 이를 통하여 하나님이 다시 모습을 갖추었다. 반드시 오실 분이므로 선각들은 다각도에 걸쳐 최대한 상세하게 엿보려고 노력하였다. 하지만 예언한 자도 해석을 시도한 자도 모두 주변만 맴돌았다. 이런 와중에서도 예언은 미완의 역사를 보완한 역할을 하였으니, 오직 하나님만 삼세 간을 통괄한 역사의 완성자이고 삼세 간을 주재한 전능한 지혜자이다.

남사고는 서기 이천 년에 구세 성인이 인류를 구원할 비방을 갖고 모습을 드러낼 것이라고 했다(『격암유록』).[81] 곧 "서기 이천 년에 정

---

77) 『성경의 파노라마』, 헨리에타 미어즈 저, 생명의 말씀사, 1991, p.372.

78) 요한계시록, 1장 8절.

79) 요한계시록, 4장 8절.

80) 『충격 대예언』, 앞의 책, p.234.

확하게 구세 성현이 출현하여 전 세기(선천 시대)를 마감하고 후천 세계를 열어 갈 영적 지도자가 나올 것이다."[82] "동방으로 하늘에서 성인이 오시는 것을 의심하지 말라……."[83] 동서양의 예언가들이 입을 모아 예언한 상제님·미륵불·정도령·재림주 혹은 구세주란 호칭을 두루 포괄한 분, 이 성인을 부정하고 몰라본다면 인류가 전멸되고 새로운 인종으로 대체될 만큼 권능을 가진 불가사의한 존재,[84] 그분이 진사년(서기 이천 년)에 『세계유신론』을 통해 증거한 보혜사 하나님이다. 이 땅의 선지자인 강증산은 "儒·佛·道·기독교의 각 진액을 뽑아 모아 보다 큰 하나로 세계를 통일하고 포용할 만한 새로운 차원의 초종교 창업을 예비했다"고 밝혔다.[85] 선천의 종교와 과학과 철학이 도달한 한계성을 넘어서 수렴한 분,[86] 그분이 보혜사로서 창조된 본의를 밝힘과 함께 강림한 하나님이다. 성인으로 지칭하다 보니 다르게 보았던 것인데, 때를 따라 강림한 목적에 견준다면 예언한 내용과 일치된 상황을 곳곳에서 발견할 수 있다.

"노스트라다무스는 인류가 멸망의 위기에 직면하면 아시아에서 구세주가 나타날 것이라고 했다. 티베트의 라마승 아페이 라마(1778~1885)는 그리스도의 재림을 생각나게 하는 성인이 아시아의 작은 나라에서 출생할 것이다"라고 했다.[87] 팔공진인[柳成性]은 장래 이 땅에 '세계적인 대교주가 출현하리라'고 했는데,[88] 강림한 보혜사와

---

81) 위의 책, p.23.

82) "진사성인출(辰巳聖人出): 진사년(2000~2001)에는 구세 성인이 나오시겠다."-위의 책, p.234.

83) "無疑東方 天聖出, 若是東方 無知聖."-『격암유록』, 가사 편.

84) 『묵시록의 대 예언』, 앞의 책, p.223.

85) 『동이비전』, 김한국 저, 대원출판사, 1986, p.273.

86) 위의 책, p.276.

87) 위의 책, p.9.

88) 『7만년 하늘민족의 역사』, 유왕기 저, 세일사, 1989, p.14.

비교하면 예언이 지닌 진위성을 그대로 확인할 수 있다. 보혜사는 동서양을 막론하고 예언된 창구를 통하여 두루 각인된 보편적 실체이므로, 강림한 것이 사실이라면 판단을 제대로 해야 한다. 초림한 그리스도는 예정된 질서를 정확하게 따랐는데, 보혜사도 각종 예언을 성취시킨 실체자로 강림하였고, 인류를 구원할 비상한 경륜과 치세 권능을 갖추었다. 그곳에는 천상 영계(천국)를 열망한 하늘의 새 진리가 담겨 있으며,[89] 그것은 정말 하나님이 세상을 다스리기 위해서 세운 천권이요 진리로서 쌓아 올린 치세 기반이다. 증산교에서는 세계 역사를 조화 시대, 교화 시대, 치화 시대로 구분하고 하나님이 강림하여 천지를 다스릴 시대를 마련했다고 하였는데,[90] 이 같은 시대를 열 수 있는 근거가 곧 천지 만물을 주체적으로 다스려 일군 진리이다. 진리가 강림한 하나님의 치세 권한을 대행하리라.

보혜사가 세상 만물을 주체적으로 다스린 성업을 바탕으로 강림한 것은 이것을 선견한 예언을 통해서도 알 수 있거니와, 왜 기존 질서를 허물어뜨리고 새로운 진리를 세우게 되었는가 하면, 천지는 창조 이래 분열을 극해 극의 전환이 불가피했기 때문이다.[91] 이 같은 상황을 점성학자들은 쌍어궁 시대에서 보병궁 시대로 넘어선 주기적 전환을 통해서도 이해했는데, 「요한계시록」에서는 새 하늘과 새 땅(새 진리)이 도래한다고 했다. 즉 "서기 이천 년까지는 말세, 그러니까 교회의 말기 시대로서 백보좌 대심판과 그리스도의 재림과 새 하늘과 새 땅인 기독교 새 천국이 열리고, 새 진리로서 천국에 들어갈 구원의 새 역사가 펼쳐질 것이다."[92] 지상 강림 역사가 교회가

89) 위의 책, p.45.

90) "造化時代: 상제께서 천지 만물을 창조하는 시대. 敎化時代: 상제께서 인류의 聖子(예수, 석가, 공자)를 통해 천지 만물을 가르치는 시대. 治化時代: 상제께서 직접 강림하여 교화의 결과대로 심판하고 천지 만물을 다스리는 시대." -『동이비전』, 앞의 책, p.268, 121.

91) 오늘날은 분열이 통합을 낳는 극운의 생성이 대세를 이룸.

뿌리내린 신앙을 통해서도 뒷받침되고 있다. 교회는 하나님을 옹위한 주축 세력이지만 천지가 맞이한 전환 국면 상황에서는 어찌할 수 없다. 선천 질서가 마감되어[93] 새 질서를 구축할 새 복음, 새 진리, 새 말씀의 선포가 긴박하다. 그래서 "서기 이천 년부터는 도래한 진리에 의해 새 천국으로 들어갈 지상의 기독교 교회가 하나 되어 21세기 후천 세계를 열 수 있어야 한다."[94][95] 하나님이 진리의 본체자로 강림한 것과 그대로 부합된다. 육천 년에 걸쳐 연면하게 이어진 것이 성령의 역사인데,[96] 오늘날 비로소 일관시켜 강림하였다. 하나님은 인류 역사를 주관한 분으로서 당연히 일체 역사를 통괄해 종결지을 수 있다. 그리해야 새 땅, 새 질서, 새 하늘을 열 수 있다.

하지만 예언된 상태인 선천에서는 '묘용무위(妙用無爲)한 실체, 즉 시공을 초월하여 자유 자재한 진리 세계를 운용할 道力' 정도로 표현하였다.[97] 과연 그 실체는 무엇인가? "세상을 가장 위대한 진리로 다스릴 보혜사이다. 어지러운 말세에 일어나 모든 범부의 무리들을 꾸짖어 호령하여 지휘하리라."[98] 선각자들은 하나님의 역사적 강세를 손꼽아 기다렸는데, 보혜사는 기대에 부응한 하나님으로서 인류를 정신적 고뇌로부터 해방시킬 구세주이다. "세상 끝날에 모든 종교와 사상을 하나로 꿰매어 종교 섭리사를 결실지어 정신문명을 발동시킬 미륵불 사명자이다."[99] 남사고는 "만백성들은 이 말씀을 하

---

92) 『묵시록의 대 예언』, 앞의 책, p.54.

93) AD 2000년까지는 묵시록을 비롯한 성서의 모든 예언이 끝남. 묵시록의 예언뿐만 아니라 고대로부터 현대에 이르는 예언가들의 예언이 AD 2000년을 기점으로 거의 끝나고, 그 이후에 대해서는 영계로부터 현시가 잘 안 되어 가려진 상태로 있다.－위의 책, p.6.

94) 위의 책, p.6.

95) 새 기독교 교회? 기독교가 새로워진다면 그것은 과연 무엇을 의미하는 것인가?

96) 『세계역사의 대심판(상)』, 김영섭 · 김암산 계시수록자, 남궁문화사, 1994, p.32.

97) 『정감록 원본해설』, 정다운 저, 밀알, 1986, p.68.

98) 위의 책, p.68.

나님의 명령으로 알고 받들어라. 하늘에서 말세에 지상 사람들을 미리 구제하기 위하여 오신 분이니라"라고 지적했다.[100] 그만큼 하나님은 일군 진리를 본체로 뭇 영혼들을 구원한 인격 중의 인격이고 의식으로 감지할 수 있는 실체 중의 실체이다. 만상을 이룬 진리 자체로 존재한다. 그래서 예언가들은 강림할 하나님을(구세 성현) 상제님, 재림주, 미륵불(메시아), 정도령, 구세주 등으로 불렀어도 결국은 동일한 실체일 것이라고 예측했다. 그리고 그렇게 말한 현실체가 '새 진리'라고도 했다. 따라서 "서기 이천 년에 출세할(세상에 알려짐) 구세 성현에 대한 초점도 인물에 대한 호칭이 아니라 하늘의 진리에 맞추게 되었다."[101][102] 인류가 기다린 구세 성현은 결국 인격체와 새 진리란 조건을 동시에 충족시켜야 하는데, 어떤 지성도 확실하게 분간한 예지는 발휘하지 못하였다. 계시를 받든 자든 해석을 시도한 자든 직면한 한계 상황은 마찬가지이다. 본인도 이런 문제에 대해 혼란스런 사고 과정을 겪었다.

하나님이 강림한 사건이 의미하는 바는 과연 무엇인가? 보혜사 하나님은 어떤 분인가? 인류가 지닌 숙원을 풀어서 지시하게 될 분이라고 하지 않았던가? 깨우치지 못한다면 진리성을 참칭한 과오를 저지르게 된다. 지상 강림 역사를 완수해 베일에 가린 실마리를 푼 것이지, 본인이 어떤 남다른 능력이 있어서인 것은 아니다. "묵시록은 인봉된 책으로서 한 마디로 말해서 예수 그리스도 이외는 열 사람이 없다"라고 못 박았는데,[103] 이것은 또 무슨 말인가? 그리스도가 재

---

99) 『세계역사의 대심판(상)』, 앞의 책, p.305.

100) "萬民之中 奉命天語 天人出 豫民救地." – 『격암유록』, 생초지락 편.

101) 위의 책, p.224.

102) 후천 시대를 열 새 진리임.

103) 위의 책, p.232.

림해야 예언된 상황을 확인할 수 있게 된다는 뜻이 아닌가? 그래서 이 연구가 보혜사를 하나님으로 맞이한 단계까지 진척시킨 것인데, 그렇다면 보혜사는 어떤 분인가? 통합성을 바탕으로 삼세 간을 주재한 분이다. 장래 일을 미리 알린 분이므로, 통합성은 도래하지 않은 선재 본질까지 포함한 본질체이다. 이 연구가 직접 실현한 것이고 선각들은 예언한 것이라,[104] 이 같은 현상을 해명하는 것이 이 연구가 담당한 역할이다. 그런 만큼 강림한 하나님과 이 연구가 지닌 사명을 헤아린다면 인류가 기대한 재림 역사를 가늠할 수 있다. 이 연구는 하나님이 이루고자 한 절대 의지의 구현체로, 세워준 본분에 대해 하나님이 지혜와 권세를 아껴둔 것은 하나도 없다. 길의 과정 전체가 神적 본질의 현현체로서 하나님이라고 해도 크게 어긋나지 않다. 이 같은 전적이 쌓이고 쌓여 선지자적 본질을 구축하였다. 권능을 대언해서 메시지를 표명하게 된 불가피함은 있지만, 이런 사역을 수행함으로써 하나님의 실상을 구축하게 되었다.

> "그는 절대로 하나님이나 상제님 혹은 재림 예수가 아니다. 어디까지나 인간이며 평범한 보통 사람임이 틀림없다. 그러나 그는 하나님의 뜻과 경륜에 따라 새 진리를 선포하고 영계의 실상과 영계의 이법에 합치하는 새로운 신론, 기독론, 종말론 등 기독교의 모든 진리를 오류 없이 가르쳐 주어야 하며, 그동안 닫혀 있던 묵시록을 열어서 우리나라뿐 아니라 전 세계에 새 하늘과 새 땅의 복음을 전파해야 한다. 그래서 부실했던 교회가 다시 서고 세계 인류가 이 새로운 복음(진리)으로 구원받아 기독교 새 천국으로 올라가야……."[105]

새 하늘과 새 질서를 열기 위해서는 "새 하늘과 새 땅에 합치된

---

104) 예언은 선재되어 있으나 道는 통합성으로서 생성되는 분열 질서를 따름.

105) 위의 책, p.232.

새 교회와 새 진리로 인도할 지상의 사역자(대변자, 심부름꾼)가 필요하다."[106] 그는 분명 말세에 출세할 것이지만 구세 성인은 아니다. 그렇다면? '그를 통해 나타날(선포되는) 시대, 즉 후천 세계에 하늘에서 내려줄 구원의 새 진리',[107] 그 진리 실체가 바로 보혜사 진리의 성령이다. 선지자 이사야는 이렇게 말했다.

> "내가 종말을 처음부터 고하여 아직 이루지 아니한 일을 옛적부터 보이고 이르기를, 나의 모략이 설 것이니 내가 나의 모든 기뻐하는 것을 이루리라 하였노라. 내가 동방에서 독수리를 부르며 먼 나라에서 나의 모략을 이룰 사람을 부를 것이라. 내가 말하였은즉 정녕 이룰 것이요 경영하였은즉 정녕 행하리라."[108]

심진송은[109] "한국에서 세계 역사를 바꾸고 세계를 지도하는 나라로 나설 수 있도록 우리나라와 세계를 이끌어 나갈 영적 지도자로서 대종교가의 출현을 예고했다. 마치 그리스도의 출현에 앞서 세례자 요한이 나서서 그분을 증거했던 것 같이, 앞으로 서기 이천 년에 출현할 대종교가를 말했다."[110] 이 연구가 지닌 본분과 예비한 길을 두고 본다면 일치된 사실들이 결코 참칭이 아니란 사실을 알 수 있다. 스스로가 대종교가라느니 세례자 요한과 같은 사명자라고 내세운다면 모양새가 없겠지만 예언에 합당한 대상은 이 연구뿐이다. 길은 천지 역사를 주재한 진리의 성령을 하나님으로 맞이하였고 이것을 기반으로 재림의 길까지 예비하리라. 어떻게? 지금까지 산재된 신앙 역사를 규합함을 통해서이다.

---

106) 위의 책, p.218.

107) 위의 책, p.224.

108) 이사야, 46장 10~11절.

109) 『신이 선택한 여자』의 저자.

110) 위의 책, p.42.

이 연구는 세상 만물을 주체적으로 다스린 치세 역정을 거쳤다고 했는데, 이것은 하나님이 진리의 성령으로서 이룬 대역사이다. 또한 재림주는 이 연구가 이룰 기름 부음 절차에 따라 역사 위에 등단하리라.[111] 그리하면 인류는 하나님과 재림주가 함께한 지상 천국을 건설할 수 있다. 하나님의 나라가 세워질 것인데, 그 나라(지상 천국)를 통치할 분이 기독교에서 그토록 앙망한 재림주이다. 성도들은 재림주만 오면 만사가 일사천리로 해결될 것으로 알지만, 그 이전에 해결해야 할 과제가 바로 세계 통합을 주도하는 것이다. 이처럼 하나님에 대한 실체를 가닥 잡고 보면 고금을 통해 직시된 예언들의 진상 초점이 뚜렷해진다. "노스트라다무스는 1999년을 최종 종말의 해로 보았지만 구세 성현의 출현과 메시아(구세주)의 법이 태양의 나라에서 유지되면 인류는 멸망하지 않을 것이다"라고 했다.[112] 1999년과 '辰巳聖人出'인 서기 이천 년은 인류 역사의 대세가 판가름 난 긴박한 때였던 것이 분명하다.[113] 종말은 보혜사 하나님이 강림함과 함께 확정되었고, 예시된 구세 성현의 정체도 이때 밝혀졌다. 보혜사가 하나님이라, 지시할 수 있고 규명하여 이룬 성업이다. 정말 실현될 것일진대 노스트라다무스 같은 출중한 영력자가 사태를 알지 못하였겠는가?

> "아무리 기다려도 유럽에 나타나는 일은 없다. 그것은 아시아에 나타나리라. 동맹의 하나가 위대한 헤르메스에서 생긴다. 그는 동양의 모든 王들을 넘을 것이다. 또 새로운 메시아의 法이 태양의 나라에서 유지된다. 새로운 혼의 지도자가 동방에서 나타나리라."[114]

---

111) 초림 시에는 세례자 요한이 광야에서 외쳐 主를 증거하였지만 재림은 전통적으로 행하여진 정당한 절차를 밟아(기름 부음 받음) 만상 가운데서 공인될 것임.

112) 위의 책, p.43.

113) 『세계유신론』으로 세계의 유신성을 증거한 해임.

아름답게 장식된 크고 넓은 국토에 출세하여 통치할 위대한 지도자(정도령),[115] 만법의 교주로서 유교·불교·기독교 등 모든 종교를 통합하여 하나 되게 하려고 두 번째로 오신 미륵불,[116] 그분은 강림한 하나님과 동일하면서도(삼위일체) 한편으로는 하나님과 구분된 인격적 역할을 지침하고 있다. 무엇을 통하더라도 보혜사가 하나님으로서 세운 통합 진리를 바탕 삼지 않고서는 사명을 수행하기 어려운 점을 감안한다면, '미륵출세 만법교주'가 보혜사인 사실을 알기까지는 베일에 깊이 가려졌다. 강림한 하나님의 지침에 따라 재림주의 실체, 그분이 "신선이 사는 남조선 땅으로 기독교의 도맥을 타고 나올 동서양의 교주(성인)로 밝혀졌다. 세인들이 생각한 道를 뛰어넘어 정도령·미륵불·예수의 三神이 합일해 강림할 분, 하늘에서 땅으로 올 분이다."[117][118] 佛陀는 "敎만 있고 수행도 증과(證果)도 없어 인심이 극악하고 악한 일들이 횡행하는 말법 시대가 지나고 나면 미륵불이 탄생하리라."[119] "전륜성왕(轉輪聖王)으로 와서 바른 정치를 행하여 이상 국토가 되었을 때 출세하리라"[120]라고 말한 미륵하생 신앙의 최종 주인공, "어려운 세상이 지나면 眞人이 남해에서 와서 계룡산에 창업하여[121] 선경(仙境) 세계를 만들리라"[122]고 했던 정

---

114) 예언시, 10장 75편.

115) 『정감록 원본해설』, 앞의 책, p.68.

116) "彌勒出世 萬法敎主 儒佛仙合一 氣再生."—『격암유록』, 승운론 편.

117) "紫震南鮮 葡隱後裔 柿木出聖 東西敎主 人間超道 鄭彌蘇神."—『격암유록의 현대적 조명』, 구성모 역해, 미래문화사, 1992, p.62.

118) 3位를 구분했던 때는 지나갔다. 성인들을 구분했던 때도 지나갔다. 삼위일체, 성인일체, 만물일체 시대가 하나님이 강림한 지상 강림 시대이고 주도될 통합문명 시대이다.

119) 『원불교사상 논고』, 김홍철 저, 원광대학교출판국, 1980, p.25.

120) 『불교철학의 이해를 위하여』, 불교신문사 편, 대학문화사, 1984, p.246.

121) 『정감록』, 김수산 편저, 명문당, 1976, p.48.

122) 『원불교사상 논고』, 앞의 책, p.36.

도령의 실체, 그분이 다시 오리라 한 재림주이다. 왕중왕으로 등극하여 선경 나라를 다스릴 구주이다. 이를 위해 아버지(성부)가 재림에 필요한 제반 여건을 마련하였고, 아들 역시 마련된 세계적 바탕 위에서 천권을 행사할 주권자로 등단할 것이다. 재림주는 하나님으로부터 창조 주권을 한 몸에 부여받아 지상 천국을 다스릴 정통 주재 왕이다.[123] 정교가 철저하게 분리된 지금의 제도 안에서 무슨 시세에 뒤떨어진 왕권 시대 도래 운운하는가 할 수 있지만, 하나님이 뜻한 미래 역사의 진행 방향이 이미 그렇게 결정되었다. 『격암유록』에서는 이런 역사의 실현 상황을 정확하게 예시하였다. 앉아서 천리를 내다본다는 말처럼, 비범한 통찰자가 이 땅에 존재했다는 사실을 두려워해야 한다.

"1999년 말세, 이천 년 동방 천년 개국, 정도령 구세주 그분은 과연 누구인가?"[124] '유교・불교・기독교가 합일하여 하나님이 주관하는 세계의 운을 탄 주재자이나니',[125] "서방 기독교의 원리를 따라 동서양의 운이 합해서 오는 백십승(白十勝)으로 이기고 나오는 분이다."[126] '세계의 모든 道教가 백십승으로 합일한 때에'[127] '유교・불교・기독교를 합쳐 감람나무로 오는 사람',[128] '大道로서 세계에 통하여 다스릴 백십자 도교의 중심인물',[129] 그 '백십자도는 유교, 불교, 기독교가 합쳐진 도교일진대',[130] 이런 상황의 주인공인 재림주

---

123) 초림주는 정치적인 王으로서의 기대를 일체 불식시켰지만 재림주는 萬法의 교주로서 인류의 기대에 부응함과 동시에 초월할 것임. 만민을 백성으로 한 나라와 구체적인 통치 실권을 가짐.

124) 『격암유록의 현대적 조명』, 앞의 책, 표지글.

125) 위의 책, p.1050-『격암유록』, 송가전 편: "儒佛仙合 皇極 仙運."

126) 위의 책, p.98-『격암유록』, 가사총론 편: "東西合運 十勝出."

127) 위의 책, p.35.-『격암유록』, 말운론 편: "道道教教 合十勝."

128) 위의 책, p.35-『격암유록』, 말운론 편: "儒佛鬪人 是何人."

129) 위의 책, p.37-『격암유록』, 말운론 편: "大道四海通."

130) 위의 책, p.98-『격암유록』, 도하지론 편: "弓弓之道 儒彿仙 合一之道."

는 초림으로 세워진 기독교 역사의 바탕 위에서 인류 역사를 주도할 통치자로서 모습을 갖추리라. 『격암유록』에서 말한 만법의 교주이고 백십자 도교의 중심 실체이다. 기독교 이천 년과 인류 역사가 무엇을 위해 역사되었는가 한 섭리를 안다면 하늘 아래서 그 뜻을 거부할 자 아무도 없다. 재림주가 장차 펼칠 대통 본질이다. "백십자교를 믿고 따르니 무궁화 강산에 하나님 왕궁을 짓게 되겠구나. 세상 사람들은 알지 못하는구나 백십자의 원리를……. 유교, 불교, 기독교가 똑같은 하나님 진리와 도덕과 말씀이라는 것을……."[131)132)]

재림주가 중심이 될 "백십자 도교는 十字의 道인 것은 틀림없지만 현재와 같은 기독교는 아니다. 지상의 다원 종교들이 기독교를 중심으로 合一될 새로운 道教이고",[133)] 선천 진리를 일치시킨 통합 종교이다. 『격암유록』의 표현을 빌린다면 "九에다가 一을 더한 十字 원리로 이기신 하나님 집이다."[134)] 그분이 '地上仙國 朝鮮化(지상선국 조선화) 千年大運 鷄龍國(천년대운 계룡국)'할 것인데,[135)] 실질적으로 왕궁을 건설하기까지는 거쳐야 할 절차가 더 남아 있다. '유교, 불교, 기독교의 세 종교 원리를 弓弓乙乙 백십자의 한 가지 원리로 관통하기 위해서는'[136)] 합당한 진리 기반을 마련해야 하므로 즉시 실현될 예언은 아니다. '유교의 공자님과 불교의 부처님과 기독교의 예수님, 세계의 진리가 합력해서 형제처럼 지내기 위해서는'[137)] 강림 역사를 완수해야 하는 것이 선결 조건이다. 세계적인 여건을 갖추어야 재림

---

131) 위의 책, p.20.

132) 백십자 교: 弓弓 乙乙=亞, 白十字=儒·佛·仙 通合一教.

133) 위의 책, p.21.

134) 위의 책, p.20.

135) 위의 책, p.20-『격암유록』, 롱궁가 편.

136) 위의 책, p.72.

137) 위의 책, p.95-『격암유록』, 궁을도가 편: "三位三聖 合力하니 四海之內 登兄弟라."

주가 권능에 찬 主로 등단할 수 있다.

하지만 '二十世後 今時當(이십세후 금시당)'이라. "재림의 예수님, 미륵 부처님, 하나님의 장남 아들인 정도령이 20세기 후반 남조선 땅 위에 와 있는데 너희들은 보고도 모른다(視不知)."[138] 그분이 도대체 누구인가? 증산교에서는 이미 이 땅에 탄강해 온갖 조화로 천지공사를 마무리 짓고 후천 도수를 물샐틈없이 짜 놓았다고 하는데,[139] 그들은 이 땅에 강림한 보혜사의 실체부터 분간해야 한다. 그리해야 도를 넘어선 가역 역할을 멈출 수 있다. 이 연구를 통해 확인하게 되는 것이 곧 예언된 그대로 今時當이다. 문제는 하나님이 그러했듯[140] 재림주가 온전한 인격체로서 강림하였더라도 재림된 실체는 어떻게 판별할 것인가? 구름 타고 오시리라 혹은 "하늘로 가심을 본 그대로 오시리라."[141] 이런 구절이 재림주를 판별하는 데 무슨 도움이 되는가? 각인이 그를 보겠고 그를 찌른 자들도 확인할 수 있다고 한 말을 두고 본다면 재림 역사는 제반 절차를 거쳐 확고한 것이 틀림없다. 그렇게 되도록 하기 위해 하나님이 보혜사 성령으로서 인도하여 지시할 것인 바 제반 절차를 밟아야 하는데, 아직까지는 구체화되지 못한 상태에 있다.

따라서 이 연구가 지상 강림 역사를 통하여 예비하고 大命을 받들어 이루어야 할 것은 무엇보다 主 그리스도의 재림 역사에 대한 절차 수행이다. 그것이 원래 부여받은 사명이고 반드시 완수해야 하는 목표이다. 지금까지 이룬 성업이 그분을 위해 바쳐져야 하고, 시온

---

138) 위의 책, p.136.

139) 진리를 내세우기는 했지만 완전하게 초점을 맞추지 못함으로써 결국은 하나님의 뜻에 위배된 이질적인 진리관이 됨.

140) 主 보혜사가 창조 이래 세상 역사와 함께하지 않은 것은 아니지만 실지로 강림을 실현하기 위해서는 합당한 실체 자각과 본체 현현과 이것을 증거할 절차 과정을 밟아야 했음.

141) 사도행전, 1장 11절.

의 영광은 그렇게 했을 때 맞이하게 될 세계상이다. 본인은 다만 길 가는 자일 뿐이라, 만인은 천명된 길의 선지자적 본분과 강림한 하나님과 장차 올 재림주의 역할을 확실하게 분별해야 한다. 참으로 "하나님의 말씀이라고 믿고 가르치는 곳으로 들어가는 사람은 살고, 이곳에서 나가는 사람은 죽으리라."[142] 막다른 종말 상황에서 숨 가쁜 역사를 펼치기 위해 강림한 만큼, 정해진 절차를 착실하게 거쳐야 한다. 마지막 남은 자들의 영혼까지 구원하기 위해 강림한 것이므로, 만백성은 이 연구가 천명한 메시지를 조건 없이 받아들여야 한다. 그리하면 하나님도 조건 없이 만세 영혼을 만세 후까지 보장할 것이다. 하나님은 삼세 간에 걸쳐 계신 분이므로 만세 간에 걸쳐 존재한 믿음 있는 영혼들을 만세후까지(영원) 확실하게 보장하리라. 오늘날 세계가 종말에 처한 것은 인류가 쌓은 죄악이 원인이고, 감당할 수 없을 정도로 한계점에 도달해 멸망을 막을 대책을 마련했다. 그 사랑, 그 피눈물 난 역정을 이 연구가 밝혔나니, 이 뜻을 받아들이는 자들에게 하나님의 은혜는 무조건적이다. 영접해야 하나니 이것은 참으로 중요하지만 그 기회가 일회적이고, 이 권유는 참으로 간절하지만 그 기간이 시한부적이다. 본인은 할 수만 있다면 하나님의 영광과 은혜가 만상 위에 빠짐없이 주어지길 원하며, 나라이 임할 그날을 온 인류가 함께 맞이할 수 있길 바란다.

---

142) 위의 책, p.31 -『격암유록』, 내패예언육십재 편: "柿謀人生 世謀人死."

7. 지상 강림 의의

기독교인들이 신앙한 하나님은 만물을 창조한 하나님이고 인류 역사를 주재한 살아 계신 하나님이다. 그런데도 이런 하나님을 받든 지상 교회가 숱한 세월을 거쳤는데도 세상 진리를 품 안에 두지 못한 것은 부여된 사명 역할을 제대로 수행하지 못했다는 뜻이다. 하나님이 존재한 사실을 증거할 합당한 방도를 강구하지 못하다니! 고통받는 영혼들을 구원한 공적은 인정하지만 하나님이 세상 역사를 주재한 섭리적인 근거 정도는 근본적으로 밝혀야 했다.[143] 세상을 한시도 놓치지 않고 주재했다고 주장은 했지만 근거는 제시하지 못했다. 그렇게 해서는 하나님이 천지 역사를 주재한 창조주란 사실을 인정할 수 없다. 그러나 강림한 하나님은 무엇보다도 밝히지 못한 의혹을 풀었다는 데 차이점이 있다. 어떻게 풀었는가? 세상과 따로 존재한 것이 아니라 목적을 가지고 주재했다는 사실을 밝힘으로써이다. 인류 역사를 꿰뚫은 통합 관점과 대동의 세계관 수립이 그것이다. 기록되길 "진리의 성령이 오시면 그가 너희를 모든 진리 가운데로 인도하시리니……."[144] 그렇게 한 분이 보혜사 하나님이다. 하나님이 강림하여 천만 년 동안 찾지 못한 창조의 비밀 실마리를 찾았다.

하나님은 세계의 궁극 원인이고 천지를 창조한 원인자로서 이 땅에 강림함과 함께 숙원인 진리의 문제도 함께 풀었다. 천지가 창조된 비밀을 밝히는 것은 가공할 일인데 해결한 것은 세계사적 의미가 지대하다. 아직 이해하지 못해 잠잠한데, 지상 강림 역사만큼 의미를 지니는 사건은 창조 이래 다시 없다. 진리와 하나님은 불가분한

---

143) 교회를 통한 역사만 주재된 섭리 역사의 전부는 아니다. 세계사 전체에 대한 주재 섭리를 증거해야 했음.

144) 요한복음, 16장 13절.

관계로 강림함으로써 핵심 본질을 규명했다. 살아 계신 하나님을 증거한 것만큼 큰 진리적 성과는 없다. 성현들이 풀지 못한 숙업을 해결하였다. 만인이 볼 수 있도록 진리로서 본체를 형상화시켰다. 하나님의 뜻을 반영한 진리는 하나님의 본체를 구성한 요소이다. 그래서 때가 된 오늘날 인류를 모든 진리 가운데로 인도하게 되었다. 세상은 분열 가운데 있지만 하나님은 일체의 생성 상황을 주관한 통활 해석판을 지녔다. 해석판을(전체성으로서의 본체) 갖다 대면 해명하지 못할 진리 영역이 하나도 없다. 분파된 진리들이 강림된 본체를 중심으로 역할이 지정된다. 하나님은 만사를 관장한 主이다. 창조주다운 권능으로 세계가 지닌 문제를 해결하였다. 삼세 간을 관통한 지혜자로서 전체 정보를 장악한 전지전능한 분이다. 세계가 진리로 이루어진 것인 한 인류는 진리를 본체로 강림한 보혜사를 하나님으로서 맞이하지 않을 수 없다. 그렇게 판단해야 하고, 그렇게 결단 내려야 하며, 종국에는 그렇게 받들어 행하여야 하리라.

제14장 보혜사 하나님의 맞이 자세

1. 기존 믿음의 고착화와 장벽

보혜사는 유구한 세월동안 인류 역사를 주관한 하나님으로서 창조의 본의를 밝히기 위해 섭리한 손길을 멈추지 않았다. 그리고 오늘날은 집중적으로 강림 역사를 펼쳐 이전과는 모습이 달라진 하나님이다. 본질은 동일하지만 역할은 다르며, 이전에는 하늘에 계셨지만 현재는 이 땅에 강림하여 계시다. 그런데도 세상은 이런 사실을 전혀 모르고 있다. 보혜사는 모든 면에서 차원적인 진리 시스템으로 실존 영역을 확보한 하나님이다. 이전에 가진 믿음과 진리 상태로서는 이해할 수 없다. 신제품이 출시되면 소비자들은 제품에 대한 사용 지식을 새롭게 받아들여야 한다. 강림한 하나님도 이런 요구 사항이 철저하다. 하나님이 이 땅에서 존재 영역을 확보하기 위해서는 통합적인 질서가 필요한데, 세상은 극도의 위기의식에 사로잡혀 자기 방어벽을 철저히 구축하고 있다. 세상 믿음이 한결같지 않은 바에는 오해가 불같이 일어날 수 있으므로 강림한 하나님을 받아들이기 위해서는 그만한 깨달음이 필요하다.

이에 이 연구가 해결해야 할 것은 강림한 하나님을 바르게 맞이할 수 있도록 진리로서 뒷받침하는 것이다. 신앙 대상과 질서 구조가 전환된 것을 알려야 한다. 보혜사는 인류가 반드시 맞이해야 하는 창조주이고 경배해 마땅한 하나님인데도 무지한 것은 하나님이 강림한 사실을 모른 데 있다. 이에 이 연구가 합당한 맞이 자세를 권고함으로써 지상 강림 목적을 공고히 하리라. 더할 나위 없는 사랑을 표명하여 조건 없는 길을 제시하리라. 과거에는 믿음을 지킨 것이 하나님을 위한 뜻이었다면 이제는 활짝 열어야 하는 것이 하나님의 뜻이다. 보혜사는 인류가 염원한 만유의 主인 것을 깨달아야 한다. 부모가 대문 밖에서 문을 두드린다면 자식이 알아채고 열어 주지 않겠는가? 보혜사는 인류가 애써 지킨 道와 신앙의 경계선을 무너뜨릴 만큼 탐욕스런 존재가 아니다. 이런 하나님을 맞이하기 위해서는? 세상은 다양한 생각과 역사와 믿음을 가졌으므로 하나님이 강림하였다고 해서 갑자기 동화될 수는 없다. 사실을 확인할 수 있도록 바탕 된 본질과 섭리 역사를 가닥 잡아야 한다. 성과가 있어야 부모를 맞이하는 것처럼 스스럼이 없어진다. 왜 인류가 쌓아 올린 믿음의 장벽을 허물어야 하는 것인지 이유를 알게 된다.

성벽은 전쟁을 치를 때는 긴요한 방어벽으로서 소용되지만 평화로울 때는 쓸모가 없다. 하나님을 맞이하는 자세도 이와 같아 신앙의 정통성을 확립하는 과정에서는 이질적인 요소들을 막을 수 있는 튼튼한 방어벽이 필요했다. 聖과 俗을 구분해서 이단적인 요소를 철저히 제거했지만 이런 요구들이 세월이 흐르면서 알게 모르게 고착화되어 버렸다.[145] 우리는 통상 자신을 가치 판단의 중심에 두는 것이 보편적인 처사이다. "어느 나라 사람도 관습 중 제일 좋은 것을

145) 만유 일체 운운하는 것은 덧없는 이상이 됨.

선택하라고 한다면 자기 나라 관습이리라."[146] 삼라만상이 천차만별한데 어떻게 "세상 진리와 믿음이 한결같기를 바라겠는가? 같지 않다고 해서 무조건 배격할 것이 아니다."[147] 세상 안에서는 절대적인 기준선이 없다. 그런데도 신앙인들은 그동안 오직 자신이 옳다고 여긴 믿음의 요새, 학문의 요새, 문명의 요새만 높이 쌓아 올렸다. '교회는 하나님의 도성이고 구원의 방주'라고 믿어 의심치 않았다.[148] 만유가 창조된 영역권 안인데 무엇을 다시 구분할 수 있겠는가만 이전에는 구분하는 것이 정당했다. 외부로부터의 도전을 막고 함몰되지 않기 위해서는 특별한 체제가 필요했다. 하지만 요새가 지닌 가치도 세월이 흐르면 변하여 불현듯 다른 세상이 되어 버린다. 과정상에서는 당면한 상황이 전부이고 분열할 때는 분열하는 것이 주된 목적이지만 사실은 그렇게 해야 본향에 도달할 수 있다. 정신은 정신으로서, 물질은 물질로서 지닌 특성이 나타난다.

한편, 비록 부분적이지만 전체성을 함유한 경우도 있다. "모나드(Monade)에는 창이 없다는 말이 있듯, 모나드는 각자의 입장에서 우주 전체를 나타내고 있어서 원만 자족하다(라이프니츠)."[149] 그러니까 유물론자들은 물질로서 구성된 세계를 절대적인 것으로 볼 수 있었다. 사실은 물질로서 구축한 세계만 나타낸 것인데도……. 서구인들은 자신들이 구축한 세계관적·철학적인 인식이 인류의 문명권을 장악한 것으로 착각하였다. 자체 지닌 사고방식 틀을 확장시킨 상태인데……. 온전하게 판단하기 위해서는 세계가 완성될 때까지 기다려야 하는 것이 기본적인 조건이다. 우리는 자체로서 부족한 것이

146) 『역사』, 헤로도토스 저, 박광순 역, 범우사, 1988, p.221.

147) 『증산사상 중심의 인류갱생철학개론』, 배용덕·황정용 공저, 태광문화사, 1995, p.200.

148) 『신국론』, 아우구스티누스 저, 조호연·김종흡 역, 현대지성사, 1997, p.749.

149) 라이프니츠: 독일인, 1646~1716.

없는 생명 시스템을 갖추고 있으며, 이 완전함이 세상 가운데서 존재할 수 있는 자격 조건이다. 개개 사물과 뭇 현상과 세계도 여건은 동일하지만 전체를 놓고 보면 보다 완전한 통합체를 이루기 위해 존재하고 있는 부분성에 불과하다. 그래서 아무리 자기 분야에서 전문적인 식견을 가졌더라도 전체적인 조율이 없으면 심대한 오류를 범할 수 있다. 인류가 보혜사를 하나님으로 맞이하는 자세도 마찬가지이다. 사람들은 함께 생활하면서 대화를 나누지만 지상 강림 역사는 선뜻 이해하지 못한다. 마음의 문을 닫고 있다. 온 누리에 햇살이 가득한데 보지 못하는 사람이 있다면? 하나님이 강림하였는데 알 수 없다면? 통합적인 안목을 가지지 못해서이다. 아무리 覺者가 만법귀일하다고 주장해도 직접 깨닫지 못하면 알 수 없다. 진리는 볼 수 있는 눈을 가져야 하고, 하나님은 알 수 있는 이해력이 있어야 한다.

세계를 바라보는 눈에 결함 요소가 발견되는 것은 고쳐지지 않고 있는 병폐일 뿐 아니라 끝까지 벗어나지 못한 어리석음이다. "유태인들은 이방인을 성결치 못한 하나님의 적으로 여긴 반면 예수님은 회개하고 믿으면 누구나 천국에 들어갈 수 있다고 한 것이니",[150] 유태인과 예수님이 가진 눈은 구분되어야 한다. "예수님은 바리새인들의 지적인 냉담성과 마음에도 없는 형식주의와 화석화된 신앙, 가식주의를 비난하였는데",[151] 이 같은 신념을 근간으로 기독교가 창립되었다. 그런데 이런 기독교가 오늘날 지상 강림 실체에 대해 냉담한 자세를 가진다면 이천 년 전의 바리새인들과 무엇이 다른가? 하나님은 창조주로서 언젠가는 세상 진리를 빠짐없이 수용할 수 있다. 부분적인 진리를 믿음으로 채운 신앙 상태를 언제까지 義로 여

150) 『성경의 파노라마』, 헨리에타 미어즈 저, 생명의 말씀사, 1991, p.354.

151) 『인도의 철학』, 하인리히 잠머 초록, 조셉 캠벨 엮음, 김용환 역, 대원사, 1992, p.191.

길 수는 없다. 한민족이 전통적으로 지킨 신앙 행위를 "샤머니즘의 무당 종교로 몰아붙인다든지 불교, 유교가 뿌리내린 곳에 기독교가 들어와서 미신과 악과 우상과 싸우면서 하나님의 나라를 이루기 위해 노력하고 있다고 말하는"[152] 웃지 못할 독선처럼, 보혜사를 맞이하는 데 있어서도 이런 오류를 범하지 말라는 법이 없다. 어떻게 이 같은 맞이 자세가 열납될 수 있겠는가? 수천 년 세월 동안 영혼 위에서 살아 숨 쉰 민족 신앙을 일시에 샤머니즘적인 무당 종교로 몰아붙이다니! "마귀의 세력이 자리 잡고 있는 이 땅에 교회가 들어온 관계로 악의 세력이 위축되고 약해졌다고 여기다니!"[153] 이것은 어떤 경우에도 바람직한 신앙 자세가 아니다. 진리가 너희를 자유케 하리라고 했는데, 천지를 마귀의 세력권으로 구획지어 놓고 자유로운 삶과 의식을 억제시킨다면 기독교가 보장한다고 한 진리적 자유는 도대체 어디서 찾을 수 있는가?

굳어 버린 믿음의 고착화 상황 속에서도 하나님의 뜻이 건재하여 오늘날 강림할 수 있었다. 이슬람교가 무함마드에 이르러 계시 역사가 끝났다고 공언한 것은[154] 생성하는 세계의 문을 폐쇄시켜 버린 행위이다. 뜻에 역행하여 세계관적인 한계성에 도달한 비극을 자초하였다. 기독교도 「창세기」로부터 시작하여 「요한계시록」을 끝으로 성경을 66권으로 마감시켰는데, 이것도 기독교란 종교가 언젠가는 종말을 맞이할 것이란 뜻과 같다. 스스로 그어 놓은 섭리적 한계선이다. 더 이상 진척될 가망이 없으므로 지상 강림 역사를 일으키게 되었다. 성경이 마감된 것은 때가 되었을 때 기독교 섭리를 매듭짓기 위한 조처이다. 안타까움은 있어도 이것은 하나님이 전적으로 의

152) 『요한계시록 강해 설교(상)』, 김용주 저, 경신, 1997, p.124.

153) 위의 책, p.125.

154) 『이슬람 입문』, 김정위 편저, 한국외국어대학교출판부, 1993, p.31, 48.

도한 것이 아니다. 영적인 문을 굳게 닫아 버린 기독교에도 책임이 있다. 생성된 진리와 믿음을 무조건 이단으로 몰아붙인 분명한 과오 행적이다. 신앙을 수호한다는 명목 아래 끊임없이 숨 쉬고 있는 진리 생성의 목을 조아 버려 활성화되어야 할 생명력을 고갈시키고 말았다. 종교로서 구원 역할을 계속 수행할 수 없게 된 지경이므로 하나님이 새롭게 역사를 펼쳤다.[155] 보혜사를 맞이하기 위해서는 합당한 안목을 가져야 하나니, 그리해야 아브라함과 같은 믿음을 가지고 인류의 신앙 역사를 이끌 수 있다.

2. 대세의 전환과 변화 인식

우리는 몰라도 세계는 새로운 세계 질서를 창출하기 위해 진통을 겪었나니, 인류가 하나님의 본질을 떠남으로 도달한 것은 결국 종말 국면이다. 변화와 혼란이 가중되므로 종말처럼 세계가 전환을 필요로 하는 때도 없다. 그런데도 당장 멸망의 가중한 현상을 겪지 않고 있는 것은 극이 서서히 바뀌고 있는 중이기 때문이다. 대세가 전환되어 "낡은 가치 질서가 붕괴되었는데도 제대로 된 대책을 세우지 못하므로 이중고를 안고 있는 것이 오늘의 상황이다."[156] 그러나 낡은 질서가 무너졌다고 당장 고통이 와 닿는 것도 아니고 새로운 질서가 태동되었다고 당장 세상이 바뀌는 것도 아니다. 과도기로서 낡은 질서와 새 질서가 뒤섞여 소용돌이친다. 혼돈된 상황을 피할 수 없다. 보혜사가 강림하므로 새로운 질서 발판은 마련되었지만, 사실은 듣지도 보지도 못한 주장일 뿐이다. 전통적인 질서에 혼란스런

155) 인류를 하나 되게 할 관점과 천지를 창조한 진리와 만물을 주재한 섭리를 밝힘.

156) 『서구의 사고방식과 비판 정신』, 유준수 저, 경문사, 1985, p.4.

심지를 당긴 것은 오히려 이런 주장들이 아닌가? 그러나 이런 진리와 질서와 사상이 대두되지 않았다면 세상은 언제나 조선이란 왕조 체제하에서 혹은 구약이란 신앙 구조 안에서 영원무구하였으리라. 그런데 인류 역사는 변하고 변하여 지금은 전혀 다른 세상이 되고 말았다. 진통과 혼란은 겪었지만 그런 과정을 거쳐 새로운 세상을 맞이하였다.

물론 대두된 과정에서는 세상의 변화를 두려워하는 자들과 새로운 세계를 열려고 하는 자들과의 고된 힘겨루기가 시작된다. 이때는 무엇이 옳고 그른 것인지 분별하는 것이 쉽지 않아 서로 신념을 관철시키려는 입장만 두드러지지만, 어느 정도 세월이 지나면 대세도 결정되어 정말 깨어 있는 자들의 신념대로 세계가 주도된다. 그때 고착화된 진리적 환경 속에서도 새로운 역사의 수레바퀴를 돌리려고 했던 선각들의 뛰어난 안목이 부각된다. 대세 변화를 통찰한 정신 작업을 통해 땅 끝까지 뿌리박힌 수구 세력을 물리친 투혼이 빛난다. 새 질서의 도래 사실을 굳게 확신하고 희생을 감수하였다. 그러니까 계절이 바뀌듯 세상도 변하여 지금은 보혜사를 하나님으로 맞이하게 되었다. 그런데도 여전한 것은 구질서 속에서 안주하고 있는 지식인들, 신앙인들의 정신 자세이다. 그들은 끝내 강림한 하나님을 맞이하지 못할 자들로서, 이 시대의 종말 상황을 끝까지 지켜보게 될 자들이다. 다산 정약용은 급변한 시대의 전환기를 인식했던 지식인이지만 그는 어떠하든 조선 왕조와 유교란 체제 틀 안에서 기존 가치를 재해석해서 도탄에 빠진 나라와 민생을 구하려 했다. 반면 최수운은 선천 질서가 조선 왕조 500년을 기점으로 아예 끝났다고 주장하다가 형장의 이슬로 사라졌다. 그렇다면 이 연구가 가진 세상의 때에 대한 입장은? 보혜사는 수운의 종말관처럼 전 역사에 대해서 종말의 도래 사실을 선언한 당사자이다. 선천 질서가 낳은 결정체인데도 선천 질서로서는 수용하기 어렵게 된 통합적 실체이다. 그래서 인류에게는 강림된 실체가 생소하기만 하다. 따라서 이 연구가 해결해야 할 과제는 선천 질서가 전환됨에 따라 생긴 큰 변화를 어떻게 설명할 것인가 하는 데 있다. 자신이 지닌 진리가 최고이고 전체이며 절대적인 것이라고 믿고 몸을 바쳐 지켰는데, 상황이 달라졌으므로 합당한 근거를 밝혀야 한다.

"폴 틸리히(신학자)는, 기독교의 위대함은 기독교가 유일 종교가 아님을 과감하게 시인하는 데 있다고 지적했고 토인비는, 기독교가 절대적 진리성을 포기하고 세계적인 종교 화합과 시대의 장을 열어야 한다"고 말했다.[157] 하지만 정작 기독교는? 개혁주의 신학자들은, "기독교 신앙과 신학의 보존이라는 지상 명령으로서의 목적론을 재확인해서 수행하는 일에만 전력을 기울였다. 오직 기독교를 보존해야 한다는 일사 각오의 믿음을 가상하게 여겼다."[158] 신앙 체제가 불안정했던 시대에는 기독교적인 순수성을 수호해야 하는 태도가 마땅한 자세였다. 어느 시대든 정의를 지키기 위해서는 어려움이 따르는데, 지금 지적하는 것은 그런 유의 성격이 아니다. 누가 불의를 정의라 하고 혹세무민한 사교를 받아들이라고 하겠는가? 핵심은 강림된 보혜사가 인류가 앙망한 主인데도 분간하지 못하는 장애 의식에 사로잡혀 있다는 점이다. 진상을 밝혔지만 반응이 신통찮다. 우리가 처음에 믿음을 가진 것은 마음의 문을 열은 것이 큰 이유이듯, 문은 상황에 따라 열어야 할 때가 있고 또 닫아야 할 때가 있다. 하지만 문제는 그 시기를 판단하는 것이 쉽지 않으므로 이 연구가 정

157) 「현대신학의 위기와 그 근황」, 박아론 저, 인터넷 자료.

158) 위의 인터넷 자료.

보를 제공하고자 한다. 대세가 변화된 때를 감지해야 한다.

문을 열어야 하는 것은 기독교에만 해당되는 사항이 아니다. 창조된 삼라만상과 생명체들이 모두 포함된다. "유태인과 이방인 사이의 장벽을 무너뜨리고 종의 멍에를 벗겨 자유케 한 바울의 노력 덕분에 기독교가 세계적인 종교로 바뀌었다."[159] 유태인들이 끝까지 순전을 지킨 것은 진실로 하나님에게 바쳐진 의로운 신앙인가, 아니면 자유케 한 바울이 열납받을 믿음인가? 판단 기준은 때의 변화를 감지한 영혼의 깨어 있음 여부에 달려 있다. 하나님은 언제나 만유를 생성시켜서 역사를 새롭게 창조하였고, 만사를 자유케 하기 위해 역사하였다. 그렇다면 이런 세계 속에서 호흡하고 있는 인간도 역시 변화된 역사에 대처할 수 있도록 영혼이 깨어 있어야 한다. 그리해야 하나님이 임재한 사실을 감지할 수 있다. 하나님은 일찍이 모세를 통해 역사하고 그리스도를 통해서 역사하였듯 오늘날은 길을 세워 역사하였다. '유대주의가 기독교의 요람이라고 할 수 있으면서도 기독교의 무덤에 더 가깝다고 할 수 있듯',[160] 지상 강림 역사를 맞이하는 문제도 그 결과를 장담할 수 없다. 어떤 시대에도 하나님의 역사는 끊어지지 않았고, 어떤 상황에서도 역사되었다는 점에서 인류 역사는 영원히 굳지 않는 진흙이다. 얼마든지 새롭게 주관되고 도모될 수 있는 것이 하나님의 인류에 대한 구원의 역사이다. 아직도 창조 목적이 진척되고 있는 바에는 이 시기에 있어서 새로운 역사를 일으키지 못하리란 법이 없어 이 연구가 뜻을 받들어 길을 준비하였다.

선천 하늘은 분열을 본질로 한 세계인데 선천 진리들이 마치 세계가 완성된 것처럼 절대성을 내세운 것은 세계에 대해 독단이고 허구

---

159) 『성경의 파노라마』, 앞의 책, p.392.

160) 『뉴톰선 관주주석 성경』, 뉴톰슨 관주주석 성경편찬위원회 편자, 성서교재간행사, 1985, 갈라디아서서론.

이다. 그런데도 세상에는 그런 절대성을 표방한 진리, 종교, 주의, 이념들이 대다수이다. 진리는 항상 생성하여 통합성을 지향하고 있다. 이 연구도, 세상 누구도, 자신이 바라본 진리의 빛이 절대적이라고 단언할 수 없나니, 완전한 지혜의 광명이 이제 겨우 동녘 하늘로부터 얼굴을 내밀었다. 하나님은 역사 위에서 항상 새로운 모습으로 현현하였다. 믿음의 조상 아브라함만으로 섭리 노정을 끝맺지 않았고, 초림 예수만으로 창조 목적을 완결 짓지 않았다. 앞으로도 무수하게 펼쳐질 것이 하나님의 역사이므로 도래할 대세의 변화 사태를 예의 주시해야 한다. 강림한 하나님이 세상 믿음에 대해 자유를 부여할 것이나니, 그리해야 참된 구원과 격상된 영적 교감을 기대할 수 있다. 설사 의인이라도 지금 강림한 하나님을 거부한다면 영혼이 깨어 있지 못한 데 대해 심판이 있다. 하나님이 임하여 계신데도 어떤 변화 조짐도 느끼지 못한다면 영광된 역사를 맞이할 수 없다. 그래서 이 연구가 하나님이 강림한 사실을 만방 위에 알렸다.

3. 때의 도래와 준비 인식

인류가 새 시대를 맞이하기 위해 일체를 대비시킨 역사 가운데는 일종의 정형화된 유형이 있다. 몽매한 인간은 하나님이 살아 계신 사실과 맺은 약속을 잊고 있으므로 선지자를 앞세워 도래한 때를 알렸다.

> "만군의 여호와가 이르노라. 보라 내가 내 사자를 보내리니 그가 내 앞에서 길을 예비할 것이요."[161]

161) 말라기, 3장 1절.

세례자 요한은 "주님이 오실 것을 예언하고 제사장과 유대 민족 앞에 경고와 책망을 했다. 그러나 그 예언을 믿고 따른 자는 소수에 불과했다."[162] '말라기 선지자는 주님이 오시기 전에 먼저 선지 엘리야가 올 것이라고 예언했다.'[163] 그런데 유대 민족이 이 말씀을 까마득하게 잊어버리고 혹은 분간하지 못한 것은[164] 질책받아 마땅하다. 전례를 통해 보더라도 선지자의 외침 뒤에는 곧바로 하나님의 역사가 있었다. 밑도 끝도 없는 것이 세월이지만 선지자가 예고하였다면 때를 곧바로 인지할 수 있다. "主 여호와께서는 자기의 비밀을 그 종 선지자들에게 보이지 아니하시고는 결코 행하심이 없으시리라."[165] 하나님은 빠짐없이 때를 알리셨는데 문제는 인류가 그 외침을 무시해 버려 구원받을 기회를 잃었다. "노아 시대 사람들은 노아가 무엇을 대비하고 있는 것인지 알았지만 비웃었다. 그렇다면 지금은? 선언하고 증거하였는데도 영접하길 거부하는 것이라면 종말은 필연적이다. 때를 놓치고 만다."[166] 천지가 멸절된 가운데서도 노아와 가족들은 구원되었듯,[167] 오늘날 당면한 종말로부터 구원될 참노아는 누구이고 방주는 또 무엇인가? 믿음을 쌓은 성도들이고 하나님의 섭리를 받든 지상 교회가 그런 방주 역할을 하리라는 데 대해 한 치의 양보도 없으리라. 하지만 그들은 정작 하나님이 이 땅에 강림한 사실을 알고 있는가? 길의 본분을 수용할 수 있는가? 새로 떠오른 믿음의 태양을 분간하지 못하고 있다. 늘 같은 태양이 떠오른 것으로 알고 있다.

---

162) 『세계역사의 대심판(상)』, 김영섭 · 김암산 계시수록자, 남궁문화사, 1994, p.132.

163) 말라기, 4장 5절－위의 책, p.134.

164) 위의 책, p.141.

165) 아모스, 3장 7절.

166) 『요한계시록 강해 설교(상)』, 앞의 책, p.97.

167) 『신국론』, 앞의 책, p.891.

하지만 인류는 예외 없이 지상 강림 역사를 맞이해야 하고, 장차 이룰 일들에 대해 주목해야 한다. 예언은 하나님이 이룬 의지 천명으로서 언젠가는 현실화될 것인데, 그때가 지금이다. 만인은 지상 강림 역사를 받아들여야 멸망에 대처할 수 있다. 그것이 통합의 때이고 심판의 때이며 장차 맞이할 시온의 영광이다. 인류는 전례를 교훈으로 삼아야 하며, 유태 민족은 하나님의 아들을 맞이할 준비를 갖추지 못하여 예수가 왔지만 영접하는 데 실패하고 말았다. 그렇기 때문에 이 연구는 지상 강림 역사를 통하여 재림 역사까지 마저 준비하고자 한다. 세인들이 이 연구가 밝힌 메시지를 생소하게 느끼는 것은 세태 인식에 너무 젖어 있어서이므로, 하나님이 그들의 영혼을 일깨울 경고 체제를 사전에 마련하였다. 성 아우구스티누스가 『神國論』을 저술한 것은 중세 시대이지만 본인이 접한 것은 지금이듯, 세상이 하나님의 메시지를 접한 것은 현시점이지만 그 뜻은 이미 만세 전부터 준비되었고 길의 역사를 통해 예비되었다.

그러므로 오늘날 지상 강림 역사가 완수된 것은 동시에 재림 역사가 태동되었다는 뜻도 된다. 언급한 바 인류가 지상 강림 시대를 맞이한 것은 도래할 재림 역사를 예비하기 위한 일환으로 통합 역사가 그것인데, 일련의 역할을 굳이 말로 표현할 필요까지는 없다. 이 같은 사실을 밝히는 것 자체가 재림 역사를 맞이하기 위한 단계적인 절차이다. '진리의 성령이 오실 때 그가 나를 증거하실 것이요'라고 하였듯,[168] 예시된 대로 길을 펼치리라. 진실로 보내마고 한 진리의 성령이 보혜사라면, 그 다음은 그가 나를 증거하게 되는(재림의 실체 증거) 것이 순서이다. 보혜사를 정확하게 규명해야 재림한 실체도 그와 같은 절차를 거쳐 인준된다. 기독교 이천 년 역사는 송두리

168) 요한복음, 15장 26절.

째 재림을 위해 바쳐진 역사이다. 그런데 초림마저 확정되지 못한 상태라면 그런 바탕 위에서 어떻게 재림 역사가 펼쳐질 수 있겠는가? 기독교가 이천 년 동안 초림의 시대를 펼친 사역 과정이었다면 지금부터는 재림의 길을 터야 하는 것이 마땅하다. 그러기 위해 인류는 반드시 진리의 성령으로서 강림한 보혜사를 하나님으로 영접해야 하는데 대책을 마련하지 못한다면 일체 기대가 무산되고 만다.[169] 아무리 순수한 영혼이라도 결정적인 순간에 강림된 실체를 부인한다면 본향으로 돌아갈 길을 잃어버린다. 이천 년 전에 그리스도가 육신으로 강림했던 것은 만연된 인간 죄악 상태를 순수 본질 리트머스를 통해 실험한 것과 같다. 결과로서 어리석은 인간들이 십자가에 못 박고 말았다는 것은 인류가 지닌 죄악성을 확실하게 증거한다. 그리스도가 희생된 것은 분별력 잃은 인간 죄악의 척도이다. 그런데 오늘날의 기성 교단들도 대두된 여러 교리상의 이견을 보다 높은 뜻 안에서 수렴하려 하지 않고 무조건 배척한 것은 보혜사를 맞이하는 문제에 대해서도 마찬가지이다. 하나님이 강림하였는데도 거부한다면 이것이 적나라한 종말 상황이다. 그래서 하나님이 이와 같은 죄악 세상에 대해 결판을 내리려 한다. 인류를 심판할 척도와 기준을 세운 것이니, 만인은 이 모든 실현의 때를 곧바로 알아차리리라. 말씀을 믿고 맞이한 자와 세대에 대해 결코 멸망은 없으리라.

4. 뜻의 융화와 수용 자세

결정된 세계관은 누구도 어쩔 수 없는 한계 그릇이다. 어떤 경우에도 부분적인 것으로서는 전체를 이해할 수 없고 전체를 담을 수도

169) 말세에는 아무도 못 말림.

없다. 누구라도 자신이 전체에 대해 부분적이라는 사실만큼은 안다. 하나님의 대의를 판단하거나 뜻을 받아들이는 데 있어서도 절대적인 것은 없다. 하나님에 비해 인간이 가진 이해력은 너무 협소하다. 아무리 절대적인 진리를 표방해도 그것은 결국 일부분이다. 그런데도 아무런 노력도 없이 거부하여 버린다면 하나님을 볼 수 있는 기회는 다시 없다. 우주는 무궁하게 생성하는데 단정해서 세계를 한정시켜 버리면 삼세 간을 주재한 하나님을 어떻게 볼 수 있겠는가? 불가능하다는 사실을 깨닫고 주어진 인식력을 적극적으로 확장시켜야 한다. 수용하는 자세로 만사에 걸쳐진 진리 세계를 섭렵해야 한다. 고정된 틀을 미련 없이 깨트려라. 그리해야 유한한 존재이지만 세계적인 본질을 구축할 수 있다.

부분으로서도 전체성은 내포하고 있지만, 그것은 어디까지나 부분으로서 지닌 전체로서의 요소이다(各具 太極). 세계를 완성시키기 위해서는 결국 전부를 보아야 하는 것이 원칙이다. 선천에서는 오직 하나인 믿음을 지키는 것이 참된 신앙이었지만 지상 강림 시대를 맞이한 오늘날은 상황이 달라졌다. 보혜사는 태초부터 오늘날까지 인류 역사를 주재한 창조주이다. 뜻이 배어 있지 않은 곳이 한 곳도 없다. 그렇게 하여 일군 진리 세계를 빠짐없이 섭렵한다면 그로 인해 구축될 모습은? 이 연구가 바로 그렇게 해서 이룬 결과상이다. 일체를 구분 없이 받아들였고 길을 찾고 극복하려 했다. 하나님을 맞이할 수 있도록 길을 넓혔다. 그들의 길은 옳고 그들의 빛은 참된 것이니, 그런 길과 빛을 모두 받아들여 융화시킨 분이 강림한 하나님이다. 전체를 보고 하나 되게 하고자 한 입장을 끝까지 견지했다. 그리하여 마침내 하나님이 인류 역사를 주재한 사실을 확인할 수 있게 되었다. 우리는 수많은 작물들이 생장하므로 몸에 필요한 영양분을 골고루 섭취할 수 있는 것처럼, 지금까지 수많은 진리들이 일구어진 것은 하나님의 뜻을 위해 유익한 것이다. 기독교는 철저하게 뜻에 어긋난 믿음과 정죄할 대상을 가려내었지만, 그런 와중인데도 세계가 다양한 존재 가치를 허용하고 있었다는 것은 하나님이 세계를 통합하고자 한 의도이다. 통합하기 위해 천파만파시켰다. 분열된 관점에서 보면 다양하게 보이지만 전체성을 확보한 관점에서 보면 통합을 이루기 위한 사전 조건 구성 작업이다. 섭리된 진정한 뜻을 간파해야 인류가 무궁한 강림 본체를 받아들일 수 있다. 다양한 믿음과 진리 세계가 구축된 것은 그렇게 한 통합적 바탕이 있어서이다. 다양성을 양산하고 다양하게 주재하며 다양성을 포괄한 결과로 인해 하나님이 강림하였다. 이런 하나님 앞에서 온 인류는 지금까지 짊어지고 온 신앙의 짐을 모두 내려놓아야 한다. 세계는 하나님 앞에서 하나 되는 것이 궁극적인 목표이다.

누구라도 외골수적인 인격을 가졌다면 그것은 문제이다. 그래서 동양에서 인격적으로 흠모했던 군자는 널리 취하여 좋은 것을 많이 거두어들이는 자였다. 이치에 합당하면 좇고 병을 낫게 하는 것이면 약으로 쓰는 것이 옳다.[170] 유학도 불교도 필경 외래 학문이고 종교인데, 우리 선조들은 잘 수용하여 학문과 가치관으로서 체질화시켰듯, 뒤늦게 받아들인 기독교도 예외는 없다.[171] 수용하면 하나 될 길을 틀 수 있지만 거부하면 어떤 가능성도 없다. 정도전은 배불 사상을 고취시킨 유학자였지만 적어도 다음과 같은 기본적인 태도는 가졌다.

---

170) 『증산사상 중심의 인류갱생철학개론』, 앞의 책, p.302.

171) 『세계사(가톨릭 교과교육 자료집)』, 한국사목연구소, 1993, p.7.

"이단을 물리치면서도 그 책에는 통달하여 먼저 그것을 상세하게 설명하고 나서 잘못된 점을 물리치니 듣는 자들이 모두 감복하였다."[172)]

전체를 알기 위해 노력하였는데, 알지 못하면 알아도 안 것이 아니라고 여겼다. 유교를 통해 불교의 이단 됨을 설명하기 위해 불교를 소상하게 공부했다.[173)] 마찬가지로 기독교인들도 역시 기독교를 아는 것 이상으로 타 종교를 알아야 한다.[174)] 다양한 것이 세계가 지닌 본 모습인데 유교도 모르고 불교에 대해서도 아는 것이 없다면 천지를 품고 있는 하나님도 알 수 없다. 전문가는 많지만 전체를 두루 통괄한 인문인이 드문 것은 오늘날의 교육이 낳은 병폐 현상이다.[175)] 통합성을 근간으로 한 후천 세계를 열기 위해서는 전체를 알아야 하며, 그리하면 강림한 보혜사를 맞이할 수 있다.

그러나 하루아침에 이루어지는 일은 하나도 없다. 그래서 이 연구는 삶을 바쳐 정진에 정진을 더한 길을 걸었다. 다양성을 지닌 세계에서는 어느 하나로서는 아무것도 완성할 수 없다. 상대와 통해야 하고 더불어 존재해야 한다. "원융회통(圓融會通)은 어설픈 절충 상태가 아니다. 원융은 원만하여 막힘이 없는 것이고, 회통은 대립과 갈등이 높은 차원에서 해소된 하나(通)에로의 만남(會)이다."[176)] 진리가 원융회통한 것은 그렇게 할 수 있는 바탕 본질이 존재해서인데, 그것이 곧 하나님의 본체이다. 하나님이 존재하는 세계 안이라 가능

---

172) 『한국철학사상사』, 주홍성・이홍순・주칠성 저, 김문용・이홍용 역, 예문서관, 1993, p.153.

173) 불교를 이해하기 위해서는 유교와 불교의 궁극 본질을 동시에 통달한 보다 큰 세계관으로서의 틀이 필요함.

174) 한쪽 말만 듣고 한쪽 진리만 보고 판단해서는 판단이 그릇될 수 있다는 말임.

175) 세상에 지식인은 많지만 세계의 제반 현상을 포괄적으로 이해한 안목을 지닌 사람은 드물다. 그러므로 우리는 이 같은 세계의 이해자, 진리의 인식자, 제 현상의 통찰자를 귀하게 여겨야 한다.

176) 『한국전통철학사상』, 김종문・장윤수 저, 소강, 1997, p.51.

한 작용 현상이다. 고래는 연못에서 살 수 없지만 바다에서는 활개를 치는 것처럼, 원융회통한 바탕이 있어 원융회통한 작용도 있다. 원융회통한 본질을 가지고 있어 이 연구도 세상 만물을 주체적으로 다스린 권능을 대행하였다. 통합 권능은 뭇 사상과 종파와 제도와 이념과 주의를 타파할 능력의 보검이다. 세상이 무궁한 자유를 얻게 되나니 이전까지는 비웃었을지 몰라도 하나님이 부른다면 그 영광 앞에서 무릎 꿇지 않을 자가 없다. 하나님은 무한한 억측까지도 혜량하므로, 무신론이라도 거부할 이유가 없다. 걸림 없는 대의로 온 분을 아무도 거역할 수 없다.[177] 다양한 세계관과 종파와 진리가 존재하고 있는 세계 위에 보혜사가 원융한 본체자로 강림하므로 인류는 아무리 흐트러졌어도 하나 될 수 있다. 만남과 대화만으로서는 부족하다. 모든 것을 담아내고도 넉넉한 세계관적 그릇을 마련해야 원융한 실체를 맞이할 수 있다. 그래서 이 연구가 확보한 것이 곧 남의 것으로 나를 이해하고 나의 것으로 남을 이해할 수 있게 빚은 통합 그릇이다. 나쁜 것을 알아야 좋은 것이 무엇이라는 것을 알듯, 두루 추구한 과정을 통해 빛과 어둠을 함께 담을 수 있는 그릇을 준비하였다. 인류가 바친 영원한 탐구혼과 하나님이 주재한 섭리 뜻을 담았다. 이전에는 가질 수 없었던 통합 의지이고 원리이고 구심 진리이다.

그러므로 인류는 부분으로서 지닌 한계성을 인정해야 전체를 통괄한 하나님을 맞이할 수 있다. 그래서 이 연구가 명실상부하게 인류가 하나 될 수 있는 길을 준비한 것이므로, 이 길은 누구라도 제한 없이 걸을 수 있다. 강림한 보혜사는 세계를 통합할 수 있는 본체자이므로 이 앞에서 세계가 가진 진리, 신앙, 전통의 무장 해제가 불가

177) 위의 책, p.573.

피하다. 죄악을 자인하는 자들의 영혼 위에 하나님의 자비와 은총이 무궁하리라. 인류를 구원하기 위해 강림한 분에 대해 탐문도 하지 않는 것은 도리가 아니다. 하나님은 이 땅에 객으로 온 것이 아니라 천지를 주재하기 위해 강림하였다. 천권을 회복하기 위해 바야흐로 통합 권능을 발휘하게 되리라.

5. 영접을 위한 태도와 전환 인식

하나님은 진리를 통해 인류가 하나 될 수 있는 세계관을 건설하였다. 원융한 세계관은 큰 하나님의 진리고 영화로운 새 성전이다.

> "나 만군의 여호와가 말하노라. 조금 있으면 내가 하늘과 땅과 바다와 육지를 진동시킬 것이요 또한 만국을 진동시킬 것이며 만국의 보배가 이르리니, 내가 영광으로 이 전에 충만케 하리라. …… 은도 내 것이요 금도 내 것이니라. 만군의 여호와의 말이니라."[178]

그 도성, 그 하나님이 거할 성전을 역사상 누가 세웠는가? 솔로몬이? 아니면 지상 교회가 그 증표인가?[179] 오늘날에 이르러 비로소 길이 이루고자 한 절대 과제이다. 만유를 포용한 하나님은 천지간에 비할 바 없는 주재권자이며 바탕을 이룬 중심자이다. 이런 하나님이 강림한 것은 유사 이래 전무한 영광이다. 하지만 이것은 인류가 진정 만유의 창조주로서 영접하였을 때 볼 수 있는 영광이다. 아무리 믿음이 신실하더라도 거부한다면 아무 소용이 없다. 순전을 지킨 것도 영접해야 영광이 되고, 재림 역사로 연결된다. 성경은 "그리스도

178) 학개, 2장 6~8절.

179) 『신국론』, 앞의 책, p.905.

가 초림하였을 때 어떻게 영접하였는가를 기록하고 있지만"[180] 실패하고 말아 이스라엘 역사 위에서는 더 이상 영광이 머물지 않았다. 이후로도 기대될 영광은 남아 있지 않다. 역사상 솔로몬은 크게 칭송하여 존중하여 놓고 정작 더 큰 그리스도가 왔을 때는 부인하였다.[181] 선지자의 예언과 외침이 있었는데 듣지 않아 쌓아 올린 믿음과 바친 義가 허망해지고 말았다.

강림한 하나님은 실로 천지간에 비견될 것 없는 무상한 실체인데, 영접하지 못하면 그로 인해 믿음과 순전마저 사라져 버린다. 지킬 때는 지켜야 한 것이 뜻이라면 버릴 때는 버려야 하는 것도 뜻이다. 하지만 문제는 어떻게 판단할 수 있는가? 하나님의 사자가 왔다면 그 동향을 주시하는데, 하물며 하나님이 강림한 마당에서는……. 보혜사는 인류가 간절히 뵈옵기를 원한 만유의 主이며 나를 있게 한 아버지이다. 그런데 이 분 말고 또 누구를 더 기다리는가? 재림주인가? 아니다. 이치상으로 보아도 하늘 아래서 아버지보다 앞서 올 자식은 없다. 하나님이 아버지로서 온전하게 강림해야 그 다음 아들이 와서 아버지의 뜻을 받드는 권한자가 될 수 있다.[182] 재림 역사는 결국 인류 역사에서 클라이맥스 부분을 차지할 것인데, 하나님이 강림한 것은 바로 그 역사에 대해 길을 예비하기 위해서이다. 이 연구가 강림 역사를 증거하는 것은 재림 역사를 실현하기 위한 사전 절차이다. 손님을 기다리는 자는 문설 밖의 인기척을 살피나니, 인류는 잠들어 있는 관념적인 믿음으로부터 벗어나 강림한 하나님을 영접함으로써 곧이어 닥칠 재림 역사를 대비해야 한다. 그래서 하나님이 사전에 조처한 바의 요지가 곧 세상 믿음에 대한 무장 해제의 선

180) 『성경의 파노라마』, 앞의 책, p.591.

181) 위의 책, p.125.

182) 재림의 때가 임박했다는 말임.

포이다. 인류사회는 지금까지 지킨 믿음의 성문을 활짝 열고 지킨 그대로를 바쳐야 한다. 어차피 후천의 하늘이 도래하면 선천의 가치 질서는 버려진다. 재림의 태양이 떠오르면 초림의 석양이 저문다. 하물며 시온의 영광을 맞이하는 데 있어서랴? 이 연구는 하나님을 맞이할 수 있는 가치 질서를 지침하고 있는 중이지만, 한편으로는 잘못된 믿음을 걸러내는 시험대 역할도 한다. 일체의 절차가 마무리되면 그 이후부터는 정말 본격적인 심판 국면으로 접어들리라. 참으로 두려운 바이므로 이것만은 피해야 한다.

제5편

결론

두 노인이 아주 큰 뿌리가 양쪽에서 층층이 엉겨 붙은 아름드리 거목 아래서 바둑을 두니 그 속도가 빠르다. 승부가 끝나자 강을 거슬러 전망이 좋은 높은 곳으로 나왔는데, 저만치 푸른 강물을 가로질러 이쪽으로 성큼성큼 걸어오는 한 사나이를 만났다. 그 사나이는 자신이 걸어온 길을 낱낱이 끈으로 재어 기록하더니 바로 내가 서 있는 앞에서 힘차게 말뚝을 박았다. 알고 보니 장차 그 조상이 누울 자리이라. 좌우 전방이 확 트여 드넓은 평야와 짙푸른 산하가 펼쳐져 있고 앞에는 계단이 놓였으니, 이것은 바로 만천하를 다스릴 임금이 앉아야 할 용좌이더라.

–1982.12.25.05:55(꿈)

제15장 강림 권능

1. 권능 개요

본인은 이 연구를 집필하면서 지난날 추구된 길의 과정 속에서 하나님이 어떻게 천지를 창조한 것인지에 대한 본의를 밝혔다. 역사된 뜻을 알지 못한 채 집필을 했다는 것은 말이 안 된다. 이 연구가 언급한 뜻은 저술 이전에 이미 파악한 내용들이다. 그래서 저술 동기와 방향을 가닥 잡을 수 있었고, 이제는 드디어 결론을 내려야 할 시점이 되었다. 통체적인 본의를 하나하나 풀어 놓게 된 것이 바로 이 연구이다. 독자는 결론 부분까지 보아야 알 수 있지만, 본인은 사전에 결정된 뜻을 엿보았다. 그렇게 부여받은 뜻을 시공간상에서 펼쳐 놓았다. 창조 역사는 태초에 이루어졌지만 하나님은 총화된 뜻으로 태초 이전부터 이미 존재하였다. 과거에도 현재에도 미래에도 영존한 분인데, 길의 계시 이전과 이후에 있어 차이가 있다면? 이 연구를 완수하기 이전과 이후의 차이는? 통체적인 의식으로서는 동일하지만, 분열되기 이전과 이후로서 차원이 다르다. 하나님은 동일하지만 이전에는 무형의 형상으로서, 이후는 천지 역사를 주재한 실적을 가진 하나님으로서이다. 이전에는 잠재되어 있었지만 오늘날은 분열을 완료하여 본의를 알 수 있게 되었다. 무형인 통체 의식으로부터 유형으로 역사화되었다. 본체와 본의는 시공을 초월해서 변함없지만, 분열 이전과 이후는 격이 다르다. 하나님이 하늘에 계실 때와 이 땅에 존재하게 된 엄청난 변화이다(지상 강림 역사).[1] 이런 일련의 차이를 이 연구가 내린 결론 편을 통해 확인할 수 있다. 강림된 역사 일체가 권능의 부여로 진리로서 승화되었다.

이 연구는 창조 섭리를 완수한 분이 하나님이란 사실을 밝혔는데, 과정을 완수한 관점에서 보면 하나님이 발휘한 창조 권능을 직접 확인할 수 있다. 섭리를 푸는 과정에서는 하나님의 존재 근거와 창조성을 일구는 데 집중하였지만 완수 이후는 일군 진리들을 일시에 하나님이 이룬 성업으로 승화시켰다. 형상화되지 못한 하나님을 성업을 통해 구체화시켰다. 그 역사성을 눈으로 확인하고 이성을 통해 판단할 수 있다. 이것은 강림 이전에는 불가능했던 일로서 완수 결과가 이룬 변화이다. 천지는 창조되었지만 본의를 알지 못했고 하나님은 존재해도 본체를 드러내지 못했는데, 이제는 달라졌다. 통합성이 분열을 완료한 결과적 차원이다. 창조 섭리가 억겁의 세월에 걸쳐 완결시킨 시공의 승화이다. 그래서 이 연구가 하나님으로부터 부여받은 권능을 표명할 수 있게 되었다.[2] 하나님이 강림함으로써 이룬 길의 권능화 작업은 필연적으로 단행하게 된 수순이다. 강림한 하나님은 이전이나 지금이나 형체가 없는 것은 같지만, 이제부터는 권능을 발휘하는 주체자로서 존재화되었고 그동안 이룬 성업을 근거로 창조 주권을 행사할 수 있다. 하나님이 강림함으로써 드러나게

---

1) 무형이 유형화되고 분화되지 않은 극성이 분화되어 차원성을 꿰뚫음.

2) 반드시 섭리가 완수된 결론 과정은 있어야 하며, 결말이 나야 진리가 존재적으로 승화되어 권능을 부여받게 됨.

된 실체 현현이며 발휘하게 된 존재적 권능이다.[3]

그래서 이전에는 감히 단행할 수 없었는데 이제는 인류 역사를 규명・심판・예비・구원・권고하는 권능을 행사할 수 있다. 지극히 제한적인 세속 권력과 달리 통합 권능은 창조 섭리를 완수함으로써 발휘하게 된 제2의 창조 주권이다. 하나님이 강림하여 지상에서 행하게 된 실권 권력이다. 지난 역사의 잘잘못을 꼬집고 미래 역사의 방향을 가닥 잡아 현실감 넘치는 권고를 이루리라. 누구도 예측하지 못했는데 이 연구가 도달한 결론 부분에서 전달받게 된 뜻이다.[4] 어차피 이 연구는 하나님의 권능을 대행한 사명을 가졌고, 그리해야 만백성에게 메시지를 선포할 수 있는 논점 위에 있다. 권능 없이 어떻게 천파만파된 진리 세계를 다스리겠는가? 어떤 진리, 어떤 세계, 어떤 민족, 어떤 역사, 어떤 전통, 어떤 제도권이 길의 선언을 받아들이겠는가? 권능을 지녀야 하나님이 한 선포가 되고 하나님이 한 命이 된다. 어떻게 부족한 인간의 자격으로 인류 앞에 나서겠는가? 일체가 합일된 하나님의 메시지이다. 창조 섭리를 완수한 역점 역사의 권능화이다. 하나님이 창조 주권을 행사하기 위해 주권화시켰다는 것을 만인은 인정해야 한다.[5]

2. 규명 권능

보혜사 하나님이 이 땅에 강림한 것은 억겁에 걸친 창조 섭리를 완수한 주권자로서의 현현이고 임하심이다.[6] 하나님이 태초에 천지

---

3) 진리 통합 기반=세계 통합 기반=분열된 세계를 하나 되게 함으로써 멸망에 처한 인류사회를 구원하고 한 차원 업그레이드 된 통합 문명 역사를 창달함.

4) 지난날의 안목과는 차원이 다른 결과론적인 관점임.

5) 하나님이 권능을 부여한 책.

를 창조한 것과 여태껏 주재한 섭리 역사와는 차원이 다르다. 그 차이는 하나님이 만세 전부터 존재하였지만 그 존재성이 구체화되고 되지 못한 차이와 같다. "기독교에서는 세계는 일정한 시기에 창조되어 미지의 어느 시기에 끝이 있다고 믿는데, 그것은 시점과 종점을 가진 직선적 시간 구조이다(일회성)."[7] 이것은 세계의 통합성 구조를 알지 못한 상태에서 판단한 평면적 인식으로 분열을 완료하면 본말이 드러나는데 그때 始에 대해 終을 꿰뚫을 수 있다. 씨는 땅에 뿌려져야 열매를 거두듯, 통합성은 분열해야 역사적인 결과물을 창출한다. 분열은 때가 되면 극적인 전환 주기를 맞이하게 되고, 극을 다한 종말이 되면 다시 차원이 격상된 새로운 분열을 낳는다. 그래서 선천의 창조 본질이 분열을 완료하여 결실을 이룬 것이 하나님으로 현현된 진리적 본체이다.

통합성은 언제나 존재하지만(창조 바탕) 분열된 과정이 없다면 존재의 문을 열 수 없다. 여지가 멸한 곳에서는 아무것도 존재할 수 없다. 영원히 지속될 것 같은 세계가 일순간 멈춘다. 창조도 존재도 역사도 없다. 여지는 본체가 생성하여 분열 중인 상태이다. 여지를 살펴보라. 그곳에 우리가 그토록 찾았던 생멸문이 있다. 여지 하나로 만물이 생하고 멸하나니, 만상을 관장한 창조문이 이곳에 있다. 여여한 현상계를 일으킨 발원문이고 창조 세계로 진입할 수 있는 초월문이다. 여지로 만상이 분열한 것처럼 이 연구도 세계의 始와 終을 꿰뚫는 규명 권능에 휩싸였다. 유구한 세계의 생성 본말을 규정하였다. 창조 섭리를 완수한 결과 이루게 된 성업이다. 창조 역사를 집약시키고 문명 역사를 통합하여 강림된 권능을 입증하였다. 그만한 성

---

6) 하나님이 창조주로서 선천 섭리를 완수하였고 새로운 모습으로 강림함.

7) 『자연과학』, 박승재 편저, 지학사, 1995, p.281.

과를 바탕으로 이 연구가 세계 통합의 기치를 세웠다. 창조 섭리를 완수함에 따른 차원 관점이다.[8] 온갖 것으로 분열된 세계는 섭리를 완수함과 함께 규명되지 않은 것이 하나도 없다. 규명 권능을 발휘하여 일시에 관통시켰다.[9] 섭리된 테두리 안에서 제 진리 영역의 특성, 목적, 좌표, 방향을 지침했다. 도래할 미래 역사도 규명 권능에 의지한다. 천지 만물이 뜻에 따라 창조되고 운행된 관계로, 하나님의 주재 의지를 벗어난 사물, 존재, 역사가 하나도 없다. 상호 관련된[10] 근원 뿌리가 소상하게 드러났다. 섭리는 시공간을 관장한 하나님의 뜻이다. 접한 것은 현 시공간이지만 삼세 간은 구분이 없는 한 통속이다(초월성). 아무리 먼 과거이고 먼 미래라도 지금 함께하며 언제든지 임할 수 있다. 이런 찰나적인 차원 문을 열기 위해 지성들이 철학과 학문과 종교 영역을 개척했다.[11]

그렇지만 아무리 사물의 본질과 존재의 근본 원리를 사유와 직관으로 탐구했더라도[12] 본체가 분열하고 있는 중에는 무엇 하나 근원을 파악하기 어렵다. 그래서 모든 形而上學적인 뿌리를 섭리가 휘어잡았다. 섭리의 완수가 규명 여부를 결정한다. 하나님은 권능자로서 언젠가는 산적된 문제들을 해결해야 했다. 그렇게 始와 終을 꿰뚫게 된 이 연구의 본말 규명 권능을 인정해야 하며, 거둔 성과를 받아들여야 한다. 천만 년에 걸쳐 이룬 결과물이므로 누구도 왈가왈부할 수 없다. 시종 본말을 관장한 권능은 만사에 걸쳐 적용될 보편적 능사이다. 세대를 초월하여 기다린 하나님의 뜻이다. 그런데도 섭리가

8) 통합 본질은 한통속으로서 천지 시공을 일시에 꿰뚫어 규명함.

9) 궁극에서 궁극에 이른 본말을 섭렵함.

10) 『동양과 서양이 127일간 e-mail을 주고받다』, 김용석·이승환 저, 휴머니스트, 2001, p.207.

11) 『인류와 문화』, 이전 저, 경상대학교출판부, 1996, p.58.

12) 위의 책, p.408.

완수되기 이전까지는 아무도(전 역사를 통틀어) 보편적인 대의와 실체를 보지 못하였다.[13] 정립하고 완성한 것은 한결같이 부분적인 특성을 집약시킨 결과이다(상대성). 권능 발휘 이전에는 오직 특정 세력을 옹위한 이데올로기나[14] 자기 유의 특성을 나타낸 경험관,[15] 오랜 세월에 걸쳐 고착화된 관습적 가치가 있을 뿐이다.[16] 참으로 인류가 공유할 수 있는 이상적 가치는 제시하지 못하였다.

하지만 이 땅에 강림한 하나님은 선천 섭리를 완수한 주재자로서 가능한 권능을 지녔다. 강림한 하나님은 인류가 그토록 대망한 진리적 실체이고 창조 섭리를 완수한 주권적 본체자이다. 어떤 측면에서 접근하더라도 세계를 통합할 수 있다. 어느 누가 이 권능을 거부할 것인가? 그리고 억겁에 걸쳐 완수된 섭리 결과를 부정할 것인가? 어떤 일굼에도 만세 전부터 세워 놓은 창조 목적이 스며 있다는 것을 알진대, 이슬람이 보든, 불교가 보든, 노자・공자・소크라테스・칸트가 보든, 하나님이 발휘한 규명 권능은 완전한 것이다.

3. 심판 권능

하나님이 이 땅에 강림했다는 선언은 마음속에 있는 믿음으로서

---

13) 전체인 창조 섭리가 완수되지 못했는데 누가 무엇을 통하여 절대성을 주장할 수 있겠는가?

14) "이승환: 지금도 저는 특정 종교나 사상을 '보편'이라고 우기면서 모든 사람에게 강요하려는 제국주의적 폭력에 대해 혐오감을 가지고 있습니다."-『동양과 서양이 127일간 e-mail을 주고받다』, 앞의 책, p.19.

15) "이승환: 대학에서 심리학 개론 시간에 교수님들은 인간의 잠재의식・무의식을 설명하는 데 오이디푸스 콤플렉스가 보편적인 이론 틀인 것처럼 계속 이야기를 하였거든요."-위의 책, p.171.

16) 이븐 할둔이 회교 세계의 역사를 모델로 하여 내세운 국가의 흥망을 사막민에 있어서의 '부족혼'의 소장을 중심으로 한 것은 과연 보편성이 있는 것인가?("그는 한 국가의 수명을 3代로 계산함. 한 세대를 40년으로 생각하여 120년으로 잡음. 이것은 회교 세계의 왕조의 운명을 모델로 한 것인데, 이 120년이라는 것은 부족혼에 불타는 사막민이 도시민을 정복하고 새 국가를 세우고 나서, 그들이 점차 도시 생활에 익숙해져 부족혼을 상실하고 마침내 다른 사막민에 의해 멸망하기까지의 길임"-『서구의 사고방식과 비판정신』, 유준수 저, 경문사, 1985, p.157.)

가 아니다. 전능한 지혜자로서이고 두려운 권능자로서이며 태초 이래의 창조 역사를 완수한 섭리자로서이다. 쉴러는 '세계 역사는 세계 심판이다'라고 했고,[17] 중국인들이 제일 두려워했던 것은 역사가 내린 심판이었다. 하나님이 강림하므로 베일에 가린 창조 역사가 규명되었다는 것은 그렇지 못한 선천의 질서, 진리, 세계, 역사를 마무리 짓는 심판 기능을 가진다.[18] 창조 섭리를 완수하여 그동안 추진된 인류 역사를 매듭짓게 된다. 역사는 섭리가 완수됨과 함께 어쩔 수 없이 결말을 이루어야 하는데, 그렇지 않더라도 심판은 천지가 창조된 이상 언젠가는 밟아야 하는 절차이다. 누구나 과정 속에서는 소신대로 펼치고 의지대로 판단하지만 결과만큼은 원하는 대로 되지 않는다. 제삼의 의지에 따라 결정된다. 창조로부터 지금까지 얼마나 많은 세월이 흘렀는가? 이제는 매듭을 지을 때가 되었고 만물이 장성한 만큼 거둘 자가 있어야 한다. 그러나 그렇게 하기 위해서는 태초에 씨를 뿌린 자가 나타나야 한다. 그래서 보혜사가 권능자로서 이 땅에 강림하였다. 선천 역사가 마무리되었다는 것은 인류가 그동안의 추이를 관망할 수 있게 된 큰 사건이다. 거둘 것을 거두어들이는 과정에서 대환란이 예상되므로 이에 대해 대책을 세워야 한다. 그동안 세월이 무궁한 것으로 보인 것은 언제 섭리가 완수될지 몰라서이지만, 하나님이 강림한 것은 이런 사실 자체가 선천 역사를 판가름하는 심판 기능이다. 영원한 것 같은 운행 질서가 더 이상 여지조차 남지 않았다는 것은 선천 역사가 마무리될 때가 되었다는 뜻이다. 종말이 오면 세상 역사가 정말 심판받는데(종자 씨앗), 인류

---

17) 『사관이란 무엇인가』, 차하형 저, 청람, 1985, p.244.

18) 정의가 바르게 서 있다면 무엇이 善하고 惡한 것인지에 대한 분별도 확연해진다. 義가 정립되어 있을진대, 이 같은 사실에 대해 비판을 한다면 그것은 그렇게 바라본 사람의 자아 본질이 그늘에 가려 있다는 증거이다. 이것이 곧 창조 섭리의 규명이 주는 심판의 기능 예이다.

문명 전체가 멸망의 가증한 현실 앞에 정면으로 노출되었다.[19] 영원한 세계를 건설하려고 한 문명이 오히려 종말 요인만 가중시켰다.

역사상 대제국을 건설했던 영광스런 국가와 민족들이 있었다. "거대했던 페르시아 · 오스만 · 로마 · 몽골 제국 등등 그러나 그들은 지금 다 사라지고 없다."[20] 오늘날 인류가 당면한 종말 상황은 그런 제국들의 흥망성쇠와도 비교할 수 없다. 그들이 멸망했던 것은 현상계의 생멸 법칙을 따른 것이지만, 현 문명의 종말 역사는 창조된 세계가 섭리를 완수함에 따라 맞이하게 된 범인류적 · 범세계적 · 범역사적인 결실 국면이다. 저지른 그대로 맞닥뜨리게 된 심판의 예리한 칼날로서 피할 자가 아무도 없다. 더 이상 여지가 없게 된 막다른 골목인데, 사실은 충분하게 세월을 거친 결과상이다. 이미 무수하게 이룸으로써 善하면 善한 대로, 惡하면 惡한 대로 준엄한 심판대 위에 서야 한다. 그리해야 善한 자는 善한 자로서 구원되고 악한 자는 가라지로서 불살라 버려진다. 인류가 저지른 죄의 삯은 언제 지불받을 것인가? 잔악한 행적에 대한 대가는? 섭리가 완결되면 일시에 지불된다(심판). 그날이 반드시 있을 것이란 사실을 안 선지자들은 인고를 겪으면서도 종말 심판에 대한 뜻을 사전에 알렸다. 자칫 강권적인 권능 행사인 것처럼 보일 수도 있겠지만, 만물이 종말에 이르므로 맞이하게 된 심판 국면이다. 천지가 피할 수 없는 종말 국면을 대비하여 이에 대한 메시지를 사전에 지침하였다.

> 나는 길을 떠나고자 하였지만 하나님은 아직 네 믿음이 너를 구원하지 못하였다고 하였다. 머지않아 고통받는 때가 있을 것인데,

---

19) 현 문명이 이룩한 최강성 요인, 그것이 현 문명을 고스란히 파묻을 무덤 자리임. 종극 요인이 자체로부터 발인됨.

20) 『동양과 서양이 127일간 e-mail을 주고받다』, 앞의 책, p.45.

그때 네 믿음이 너를 구원하지 못할까 심히 근심하노라. 인자가 오기는 오거니와 참으로 그때에 네 죄가 너를 심판할까 이것을 두려워하노라.

종말은 창조로 인해 결정된 구조이므로 하나님은 이것을 사전에 예고하여 대책을 세운 것이다. 시작이 있으므로 끝이 있게 되는 것은 누구도 어찌할 수 없다.[21] 종말 심판은 시공이 생성하는 한 언젠가는 도래하게 된 선천 역사의 마무리 절차이다. 창조와 동시에 예정된 역사인데, 문제는 그때가 언제인가? 때는 어떻게 알 수 있는가? 누구는 오늘 맞이하고 누구는 내일 맞이할 그런 때가 아니다. 산 자와 죽은 자가 모두 맞이하여 함께 심판받는다. 하나님이 강림한 것은 선천 역사가 마무리된 결과이므로, 이때가 바로 심판의 도래 때이다. 우주 생성의 알파와 오메가가 합치된 때로서, 이때 성심을 다한 자는 우주의 종극 도수를 판단할 수 있다. 운명의 때를 맞이한 것은 불행이지만 창조가 있은 한 이때는 피할 수 없다. 새로운 세계 질서를 창출하기 위한 범세계적 진통이다.

그렇다면 심판의 칼날이 번득일 그때란? 천고 이래로 창조 섭리가 완수된 지금이며, 지상 강림 역사가 증거된 이때이다. 만세 전부터 예고된 그날, 곧 '여호와의 날'이다. 보혜사가 하나님으로 강림한 날이다.

"만군의 여호와가 이르노라. 보라 극렬한 풀무 불같은 날이 이르리니 교만한 자와 惡을 행하는 자는 다 초개같을 것이라……."[22] "내가 심판하러 너희에게 임할 것이라."[23] "보라 그날이 임하는데

21) 하나님도 하나님 자체가 결정한 뜻은 어찌할 수 없음.

22) 말라기, 4장 1절.

23) 말라기, 3장 5절.

말세에 심판이 있겠다고 했다. 그날은 축복이 되든지 저주가 되든지 둘 중에 하나를 받는 날이다."[24)]

어찌하여 하나님이 강림한 이날은 만 세상이 구원되는 영광의 날이 아니고 애통할 패괴의 날인가? 그것은 인류가 저지른 역사를 보면 알 수 있다. 산 하나님을 십자가에 못 박은 죄악의 역사이고, 한없이 베푼 사랑과 은혜를 저버린 배반의 역사이며, 존재한 神을 세상 가운데서 추방시킨 무신론의 역사이다. 근본을 어그러뜨려 버렸고 그 생각, 그 행위, 그렇게 해서 세운 제도들이 한결같이 하나님의 뜻에 어긋났는데 이것을 어떻게 할 것인가? 그래서 강구하게 된 것이 바로 선천 섭리를 결실 지어 세운 심판 기준이다. 이전에는 정의에 대한 기준이 모호해 의로움에 대한 가치를 분별하기 어려웠고, 진위를 판가름할 수 있는 칼날이 예리하지 못해 대립과 혼란이 끊이지 않았다. 그러나 지금은 하나님이 섭리를 완수하므로 삼라만상 물질과 영혼들에 대해 참의 기준을 세울 수 있게 되었다. 만세 간에 걸쳐 있는 창조 뜻과 의지와 원리를 근거로 세상의 죄에 대하여, 진리에 대하여, 믿음에 대하여, 하나님의 뜻에 어긋난 일체 대상들을 타파할 권능을 발휘하리라. 심판 권능을 이 연구가 지녔다는 사실을 인류는 알아야 한다.

오호라, 하늘의 두려움마저 교만으로 가려 놓고 천명을 거스른 잔악한 인간 행보여, 반드시 정죄받으리라. 오호라, 참됨과 진리 하나를 생명으로 지킨 의로운 자들이여! 하나님이 강림한 이날 찬미 받고, 거룩한 제단 앞에서 높여질 것이다. 義를 위해, 진리를 위해, 믿음을 위해 분투한 生의 의미가 재평가되고 부활할 것이나니, 하나님의 영광이 한껏 드러날 수 있도록 온 인류는 일어서 강림 맞이 세리

---

24) 『구약신학』, 원용국 저, 세신문화사, 1991, p.344.

머니를 펼쳐라. 영광이 임하였는데도 하나님을 위해 아무런 행동도 취하지 않는 것은 죄악이다. 종말은 닥쳐진 그대로 심판이란 절차까지 이어질 것이며, 그리해야 진정한 구원 역사를 이룰 수 있다.[25] 그러나 심판의 참된 목적은 심판 자체에 있지 않다. 인류를 구원하기 위해 거쳐야 하는 절차이므로 이 연구가 앞장서 심판대로서의 역할을 다하리라. 역사는 붙잡아 둔다고 붙잡혀 있을 실체가 아닌 것처럼, 부여된 심판 권능도 마찬가지이다. 슛을 한 결과가 어떻게 될 것인가는 선수 자신도 지켜보아야 한다. 감은 있지만 확인하기까지는 가슴을 졸인다. 이 연구가 가진 심판 권능도 그와 같다. 이 연구는 부여된 뜻에 따라 기준과 절차를 세운 것일 뿐, 이에 따라 심판 권능을 주재할 분은 따로 있다. 심판 절차는 밝힐 수 있지만 그 이상의 역할은 넘어설 수 없다.[26] 그렇다면 주권적인 권능을 행사할 참된 주체는? 저지른 죄악을 직접 심판할 분은?[27] 하나님이 강림한 핵심 본의는?[28] 무엇을 이루기 위해서이겠는가?

4. 예비 권능

이 연구는 보혜사 하나님이 강림하심에 따라 생성된 새 믿음과 새 역사와 새 세계관에 대해 견해를 밝힌 것이다. 새롭다는 것은 이전에는 없었다는 뜻이며, 하나님이 강림하심으로 모든 역사가 새롭게 수반되었다.[29] 역사된 형태가 이전과는 판이할 수밖에 없다. 간접적

25) 믿음을 지킨 의로운 자를 구원하기 위해서라도 예외 없이 심판 절차를 거쳐야 함.

26) 도래한 모든 사실을 알린 선지자적 사명 역할.

27) "산 자와 죽은 자를 심판하러 오시리라." - 사도신경

28) 자고로 모든 권위와 권능은 그만한 진리에 근거한 것이다. 심판하러 올 主의 재림도 그만한 계시에 근거한 것임.

29) 인류는 새로운 역사를 받아들일 대비를 해야 함.

인 방법으로서 믿음을 보태어야 했는데, 지금은 본체자로 강림한 관계로 사고하는 이성을 통해 직접 판단할 수 있다. 천고 이래로 주재된 섭리 역사에 근거했다. 섭리 역사를 완수하므로[30] 인류는 그동안 넘나들지 못한(차원벽) 창조 역사의 시종을 관철하였고, 온갖 것으로 갈라진 섭리 줄기를 가닥 잡았다. 만세에 이르기까지 본의를 엿본 상태인데 생성으로 일관된 관점을 확보하지 못하겠는가? 과거에 매듭지어 놓은 고를 풂으로써 미래에 가로놓인 고도 풀 수 있게 된 것이 이 연구가 지닌 권능이다. 본래 하나인 본체가 만개된 것이므로 다시 하나 되어야 하는 것은 정해진 절차이다. 과거의 길을 꿰뚫을 수 있다면 미래의 길도 틀 수 있다. 이에 세계를 하나 되게 할 수 있는 최대 관건은 바로 주재된 섭리를 밝히는 데 있다. 섭리된 가닥을 붙들어야 세계를 통합할 수 있다. 과거 섭리를 매듭지어야 동일한 작업을 거쳐 미래 역사도 예고 혹은 권고할 수 있다. 길이 권능화된 이면에는 하나님의 뜻이 뒷받침된 준엄함이 있다. 하나님의 뜻이 통합성을 근간으로 생성됨으로써 전능한 지혜 도량이 삼세 간에 미쳤다. 방황하는 인류에게 하나님의 역사 방향과 새 질서를 지침하기 위해서는 준엄한 권능을 발휘하지 않을 수 없다. 보혜사는 창조 섭리를 통섭한 입장에서 일찍이 이룬 모든 약속을 성취시키리라. 아직 도래하지는 않은 상태이나 이미 천명된 약속이고 거치게 될 섭리 루트이므로, 순리의 정통성을 계승한 이 연구가 역할을 다하리라.[31] 창조 역사가 이 연구가 마련한 길 위에서 완성되리라. 누구라도 허황된 사실은 주장할 수 없으므로 선천 섭리를 종결지은 관점에서 하

30) 섭리 역사가 완수되었다, 혹은 선천 섭리가 마무리되었다고 한 판단 근거는 하나님이 진리의 성령으로서 창조 본체를 현현시킨 지상 강림 역사에 있다.

31) 이 연구가 앞으로의 세계 질서를 예비할 수 있는 것은 세계 인식이 지금까지의 운행 질서와 궤도를 같이해서임.

나님의 창조 의지를 간파하게 되었다. 섭리가 완결된 것은 새로운 역사가 추진될 수 있는 기반이며, 이것이 향후의 역사 방향을 결정한다. 인류가 방황했던 것은 섭리된 본질과 가치가 완결되지 못한 것이 이유이라, 완결되면 미래 역사가 과거 역사보다 오히려 확연하다.

그렇다면 하나님은 어떤 의도를 가졌기에 지난날 이룬 역사를 결말 짓고 장차 이룰 주재 계획을 권능으로 예고한 것인가? 창조 이래로 역사를 주관하였지만 앞으로 이룰 영광이 더 많이 남아 있어서이다. 그래서 지금까지 펼쳐 놓은 섭리 가닥을 매듭짓는 작업이 필요했다. 완성되어야 하는 것이 숨 가쁜 대세 맥락이다. 세계를 통합하는 과정이고, 재림 역사를 예비하는 과정이며, 나라이 임할 천국을 맞이하는 과정이 그것이다. 이런 절차를 통해 하나님이 이룬 약속들이 속속 구체화되기 시작해 심판→환란→재림→구원→완성 과정을 통해 드디어 지상 천국을 건설하리라. 차원이 다른 세계에로의 진입 절차 예시이다. 일련의 과정을 주도하기 위해 이 연구가 세계의 제 사상과 종파와 제도와 이념과 주의를 타파하지 않을 수 없는 권능에 휩싸였다. 새로운 질서를 수립할 사명감을 가지고 권능에 찬 메시지를 선포해야 했다. 근본적인 문제를 해결하기 위해 지상 강림 역사를 완수하였다. 천만 년에 걸쳐 역사한 묘령의 실체가 곧 보혜사 성령이다. "진리의 성령이 오실 때에 그가 나를 증거하실 것이요."[32] 즉 보혜사가 강림함으로써 모든 면에 있어 재림 역사가 본격화되었다. 하지만 "主의 날이 도적 같이 오리니 그날에는 하늘이 큰 소리로 떠나가고, 체질이 뜨거운 불에 풀어지고, 땅과 그 중에 있는 모든 일이 드러나리로다"라고 한 말은 무슨 뜻인가?[33] 인류가 길의 권능 메

32) 요한복음, 15장 26절.

33) 베드로후서, 3장 10절.

시지를 어떻게 받아들일 것인가 하는 사안을 두고 본다면 이유가 뚜렷해진다. 강림한 하나님조차 알아차리지 못하는 상태에서 재림 실체를 알 수 없다는 것은 명약관화하다. 아무리 외쳐도 교만한 자들은 분간할 수 없다. 함께하고 있고 바로 곁에 임해도 눈치 채지 못한다.

그래서 이 연구가 뜻을 받들어 인류가 장차 맞이하게 될 역사 결과를 사전에 알리고자 한다. 재림 역사를 영광으로 맞이하기 위해서는 이 연구가 밝힌 장래에 대한 예고에 귀 기울여야 하나니, 이 연구는 그렇게 제반 역사가 실현될 수 있도록 권능으로 예비된 길이다. 지상 강림 역사를 증거하는 것부터가 사실은 재림의 길을 예비하는 필연적인 섭리 절차이다. 지상 강림 역사를 완수한 것 이상의 역사를 앞으로의 과정 속에서 펼치리라. 모든 길은 로마로, 그리고 이후 펼칠 인류 역사는 이 연구가 마련한 길을 통해서 이루리라. 主 그리스도를 통하지 않고서는 하나님에게 이를 자가 없듯, 인류는 이 연구가 천명한 예고 메시지를 권능으로 받들어야 한다. 정수를 찌를 예리한 통찰과 혼신을 바친 믿음과 차원적인 깨달음을 수반하리라.

5. 구원 권능

창조 이래 전무한 지상 강림 역사는 본질상 구조적으로 대환란과 심판을 예고하고 있다. "주석가들의 견해에 따르면 성경에서 말한 그날의 내용이 오늘의 상황과 일치하는데, 메시아의 강림과 하나님의 구원 이전에 전례 없는 재난이 있을 것이다"고 한 지적이 그것이다.[34] 창조된 세계가 분열을 마감함으로써 당면하게 될 역사이다. 인간은 구조적인 본질을 보지 못해 "100년~150년이면 바닥날 화석

---

34) 『구약신학』, 앞의 책, p.346.

연료를 두고서도(석유, 석탄 등) 무한 자원, 무한 진보, 무한 경쟁, 무한 정의를 외치고 있다."[35] 한계를 모르는 무한 무지에 종말 요인이 도사렸다. 종말은 한두 가지 요인만으로 온 것이 아니다. 세계적인 요인들이 한결같이 악화되므로 파멸 상태에 직면했다. 그런데도 인류는 세계가 영원할 것처럼 만리장성을 쌓는 데만 몰두하고 있다. 몽매한 자들에게는 아무리 권고해도 효력이 없다. 이 연구가 밝히고자 한 구원 권능도 마찬가지이다. 사후약방문이 될 공산이 크다. 거들떠보지도 않는데 사실은 그것이 곧 세상 돌아가는 이치이다. 안락과 평탄의 나날 속에서 자신의 행복만 도모하고 있고, 그릇된 지식과 지혜로 하나님의 살아 계심을 비웃었나니, 그들에게는 환란이 있어야 패망을 느끼고 심판이 있어야 살길을 찾으리라. 재림이 임박했고 저리로서 산 자와 죽은 자를 심판하러 오리라 했지만, 임하지 않고 이루어지지 않은 바에는 두려워할 자 아무도 없다. 절박한 상황에 봉착했을 때라야 구원의 메시지에 귀 기울일 것이니, 이때를 대비해서 일사불란한 길을 예비해야 한다. 성경에서는 "나의 하나님 여호와께서 임하실 것이요 모든 거룩한 자들이 主와 함께하리라"고 하였다.[36] 사악한 자는 기필코 멸하겠지만 거룩한 자는 主와 함께할 수 있게 길을 터야 한다. 멸망이란 고통이 엄습할 때를 대비해서 이 연구가 길을 예비한 것이니, 그것이 다름 아닌 세계 통합 질서 창출이다. 보혜사가 강림함으로써 세운 질서이다. 선천 질서는 세계를 종말 상황으로 내몬 요인이므로 새로운 질서를 수립하는 것이 곧 구원의 방주처이다.[37] 하나님이 예비한 세계관적 질서이다.

이에 인류 역사가 추진된 구원 섭리의 핵심에 바로 예비된 한민족

---

35) 『서양과 동양이 127일간 e-mail을 주고받다』, 앞의 책, p.246.

36) 스가랴, 14장 5절.

37) 종극에 다다른 한계 상황에서 새 질서가 창출되었다는 것은 그것이 곧 구원의 길임.

이 존재하고 있다. 이 나라는 창조 이래 누구도 거부할 수 없는 창조 은사를 한 몸에 부여받은 무상한 생명과 진리와 역사 과정을 보유하고 있다. 이 나라가 무엇을 위해 존재했는가를 여실하게 보여주는 역사적 발자취는 고스란히 이 땅에 강림한 하나님을 위해 바쳐진 공덕의 역사이다. 유례를 찾아볼 수 없을 만큼 유구한 세월 동안 하나님의 창조 본질을 일군 황금의 역사이고, 창조 섭리를 엑기스화해서 집약시킨 통합의 역사이다. 한민족이 인류를 위해 사명의 기치를 드높이고 마음을 합쳐 일어선다면 하나님이 어찌 부여할 영광을 아끼겠는가? 거족적인 열망을 열납하지 않겠는가? 온 인류가 한민족과 생사고락을 함께한 운명의 역사를 맞이할 것이나니, 한민족이 구원되어야 인류도 구원되고, 한민족이 풀어야 세계도 한 차원 높은 통합 문명의 고를 풀게 되리라. 한민족은 능히 인류를 구원할 수 있는 역량을 지난 역사 속에서 길렀다. 한 번 生한 자는 영원한 것이지만 그렇게 된 삶이 어떤 상태로 영원할 것인가 하는 것은 의문이다. 오직 구원의 은혜이어야 더할 나위 없는 삶이 되고, 멸해도 다시 사는 부활의 생명을 이루리라. 영원한 생명과 영원한 세계와 영원한 나라를 구하리라.

6. 권고 권능

지상 강림 역사가 결론 단계에 이르므로 강림론 자체는 정연화되었지만, 이 연구를 대하는 독자들까지 그런 것은 아니다. 꿈에서도 들어 보지 못한 충격적 메시지이다. 여기에 벌써 차원적인 거리가 생긴다. 이 문제를 어떻게 해결할 것인가? 애써 증거하였는데 무엇이 또 필요한가? 하나님이 강림한 목적은 인류를 어떻게 빠짐없이 구원할 것인가에 초점이 있다. 그런데도 인류는 당면한 중대 상황을 전혀 감지하지 못한 상태이므로, 대책 없는 인류를 깨우치기 위해 이 연구가 받든 계시를 권고할 의무가 있다. 인간은 학문을 탐구하고 진리를 사랑하지만 정말 알아야 하는 것은 하나님의 뜻이다. 장밋빛 꿈이 있어도 건강을 잃으면 이룰 수 없듯, 인류는 지금 무한 진보에 혈안이 되어 있다. 이에 정말 알아야 할 것은 그 한계이고 극복할 대책 메시지이다. 자신감 이면에는 생각지도 못한 허실이 있는 것처럼, 인류가 발 디딘 진리란 발판 속에 돌이킬 수 없는 균열이 생기고 말았다. 부족한 것을 알아야 채울 수 있는데,[38] 완전하다고 여긴 믿음 위에 멸망이 엄습했다. 늦었지만 인류는 지금부터라도 만상을 대하는 태도를 달리해야 한다. 급박한 상황에서 하나님이 강림하였는데도 그 중요성을 알지 못한다면 어떻게 되겠는가? 만상을 있게 한 창조주이고 결국은 안주할 귀의처인데, 그분 앞에서 주저할 것이 무엇인가? 버려야 더 가깝게 다가설 수 있다. 부처님은 열반 시 자신이 아닌 진리를 귀의처로 삼으라고 했으며(『대반열반경』), 그렇게 지침한 진리의 본체자로 강림한 분이 보혜사 하나님이다. 이슬람교도들은 절대적인 존재는 형상화될 수 없다고 믿은 철저한 무형상주의자인데,[39] 그런 믿음대로 무형상적인 진리자로 강림하였다. 만인이 옳다고 생각한 곳에는 항상 하나님이 계셨고, 믿은 바 그대로 존재했던 것이나니, 강림한 하나님은 인류가 수호한 진리의 본체자이다.

그래서 이 연구가 일어서 권고하노니, 세계는 자제하라. 똑바로 우러러 하늘을 보라. 하나님이 눈물을 흘리면서 상처 난 이 세계를

---

38) "동양 철학은 도덕 形而上學에는 투철했지만 현상계의 과학적 인식이 부족했으므로 현상계에 관한 서양 철학의 성과를 받아들이자. 그리고 서양 철학은 현상계의 인식은 투철했지만 도덕 形而上學의 경지에는 도달하지 못했으므로 유교적 인문 정신으로 보충해야 한다." - 『동양과 서양이 127일간 e-mail을 주고받다』, 앞의 책, p.34.

39) 「도올 인도를 만나다」, 16강: 싯달타의 죽음, EBS 특강.

어루만지고 계시다. 인류는 회개하라. 진노의 불과 멸망의 심판이 세계를 파멸시키기 이전에 각성하라. 애탄 호소를 듣거든 단안을 내려라. 이것은 멸망에 처한 인류를 향해 하나님이 창조주로서 내리는 마지막 권고 메시지이다. 모든 영광과 하나님의 존엄한 뜻을 위하여 主 그리스도의 재림을 원하는 모든 영혼들이여, 세계는 일어날지어다. 하나님이 세세하게 밝혀 권면하는 것은 구원의 때이다. 하지만 때가 도래하였다는 것은 연이어 단행될 심판의 때도 임박했다는 뜻이다. 권면함이 있다는 것은 심판의 칼날도 세웠다는 말인데, 구원 역사와 심판 역사는 동시 박자이다. 하나님은 한꺼번에 이룰 수 있지만 우리는 심판을 받든지 구원을 얻든지 해야 한다. 그 기준선은 오직 이 땅에 강림한 하나님의 맞이 자세 여부에 달렸다. 세계적 차원으로 승화된 메시지를 거부한다면 범세계적인 애통의 길을 피할 수 없다. 길의 권고 메시지는 만물의 근원된 믿음의 본질이 가늠한 심판 기준이므로, 아무리 나름대로는 최상의 가치로 존재해도 권고를 거부하는 자는 즉시 파멸의 구렁텅이로 추락하고 만다. 하나님이 뜻한 권고를 거부하는 것은 하나님의 영광을 거부하는 것이고, 권능에 대해 정면으로 대적하여 장차 올 재림의 실체를 거부할 자들이다. 아무리 정당한 이유가 있을지라도 결과적으로는 그 같은 행적 때문에 새로운 구원 궤도 진입에 실패하고 만다. 길의 권고 메시지는 하나님의 영광을 집결시킨 체계이고, 인준한 말씀의 체계이며, 향후 구축될 인류의 미래 질서 체계이다. 이전에는 거부해도 세계적 본질이 미비된 관계로 심판이 유보되었지만 이후로는 화를 피할 수 없다. 살아서 역사한 영광을 보고도 부인하는 것은 자신의 생명성과 존재를 거부하는 것과 같다. 아무리 힘을 모아 대적해도 그들은 어둠이고, 하나님은 어둠을 물리칠 진리의 태양이다. 마땅히 새로운 구원 역사에 동참해야 하나니, 그리해야 하나님과 함께한 세계 위에 참된 구원의 영광, 시온의 영광, 은혜에 은혜를 더한 천상의 영광, 창조 이래 전무한 지상 강림 영광을 이루리라.

차치하고 추구된 길을 바쳐 간구하니 하늘로부터 두려운 말씀이 임하다.[40)]

> "기록된 바, 보라 내가 내 사자를 네 앞에 보내노니 저가 내 길을 네 앞에 예비하리라 한 것이 이 사람에 대한 말씀이니라."[41)] "모든 선지자와 및 율법의 예언한 것이 요한까지니 만일 너희가 즐겨 받을진대 오리라 한 엘리야가 곧 이 사람이니라."[42)]

40) 이 연구의 시종 본말을 관장한 말씀임.

41) 마태복음, 11장 10절.

42) 마태복음, 11장 13절.

第16장 하나님의 영접 역사

예수님이 이천 년 전에 강림하여 선포한 첫 말씀은 '회개하라 천국이 가까웠느니라(마, 4: 17. 막, 1: 15)'이다.[43] 그리고 오늘날 하나님이 강림하여 전하고자 한 첫 메시지도 '자각하라 심판의 날이 가까웠느니라'이다. 심판은 천국 문을 열기 위한 필수 절차로서 천국이 가까웠다고 한 예수의 선언을 더욱 공고히 한다. 천국은 반드시, 그것도 가까운 미래로부터 오게 되어 있다. 그래서 회개하는 것을 제일 조건으로 내세운 것은 일종의 경고용 메시지이다. 자각해야 하는데 그렇지 못하면 심판의 소용돌이에 휩싸이고 만다. 왜 심판의 날이 가까웠는가? 하나님이 강림해서이고, 강림했다면 심판할 준비도 끝났다. 그런데도 때가 가까웠다고 말한 것은 하나님이 강림하여 최대, 최후의 기회를 베풀기 위해서이다. 출타한 아버지를 기다리는 어린 자식의 마음은 아버지가 보고 싶기도 하지만, 한편으로는 한 아름 풀어 놓을 선물보따리가 기대된다. 하물며 만물의 어버이인 하나님이 전무후무한 역사를 일으켰다면 불철주야 사랑한 인류를 위

43) 「마, 25: 31~46에 나타나는 최후심판의 척도 연구」, 김영석 저, 총신대학교 신학대학원 신학과 신약신학전공 석사학위논문, 2003, p.1.

하여 엄청난 약속 보따리를 풀어 놓지 않겠는가? 예수 가라사대, "내가 진실로 진실로 너희에게 이르노니, 내 말을 듣고 또 나 보내신 이를 믿는 자는 영생을 얻었고 심판에 이르지 아니하나니, 사망에서 생명으로 옮겼느니라"라고 했다.[44] 자신(예수)을 영접하는 자는 이미 영생을 얻었다고 한 파격적 선언을 했다. 아들로서 가진 권한이 이 정도라면 아버지는? 상상을 초월한 권능을 발휘하지 않겠는가? 영생을 보장하는 것은 기본이고 결정된 심판 절차까지도 폐할 수 있다. 하지만 끝내 거부한다면? 자가당착이 될 수밖에 없다. 영접 여부로 멸망이냐 구원이냐가 결정된다. 영접하면 구원이란 절차로 돌입할 것이고, 거부하면 심판이란 철퇴를 피하지 못한다. 깨달음과 믿음과 경배함의 본질은 동일하다. 천도교에서는 "세상 사람들이 자신의 생명의 본질이 되는 한울님의 존재를 알지 못해 타락한 이기주의적인 성향만 강조한 각자위심(各自爲心)으로 살게 되고, 세상마저 온통 어지럽고 서로 다투고 헐뜯는 혼란을 거듭하게 된다고 지적했다. 그러나 한울님의 존재를 깨닫고 모든 만물에게 편 덕화(德化)의 고마움을 자각하면, 한울님을 가장 가까운 자기 몸속에서 모시고 경배드릴 수 있게 되어 포덕천하(布德天下)한 사람이 될 수 있다"고 보았다.[45] 차원이 혁신된 구원의 삶을 살 수 있다. "하나님께서 친히 당신의 백성에게 오시되 백성들의 삶을 책임지는 언약의 主로 오셔서 그들 가운데 거하고 교제하며 하나님으로서 섬김 받으시리라."[46] 이런 기대를 가지고 아들이 왔는데 결과는 어떻게 되었는가? 온전하게 영접받지 못하였다. 그래서 아직도 예배하는 곳이 각자위심이라

44) 요한복음, 5장 24절.

45) 『천도교』, 윤석산 저, 천도교중앙총부출판부, 2011, p.30.

46) 「성령강림에 대한 해석 문제」, 황지현 저, 캘빈대학교 신학대학원 신학과 석사학위논문, 2007, p.6.

오늘날 한 번 더 기회를 베풀었다.

하지만 인간은 역시 자유로운 영혼의 소유자들로서 각자 지닌 신앙관, 가치관, 세계관이 문제이다. 예수는 영원한 생명을 얻는 길을 묻는 한 젊은이에게 길을 가르쳐 주었지만, 그는 슬퍼하며 따르지 않았다. 가장 많이 아끼고 소유한 재산을 모두 팔아 가난한 이들에게 주라고 했다.[47] 강림한 하나님을 맞이하는 자세도 조건은 다를 바 없다. 누구라도 가진 것을 버려야 하는 것은 기본이다. 비워 두어야 하나님이 새 은혜를 채울 수 있다. 하지만 지금까지 그와 다른 방식으로 살아온 인간들에게는 결코 쉽지 않은 일이다. 용기를 가지고 결단을 내려야 하는데, 여기서 버림에 따른 두려움과 아픔이 크면 클수록 받을 은혜는 배가된다. 관건은 오직 믿음이다. 어떤 경우에도 인간은 결과를 미리 알 수 없으므로 믿음을 가지고 판단할 수밖에 없다. 버려도 하나님이 안아 주고 채우고 보장하리란 믿음이 있어야 한다. 믿고 버렸는데 하나님이 보응하지 않겠는가? 서양의 중세는 아무것도 버릴 것이 없을 정도로 태어날 때부터 전적으로 하나님을 의지한 신앙의 시대였다. 그런데 르네상스를 일으킨 서구인들은 이와 같은 순수 신앙을 버리고 인간적인 행복을 구하였다(인간의 시대). 하지만 이제 맞이한 지상 강림 시대는 이것도 저것도 다 버리고 나아가야 하는 헌신의 시대이다. 버릴 것이 너무 많아 버리면 버릴수록 더욱 고귀하게 승화되리라. 경배해야 인류가 경배하는 이의 본질로 동화되고, 공경하고 찬양해야 저지른 죄악이 정화된다. 적어도 슬퍼하면서 떠나는 자만은 되지 않는다.

하나님은 시공을 초월해 존재하지만 세계 안에 편만해 있기도 하므로 경배하는 것은 하나님을 가장 가까이에서 모실 수 있는 최선의

---

47) 『불교와 기독교』, 정태혁 저, 신문출판사, 1983, p.143.

방법이다. 천도교에서 말한 시천주(侍天主) 신앙은 한민족이 어떤 민족보다도 하나님이 강림할 것을 대비해 마련한 신앙 체제라고 할 수 있다. 몸 안에 모시고 경배드리는 것만큼 한 치의 격차도 없이 함께하는 방법이 없다. "인류 역사상 종교는 늘 예배 의식을 중시하는 신앙과 사랑의 실천을 중시하는 신앙으로 대별되었는데",[48] 하나님을 직접 모시고 경배·공경하는 것만큼 영혼을 일치시키는 예배의 극치도 없다. 넘치는 정열을 어디에 쏟을 것인가 고민하는 자 하나님을 자기 몸 안에 모시고 경배드리는 것만큼 삶의 정열을 온전히 바치는 길도 없다. 그리해야 인간이 신성화·성전화·거룩화된다. 하나님과 함께한 천국 백성이 된다. 인류가 이룰 수 있는 최상의 세계이다.

그러나 자각하지 못하고 영접할 수 없다면? 더 나아가 대적까지 한다면? "16세기와 17세기의 로마 가톨릭 교회는 새로운 학문적 발견에 대해 개방적인 태도를 보여주지 못했다."[49] 대두된 우주론(지동설)에 대해서도 대처할 만한 메커니즘이 없었다. 만약 로마 가톨릭이 제기된 문제들에 대해 진지한 자세를 가졌더라면 신권 질서가 더욱 확장되었으리라. 그러나 끝까지 '자신의 神만이 유일한 神이고, 다른 神들은 망상이라고 주장했던 것은'[50] 안타까운 일이다. 바바슐라르는, "과학적 발전은 연속적으로 이루어지는 것이 아니라 비약적으로, 혁명적으로 일어난다. 더군다나 과학은 기존의 것을 부정하고 그것과 단절하고 절연함으로써 발전한다(뉴턴의 역학 체계↔아인슈타인의 상대성이론 체계)"[51]고 생각했다. 외골수 길에서는 양립이

48) 『신의 역사』, 카렌 암스트롱 저, 배국원·유지황 역, 동연, 1999, p.671.

49) 위의 책, p.514.

50) 위의 책, p.170.

51) 『현대철학은 진리를 어떻게 정의할 것인가』, 남경태 저, 두산동아, 1997, p.103.

있을 수 없다. 시소 위에서는 한 사람이 오르면 다른 한 사람은 내려가야 한다. 기독교가 배타성을 고집한 것은 오늘날 강림한 하나님에 대해서 엄청난 위협이다. 대적하는 칼날이 될 수 있다. 옛 神을 버려야 새 神을 맞이할 수 있다. 역사는 끊임없이 진보하지 않으며 가로놓인 장애물을 넘어야 하는데, 그렇지 못하면 정체·퇴보·멸망한다. 물꼬를 트지 못하면 갇혀서 썩어 버린다. 문을 열어 하나님을 영접하면 인류는 더 넓은 문명 세계로 나아갈 수 있지만 그렇지 못하면 인류 역사는 끝을 보고 말리라.

비관론자 폴 애틀리히와 레스터 브라운은 "인구폭발, 기근, 질병, 환경오염 등으로 인류 문명이 조만간 최후를 맞을 것으로 예측하였는데",[52] 정작 인류를 파멸시키는 요인은 기근, 환경오염 같은 하드웨어적 조건에 달려 있지 않다. 인류가 취할 영적 선택과 결단이 오히려 관건으로 하나님을 영접하느냐 거부하느냐 하는 것이 중요하다. 영접하면 일체 조건이 부차적이게 되고, 거부하면 더 이상 희망이 없다. 인류가 어두운 카오스(혼돈) 세계로부터 질서 있는 문명 세계로 나온 것은 거룩하고 존엄하고 무한한 평화와 영광으로 계신 하나님을 뵈옵기 위해서이다. 그래서 인류가 지혜를 구하고 문명을 밝혔다. 역사는 본래 태동한 곳으로 귀환하는 법인데, 지상 강림 역사가 궁극적인 도달지이다. 그런데 정작 도착해서 분간하지 못한다면 그처럼 불행한 일도 없다. 예수를 십자가에 못 박은 것은 이천 년 동안 기독교인들이 바친 신앙을 통해서도 벗어나지 못한 인류의 대죄악이다. 영접하지 못해 속죄하기 위하여 쌓아 올린 것이 기독교 신앙인데, 강림한 하나님까지 거부한다면 심판을 피할 자 아무도 없다. 그러나 영접한다면 구원되지 못할 자 또한 아무도 없다. 하나님은

52) 『신문명 지향론』, 김정의 저, 혜안, 2000, p.217.

인류가 보다 경건하길 원하며, 신실하게 매사에 걸쳐 정성을 바치길 바란다.

지난 역사는 인류가 하나님의 뜻을 깨닫고 바르게 실천한 역사가 아니다. 뜻을 적극적으로 실천하지 못했다. 예배한 장소와 방향과 대상이 제각각이었다. “무함마드는 무슬림들에게 예루살렘 대신 메카를 향해 기도할 것을 갑자기 命하였다.”[53] 기독교에서는 신앙상 어려움이 생기면 항상 성서로 돌아가 성서에 기록된 하나님의 뜻을 살필 것을 강조하였다. 성서가 신앙과 신학의 근간이다. 그러나 강림 역사가 완수된 지금은 하나님 자체가 신앙의 기준이고 만인이 직접 경배해야 하는 예배 대상이다. 강림 이전에는 성경을 기준으로 하고 메카를 향해 예배하였지만, 이제는 하나님이 밝힌 뜻이 인류를 심판하고 구원하는 절대 기준이다. 예나 지금이나 하나님은 살아 계시다. 예수 가라사대, “나더러 주여 주여 하는 자마다 천국에 다 들어갈 것이 아니요 다만 하늘에 계신 내 아버지의 뜻대로 행하는 자라야 들어가리라.”[54] 심판은 하나님이 천명한 뜻이 기준이다. 하나님이 통합을 기치로 내세운 바이므로 영접하고 경배하는 것도 통합적이어야 한다. 하나님이 강림하였다면 인류는 어떻게 행동할 것인가? 모든 것을 버리고 문을 열어젖혀 일체가 되어야 한다. 그것이 통합된 예배와 통합된 경배와 통합된 영접을 대신한다. 그리하면 하나님도 창조 주권을 발휘하여 얽어맨 종교적 속박으로부터 일체를 해방시킬 수 있다. 존재자로서 혁신과 인류 구원을 보장하리라.

하나님은 아브라함 앞에 나타나 자손들을 축복하였고(창, 17: 1~14), 시내산에서는 모세 앞에서 이스라엘을 그의 자녀로, 그의 백성

53) 『한철학(2)－통합과 통일』, 최동환 저, 지혜의 나무, 2005, p.275.

54) 마태복음, 7장 21절.

으로 삼았으며(출, 19: 4~6), 다윗 앞에 강림해서는 시온성을 그의 영원한 거주지로 선택하고 다윗에게 영원히 멸망치 않을 왕조를 약속하였다(삼하, 7: 12~17). 구약의 선지자는 하나님을 새로운 미래의 창조자로 선포하였다. "호세아는 '땅의 새로운 점령'을, 이사야는 '새 다윗'을, 예레미야는 '새 계약'을, 제2 이사야는 '새 출애굽'을, 에스겔은 '새 성전'을 약속했다."[55] 그렇다면 강림한 하나님은 인류를 향하여 무엇을 약속할 것인가? 모두가 원한 새 희망, 새 계시, 새 역사에 대한 기대는 인류가 새 神, 새 영을 영접함으로써 새사람, 새 시대, 새 나라, 새 문명을 건설하는 데 있다. 인류가 둘러 쓴 죄악의 굴레를 벗어 던질 수 있는 혁신적인 카드는 바로 새 神, 새 영을 영접하는 데 있다. 구태를 벗어나 구원을 얻을 수 있는 지혜 처방이다. 하나님께서 새 영, 새사람, 새 시대, 새 가치관, 새 인생관, 새 영혼관, 새 세계관, 새 사생관을…… 말세에 부어 주리라 약속하였다. "말세에 내가 내 영으로 모든 육체에게 부어 주리니……."[56] 이것이 지상 강림 역사로 현실화되리라. 성인의 말씀 속에서는 천의를 읽을 수 있고, 지성인의 사상으로부터는 철학과 신념을 읽을 수 있지만, 하나님이 준 말씀 속에서는 우주의 운행 권능과 미래를 관장한 의지, 곧 영생에 관한 약속을 얻을 수 있다. 어떤 사람이 빚을 졌는데 사망하여 버렸다면 어떻게 될 것인가? 약속이 더 이상 지켜질 수 없다. 그러나 하나님이 한 약속은 그런 시간적 제약성을 초월한다. 하나님은 삼세 간을 통괄하고 있어 영원한 실존 의지로서 뒷받침한다. 하나님은 역사하여 만세 전부터 인류를 구원하여 온 분이 아닌가? 영원한 실존성을 확인하므로 우리도 그처럼 영원할 수 있다. 하나님

55) 「몰트만의 종말론에 관한 연구」, 정태준 저, 장로회신학대학교대학원 신학과 조직신학전공 석사학위논문, 2008, p.19.

56) 요엘, 2장 28절. 사도행전, 2장 17절.

은 영원히 살아 역사한 분이므로 우리도 만약 그와 같은 하나님과 함께할 수 있다면 하나님처럼 영원할 수 있는 최대의 세계관적 신념을 확보하는 것이다. 그래서 강림한 하나님이 오늘날 인류에게 던지는 희망의 메시지도 영원한 하나님으로서 보장할 영원한 생명과 영원한 세계와 영원한 구원에 대한 약속이다. 하나님이 강림하여 이룬 최대의 약속은 바로 멸망할 수밖에 없는 인류의 악과 죄를 사하리라 한 데 있다.

왜 영생과 구원은 사전에 약속되고 철저하게 보장책을 강구해야 하는가? 세상에는 영생하는 법도 있지만 결과로서 멸망하는 법도 있다. 영접을 거부하는 자는 죄와 사망의 법에 얽매인 육에 속한 사람으로서 파멸을 면하지 못한다. 하지만 영접하는 자는 기쁨과 평화와 자유와 사랑이 넘치는 영에 속한 사람으로서 하나님이 제시한 영원한 생명의 길로 인도받는다. 현재 당하는 고통은 장차 주어질 영광과 비교할 수 없나니, 이런 영혼 앞에서 정죄함과 심판은 결단코 없다. 같은 세상을 호흡해도 어떤 이는 죽음과 함께 모든 것을 잃어버리는 삶이 있고, 죽음을 통해 오히려 모든 것을 완성시키는 삶도 있다. 어떻게 자신을 온전히 구원하는 삶도 있는데 스스로를 파멸시키는 삶이 있는가? 하나님이 은혜를 베푸는 이때 진리를 깨우쳐야 구원된다. “主 예수를 믿으라. 그리하면 너와 네 집이 구원을 얻으리라.”[57] 나아가 강림한 하나님을 영접하면 부여될 보장 체계는? 구원의 원리는 항상 동일하다. 사망을 극복하고 멸망을 벗어나 영원한 세계를 얻으리라. 강림한 하나님을 영접하는 것이 바로 인류가 온갖 재앙으로부터 구원되는 길이다. 하나님을 영접해야 하나님의 뜻과 투합되고, 하나님과 일체되어 영원성을 달성한다. 함께하므로 영생

---

57) 사도행전, 16장 31절.

하게 된다. 인류는 사후 삶이 지속된다는 사실을 아는 것 하나만으로도 죄악의 절반은 근절되리라. 하나님은 인류가 지난날 취한 어떤 신앙 양식을 불문하고 영접하는 영혼과 민족에게는 반드시 응답하고 보응할 것이니, 모든 보답 역사의 뒤에는 강림한 하나님이 계시다. 영접 역사는 인류가 죄악 된 삶을 벗어날 수 있는 대전환점이다. 지상 강림 역사는 온 인류가 하나님과 조우한 역사이고 함께한 임재 역사이다. 이런 강림 시대에 회심하지 않고 영생을 얻지 못할 자 하나도 없으리라. 멸망은 없다. 심판도 없다. 영원한 삶과 영원한 믿음과 영원한 세계만 있으리라.

제17장 신 한국 강림 목적

민족이 분단된 지 60년이 넘은 오늘날 북한은 갈수록 도발의 위협을 가중시키고 있는 안타까운 사태를 지켜보면서, 우리는 왜 무엇 때문에 하나 되기를 갈망하면서도 둘러친 철책으로 인하여 갈라져 있는 것인지 통탄하지 않을 수 없다. 아무리 궁리하고 모색해도 풀리지 않는 문제를 두고 양측은 노심초사하지만, 해결을 위한 접근과 시각은 판이하다. 북한 측은 우리가 요구하는 우선 개방과 교류를 통한 자유의 바람이 그들의 체제에 타격을 줄 것을 우려하고 있고, 우리는 북한 측이 주장하는 고려연방제에 의한 통일 방안을 믿고 수용할 수 없는 야욕을 숨기고 있다는 사실을 간파하고 있다. 우리는 그동안 서로 다른 체제 아래서 반목한 불신과 비방만 쏟아 내었다. 이런 대치 상태가 장기화되다 보니 이제는 민족의 동질성마저 변색되지 않을까 우려하는 소리가 높아지고 있다. 천만 이산가족의 비원과 민족의 한을 쌓은 휴전선은 허물어질 줄 모르고, 통일은 우리들의 세대에서는 도저히 이룰 수 없을 것 같은 절망감을 안기고 있다.

우리가 왜 국토 분단이란 비애와 고통을 감수하지 않으면 안 되는가의 명백한 이유는 나라의 힘이 부족했던 것이다. 힘이 없어 일제로부터 침략을 당해야 했고, 자주 독립을 쟁취하지 못했으며, 해방 후의 사회혼란은 외세가 이 나라의 허리를 동강 내는 것조차 막지 못했다. 알다시피 일본군의 무장해제를 목적으로 주둔한 미・소에 의해 그어진 군사분계선인 38도선이 복잡한 세계사의 움직임에 따라 곧은 정치적 분할선이 되었고, 나중에는 소련 군정하의 북한이 공산화됨으로써 좁은 국토마저 양단되어 버렸다. 그 후 소련의 사주를 받은 북한 김일성이 일으킨 한국전쟁은 동족상잔이란 일대 비극을 낳았고, 더 이상 전쟁의 불씨가 확대되지 않기를 바란 강대국들의 자국지책으로 휴전 협정이 체결됨으로써 분단의 골이 깊게 패어 버렸다. 이러한 나라를 재건하기 위해 경제개발계획으로 선 건설, 후 통일을 부르짖은 분이 5・16으로 제3 공화국을 탄생시킨 박정희 대통령이다. 이로부터 우리는 어느 정도 착실하게 국력을 신장하고, 적극적인 대외정책을 통해 사회적인 안정과 경제적인 여유를 가지게 되었다. 그렇지만 시간이 흐르면서 고착화되어가는 더 이상의 민족적 이질화를 막기 위하여 1972년, 남북적십자 회담을 제의하였고, 이후 7・4 남북공동성명 발표, 금강산 관광 시작, 남북한 협력의 개성공단 건설 사업 등이 추진되었다.

그동안 우리 정부는 북한 측의 부당한 트집과 일방적인 대화거부에도 불구하고 평화 통일을 위한 각종 노력을 아끼지 않았으며, 통일을 염원하는 범국민적 열기도 식지 않고 있다. 그러나 분단된 지 60년이 지난 지금도 단장의 아픔을 치유할 획기적인 대책은 마련하지 못하였고, 남북 관계는 악화와 대화를 반복하고 있다. 우리는 언제까지 무력적으로 대치된 위기감 속에서 계속 살아야 하는가? 여기서 본인은 한민족의 통일 문제가 우리들의 지혜와 노력만으로는 해결할 수 없을 것 같은 한계 상황에서, 그래도 지금이 바로 남북한이 통일될 수 있는 절호의 때가 되었다는 것을 느끼면서, 한민족의 분단 상황이 보다 깊은 세계사의 이데올로기적인 문제와 연관되어 있음과, 하나님께서 한민족의 역사 위에 둔 뜻을 알아야 영광된 통일 조국의 서막을 열 수 있다는 사실을 밝히고자 한다.

한민족의 분단 상황은 동서의 냉전체제가 낳은 대립의 이면 속에 있는 세계의 첨예한 사상적 대립 상황을 고스란히 반영하고 있다. 그러므로 세계가 처한 사상적인 문제를 해결하는 것은 한민족이 통일을 이루기 위하여 이루어야 하는 선행 과제이다. 삼국 시대에 신라인이 고구려와 백제를 통일할 수 있었던 저력을 살펴보면, 신라는 당시의 여러 사상을 수렴하고 포괄할 수 있는 원효의 화쟁사상과 화랑도와 같은 정신적·사상적 지주가 있었다(통일을 위한 실천 덕목과 가치와 원리를 제공함). 그러므로 우리가 오늘날 풀어야 할 통일 문제도 이 시대가 안고 있는 문제 상황인 자본주의의 피폐와 공산주의의 이념적 허구를 극복하고 인간이 바라는 이상적인 사회 제도와 가치와 세계관을 건설할 수 있는 통합 사상을 집약해 내는 것이 중요하다. 남북한 당사자 간의 정치·경제·군사, 이산가족 찾기 등의 교류와 금강산 관광 등은 양쪽이 가진 권력 구조와 이념 체제상 항상 결렬의 불씨를 내포하고 있다. 굳게 맺힌 세계의 정신적 고를 푸는 것이 근본적인 과제이며, 이것은 곧 인류를 구원하기 위하여 하나님이 한민족에게 부여한 막중한 사명이다. 이를 위하여 하나님이 지상 강림 역사를 완수하였고, 창조의 본의를 밝힌 진리의 대계를 세워 주었다.

동·서독이 통일됨으로 지구상에서 유일하게 남게 된 분단국가인 한민족은 지난날 겪은 피억압 식민지 민족의 고통과 더불어 세계의 지배 세력 아래서의 약소민족이 처한 고난을 여실히 드러내었다. 한

민족이 겪은 피억압 상황(고통과 눈물과 한)은 참으로 긍휼히 여김 받을 만하며, 하나님과 그리스도에 의해서 구원되지 않으면 안 될 참담한 민족으로서의 표적이 되었다. 세계적 고난이 집중된 이 땅에서 하나님의 의와 심판과 예언자적 구원 신앙은 선포되지 않을 수 없고, 한민족이 통일되는 것은 지금까지 억눌린 모든 피억압 민족의 해방과 자유를 위하여 역사된 인류 구원을 위한 세계사적 의미가 되었다. 일찍이 이 땅 위에 복음의 씨앗이 뿌려짐으로써 신앙인들은 하나님께서 한민족을 구원할 것이란 간절한 소망을 가졌다. 그리하여 한국 기독교는 급속도로 성장하여 지금은 모든 면에서 하나님의 義를 드러낼 수 있는 민족 통일의 주체 세력이 되었다. 민족의 고난에 직면하여 한국 기독교가 민족을 통일하기 위하여 하나로 합쳐지는 것, 그리고 하나님의 대명을 받들어 의롭게 일어서는 것은 하나님이 한민족에게 새긴 깊은 뜻이다. 지금까지 걸어온 길에 방황이 있었고 어려움이 있었던 것은 하나님이 한민족의 고난을 통해 이루고자 한 섭리를 이해하지 못해서인데, 이제는 몽매한 지식의 맹아기(일제 식민지 교육으로 인한)로부터 벗어나 자신을 온전히 살펴볼 수 있는 성찰의 시기를 가지게 되므로 한민족은 바야흐로 민족적 사명을 자각하고 통일을 향해 일어서야 한다.

거듭 강조하거니와, 한민족은 하나님이 영광을 위하여 이 민족의 고난 위에 둔 구원 섭리를 이해하지 못한다면 복잡하게 엉킨 통일의 실타래는 끝내 풀지 못하고 만다. 하나님은 바로 한민족이 대망한 통일을 이루는 과정을 통해서 시온의 영광과 지상 천국을 건설할 수 있는 기반과 인류 구원의 의미를 집중시키리라. 이에 하나님은 한민족 위에 임한 소재를 명백히 하고, 하나님의 뜻 안에서 세계를 규합할 수 있는 민족적 사명을 부각시키리라. 하나님이 이 땅에서 의의 나라를 건설하기 위해 역사한 피어린 역정은 독생자가 고난받은 십자가의 道를 통해서도 확인된다. 이런 희생을 바탕으로 세워진 서양 기독교는 하나님의 은총과 축복을 한 몸에 받아 근대사에서 세계를 복음화할 수 있는 국가 세력의 지주가 되었다. 그렇지만 복음을 전하고 피억압 민족을 구원했어야 한 기독교가 선교 과정에서 식민 제국 세력에 편승하여 지배자적인 의식을 가지고 지배자의 문화 수단으로 복음을 전파한 것은 하나님의 義를 상실한 돌이킬 수 없는 과오였다. 그들은 세계 각처에 선교라는 미명 아래 식민지 약탈을 일삼음으로 지상 천국을 건설하고자 한 하나님의 뜻을 오도하였다. 하나님이 그들에게 은혜 주어 번성케 한 것은 하나님을 떠나 있는 백성들을 불러 모아 義의 나라를 건설하라는 것인데, 하나님에 대해서 눈도 제대로 뜨지 못한 무지한 백성들을 억압함으로써 하나님은 결국 그들의 곁을 떠나 버리고 말았다. 이에 서양은 지금 하나님의 영이 임재하지 않은 빈껍데기만 남은 물질문명의 낙조 속에서 역사의 지평 저쪽으로 사라지려 하고 있다. 그러나 하나님께서 억압받은 영혼을 구원하기 위해 일으킨 성령의 역사는 무력 지배에 편승한 서양 기독교의 선교 내지 복음화 과정과는 다르다. 세계를 진리로서 구원할 세계 통합 과정은 하나님이 한민족을 통하여 이룰 지상 천국 건설을 위한 역사적 과제이다. 그래서 하나님이 한민족을 불러 세운 것이므로, 한민족은 고난을 통해 갈고 닦은 의로운 정신의 빛으로 인하여 반드시 세계를 향해 일어서리라.

이에 이 연구는 선지자가 시내 광야에서 홀로 외친 한 말씀을 통하여 하나님이 한민족에게 준 거룩한 메시지를 선포하고자 한다.

> "여호와께서 산에서 그(모세)를 불러 가라사대, 너는 이같이 야곱 족속에게 이르고 이스라엘 자손에게 고하라. 나의 애굽 사람에게

어떻게 행하였음과 내가 어떻게 독수리 날개로 너희를 업어 내게로 인도하였음을 너희가 보았느니라. 세계가 다 내게 속하였나니, 너희가 내 말을 잘 듣고 내 언약을 지키면 너희는 열국 중에서 내 소유가 되겠고, 너희가 내게 대해서 제사장 나라가 되며, 거룩한 백성이 되리라. 너는 이 말을 이스라엘 자손에게 고할지니라."[58]

이 연구는 밝힌 바대로 하나님이 세운 언약을 만방에 고해야 할 사명을 부여받았는데, 문제는 무지한 민족이 과연 무엇을 보고 듣고 깨우쳐야 命한 대업을 받들 수 있겠는가? 그것은 한민족이 구원되는 과정을 통하여 부여될 대의로서 구체화되겠지만, 하나님은 한민족을 인도하는 과정에서 측량할 수 없는 권능의 역사를 펼치리라. 모세가 이스라엘 백성을 바로의 압제로부터 구출한 사건처럼(출애굽), 하나님은 단계적으로 언약을 성취시킬 것이며, 놀라운 기적을 일으켜 존엄함을 드러내리라. 한민족은 장차 태평양 시대를 이끌 아시아의 등불로 지목되고 있는데, 아직도 세계를 향해 일어설 기미를 보이지 못한 것은 한민족이 하나님의 뜻을 자각할 수 있는 구체적인 계기역사를 얻지 못해서이다. 이에 세상의 수많은 인류와 민족 중에서도 하나님이 이 땅에 강림한 목적을 깨달을진대, 하나님은 만물을 주관한 능력으로 반드시 한민족을 불러 세워 모든 언약을 성취시키리라. 하나님이 강림한 목적은 분단의 아픔으로 인하여 지구상에서 가장 고통받는 민족을 구원하기 위해서이고, 그것을 역사적인 本으로 삼아 세상 만민을 구원하기 위해서이다. 하나님이 만세 전부터 감추어 둔 두려운 모습을 드러낸 것은 인류가 지난날 저지른 돌이킬 수 없는 죄악을 심판하기 위한 뜻도 있다. 이 연구도 한때는 하나님이 강림한 뜻이 심판에 있는가 구원에 있는가에 대하여 판단이 서지 않았

58) 출애굽기, 19장, 3~6절.

는데, 결국은 심판을 대비하게 함으로써 인류를 구원할 것이란 포괄적인 목적을 계시받았다.

그러므로 지상 강림 역사를 통해 이 연구가 내세워야 할 분명한 가치는 심판을 대비할 수 있도록 준비된 통합 역사이다. 이를 위해 추진된 선천 역사의 섭리 방향 역시 명백했다. 종말에 처하여 하나님이 강림하였는데도 최후 심판 역사가 유보된 것은 그 자체가 더할 나위 없는 은혜이다. 하나님도 이런 기간 동안 인류 역사를 통해 발휘할 더한 권능이 있고 나타내어야 할 영광이 있으리라. 만약 이 연구가 저술 목적을 하나님의 영광이 아니라 심판에 초점을 두었더라면 하나님이 한민족을 통해 준비한 사명 역사와도 배치되었을 것이다. 알고 보면 하나님이 권능과 영광을 이루어야 그 다음 절차로서 인류 역사를 심판하는 작업도 가능한 것이다. 하나님이 모세 앞에 현현한 것은 이스라엘 민족을 바로의 압제로부터 구원하기 위해서였고,[59] 예수 그리스도가 이천 년 전에 성육신한 것은 인류를 죄악으로부터 구원하기 위해서였듯, 하나님이 오늘날 인류 앞에 모습을 나타낸 것은 분열될 대로 분열된 세계를 통합으로 구원하기 위해서이다. 세계를 통합하는 것은 하나님이 진리의 성령으로서 강림한 목적이고 인류를 구원할 수 있는 든든한 디딤돌이다.[60] "카일과 델리치(C. F. Keil and F. Delitzsch)는 하나님이 현현하는 목적에 대해 요약하길, 하나님의 영광을 통해서 거룩하게 하기 위함이고, 곡해하는 세상에 자신을 바르게 계시하기 위함이며(출, 34: 6), 그들을 약속대

59) 하나님은 출애굽기 3: 2~6에서 모세에게 이르길, 자신은 아브라함의 神, 이삭의 神, 야곱의 神이라고 한 정체성을 밝혔다. 그리하여 나타난 목적은 "나는 내 백성이 이집트에서 고생하는 것을 똑똑히 보았고 억압을 받으며 괴로워 울부짖는 소리를 들었다. 그들이 얼마나 고생하는지 나는 잘 알고 있다"라고 했다.-출애굽기, 1장 1~15절, 21절.

60) 통합을 통해 하나님이 창조주인 것을 증거하고 창조 주권을 확립하며, 권능과 영광을 이루는 것을 통해 파멸될 인류를 구원하고, 한 차원 높은 지상 천국을 건설할 수 있음.

로 안식으로 인도하여(출, 33: 14) 영광을 나타내기 위함이다"라고 했다.[61]

역사적으로 확인된 바도 구원에 있고, 결국은 구원을 통해 영광을 나타내고자 한 것이 주된 목적이라, 영생과 영벌로 갈라 세울 최후 심판이란 극단적인 역사 절차는 끝까지 유보될 것이다. 대망한 시대를 열어 하나님이 약속한 영광을 모두 실현하리라. 고구려의 제19대 광개토대왕은 왕으로 등극하면서 백성들을 향하여 새 하늘을 열 것을 천명하였는데(사극), 하나님이 이 땅에서 세워야 할 나라의 형태는 지상 천국이고, 삼아야 할 백성은 세상 만민이다. 만백성을 구원하기 위해 새 하늘을 열리라. 하나님이 태초에 천지를 창조한 것은 문명의 첫 하늘을 연 역사이고, 오늘날 강림한 것은 다시 새롭게 인류 문명을 창조하기 위해서이다. 한민족을 구원하는 역사를 통해 모든 민족을 구원하기 위해서이고, 그렇게 하고자 한 주된 목적은 그리스도의 재림 절차를 이행하기 위한 것이다. 이것이 하나님이 전격적으로 권능을 표명하게 된, 한민족을 구원하고 세계를 구원하고 모든 인류를 구원하기 위해 강림한 이유이다.

61) 「하나님의 현현 현상과 그 종말론적 의미」, 오경택 저, 삼육대학교 신학대학원 신학과 성서신학 전공 석사학위논문, 1997, p.89.

제18장 한민족의 역사적 사명

우리는 급격히 변모해 편리를 더해 가는 과학문명 시대에 살고 있다. 과학적 사고와 지식이 보편화되어 이제는 인간이 상상한 일련의 꿈들이 첨단 기술의 개발과 함께 실현될 듯도 하다. 인류는 무궁한 지혜와 능력을 유감없이 발휘하여 우주여행은 물론이고 새로운 생명을 실험실에서도 복제할 수 있게 되었으며, 인간과 맞먹는 지능의 컴퓨터를 개발할 것이 자명하다. 수소폭탄에 의한 지구의 멸망과 환경파괴에 의한 생태학적 위기를 우려하는 소리도 있지만, 대다수의 인류가 지향한 테크노피아적 이상 실현은 아무도 그 가치관을 제어하지 못하고 과신에 찬 정열을 불태우고 있다. 과학적 진리가 안겨다 준 세계에 대한 자신감은 급기야 인간을 포함한 모든 생명체가 몇 가지 원소로 구성된 물체에 불과하다는 단언을 낳았고, 그 구성 성분이나 작용 원리 면에서 생명기계론을 주장하였으며, 인간의 감정이나 사고는 이런 기계를 구성한 물질들의 상호 작용에 의해 나타난 현상이라고까지 믿었다. 이것은 참다운 정신의 진리가 개명되지 못한 상황에서 기계론적 물질관이 인간성을 파괴시킨 문명의 위기를 극명하게 드러낸 것으로서, 피폐되고 타락된 인류가 천부의 본성을 자체의 고유한 본질로부터 회복하지 못하고, 로봇이나 복제 인간화하므로 세계 질서를 파괴했다. 사고된 정신 구조와 세계의 본질을 밝히지 못한 상태에서 마치 물질이 핵심 된 바탕인 양 착각하였다. 현대문명은 물질문명의 놀라운 발전으로 정신문명과의 균형이 깨어진 상태에 있으므로, 이제는 서서히 정신력이 세계의 바탕을 이루고, 그런 구조로 세계관을 확보할 수 있도록 노력해야 한다. 물질과 자연계는 인류의 끊임없는 탐구와 지식의 축적으로 어느 정도 객관적인 접근을 이루었지만, 정신 현상과 세계 의지는 아직도 미궁 속에 있고, 자연계의 본질을 규명한 만큼 명철성과 진리로서 체계를 이루지 못하였다.

이에 이 연구는 세계에 가로놓인 진리 상태를 통찰함을 통해 본질을 알고, 그로부터 핵심 된 원리성을 인출하고자 한다. 찰스 다윈[62]은 당시까지 지식의 주류에 속한, 생명의 종은 神에 의해 개별적으로 창조되었다는 사상에 대해 19세기의 혁명적 저서 『종의 기원』을 펴게 된 것은 그와 같은 판단을 있게 한 근거, 즉 5년 동안 비글호를 타고 세계를 주항하면서 수많은 동식물을 채집하고, 종의 변이에 대한 암시를 받았으며, 이후로 약 20년 동안 광범위하게 문헌을 수집, 자료를 정리하였고, 사육동물과 재배식물의 변이에 대해서 실험하고 관찰한 결과이듯, 이 연구도 오늘과 같은 판단을 이루기까지는 직관으로 정신의 작용 현상을 드러내었고 의식된 구조를 밝힌 결과이다. 일찍이 추진했던 진리 통합의 과정은 세계 의지의 근간인 정신계 현상을 증거하였으며, 사고하는 이성으로 거부할 수 없는 인식의 구조를 체계 지었다. 역시 물질보다는 정신 작용 가운데서 세계 의지를 주관한 하나님의 뜻을 파악하였고, 정교한 지혜를 시공의 질서 속에

62) 찰스 다윈(Charles Darwin): 1809~1892.

서 수놓았다.

따라서 이 연구가 장차 세계 질서를 대행하고 세계를 통합할 수 있는 것은 하나님의 본체를 만인이 객관적으로 인식할 수 있는 진리로서 드러내었다는 데 있으며, 여기에는 인류가 추구한 진리 탐구의 목적인 창조 의지와 뜻과 원리가 내포되어 있다. 하나님의 본체를 인식하고 영접하는 것은 그것이 바로 궁극적인 진리의 문제를 해결하고 만물의 근원을 밝히는 열쇠가 되는 것이니, 만인이 믿은 진리는 반드시 하나일 것이라는 가정을 해명했다. 수많은 영각자들이 깨달음으로 밝히고자 한 空의 본질 속에는 하나님이 수억의 성상 세월 동안 손길을 멈추지 않은 주관 의지와 섭리 목적이 스며 있으며, 엄밀한 질서를 통하여 존엄한 형체를 진리의 성령으로서 현현시키게 되었다. 태초에 천지를 창조하므로 하나님이 이룬 말씀은 모든 지식의 근본이 되고 뜻은 세계를 이룬 바탕이 되었나니, 이 같은 창조 작용이 세계 원리화되어 세계가 하나님의 품 안에서 하나 될 수 있게 되었다.

만세 전부터 인고를 다해 세상을 주관한 하나님의 뜻은 이러하니, 오늘날 하나님이 거룩한 본체자로 강림한 것은 세상 믿음에 대해서, 의에 대해서, 진리에 대해서, 뜻 위에 있지 않은 거짓된 실체들을 가려내기 위해서이고, 지상 강림 역사는 이들을 판단하는 데 있어 준엄한 기준이 되리라. 이 같은 사명을 이루기 위해 본인은 세상에 대해 대환란을 예고하고, 구원의 메시지를 전파해야 하며, 각처에서 하나님의 뜻을 수행할 구원의 사도를 불러야 한다. 하나님도 아울러 한민족의 역사 위에 안주할 뜻을 확고히 하였으니, 이것은 수없는 외세의 침략으로 인한 수난 가운데서도 하나님이 한민족을 끝까지 지켜 보호한 뜻이다. 한민족은 분명 오늘의 이 같은 뜻을 받들기 위하여 시련을 겪은 선택 입은 민족이다. 해명하지 못한 근원된 진리와 인생의 궁극적 가치는 언젠가는 밝혀야 한 숙원인데, 지역적으로 교류가 어려웠던 과거에는 각자가 독립된 문명권을 형성하고 있어 절대적인 세계관을 표방할 수 있었지만, 오늘날처럼 교통수단이 고속화되고 통신 위성의 발달로 세계가 이웃이 된 여건 속에서는 세계관과 가치들이 서로 부딪치고 비교되어 과연 참진리란 무엇인가에 대해 의문을 낳고, 신념을 무너뜨려 혼란을 야기하였다. 그런데도 가속화되기만 한 지혜 겨룸은 급기야 세계적인 종말을 재촉하고 말았다. 이 같은 상황에서 세계를 진리로서 구원하기 위해 한민족은 하나님의 뜻 안에서 모종의 길을 예비하였다.

일찍이 대륙으로부터 끝까지 해가 돋는 곳을 향해 오다가 최후에 바다에서 해가 돋는 것을 보고 이 땅 위에 정착하였다고 하는 한민족은 그 출발부터가 밝은 아침의 진리를 대망한 민족이다. 민족의 고유한 정신세계의 바탕 위에서 유입된 삼국 시대의 儒·佛·道와 근세의 기독교, 서양의 물질문명 사상 등은 한민족으로 하여금 이질적인 진리와 세계관을 수용·융화·조화시킬 수 있는 슬기를 기르게 하였고, 진수로서 찬란한 민족 문화를 꽃피웠다. 세계로부터 파생된 사상들이 유구한 세월 동안 끊임없이 한반도로 유입된 이 분명한 사실은 하나님이 섭리한 필연적인 뜻을 가닥 잡을 수 있게 한 것이며, 오늘날의 시대적 상황에서 진리로 부딪힌 문제들을 해결할 수 있는 창의적인 역량을 기르게 하였다. 진리의 대맥들이 한반도로 유입되어 세계 문화의 재료를 골고루 갖추게 된 조건 속에서 이들 진리를 통합하고자 한 사상과 의지가 태동될 것은 당연한 현상이다. 근세에 우후죽순처럼 일어선 신흥 민족종교들은 한결같이 기존 진리의 바탕 위에서 진수를 모은 통합 사상을 들고 나왔다.

이에 예견된 "태평양 시대의 도래는 인류 역사상 최초로 세계가 하나 되는 시대이자, 동양과 서양의 문물이 활발히 섞이는 시대이다."[63] 이런 때를 맞아 대한민국은 태평양 연안의 한 중심에 위치한 나라로서 온갖 기대를 안고 있지만, 핵심 된 관점을 포착하지 못한 관계로 유야무야된 상태이다. "동양 문명, 그중에서도 특히 한민족 문명은 당당하게 세계사 가운데 자리 잡고 있어 서양 문화와 조화를 이룸으로써 새로운 제3의 문명을 창조할 수 있을 것으로 기대하는데",[64] 정말 그렇게 되기 위해서는 한민족이 크게 깨달아야 할 사명이 있고, 믿음으로 일어서야 할 역사적 절차가 있다. 그렇다면 정말 태평양 시대를 주도하고 제3의 문명을 창조할 수 있는 핵심 된 관건은 무엇인가? 그것은 바로 창조주 하나님이 선천 역사를 주재함으로써 다른 어떤 곳도 아닌 대한민국 이 땅, 이 나라의 역사 위에 강림한 뜻을 깨닫는 데 있다. 하나님은 목적을 가지고 이 땅에 강림하였으므로 한민족은 지상 강림 역사를 주도함으로써 세계사의 무대 위에 당당하게 등단하리라. 한민족은 반만 년 동안 도래할 태평양 시대를 맞이하기 위하여 사상적인 전통을 잇고 문화적인 저력을 쌓아왔거니와, 하나님도 이 같은 역사적 진상을 꿰뚫어 보고 한민족에게 온갖 것을 기대하였다. 이것은 본인이 민족의식을 고취시키기 위해 강조하는 구호성 기대감이 아니다. 한민족이 태평양 시대를 주도하리란 예견은 그 어떤 역사도 아닌, 동서 문명을 하나 되게 할 통합 역사를 통해 현실화될 것이다. 동서 간에 걸친 문명 역사를 통합하는 것은 하나님이 진리의 성령으로서 강림한 마당에서 한민족이 인류를 정신적인 고뇌로부터 구원하기 위해서 완수해야 하는 대민족

---

63) 『서양정신의 위기와 동양의 희망』, 최유진 저, 한빛문화사, 1983, p.236.

64) 『신문명 지향론』, 김정의 저, 혜안, 2000, p.213.

사적 과제이다. 이전까지는 한민족이 지닌 섭리적 비밀과 비밀 고리를 풀 열쇠를 찾을 수 없었지만, 지상 강림 역사를 계기로 우리는 드디어 한민족을 주축으로 한 동아시아와 인류의 미래를 열어젖힐 핵심 키를 쥐게 되었다. 서구 문명이 비서구 문명으로 넘어가고 그 배턴을 동양 문명이 휘어잡게 되리란 전망은 했지만 아직 정확하게 초점을 잡지 못한 상태인데, 모든 기대치를 지상 강림 역사가 충족시켰다. 선각자들은 이구동성으로 동서 문화가 활발히 교차된 태평양 시대가 오면 인류의 문명사가 활짝 펼쳐질 것을 예언했는데, 정말 그렇게 되기 위해서는 역사를 일으킬 계기 역사를 마련해야 한다. 이에 하나님은 지난날 인류를 구원한 과정에서 항상 세계사의 한 중심에서 택정받은 인물과 민족을 세웠는데, 그것이 오늘날은 지상 강림 역사를 주도할 한민족이다. 한민족이 하나님의 뜻을 대행하여 일체 뜻을 수행하게 되리라.

한민족은 반만 년에 걸쳐 하나님이 한민족의 역사 위에 둔 대섭리적 비밀을 깨달아야 하나니, 깊게 감추어진 비밀을 풀어야 태평양 시대를 주도하고 세상 만민을 구원할 수 있다. 그 비밀이 과연 무엇인가? 지난 저술을 통해 언급한 바 한민족의 문명적 본질은 이 땅에 강림한 하나님을 영접함으로써 꽃피울 영성 문명이고, 현 물질문명의 한계를 극복할 대안 문명이다. 도래한 종말 상황을 타개할 구원 문명이며, 동서양을 결합한 통합 문명, 하나님과 함께한 초월 문명, 선현들이 이루고자 했던 천국 문명이다. 고대사에 근거한 바 한민족 문명은 인류의 문명을 파생시킨 뿌리 문명이고 근본을 이룬 바탕 문명, 태초에 인류 역사를 출발시킨 시원 문명, 문명의 본말을 결정한 규정 문명이다. 더 나아가서는 선천에서 명멸한 일체 문명을 미래에 다시 싹 틔울 수 있도록 보존시킨 종자 문명, 몸통은 사라져도 인류 문명을 다시 창조할 부활 문명, 제 문명을 엑기스화시킨 알집 문명, 인류 역사를 심판하여 건설할 시온 문명이다. 아무리 값진 보물을 가지고 있어도 어디 있는지 문을 찾지 못한다면 아무 소용이 없다. 한민족이 반만 년 동안 국맥을 이어 온 것은 감추어진 섭리가 있는 것인데, 여기에 대해 끝까지 후안무치(厚顔無恥)하다면 그 결과가 어떻게 되겠는가? 숨겨진 섭리를 풀고 보물을 파헤쳐야 온갖 영광을 안길 태평양 시대를 펼칠 수 있다.

혹자는 "동양의 수직적 사고와 이성에 중심을 두고 외면으로 퍼져나가는 서양의 수평적 사고가 결합해야 바람직한 세계 문화가 창출될 것"이라고 예견하였다.[65] 그렇다면 도대체 누가 어떻게 동서 문명을 결합시킬 수 있는가? 동양 혹은 서양만으로는 불가능하다. 하지만 한민족은? 지정학적으로 지닌 조건부터가 인류 역사의 여울목에 해당하여 각 문명권에서 피어난 유수한 문화들이 한반도를 향해 흘러들어, 한민족은 미미한 나라인데도 불구하고 인류 문화를 빠짐없이 흡수한 대양 문화를 구축했다. 세계 어느 지역에서도 찾아볼 수 없는 문명의 대접점 지역을 형성하여 동서 문명이 혼전을 거듭하고 있는 진리적 환경이다. 고대에 인류 문명을 일으킨 4대 발상지는 아무 곳에서나 생긴 것이 아니다. 후천 시대를 열게 될 통합 문명 발상지도 조건은 마찬가지이다. 최적 조건을 갖춤으로써 하나님이 한반도, 한민족의 역사 위에서 강림한 것이고, 한민족도 합당한 역사를 지니고 있어 강림한 창조 본체를 주축으로 영광스런 통합 역사를 수행할 수 있게 되었다. 아무리 한민족 문명이 인류 문명을 발생시킨 시원 문명이고 뿌리 문명이라고 주장해도 아득한 고대사가 남긴 파편만으로는 명확한 근거를 찾을 수 없다. 그러나 한민족이 오늘날

---

65) 『선과 신비주의』, 윌리엄 존스톤 저, 이원석 역, 대원정사, 1993, p.16.

에 이르러 태평양 시대를 주도하고 동서 문명을 통합하는 역사를 달성할 수 있다면 한민족 문명은 정말 인류 문명을 파생시켰고 또 통합할 수 있는 시원 문명인 것을 증명하게 된다. "신약의 교회와 기독교 역사는 오순절 성령 강림으로부터 시작되었고, 전도도 오순절의 성령 역사로부터 출발되었듯",[66] 지금은 하나님이 한반도 위에 강림한 상태이므로 이 땅에서 인류가 예측하지 못한 새로운 문명 역사를 창출하리라. 이 같은 뜻을 위하여 하나님이 한민족의 역사 위에 강림하였고, 한민족을 불러 세운 것이나니, 한민족은 이 하나님의 뜻, 이 연구가 밝힌 간절한 호소를 듣거든 일어서라. 그리하면 머지않아 한민족은 대망한 남북통일을 성취하고, 통합으로 온 인류를 구원하는 새로운 문명 역사의 신기원을 이룩하리라.

66) 「바울의 소명과 선교에 대한 고찰」, 김영호 저, 계약신학대학원 대학교 신학과 선교신학전공, 석사학위논문 2003, p.110.

후기

지상 강림 역사의 세계사적 요구

지상 강림 역사는 천지 만물을 창조하고 인류 역사를 주재한 하나님이 때가 되어 만민의 하나님으로 만백성을 구원하기 위해 세상의 역사 위에 등단하여 펼칠 역사에 대한 기록이다. 따라서 지상 강림 역사는 인류가 일찍이 경험하지 못한, 인류가 개척해 나가야 할, 인류가 반드시 맞이해야 할 새로운 역사이다. 새 역사이다 보니 이해하는 데 어려움이 있어 내용을 좀 더 확인하고 싶은 독자를 위하여 지상 강림 역사를 완술한 입장에서 뜻한 바 취지를 후술하고자 한다.

지상 강림 역사는 결국 이 땅에 새 神, 새 역사, 새 문명을 창조할 하나님을 등단시키고 그 실존 역사를 증거하기 위해 체계 지은 책으로, 세계의 전통적인 신관과 진리관과 신앙 역사를 통합하여 하나님다운 권능으로 구원의 하늘을 열 하나님의 역사이다. 당연히 강림한 하나님은 지금까지 인류가 안고 있는 정신적 고뇌를 해결하고 인류가 당면한 세계사적 요구를 충족시킬 수 있어야 한다. 이것을 필자는 1. 인류 역사에서의 성인 탄생 요구 2. 인류사회의 하나 됨 요구 3. 새 문화 창조와 문명 전환 요구 4. 선천 문명의 결실과 심판 요구 5. 한민족 문명의 도약 요구로 집약시켜 총괄한 것이 본 후기의 내용이다.

첫째, 인류사회는 성인을 맞이하여 변화되었고 또 변화를 기대하면서 성인의 탄생을 기다린 것이 끊임없이 이어진 맥락으로, 성인의 탄생과 역할을 기점으로 역사가 항상 전환점을 맞이하였다. "성인이란 역사적 전변기에 우매한 민중을 환난으로부터 구제하고 새 시대를 열어 가기 위해 온 분들로 기록하고 있다. 그래서 역대의 성인들은 앞일을 예언했고 종말론적인 경고를 하였다."[1] 말세적 징조가 농후한 오늘날, 이전의 성인들이 그러했던 것처럼 앞으로도 성인이 탄생하지 않고서는 이 시대가 지닌 문제를 해결할 길이 없다. 그래서 "기독교에서는 부활 승천한 예수가 하늘나라 성도와 천사들을 거느리고 다시 재림하여 택함 받은 백성을 가려내어 새 나라를 건설하면서 세상 나라들을 평정"할 것을 기대하였다.[2] 불교에서 말한 미륵불의 탄강 요구도 역할은 대동소이하다. 이런 요구가 역사상 끊어지지 않은 관계로 기대감이 더하다. "맹자는 儒家의 성통(聖統)이 500년 단위로 성인의 출현을 통해 이어져 가는 것으로 보았고, 이런 경향은 기독교의 구약사에서도 마찬가지이다. 선지자들도 대략 500여 년 단위로 나타났다."[3] 그러나 성인문화의 기초를 다진 불타, 공자, 소크라테스 이후 이스라엘의 조그마한 한촌(寒村)에서 탄생한 예수에게로 성통이 이어진 이래 오늘에 이르기까지 인류가 인정할 만한 성인은 아직 출현하지 않았다.[4] 전례로 따진다면 벌써 세 분의 성인이

1) 『종교와 철학』, 유무상 저, 대정, 1990, p.128.

2) 위의 책, p.224.

3) 위의 책, p.45.

탄생되어야 하므로, 이런 요구를 통합해 보혜사 하나님이 진리의 성령으로서 강림하였다. 각 문명권에서 기대한 성인 탄생 요구를 종합하였다.[5] 인류 역사는 이 연구가 증거한 지상 강림 역사로 인하여 새로운 神을 맞이하게 되었다. 이 神이 종말에 처한 인류를 구원하고 인류 문명을 새로운 차원으로 업그레이드시키리라.

둘째, 인류사회의 하나 됨 요구는 천지 만물이 하나님으로부터 창조된 것인 한 필연적인 것으로, 이것이 섭리상 풀어 헤쳐져 다양한 형태로 수놓아졌는데, 세계 통합을 위한 기반 조성 작업이 그것이다. "오늘날의 인류사회는 시간과 공간을 단축시켜 커다란 공동체를 형성해 가고 있다. 교통과 통신의 발달로 통합을 향한 물리적 여건은 완벽하게 갖추어 놓았다."[6] 그렇다면 여기에 더하여 진리, 사상, 가치관의 문제도 해결해야 하며, 이것이 인류가 구원될 수 있는 관건이다.[7] 인류는 그동안 걸어온 길이 달랐고 다른 신념, 가치관을 소유하고 있다. 이런 문제는 인간이 처한 관점으로서는 해결할 수 없다. 창조주인 하나님만 역사된 섭리 이유를 밝힐 수 있고, 인류사회가 하나 될 수 있는 모멘트를 제시할 수 있다. 현대 문명은 이성을 과신한 서구 문명이 득세한 형편인데, 그 결과 종말 국면을 초래하고 말았다. 이에 미래 문명은 조화와 융화를 지향해야 하므로, 각 문화의 가치성을 인정하고 동서 문명을 합덕화시켜야 한다. 지혜를 지향한 불교, 덕성을 지향한 유교, 神性을 지향한 기독교는 인간과 세계의 완성을 위하여 불가결한 요소들이므로,[8] 서로의 갈등을 해소하

4) 위의 책, pp.46~47.

5) 지상 강림 역사는 성인 탄생의 하이라이트임.

6) 위의 책, p.82.

7) 구원론의 성격과 神이 어떤 형태로 강림해야 할 것인지에 대한 속성을 결정한다. 그래서 하나님이 진리의 성령으로서 강림함.

8) 위의 책, p.157.

고 조화로운 관계를 모색할 때가 되었다. "토인비의 말대로 인류 역사가 神의 인간화, 인간의 神化 과정이라 한다면, 인간계를 찾아온 신본종교로서의 기독교와 저 높은 천계를 향해 올라가는 인본종교로서의 유교, 불교와는 서로 해후해 마땅하다."[9] 이에 편향 문화의 파멸성을 부각시키고 통합 문명의 큰 틀을 제시하여 인류사회가 서로 통하고 용납·이해·융화할 길을 여는 것이 지상 강림 역사의 대역할이다.

셋째, 새 문화 창조와 문명 전환 요구는 때가 되면 인류가 맞이하게 되어 있는 필연적인 과정이다. 역사가 영원 무구한 것이라면 이런 요구도 없었을 것이지만 우주는 끊임없이 생성하고 있고, 때가 되면 생멸 현상을 피할 수 없다. 그러니까 인류가 종말을 거친 이후에 새로운 문명을 건설해야 하는 것은 숙업이다. 일찍이 선현들은 이상 사회를 건설하기 위해 매진하였고 대동세계, 유토피아, 무릉도원, 불국정토와 용화세계를 실현하고자 하였는데, 이것이 곧 종말 이후의 세계상에 대한 기대이다. 선천 종교는 한결같이 말세, 말법, 종말론을 앞세웠거니와, 그렇게 해야 이후 신문명을 창조할 수 있다. 神 절대성 지향과 인간 본위를 극복하고 天·地·人을 조화시켜야 하는 것이 향후 이루어야 할 새 문명 건설의 형태이다(신령 문명). 인류와 하나님이 온전히 함께한 지상 강림 시대의 도래가 그것이다.

넷째, 인류 역사가 지금까지 펼쳐지지 않았고, 인류 역시 저지른 죄악이 없다면 심판 역사도 없다. 하지만 인류사는 분명 하나님이 뿌린 씨앗으로부터 발아된(창조) 실체역사이기 때문에 때가 되면 열매를 맺어야 하고, 심판할 자가 와 심판을 단행하게 된다. 이것이 오늘날 하나님이 강림하지 않을 수 없게 된 이유이다. 하나님이 강림

9) 위의 책, p.262.

하여 선천 역사를 결실 짓고 심판 역사를 주도해야 우주의 생성 질서가 전환되고 인류사회가 혁신된다. 그만큼 지상 강림 역사는 우주의 氣를 전환시키는 획기적인 구분선이다.

다섯째, 한민족 문명의 도약 요구는 현재 우리 민족 자체도 자각하지 못하고 있는 실정이지만, 이 땅의 선각들은 모든 가능성을 사전에 밝혀 놓은 상태이다. 한민족 문명은 선천의 어떤 문명도 감당하지 못한 새로운 문명을 창출할 가능성을 지녔다는 점에서 지닌 가치가 지대하다. 한민족은 실질적으로 선천 문명을 총괄하고 하나 되게 하기 위해 반만 년 동안 섭리되었고, 문화적으로 대역량을 길렀다. "易의 계사(繫辭)에서는 간(艮)은 동북지괘(東北之卦)라 하면서 인류사의 한 장을 마무리하고 새 장을 여는 종시(終始)의 작업이 간방(艮方)보다 더 크게 역사하는 것이 없다고 하였다. 진리의 말씀은 간방에서 이루어지리라."[10] 즉 한민족은 상고 시대로부터 인류 문명을 발생시킨 뿌리 문명으로서 미래에 道적으로 열매 맺는 백성(마, 21:43)으로 결정되었다. "서구사회에서는 고등종교란 나온 적이 없었고, 대부분의 고등종교나 정신문화는 아시아 지역에서 발상한 것을 감안할 때, 동북에 위치한 한반도는 정신문화 전반을 수렴하고 결실 지어 주는 동시에 새 문명의 장을 여는 지역임을 말해 주고 있다."[11] "세계 어느 곳에서도 인류의 정신적 위기를 극복해 낼 수 있는 새로운 사상을 창출하지 못할 것이지만, 세계 문명을 통섭해 수렴할 만한 정신 대국은 말씀이 간방에서 이루어진다고 한 한민족에게만 주어진 특권이고 사명이다. 이 작업을 완수해 낼 수 있는 위대한 민족으로 연단시키기 위해 커다란 도전 세력으로 무도한 북한 공산집단을

10) "艮東北之卦也, 成言乎艮. 萬物之成終成始 莫盛乎艮."

11) 위의 책, p.23.

맞붙여 놓은 것인지도 모른다."[12] 선각된 그대로 한민족은 정말 "새 시대의 새 문명을 창도해야 할 정신적 자원을 지닌 유일한 민족임을 깊이 인식해야 한다. 세계 구원의 막중한 사명을 짊어진 민족임을 자각할 때, 한민족은 올바른 의미의 정통성과 주체성을 지키고 얻을 수 있다."[13] 누가 그 위대한 민족혼을 일깨울 것인가? 지상 강림 역사가 한민족을 일깨워 하나님에게로 인도하고 인류의 영혼을 일깨워 천국 문명 세계로 인도하리라.

이로써 지상 강림 역사는 하나님의 존엄한 권능을 드러내었고, 선지자적 지위를 세웠으며, 하나님의 보혜적 본체성을 증거하였다. 인류의 진리적 판단과 신앙 기준과 문명 역사의 진로를 180도 혁신시키고 전환시킬 수 있는 진리력과 권능과 키포인트를 휘어잡았다. 반만 년 동안 함께한 하나님이 7천만 민족과 인류를 구원하기 위해 이 땅에 강림하였으므로, 한민족이 이 사실을 알아차리고 영접하면 인류 역사상 전무한 영광을 이루리라. 동서 문명을 통합하고 새로운 문명 역사를 창조하리라. 나라이 임하여 뜻이 하늘에서 이룬 것 같이 땅에서도 이루어지이다.[14] 하나님의 뜻이 지상 강림 역사를 통해 실현되리라.

12) 위의 책, p.232.

13) 위의 책, p.53.

14) 마태복음, 6장 10절.

염기식(廉基植)

1957년 경남 진주 출생
진주고등학교 졸업(제47회)
경상대학교 사범대학 체육교육과 졸업
R.O.T.C.(19기) 임관
서남대학교 교육대학원 졸업

1984년 교직에 첫발을 내디딤(현 교사).
자아와 세계에 대해 눈떴을 때부터 세상의 분파된 진리에 대해 의문을 품고 '길은 어디에 있는가'란 명제 하나로 탐구의 길에 나서 현재까지(58세) 다수의 책을 저술함.

『길을 위하여 Ⅰ』(1985)
『길을 위하여Ⅱ』(1986)
『벗』(1987)
『길을 위하여Ⅲ』(1990)
『세계통합론』(1995)
『세계본질론』(1997)
『세계창조론 서설』(1998)
『세계유신론』(2000)
『작은 날개를 펴고』(2000)
『환경은 언제나 목마르다』(2002)
『자연이 살아가는 동안』(2003)
『세계섭리론』(2004)
『세계수행론』(2006)
『가르침』(2008)
『세계도덕론』(2008)
『통합가치론』(2008)
『인간의 본성 탐구』(2009)
『선재우주론』(2009)
『수행의 완성도론』(2009)
『세계의 종말 선언』(2010)
『미륵탄강론』(2010)
『용화설법론』(2010)
『성령의 시대 개막』(2011)
『역사의 본질 탐구』(2012)
『세계의 섭리 역사』(2012)
『문명 역사의 본말』(2012)
『세계의 신적 본질』(2013)
「진로의사 결정유형과 발달수준과의 관계」(2006)

지상 강림 역사

초판인쇄 | 2014년 2월 5일
초판발행 | 2014년 2월 5일

지 은 이 | 염기식
펴 낸 이 | 채종준
펴 낸 곳 | 한국학술정보(주)
주 소 | 경기도 파주시 회동길 230 (문발동 513-5)
전 화 | 031) 908-3181(대표)
팩 스 | 031) 908-3189
홈페이지 | http://ebook.kstudy.com
E-mail | 출판사업부 publish@kstudy.com
등 록 | 제일산-115호(2000. 6. 19)

ISBN 978-89-268-5412-9 93230

책에 대한 더 나은 생각, 끊임없는 고민, 독자를 생각하는 마음으로 보다 좋은 책을 만들어갑니다.